事業承継の
法律実務と
税務 Q&A

南 繁樹 〔編〕

青林書院

はしがき

　本書は，事業承継に関する法務及び税務の全般について，実務に携わる方の手引きとなることを意図しています。読者としては，まさに事業承継に直面されている中小企業の経営者や総務・経理担当者の方々のほか，弁護士，司法書士，税理士，公認会計士，中小企業診断士，コンサルタント，金融機関関係者など，事業承継を側面的に支援される方々も想定しています。

　周知のとおり，近時，多くの中小企業において経営者の世代交代を迎える時期になったことから事業承継が注目され，平成20（2008）年5月に「中小企業における経営の承継の円滑化に関する法律」（経営承継円滑化法）が制定され，翌平成21（2009）年度の税制改正により新事業承継税制が制定されました。それらの内容は以下の3本柱からなっています。第1に，事業承継に関して，後継者が自社株式を安定的に承継することができるように，他の相続人の遺留分を制約するための措置が定められています。第2に，事業承継に関連する相続税・贈与税の納税負担などに関して金融支援措置が定められています。第3に，後継者が自社株式を相続又は贈与によって取得した場合に相続税・贈与税の納税を猶予する措置が定められています。

　本書は，事業承継に関する問題点を概観したうえで（第1章），経営承継円滑化法（第2章）及び新事業承継税制（第5章）のポイントについて，表面的な解説にとどまらず，実務上の留意点を取り上げ，落とし穴に陥らずに制度を適切に利用するためのガイドとなるものです。

　また，事業承継を円滑に行うためには，経営承継円滑化法にとどまらず，以下のような広範な法的知識が必要となります。

・経営承継円滑化法以外に遺留分を制約するための手段はあるのか
・相続に備えてどのような定款規定を設ければよいのか
・遺言について争いが生じないようにするための対策はあるのか
・遺留分減殺請求権に備えた生命保険の活用方法はあるのか

- 経営者の包括根保証は相続されるのか否か
- 少数株主をスクイーズ・アウトで排除できるのか
- 事業承継のために種類株式や信託は利用できるのか

　本書は，これら事業承継に関連する様々な法的問題点を実務的観点から取り上げています（第3章及び第4章）。

　また，事業承継に関する税務についても，以下のような幅広い検討が必要です。

- 一体，どのくらい相続税・贈与税がかかるのか
- 親族から株式を買い取る場合，経営者又は会社のいずれが買い取るべきか
- 組織再編を行うことで税務上のメリットが得られるのか
- 経営に関与しない相続人に社債型優先株式を与えることによる不利益はないのか
- 納税資金がただちに調達できない場合に，どのような対応策があるのか
- 税務調査において意外な指摘を受けることを避けるためにどのように準備すべきか

　本書は，これらの税務上の問題点について税務専門家以外の方々にも理解しやすいように説明しています（第6章ないし第9章）。

　このように，事業承継は法務及び税務にわたる幅広い知識を必要とします。弁護士が法律上は可能であると思っていた選択肢が，実は不利な税負担を生じるもので，実務上は取るべきではないこともありえます。本書は，思わぬ落とし穴を避けるためのガイドとして，「法務から税務」，「税務から法務」へのクロス・リファレンスを記載しておりますので，両者を相互に参照し，有機的な理解に努めていただくことを希望します。

　なお，税制は，世の中の動向にあわせて様々な改正が行われます。通常で

あれば，毎年12月中旬の税制改正大綱により翌年度の税制が判明します。平成21（2009）年9月に政権交代を成し遂げた民主党は，税制の制定プロセスを明らかにするとして税制調査会のあり方，租税特別措置法の徹底的な見直しなど，税制に関しても抜本的な改革メッセージを発しています。このため，読者の方々が本書をお読みいただく時点では，適用期限が経過したり，改正されたりする税制も出現してくるに違いありません。

しかしながら，本書は，経営承継円滑化法の核心の1つである納税猶予について，導入が明らかになった平成20（2008）年度税制改正当時に遡ってその解明に積極的に取り組み，状況に応じた詳細な解説を心がけています。さらに，事業承継の場面において法律上問題となる部分との関連性が高い税務の取扱いを主に取り上げています。このように，本書は事業承継に関する法務と税務の有機的な活用に重点を置いていることから，平成22（2010）年度以降に税制改正が行われたとしても，その多くは引き続き事業承継に携わる方々の実務に資するものと確信しております。

なお，文中のwebアドレスの記載は，平成21（2009）年10月20日に確認しておりますが，その後変更又は削除されている可能性がありますので，ご承知置きください。

本書が刊行に漕ぎ着けたのは青林書院の高橋広範氏の忍耐強いご尽力によるものであり，その粘り強いご支援に対し，厚く御礼申し上げます。

平成21（2009）年10月

執筆者を代表して

南　　繁　樹

凡　例

I　引用法令
(1)　法令等は，原則として，①地の文では正式名称で，②カッコ内の引用では，後掲「法令等略語」を用いた。
(2)　法令条項を引用する場合は，同一法令の条項は「・」で，異なる法令の条項は「,」で区切って併記した。

II　引用判例
判例は，後掲「判例集・判例雑誌等略語」を用い，次のように表記した。
〔例〕最判平21・3・24判時2041号45頁
　　　　←最高裁判所平成21年3月24日判決，判例時報2041号45頁

III　引用文献
頻出文献については，後掲「文献略語」を用いた。

【法令等略語】

経営承継法	中小企業における経営の承継の円滑化に関する法律（経営承継円滑化法）	憲	憲法
		商	商法
		商登規	商業登記規則
経営承継令	中小企業における経営の承継の円滑化に関する法律施行令	信託	信託法
		信託業	信託業法
		信託業令	信託業法施行令
経営承継規	中小企業における経営の承継の円滑化に関する法律施行規則	任意後見	任意後見契約に関する法律
		破	破産法
		非訟	非訟事件手続法
会	会社法	不登	不動産登記法
会社法整備法	会社法の施行に伴う関係法律の整備等に関する法律	不登令	不動産登記令
		民	民法
会計規	会社計算規則	民執	民事執行法
家審	家事審判法	民訴	民事訴訟法
家審規	家事審判規則	国通	国税通則法
金融商品	金融商品取引法	国徴基通	国税徴収法基本通達
刑	刑法	財基通	財産評価基本通達

凡　例

所税	所得税法	措置	租税特別措置法
所税令	所得税法施行令	措置令	租税特別措置法施行令
所基通	所得税基本通達	措置規	租税特別措置法施行規則
消税	消費税法	措置通	租税特別措置法関係通達
消税規	消費税法施行規則	地税	地方税法
相税	相続税法	法税	法人税法
相税令	相続税法施行令	法税令	法人税法施行令
相税規	相続税法施行規則	法基通	法人税法基本通達
相基通	相続税基本通達		

【判例集・判例雑誌等略語】

民録	大審院民事判決録	税資	税務訴訟資料
民集	最高裁判所（大審院）民事判例集	民月	民事月報
		金判	金融・商事判例
家月	家庭裁判月報	金法	旬刊金融法務事情
下民集	下級裁判所民事裁判例集	銀法	銀行法務21
行集	行政事件裁判例集	最判解説	最高裁判所判例解説
高刑集	高等裁判所刑事判例集	商事	旬刊商事法務
高民集	高等裁判所民事判例集	新聞	法律新聞
裁時	裁判所時報	判時	判例時報
裁判集民	最高裁判所裁判集民事	判タ	判例タイムズ
訟月	訟務月報	リマークス	私法判例リマークス

【文献略語】

伊藤・相続法	伊藤昌司『相続法』（有斐閣，2002）
内田・民法IV	内田貴『民法IV親族・相続〔補訂版〕』（東京大学出版会，2004）
江頭・株式会社法	江頭憲治郎『株式会社法〔第2版〕』（有斐閣，2008）
岡部＝三谷・実務家族法講義	岡部喜代子＝三谷忠之『実務家族法講義』（民事法研究会，2006）
潮見・相続法	潮見佳男『相続法〔第2版〕』（弘文堂，2005）
新版注釈民法(27)	『新版注釈民法(27)相続(2)』（有斐閣，1989）
新版注釈民法(28)	『新版注釈民法(28)相続(3)〔補訂版〕』（有斐閣，2002）
東京弁護士会・相続・遺言	東京弁護士会弁護士研修センター運営委員会編『相続・遺言―遺産分割と弁護士実務―』（ぎょうせい，2008）
中川＝泉・相続法	中川善之助＝泉久雄『相続法〔第4版〕』（有斐閣，2000）

編集者・執筆者紹介

■編集者紹介

南　　繁　樹（みなみ　しげき）

1997年弁護士登録，長島・大野・常松法律事務所
主な著書：『アドバンス金融商品取引法』（商事法務，2009，共著），『実務解説　会社法と企業会計・税務Q&A』（青林書院，2007，共著），『実践LLPの法務・会計・税務』（新日本法規出版，2007，共著）

■執筆者紹介

有　田　賢　臣（ありた　まさおみ）

1999年公認会計士登録，2008年税理士登録，有田賢臣公認会計士事務所
主な著書：『実践LLPの法務・会計・税務』（新日本法規出版，2007，共著），『よくわかる　自己株式の実務処理Q&A』（中央経済社，2007，共著），『目からウロコ　これが増減資・組織再編の計算だ！』（中央経済社，2009，共著）

大　野　貴　史（おおの　たかし）

2000年公認会計士登録，2002年税理士登録
主な著書：『実務解説　会社法と企業会計・税務Q&A』（青林書院，2007，共著），『実践LLPの法務・会計・税務』（新日本法規出版，2007，共著）

内　藤　　　卓（ないとう　たかし）

1999年司法書士登録，はるかぜ総合司法書士事務所
主な著書：『会社合併の理論・実務と書式』（民事法研究会，2009，編著），『商業登記全書　第3巻　株式・種類株式』（中央経済社，2009，編著），『会社法定款事例集―定款の作成及び認証，定款変更の実務詳解―』（日本加除出版，2009，編著）

長　岡　栄　二（ながおか　えいじ）

1993年税理士登録，長岡栄二税理士事務所
主な著書：『徹底解明　会社法の法務・会計・税務』（清文社，2006，共著），『実践LLPの法務・会計・税務』（新日本法規出版，2007，共著）

編集者・執筆者紹介

平　田　久美子（ひらた　くみこ）
　2001年税理士登録，平田久美子税理士事務所
　　主な著書：『保険税務 Q&A』（税務研究会，2009，共著），『地方税 Q&A』（大蔵財務協会，2007，共著），『実践 LLP の法務・会計・税務』（新日本法規出版，2007，共著）

間　瀬　まゆ子（ませ　まゆこ）
　2000年弁護士登録，間瀬法律事務所
　　主な著書：『税理士のための相続をめぐる民法と税法の理解』（ぎょうせい，2009，共編），『一番安心できる遺言書の書き方・遺し方・相続のしかた』（日本実業出版社，2007，共著）

南　　　繁　樹（みなみ　しげき）
　上　掲

目　　次

はしがき
凡　　例
編集者・執筆者紹介

第1章　事業承継とは

Q1-1　事業承継に関する問題点……………………………〔南　繁樹〕……*3*
父の会社は，創業者かつ100％株主の父Aが代表取締役社長を務めています。長男Xは会社経営に関わらず，銀行勤務のサラリーマンをしており，長女Yは会社の経理の手伝いをしています。父Aはそろそろ引退を考えています。事業承継に関し，どのような問題が起こりうるのですか。

Q1-2　事業承継に関する問題の所在………………………〔南　繁樹〕……*8*
当社について，事業承継に関する問題があるかどうか，診断していただけませんか。

Q1-3　相続開始前の対策……………………………………〔南　繁樹〕……*13*
相続の開始前にあらかじめどのような対策をしておけばよいでしょうか。

Q1-4　事業承継計画の効用…………………………………〔南　繁樹〕……*16*
事業承継計画を作成する意味はありますか。

Q1-5　事業承継に関し，相続開始後にやるべきこと……〔南　繁樹〕……*20*
相続開始後に行うべきことは何ですか。

第2章　経営承継円滑化法による民法の特例

Q2-1　経営承継円滑化法の概要……………………………〔内藤　卓〕……*27*
「中小企業における経営の承継の円滑化に関する法律」の概要について教えてください。

Q2-2　経営承継円滑化法に基づく民法特例における合意事項
　　　　　　　　　　　　　　　　　　　　　………………〔内藤　卓〕……*32*
特例についてどのような合意をすることができますか。

Q2-3　経営承継円滑化法に基づく民法特例に関する合意の効力の消滅
　　　　　　　　　　　　　　　　　　　　　………………〔内藤　卓〕……*35*
合意の効力が消滅するのは，どのような場合ですか。

［コラム］事業承継と成年後見……………………………〔内藤　　卓〕…… 37
Q2-4　合意書のサンプル………………………………………〔内藤　　卓〕…… 39
　　　合意書の各条項について，教えてください。
Q2-5　経営承継円滑化法に基づく民法特例に関する手続・〔内藤　　卓〕…… 43
　　　民法特例を利用するための手続は，どのようなものですか。
Q2-6　金融支援措置………………………………………………〔内藤　　卓〕…… 52
　　　経営承継円滑化法に基づく金融支援措置について教えてください。

第3章　事業承継のための会社法の基礎知識

Q3-1　相続を契機に生じる経営権の争い……………………〔南　　繁樹〕…… 65
　　　相続によって経営権の争いが生じることがありますか。また，それはどのような場合ですか。
Q3-2　一部の相続人による会社支配と対抗手段……………〔南　　繁樹〕…… 68
　　　相続人が他の株主の知らないうちに株主総会を開催してしまいました。対抗手段はあるでしょうか。
Q3-3　相続に備えた定款の規定…………………………………〔内藤　　卓〕…… 70
　　　相続に備えて設けておいたほうがよい定款規定がありますか。
Q3-4　事業承継とM&A…………………………………………〔南　　繁樹〕…… 76
　　　後継者を見つけることが困難なので，会社を売却したいと思っています。どうすればよいでしょうか。
Q3-5　スクイーズ・アウトによる少数株主の排除…………〔南　　繁樹〕…… 80
　　　先代の相続の結果，私（社長）が80％の株式を所有し，弟が20％の株式を所有していますが，株主総会に出席しては，経営に対する不満を述べます。かといって，売却にも応じてくれません。長男への事業承継を考えていますが，それに先立ち弟の株式を強制的に取り上げることができるでしょうか。
Q3-6　所在不明株主の株式売却制度…………………………〔内藤　　卓〕…… 84
　　　事業承継対策として，株式の集中を図りたいのですが，長期にわたり所在が不明で連絡がとれなくなっている株主が若干名おります。会社法には所在不明株主の株式売却制度が設けられているそうですが，その概要を教えてください。
Q3-7　事業承継と種類株式（その1）………………………〔南　　繁樹〕…… 88
　　　事業承継のために，種類株式を利用できますか。
Q3-8　事業承継と種類株式（その2）………………………〔南　　繁樹〕…… 96
　　　事業承継のために拒否権付株式を利用することはできますか。
Q3-9　事業承継における自己株式の取得の活用方法と法的規制

………………………………………………………〔南　繁樹〕…… *99*
事業承継における自己株式の取得の活用方法と法的規制を教えてください。

Q3-10　事業承継と MBO ……………………………………〔南　繁樹〕…… *104*
非上場の事業承継のために MBO を利用することができますか。

Q3-11　事業承継と上場 ………………………………………〔南　繁樹〕…… *108*
事業承継のために上場を検討することは意味があるでしょうか。

Q3-12　名義株の問題点 ………………………………………〔南　繁樹〕…… *111*
名義株とは何ですか。また，どのような法的問題点がありますか。

Q3-13　事業承継と従業員持株会 ……………………………〔南　繁樹〕…… *116*
事業承継との関係で，従業員持株会を創設することにはどのようなメリットがありますか。

Q3-14　事業承継と信託 ………………………………………〔南　繁樹〕…… *119*
事業承継のために信託を利用することができますか。

第4章　事業承継のための相続法の基礎知識

Q4-1　相続法の基礎 …………………………………………〔南　繁樹〕…… *127*
相続について最初に知っておかなければならないことを教えてください。

Q4-2　相続人の範囲 …………………………………………〔間瀬　まゆ子〕…… *130*
創業者である父が10年前に亡くなり，後妻が会社の株を一部相続しました。その後妻についても，先般，相続が開始しました。後妻には実子がおらず，先妻の子である私の姉（長女）と私（長男）が養子となりました。後妻の両親はすでに亡く，会社の役員になっている後妻の弟が唯一の後妻の肉親です。また，後妻は父の死後，再婚はしておりません。なお，私の姉も，2年ほど前に，夫と一人息子を残して亡くなりました。
この場合に，誰が後妻である義母の相続人として，株式を取得することになるのでしょうか。

Q4-3　相続財産の範囲 ………………………………………〔南　繁樹〕…… *133*
被相続人の財産のうち，相続の対象となるのはどのような財産ですか。また，生命保険金や死亡退職金は相続の対象となりますか。

Q4-4　金銭債権の相続 ………………………………………〔南　繁樹〕…… *138*
父（被相続人）が死亡し，相続人は私（長男）と弟（次男）の2人です。私は父が経営していた会社の自社株式を生前贈与される一方，弟は十分な土地を生前贈与されたので不満はないはずですが，その他の財産について遺産分割協議は難航しています。被相続人は生前，会社の資金繰りを助けるために個人財産から1億円を貸し付けてお

り，また，会社の金庫に1,000万円を預けていました。弟はこれらの貸付金と現金を相続したとして貸付金5,000万円の支払と現金500万円の引渡しを会社に対して請求してきました。会社はこれに応じなければならないのでしょうか。

また，亡父の銀行預金について，相続人である私（長男）が法定相続分相当額の支払を求めたところ，銀行は応じません。銀行は支払義務はないのでしょうか。

Q4-5 相続財産から生じた果実の帰属 〔南　繁樹〕……142

父（被相続人）が死亡し，母（妻）と長男である私及び次男が相続人となりました。遺産は，賃貸している土地と，亡父が経営していた会社の自社株式（100株）です。父は遺言を遺しませんでしたので，遺産分割協議を行っており，土地は母，株式は私（長男）が取得し，次男が現金を取得する方向で協議をしていますが，土地及び株式の評価について協議が難航し，すでに1年以上経過しています。

(1) 相続開始後の土地の賃料（4,000万円）については，事実上，母が受領していますが，私が法定相続分（4分の1）に相当する額を請求することはできるでしょうか。
(2) 遺産分割中に会社において配当決議が行われました（1株1万円）。次男が会社に対し法定相続分に相当する額を請求することはできるでしょうか。
(3) また，遺産分割によって，土地は母，株式は私（長男）がそれぞれ取得することが確定しました。この場合，これまで受領した賃料と配当金はどうなるのでしょうか。

Q4-6 特別受益 〔南　繁樹〕……145

父の所有していた株式について，生前贈与を受けていますが，この点は相続においてどのように考慮されますか。

Q4-7 法定相続分 〔間瀬　まゆ子〕……149

昨年亡くなった祖父（被相続人）の相続に関してお尋ねします。私には弟がいますが，私だけが祖父の養子となっています。父は10年前に他界しました。私と弟以外の相続人は，祖母（被相続人の妻）と父の異母姉である伯母（被相続人の子）です。伯母は，非嫡出子です。

この場合に，祖父（被相続人）の相続に関し，それぞれの法定相続分は，どのようになりますか。私は，養子としての権利と孫としての権利の両方を主張することができるのでしょうか。

Q4-8 具体的相続分の算定（その1・特別受益） 〔南　繁樹〕……154

以下のような事案で，各相続人の相続分はどのように算定すればよいですか。
〔設例〕
平成11年1月31日，H（被相続人）が死亡し，相続人は，妻W，子A・B・Cです。遺産は，土地（相続開始時の時価8,000万円），建物（同3,000万円），マンション

（同2,000万円），現金8,000万円の合計2億1,000万円です。なお，被相続人は生前，Aに対し，平成元年から同10年まで毎年株式10株（合計100株）をAに贈与しました（各年度における時価100万円）が，相続開始時の株式100株の時価は3,000万円になっています。被相続人は，土地・建物をWに遺贈する旨の遺言を遺しています。

平成21年1月31日，遺産分割協議が成立しました。

Q 4-9　具体的相続分の算定（その2・超過特別受益者がいる場合）
〔南　　繁樹〕……*159*

Q 4-8と同様な状況なのですが，被相続人はAに対し，株式合計100株を生前贈与したのに加え，マンション（相続開始時の時価2,000万円）を遺贈したため，Aは，一応の相続分（本来の相続分）を超える財産をすでに取得しています。この場合，みなし相続財産の額が少なくなるので，一応の相続分のとおりに配分することができません。どうすればよいのでしょうか。

Q 4-10　寄与分 〔南　　繁樹〕……*163*

私は，亡父（被相続人）の経営する会社でずっと働いてきました。寄与分の主張は可能でしょうか。

Q 4-11　相続の放棄・限定承認 〔間瀬　まゆ子〕……*169*

会社を経営していた父が亡くなりました。相続人は，母と姉と私の3人です。姉も私も会社を継がなかったため，父は，生前から，血縁関係のない役員を後継者とすることを決めていました。

現時点で，父の会社がすぐに倒産するような状況にあるわけではありませんが，業績は芳しくありません。父が会社の仕入先に対する継続的売買取引の代金債務について連帯保証していたため，万一の場合には，相続人である私たちにも責任が及ぶことになります。

そのようなことを避けるため，相続は放棄したほうがよいのでしょうか。他に手段はないのでしょうか。

Q 4-12　保証債務の相続 〔南　　繁樹〕……*176*

相続により，会社の借入金について，相続人が個人的に責任を負うことがあるのでしょうか。

Q 4-13　根抵当権の処理 〔内藤　　卓〕……*183*

金融機関からの借入れについて，根抵当権を設定していました。債務者が死亡した場合に必要な手続について教えてください。

Q 4-14　遺言の種類 〔間瀬　まゆ子〕……*185*

遺言を残したいと考えています。公正証書にしたほうがよいのでしょうか。自筆の遺言でもかまいませんか。また，その他の遺言には，どのようなものがありますか。

Q 4-15　自筆証書遺言 〔間瀬　まゆ子〕……*189*

費用をかけたくないので，自分で遺言を作成しようと思います。作成の仕方と注意すべき点について教えてください。

Q4-16 公正証書遺言 ……………………………〔間瀬　まゆ子〕……195
　遺言を公正証書で残したいと思います。現在入院中で公証役場に行くことができませんが，大丈夫でしょうか。その他，公正証書遺言を作成する手続を教えてください。

Q4-17 遺言の有効性の確保 ……………………………〔南　繁樹〕……201
　被相続人が高齢の場合，遺言について特に注意すべき点はありますか。

Q4-18 「相続させる」遺言 ……………………………〔南　繁樹〕……207
　以下の遺言は，どのような効力を有しますか。
　(1)「別紙目録記載の土地を相続人Aに相続させる」
　(2)「遺言者が所有する財産のすべてを相続人Bに相続させる」
　(3)「遺言者が所有する財産の2分の1を相続人Cに相続させる」

Q4-19 事業承継と遺言 ……………………………〔南　繁樹〕……214
　事業承継のための遺言について，特に注意すべき点はありますか。

Q4-20 遺言における遺留分対策 ……………………………〔南　繁樹〕……217
　遺言その他の方法により遺留分を行使された場合の対策を行っておくことができますか。

Q4-21 事業用資産の遺贈 ……………………………〔南　繁樹〕……224
　事業用資産を会社に遺贈したいのですが，何か問題はありますか。

Q4-22 遺産分割方法の指定 ……………………………〔南　繁樹〕……226
　どのように相続財産（遺産）を分けるかの決定を，後継者である長男に任せることは可能ですか。

Q4-23 遺言執行者の指定 ……………………………〔間瀬　まゆ子〕……228
　遺言の中で遺言執行者を指定できると聞きました。遺言執行者は指定しておいたほうがよいのでしょうか。指定するとして，誰にお願いするのがよいでしょうか。

Q4-24 生前贈与・遺留分・特別受益 ……………………………〔南　繁樹〕……232
　生前贈与と，遺留分・特別受益との関係について教えてください。

Q4-25 負担付死因贈与 ……………………………〔南　繁樹〕……238
　私は後継者として，被相続人である父に頼んで，私に株式を遺贈する旨の遺言を作成してもらいました。しかし，遺言は後から書き換えられてしまう可能性があります。確実に財産を承継できる方法はないでしょうか。

Q4-26 事業承継と遺産分割 ……………………………〔南　繁樹〕……243
　遺産分割とはどのような手続ですか。また，事業承継に関し，どのような点に注意する必要がありますか。

Q4-27 遺留分権利者と遺留分 ……………………………〔南　繁樹〕……254

遺留分とはどのようなもので，誰がどのような割合で請求できるものですか．

Q 4-28 遺留分算定の基礎財産……………………………………〔南　繁樹〕……*258*
遺留分を算定するときの基礎となる財産は，どのように算定しますか．

Q 4-29 遺留分の算定と債務……………………………………〔南　繁樹〕……*266*
⑴　遺留分の具体的な計算方法を教えてください．特に，被相続人が債務を負っている場合について教えてください．
⑵　被相続人が特定の相続人1人にすべての財産を相続させる旨の遺言をした場合，相続債務は各共同相続人が負担するものとして，遺留分を計算するのですか．
⑶　被相続人が保証債務を負っている場合の遺留分の算定方法について教えてください．

Q 4-30 遺留分減殺請求権が行使された場合の効果………〔南　繁樹〕……*274*
遺留分減殺請求権が行使された場合，それによる効果はどうなりますか．

Q 4-31 遺留分減殺請求権が行使された後の手続…………〔南　繁樹〕……*277*
遺留分減殺請求権が行使された後，どのような手続を取る必要がありますか．

Q 4-32 遺留分減殺請求権に対する価額弁償………………〔南　繁樹〕……*280*
長男である私は，遺言によって父（被相続人）が所有していた株式の全部を相続しましたが，次男がこれに対して遺留分減殺請求権を行使しました．事業を承継するのは私ですので，次男に株式を渡したくありません．金銭で解決することはできますか．

Q 4-33 遺留分減殺請求権に対する対策……………………〔南　繁樹〕……*284*
私の父が創業した会社を，私が承継することになっています．この度，父が，会社の株式をすべて私に相続させるという遺言を書いてくれました．弟や妹は会社経営に全く関わっていないにもかかわらず，財産には関心があるようです．弟や妹が遺留分減殺請求権を行使するのではないかが心配ですが，どのような対策があるでしょうか．

Q 4-34 遺留分放棄許可の申立て……………………………〔間瀬　まゆ子〕……*287*
私の父が創業した会社を，私が承継することになっています．この度，父が，会社の株式をすべて私に相続させるという遺言を書いてくれました．弟や妹の遺留分が心配ですが，これについても，父が弟たちを説得してくれて，遺留分を放棄してもらえることになっています．遺留分を放棄してもらう際に，具体的にどのような手続をとればよいのでしょうか．

Q 4-35 遺留分放棄の取消し…………………………………〔南　繁樹〕……*294*
事業を行っていた父が死亡しました．相続人である母と長男である私と次男である弟が協議し，将来の母の相続のことも考え，母が株式全部（評価1億円）を相続し，母の相続の際には，長男である私が全部株式を相続する代わりに，今回の父の相続では私は一切財産を取得せず，預貯金（1億円）は弟が相続することとし，弟は母の相続に関し遺留分を放棄しました．ところが，数年経ち，事業が順調であることから，

株式の評価が10億円になりました。弟は遺留分の放棄を撤回したいといっていますが，認められるでしょうか。

第5章 新事業承継税制

Q5-1 新事業承継税制の概要……………………………〔有田 賢臣〕……*301*
　事業承継の一環として，父から自社株式の贈与を受けることを検討しています。新事業承継税制により贈与税がかからないと聞いていますが，どのような制度なのでしょうか。

Q5-2 新事業承継税制が使える最低条件………………〔有田 賢臣〕……*310*
　承継する自社株式の相続税の試算額の大きさに愕然としていたのですが，最近の株式市場の低迷で類似業種比準方式で算定する自社の株価も下がっています。これを機に，贈与税の納税猶予を適用した自社株式の贈与を検討したいのですが，クリアしなければならない条件を教えてください。

　　　［コラム］贈与税の納税猶予と遺留分の特例…………〔有田 賢臣〕……*318*

Q5-3 新事業承継税制が使えない場合…………………〔有田 賢臣〕……*319*
　父に代わり私が代表取締役に就任するのに併せ，贈与税の納税猶予を利用した自社株式の贈与を検討しています。新事業承継税制の適用を受けるための最低条件はクリアしていると思うのですが，何か落とし穴はありませんか。

Q5-4 納税猶予額の計算方法……………………………〔有田 賢臣〕……*321*
　新事業承継税制の適用を受けるための最低条件はクリアできそうです。念のため，納税猶予要件を満たせなくなった場合に納付すべき贈与税額を把握しておきたいのですが，どのように計算するのでしょうか。

Q5-5 新事業承継税制の手続……………………………〔有田 賢臣〕……*329*
　検討の結果，自社株式の贈与を実行するにあたり，贈与税の納税猶予を適用することに決めました。贈与税の納税猶予を適用するための手続は，どのようになりますか。

Q5-6 確認手続……………………………………………〔有田 賢臣〕……*332*
　贈与税の納税猶予を適用するには，自社株式の贈与を実行する前に，経済産業大臣から確認を受ける必要があると聞いていますが，その確認手続について教えてください。

Q5-7 認定手続……………………………………………〔有田 賢臣〕……*337*
　父から自社株式の贈与を受けました。贈与税の納税猶予の適用を予定しており，経済産業大臣から確認書の交付も受けています。贈与税の申告前に，経済産業大臣から認定を受ける必要があると聞いていますが，その認定手続について教えてください。

Q5-8 申告手続と担保の提供……………………………〔有田 賢臣〕……*341*

父から自社株式の贈与を受けました。贈与税の納税猶予の適用を予定しており，経済産業大臣から認定書の交付も受けています。贈与税の納税猶予の適用を受けるには，贈与税申告書を提出する必要があると聞いていますが，その申告手続について教えてください。

Q5－9　報告手続 ……………………………………〔有田　賢臣〕……*344*

　贈与税の納税猶予の適用を受けることができました。今後，定期的に経済産業省と税務署に報告をしなければならないと聞いていますが，その報告手続について教えてください。

Q5－10　取消事由 ……………………………………〔有田　賢臣〕……*346*

　贈与税の納税猶予の適用を受けることができました。今後どのような事由に該当すると，経済産業省の認定や贈与税の納税猶予が取り消されてしまうのでしょうか。取り消された場合の影響も併せて教えてください。

Q5－11　免除手続 ……………………………………〔有田　賢臣〕……*353*

　過去に贈与税の納税猶予の適用を受け，その後，相続税の納税猶予に切り替えています。そろそろ引退を考えていますが，自社株式を譲渡して経営から身を引く場合，打ち切られる納税猶予額の一部が免除されることがあると聞いています。その免除手続について教えてください。

第6章　相続税・贈与税の基礎知識

Q6－1　相続税の概要 …………………………………〔有田　賢臣〕……*359*

　先日，父が亡くなりました。相続人は母と長男である私の2人です。父が残した財産の額を考えると相続税の申告と納付が必要となると思いますが，私が受け取った死亡保険金も相続税の対象となりますか。また，申告書はいつまでに提出すればよいですか。

　　［コラム］生命保険契約に関する権利の課税関係 ………〔平田　久美子〕……*364*

Q6－2　相続税の計算方法 ……………………………〔有田　賢臣〕……*365*

　時価10億円の資産と1億円の負債を残して父が亡くなりました。相続人は母と長男である私の2人です。母と私は父より生前に贈与を受けています。また，私は死亡保険金1億円も受け取りました。相続税はいくらになりますか。

　　［コラム］連帯保証の税務の留意点 …………………………〔長岡　栄二〕……*370*

Q6－3　贈与税の概要 …………………………………〔有田　賢臣〕……*371*

　父から贈与を受ける予定です。贈与の際には贈与税がかかるそうですが，贈与税について最低限知っておかなければならないことは何ですか。

　　［コラム］後継者への株式の贈与（名義株式） ……………〔長岡　栄二〕……*375*

Q6-4 贈与税の計算方法（暦年課税）………………〔有田　賢臣〕……376
父から現金8,000万円の贈与を受けることになりました。贈与税の計算はどのようになりますか。

Q6-5 相続時精算課税………………………………〔大野　貴史〕……379
私は、自身が経営する会社を息子に承継させたいと思っています。私が生きている間に自社株式を贈与するのと、死亡してから自社株式を相続させるのとでどちらを選択すべきか迷っています。生前贈与の贈与税の課税方式として、相続時精算課税があると聞きました。相続時精算課税とは、どのような制度ですか。

Q6-6 養子縁組……………………………………………〔大野　貴史〕……386
私は孫を養子縁組にすることを検討しています。養子縁組をすると相続税が軽減されると聞きましたが、注意すべき点はありますか。

Q6-7 相続放棄の税務……………………………………〔平田　久美子〕……389
亡くなった父が遺した財産は、自宅と自社株式が大部分であったため、事業を承継する兄が全財産を相続することになりました。そのため、私を含め他の相続人は、兄から、念のため家庭裁判所に相続放棄の申立をしてほしい、と言われています。私たちは生前に財産贈与を受けていたこともあり、それに異存はないのですが、相続放棄をすることによって課税関係に影響を与えることがあれば教えてください。

Q6-8 限定承認の税務……………………………………〔平田　久美子〕……393
先日亡くなった父には、借金があり、その額は今のところ不明ですが、相続財産を上回るおそれがありそうです。そのため、相続人間で限定承認の申立てを検討しています。この場合に、税務上で特に留意すべき点があれば教えてください。

Q6-9 相続財産が分割されていない場合の留意点…………〔有田　賢臣〕……396
先日、父が亡くなりました。相続人は長男である私と弟の2人です。遺産分割について兄弟間で争いがあり、相続税の申告期限までに遺産分割協議が成立する見込みがありませんが、相続税申告にあたり注意すべき点を教えてください。

Q6-10 代償分割の税務……………………………………〔平田　久美子〕……400
相続財産が、自宅と自社株式及び事業用財産のほかにはなく、相続人間で平等に分割することが困難です。このような場合に、代償分割という方法があるとのことですが、どのようなものでしょうか。また、代償分割を行った場合の税務上の取扱いについて教えてください。

Q6-11 遺留分減殺の税務…………………………………〔平田　久美子〕……404
父は私に、自社株式を含め、財産のすべてを相続させる公正証書遺言を遺していました。父の死後、遺言に従って遺産を相続し、相続税の納税も済ませたところ、兄から遺留分の減殺請求の訴えを起こされてしまいました。経営承継円滑化法に基づく除外合意や固定合意は行っていません。遺留分減殺請求によって税務的に必要な手続等

Q6-12 遺産分割のやり直し 〔平田　久美子〕……*407*

　父が亡くなった際，母の扶養を条件に，長男がほとんどの相続財産を取得する内容の遺産分割協議を相続人全員で行い，相続税の申告も済ませました。ところが，長男は，その後，母の扶養を放棄しています。このため，当初の遺産分割のやり直しをしたいと思っています。遺産の再分割をする場合，当初の相続税の申告を訂正することができますか。

第7章　財産評価の基礎知識

Q7-1 不動産評価 〔長岡　栄二〕……*411*

　会社を経営する父は，自宅はもとより，経営する会社に使用させている敷地や，賃貸アパートなどの不動産も所有しています。子である私が，贈与や相続によって承継するときの税金の計算では，不動産はどのように評価するのですか。

Q7-2 自社株式評価の適用手順 〔長岡　栄二〕……*416*

　会社を経営する父から，その会社の株式を承継させる意向を伝えられました。取引相場のない株式を贈与や相続する際の評価は複雑だと聞きますが，私が承継する予定の株式には，どのような評価方式が適用されますか。

Q7-3 自社株式評価の具体的算定方法 〔長岡　栄二〕……*420*

　経営者である父はその会社の筆頭株主でもあります。将来は子である私が後継者となり持株を承継する予定です。父の持株を贈与や相続によって承継するときには，どのように評価するのですか。

　　［コラム］営業権の評価 〔平田　久美子〕……*426*

Q7-4 種類株式の評価 〔長岡　栄二〕……*427*

　父の経営する会社は株主が分散しており，議決権を集中させたいことがしばしばあります。子である私が事業を承継するのに，議決権を確保できるような株式の発行を今から考えています。このような株式を発行したら，どのような評価の影響があるのでしょうか。

　　［コラム］社債類似株式は使えるか ……*432*

Q7-5 組織再編成と自社株式評価 〔大野　貴史〕……*433*

　組織再編成を行うことにより自社株式の評価に影響がありますか。また，組織再編成を行った場合の自社株式の評価における留意点を教えてください。

　　［コラム］遺留分特例の固定合意と税務における株式評価の相違点
　　　　　　　　　　　　　　　　　　　　 〔長岡　栄二〕……*437*

　　［コラム］自社株式の相続税評価額には退職給付債務が考慮されていない

……………………………………………………………〔有田　賢臣〕……*438*

第8章　相続税の納税の基礎知識

Q8-1　相続税の納税方法の種類と選択時の留意点…………〔長岡　栄二〕……*441*
　先日，父が亡くなりました。相続税は，一度に現金で納付しなければならないのでしょうか。現金がない場合や足りない場合には，どうすればよいのか，教えてください。

Q8-2　延納の基礎知識……………………………………………〔長岡　栄二〕……*444*
　先日，父が亡くなりました。父の財産は他人に貸している土地が多く，現預金はほとんどありません。私が保有する現金を加えても相続税を金銭で一時納付することは難しそうなのですが，何かよい方法はありますか。

Q8-3　物納の基礎知識……………………………………………〔長岡　栄二〕……*450*
　父の財産は，土地がほとんどで現預金がありません。父に万が一のことがあった場合，相続税の納付ができるか心配です。現金ではなく土地で相続税を納付することはできますか。

Q8-4　非上場株式の物納…………………………………………〔長岡　栄二〕……*455*
　父が経営している会社は業績がよいため，父が所有している会社の株式について相続税が多額にかかる可能性があります。この会社の株式を物納することも考えているのですが，可能でしょうか。

第9章　先代経営者と後継者と会社の税務

Q9-1　被相続人の亡くなった年に係る所得税及び消費税の申告
　………………………………………………………………………〔大野　貴史〕……*459*
　被相続人の亡くなった年に係る所得税及び消費税の申告はどうすればよいのでしょうか。

Q9-2　相続財産を譲渡した場合の課税の特例……………〔長岡　栄二〕……*461*
　父の死亡により，相続税が発生します。納税資金の一部に充当するために，相続で取得した土地を譲渡する予定です。
　譲渡の際の所得税計算について，納付した相続税の一部を譲渡益から控除できる制度があると聞きました。詳しいことを教えてください。

Q9-3　相続財産を寄附した場合……………………………〔平田　久美子〕……*464*
　先日亡くなった父の相続財産の一部を，公益法人に寄附しようかと考えています。相続財産を寄附した場合の特例があると聞きました。その内容を教えてください。

Q9-4　公益法人等への寄附…………………………………〔平田　久美子〕……*467*

私には，先祖代々からの土地が多くあるため，自分に万一があったときの子供たちの相続税の負担が心配です。一般社団法人を設立し，そこに土地などを寄附すると，税制上有利と聞きました。内容を教えてください。

Q9-5　役員退職慰労金等………………………………〔長岡　栄二〕……*471*

経営者である父が経営から退くのに際して，会社から父に退職慰労金等を支給する予定です。支給に際して税務上留意する内容には，どのようなことがありますか。

　　〔コラム〕事業承継における生命保険契約………………〔平田　久美子〕……*476*

Q9-6　会社との不動産賃貸借関係等に関する税務………〔長岡　栄二〕……*477*

これから建築する建物の敷地として，私の経営する会社の土地を借りようと考えています。できるだけ少ない地代で済ませたいと考えましたが，税務上問題があると指摘されました。会社と個人の不動産の賃貸借で気をつけるのは，どのような場合でしょうか。

Q9-7　会社に対し経営者が多額の貸付けを行っている場合

　　　　　　　　　　　　　　　　　　　　　　　　　　　〔有田　賢臣〕……*484*

非上場会社の経営者である父は高齢です。会社は債務超過であり，父の会社に対する貸付金は回収できない状況です。この貸付金が相続財産になった場合，回収の見込みが立たないのでゼロ評価となるのでしょうか。貸付額で評価されてしまうのであれば，何か対策をとることはできないでしょうか。

　　〔コラム〕経営者から会社への無利息貸付け………………〔有田　賢臣〕……*489*

Q9-8　自社株式を発行会社へ売却する場合の注意点………〔長岡　栄二〕……*490*

父の相続に際して，父が経営していた会社の株式を相続しました。しかし相続税の納税資金が足りません。この株式を会社に売却しようと考えているのですが，売却先によって税金が変わるのでしょうか。

　　〔コラム〕自己株式の買取りとみなし贈与………………〔平田　久美子〕……*493*

Q9-9　信託に関する税務の概要………………………〔長岡　栄二〕……*494*

後継者予定の子供がまだ幼いため，事業を承継するのには早いのですが，万が一に備えて，会社の株式を信託しておきたいと考えています。信託を利用した事業承継を検討する際に，税務上注意すべき点を教えてください。

　　〔コラム〕議決権の財産的価値…………………………〔長岡　栄二〕……*498*

Q9-10　税務上の法定期限……………………………〔大野　貴史〕……*499*

経営者に相続が発生した場合の税務上の法定期限について教えてください。

　　〔コラム〕相続税の税務調査……………………………〔長岡　栄二〕……*503*

判例索引
事項索引

事業承継の法律実務と税務 Q&A

第1章

事業承継とは

Q 1-1　事業承継に関する問題点

　父の会社は，創業者かつ100%株主の父Ａが代表取締役社長を務めています。長男Ｘは会社経営に関わらず，銀行勤務のサラリーマンをしており，長女Ｙは会社の経理の手伝いをしています。父Ａはそろそろ引退を考えています。事業承継に関し，どのような問題が起こりうるのですか。

A

(1)　後継者が見つからず，廃業に追い込まれる場合があります。
(2)　株式の分散により，経営権をめぐる紛争に発展することがあります。
(3)　遺留分減殺請求権が行使され，遺産の分割が円滑にいかないことがあります。
(4)　相続税の対策が十分でないと，納税資金が不足することがあります。
(5)　相続税対策に誤りがあると，税金が加重されるおそれがあります。

解説

〔1〕事業承継とは

　事業承継とは親族，従業員等又は第三者に対して事業を承継させることをいいます。本書では，オーナー企業である中小企業において，大株主であり社長でもあるオーナーが親族，従業員等又は第三者に会社の経営権を承継させることを想定しています。

　中小企業には，会社（株式会社，合名会社，合資会社，合同会社），組合（民法組合，有限責任事業組合契約（LLP））又は個人事業の形態がありますが，その多くは株式会社(注)ですので，経営権の承継は株式の承継という形を取ります。日常の会社経営を担当するのは代表取締役である社長や，取締役である営業部長ですが，取締役は株主総会の多数決によって選任しますので（会329条1

項・341条)，結局，株主総会における議決権の過半数を持つ者が会社経営の実権を握ることになります。事業承継においては，この株式の所有権をどのように次代の後継者（候補）に承継させるかが重要なテーマです。

　（注）　会社法制定前の有限会社が，「有限会社」の商号を維持したまま，株式会社として存続する「特例有限会社」も，会社法上は「株式会社」として取り扱われます（会社法整備法2条1項・3条1項）。

〔2〕 後継者が見つからない場合

　事業承継において最大の問題はそもそも事業を承継する者がいないことです。実際，オーナー企業においては，子供達はサラリーマンや専門職になり会社経営に興味がないことがあります。その場合，創業者の引退や死亡によって事実上の経営者がいなくなることがあります。確かに，株式は相続人である長男や次男に相続されるかもしれません。しかし，その大株主に会社経営をする意欲がなければ，会社は立ち行かなくなります。社長を外部から招聘したり，永年継続の従業員を社長に据えることも考えられますが，簡単ではありません（Q3-10参照）。

　どうしても，後継者が見つからなければ，廃業することになります。法的には，株主総会の特別決議によって解散決議を行い，清算人が清算手続を行います（会309条2項11号・471条3号・475条1号）。換金可能な資産を第三者に譲渡して現金化し，債務を弁済したうえで，残余財産を株主に分配します（なお，現物財産を分配することも可能です）。清算が結了すれば会社は法人格を失い消滅します。しかし，廃業によって，株主は将来の利益を生み出す機会を失うかもしれません。また，切実な問題として従業員は雇用を失います。また，会社が重要な技術を有しているメーカーであったり，地域に貢献する企業（地元の学校に給食を供給しているパン屋など）であるとすれば，廃業は社会的損失です。このように考えると，廃業は避けたほうがよい場合が多いと思われます。そうすると，事業の後継者を想定し，法的な手続を含めて準備を進めておく必要があります。

〔3〕経営権をめぐる紛争

　そこで，子供達に株式を相続させ，長男と長女で会社経営を行う場合を考えます。社長が100％株主の場合，長男と長女のそれぞれに何株を相続させるかは，基本的には被相続人である社長の自由です（私的自治の原則，遺言自由の原則）。そこで，遺言により長男と長女にそれぞれ50％ずつ株式を相続させた場合を考えましょう。50％ずつであれば，株主権は全く平等です。長男と長女が仲良くやっているうちは，これで何も問題はありません。しかし，両者の関係が悪化すると，株主総会決議が成立しないことになりますので，経営がストップしてしまいます。幹部従業員を巻き込んでのお家騒動に発展する場合もあります。業を煮やして，長女が勝手に株主総会議事録を作成して自らとその指名する者の役員選任登記を行い，長男が株主総会決議不存在確認の訴えや株主総会決議取消しの訴えを提起して，紛争が泥沼化するような場合もあります（会830条1項・831条1項）。このようなことにならないように，経営が安定するような株主構成とする必要があります。

〔4〕遺留分減殺請求権

　先代の経営者である父は長男を後継者として想定し，長男に株式のすべてを相続させ，妻と長女にいくらかの現金のみを残す遺言を行ったとします。しかし，長女はこれまで会社の経営を支えてきたのに，サラリーマン暮らしで会社経営の苦労を知らない長男が突然社長になることに納得できず，遺留分減殺請求権を行使するかもしれません（民1031条）。遺留分減殺請求権の行使によって株式は準共有の状態になり，議決権も共同で行使することになります（Q3-1参照）。遺留分減殺請求権が行使された場合，対象となる財産の分割について協議を行い，分割方法について合意する必要がありますが，容易でないこともあります。例えば，遺留分減殺請求権を行使した長女に対して現金を交付することによって解決することも可能ですが（価額弁償），株式の評価によって長女に交付すべき金銭の額が大きく異なります。しかし，株

式の評価は難しく，この点をめぐって紛争が長期化することもあります。

〔5〕相続税対策

　相続に際し相続の対象となる遺産（相続財産）の額が基礎控除の額を超える場合には相続税の納付が必要になります。相続税の額は相続財産の額を基準として算定されますので，株式の価値が高く評価されるほど相続税の額は高くなります（Q6-2参照）。ところが，中小企業の場合，株式の価値が高いといっても，後継者となる相続人に潤沢な現金があるとは限りません。そうすると，納税資金の準備がなければ，せっかく相続した株式を手放すことにすらなりかねません。したがって，早めに相続税がいくら必要となるのかを試算し，適法かつ合理的な節税対策を行うとともに，納税資金の準備をする必要があります。相続税の概要及び計算方法についてはQ6-1，Q6-2をご参照ください。また，これと密接な関連を有する贈与税に関してはQ6-3～Q6-5をご参照ください。

〔6〕誤った相続税対策

　相続税の負担については知っていても，中途半端な対策をすると，かえって失敗することがあります。例えば，一部の株式を名義上だけ他人のものとし，見せかけの所有株式の数を少なくして相続税の額を低減させようとする試みが行われることがあります。もちろん，他人に譲渡された株式は相続財産には含まれませんが，それが名義上だけのものであり，実質は被相続人のものと認定された場合（いわゆる名義株）には，当然，その株式は相続財産に含まれるものとして扱われます（Q3-12参照）。このような実態と反する行為が事実の隠ぺい又は仮装と認められれば重加算税が課されることもあります（国通68条1項）。したがって，相続税対策は良識のある専門家の協力を得て，法令に違反しない範囲内で，合理的に行う必要があります。

〔7〕ま と め

　以上のように，事業承継は誰を後継者とするか，そのためにどのような法的手続を取ればよいか，その際にかかる相続税はどのくらいか，納税資金はどうやって調達すればよいか，様々なことを慎重に考えながら，十分な時間をかけて取り組む必要があります。

〔南　　繁樹〕

Q 1-2　事業承継に関する問題の所在

当社について，事業承継に関する問題があるかどうか，診断していただけませんか。

A

(1) 後継者がいるかどうか，また後継者が経営者としての能力を有するか否かが最大の問題です。
(2) 後継者候補がいれば，その候補者が一定数の株式を所有することが必要です。
(3) 他の相続人が不満を持たないような相続の仕方を検討しておく必要があります。
(4) 相続税の対策が十分かどうかも診断が必要です。

解説

〔1〕後継者の選定

　事業承継において最大の問題は，後継者を誰にするかです。早くから息子・娘を後継者候補と決めて役員や従業員として帝王教育を施している場合は，後継者の選定自体に悩むことはあまりないでしょう。社長から経営を教わりつつ，時間をかけて会社の番頭である古参の従業員や取引先との関係も構築していくことが可能でしょう。
　これに対し，社長の子供達がサラリーマンや専門職であり，会社経営に興味がない場合は問題です。時間をかけて経営に携わっていない子供達に会社を継ぐ気持ちがあるかを確認し，見通しを立てておく必要があります。娘婿や，甥・姪も候補者になるかもしれません。実際には，先代が死亡した後，妻がリリーフで社長に就任し，次代の後継者を時間をかけて育てていくなど，思いがけない形で事業が承継されることもあります。

また，社長の子供達や親族が経営に携わっていても，経営者としての能力があるかどうかは別論です。2代目・3代目が優良企業を凋落させた例は枚挙にいとまがありません。社長としては厳しい目で候補者の社長としての適性を吟味する必要があるでしょう。

　以上のように，まず後継者又はその候補者がいるか否かを確認することが事業承継の診断の第一歩です。後継者がいない場合には，誰を後継者にするのかを真剣に考えなければなりません。

〔2〕後継者の経営能力の診断

　後継者（候補）がいるとしても，経営者としての力量は未知数ですので，帝王教育を施していかなければなりません。時々あるのが，ワンマン社長の経営する会社で，事業承継など考えもしておらず，後継者を指名していないケースです。また，親族が社内におり，後継者と目されていても，社長の生前には経営に関する意思決定には一切関与させていない場合も同様です。このようなワンマン社長が死亡した場合，新社長が突然リーダーとなって会社を経営することになります。古参の役員や，取引先，従業員は会社の行く末に不安を抱きながら見守ることになります。それでも，新社長が周囲のサポートを得ることができればうまく行くこともありますが，そうでなければ，経営に混乱を来します。上場企業の場合，役員は実力不足とみなされた場合は解任されることもありますが，オーナー企業の場合，社長を解任することは事実上不可能ですから，役員や従業員が退職し，取引先からは取引を縮小・中止されるなどということが起こりえます。

　やはり，事業の円滑な承継という観点からは，社長が将来の後継者を選定し，本人に経験を積ませると同時に，周囲にもそれを認知させることがスムーズな承継のためには望ましいといえるでしょう。

　もっとも，後継者（候補）に経営者としての能力があるか否かを診断することは容易ではありません。ただし，社長が自分の子供を評価する場合などは，どうしても評価が甘くなってしまうことは自覚しておいたほうがよいかもしれません。そこで，最終的な判断は社長が行うにしても，信頼できる役

員や，取引銀行，重要な取引先がどのように見ているかについても探っておくことが有益な場合もあるかもしれません。これらの者にとっても，後継者が誰であるかは重要な問題だからです。社長のみならず，これらの第三者からも信頼されるようであれば，事業承継の準備は順調といえるでしょう。

〔3〕後継者の株式所有

　後継者（候補）が決まったら，株式の分布を分析しておくことが重要です。会社経営は，究極的には株主による株主総会議決権の行使によって決まるものであり，議決権を誰が，どれだけ行使することができるかによって，会社が誰の意向によって経営されるかが決まってくるからです。例えば，取締役の選任には総議決権の過半数が必要です（会329条1項・341条）。したがって，事業承継をさせた暁に，後継者が議決権の過半数を有することになれば，取締役の地位が確保され，また，取締役会設置会社においても取締役会の過半数を協力者によって占めることが期待できますので，安定した会社経営が期待できます。ところが，例えば，後継者である長男の株式所有が30％に過ぎず，次男が25％，先代の弟（叔父）が20％，従業員株主が合計15％，取引先が10％，である場合はどうでしょうか。この場合，長男が次男及び叔父の協力を得ている場合には，長男が取締役に選任され，また，取締役会で社長（代表取締役）に選任されることに問題はないでしょう。しかし，長男自身では株主総会議決権の単独過半数を持っていないので，次男と叔父が結託したうえで（45％），従業員株主や取引先から5％を超える支持を得れば，株主総会の普通決議により長男を取締役から解任してしまうことも可能となります（会339条1項・341条。なお，解任の決議要件は定款の定めにより加重することが可能です）。そうすると，潜在的には従業員や取引先も含めたお家騒動に発展する可能性があります。このように，議決権が分散していると経営が不安定化するリスクを否定できません。そこで，後継者には株主総会の総議決権の過半数，それが無理でもできるだけそれに近い割合の株式を所有させることとして，経営の安定化をはかる必要があります（**Q3-1**参照）。

　したがって，相続が開始された場合に，株式所有がどのようになるのかを

検討しておく必要があります。後継者が過半数を所有することができるのであればひとまず安心です。そうでない場合，他の大株主は誰か，後継者を継続的に支持してくれるのは誰かを検討する必要があります。例えば，一族の中で必ずしも後継者（候補）に友好的でない者が多数の株式を所有している場合，その者の意向を慎重にはかる必要が生じるでしょう。

〔4〕後継者以外の相続人に対する相続

　後継者が決まり，その後継者に社長の株式（の多く）を相続させることとした場合，社長は遺言又は生前贈与・死因贈与の形で後継者に株式を与えることができます。被相続人（社長）は，生前において自分の財産を自由に処分できるのはもちろん，同様に，相続に関しても遺言によって自分の財産を自由に処分できるのが原則です（遺言自由の原則）。しかし，民法は，相続人の生活の確保などの目的から，遺言自由の原則に制約を加え，相続人に遺留分を認めています（民1028条）。そこで，相続人が遺留分減殺請求権を行使した場合には，後継者への株式の承継が一部否定されることにもなりかねません（**Q 4-27**参照）。したがって，遺言や生前贈与・死因贈与においては，後継者以外の相続人にも気を配り，一定程度の財産を遺しておくことが必要です。そこで，相続財産の適正な評価を行ったうえで，遺留分減殺請求権の行使の余地がなく，誰からも不満が出ないような遺言を作成し，又は生前贈与・死因贈与を行うことが必要です（**Q 4-20**参照）。

　以上のような観点からは，株式を後継者（候補）に相続させた場合に，他の相続人に適切な相続財産（遺産）を配分できるか否かを検討する必要があります。この関係で，株式以外の資産（不動産，現金・銀行預金などの金融資産など）がどのくらいあるかがポイントになります。社長（被相続人）に金融資産が潤沢な場合は，それを後継者以外の相続人に与えることでスムーズな事業承継が可能になるでしょう。そうでない場合，後継者以外の相続人に何を与えるかを工夫する必要が生じます。後継者の会社支配権が揺るがない範囲で一定程度株式を与えることも考えられるでしょう。あるいは，種類株式を発行し，それを後継者以外の相続人に相続させることにより，将来の配当を与

える代わりに，経営の実質に関与させないことなども考えられます（**Q 3 - 7**，**Q 3 - 8**参照）。法的な工夫によって大きな効果が得られるのは，このような場合です。

〔5〕相続税対策

　相続税に関しては，早めに相続税がどのくらい必要となるのかを試算し，合理的な節税対策を行うとともに，納税資金の準備をする必要があります。その際に，相続財産がどのような財産で構成されているのか（株式か，不動産か，金融資産か），それぞれの割合はどうか，特例が利用できるかどうか，生前贈与の効果がどうかなどを検討する必要があります。この点に関する詳細は，**第6章**及び**第7章**をご覧ください。

〔南　　繁樹〕

Q1-3　相続開始前の対策

相続の開始前にあらかじめどのような対策をしておけばよいでしょうか。

A

Q1-2に記載のとおり，事業承継の準備ができているかどうか，問題点があるか否かについて診断を行う必要があります。そのうえで，後継者の選定・育成，株式の集中化，遺言の作成，会社関連書類の作成，相続税対策などを進めていく必要があります。

解説

〔1〕後継者の選定・育成

事前の準備としては，後継者（候補）を選定することが第一です。時間のあるうちに，後継者を選定し，本人の意思を確認すると同時に，経営者としての教育を施し，経験を積ませる必要があります。

〔2〕会社支配関係の明確化と株式の集中化

Q1-2に記載のとおり，株式の分布によって会社支配権の所在が異なってきます（Q3-1も参照）。したがって，株式の分布を正確に把握し，できれば後継者が過半数の株式（議決権）を所有できるように株式の移転の方法を検討する必要があります。株式の移転は，遺言を作成することによって相続の際の承継方法をあらかじめ定めることができますが（Q4-14以下参照），あらかじめ贈与（生前贈与・死因贈与）によって行うこともできます（Q4-24,Q4-25参照）。なお，場合によっては，後継者が対価を支払って株式を買い取る方法や，会社による自己株式の取得と後継者に対する株式の発行によって

支配権の実質的移転を行うことが適切である場合もあります（Q3-9, Q9-8参照）。

〔3〕遺言の作成

　遺言については，後継者へ承継させる株式についての遺言が中心となりますが，その遺言が無効とされることを防ぎ，かつ遺留分減殺請求権（民1031条）によって想定されていた結果が一部実現されないこととなってしまわないように，他の相続人に与える財産についても考慮した遺言を作成する必要があります（Q4-19, Q4-20参照）。遺言を適切に作成するためには，弁護士又は司法書士のアドバイスを得たほうがよいでしょう。

　相続の詳細については，**第4章**をご参照ください。

〔4〕会社関連書類の作成

　オーナー企業の場合，役員変更の登記などを司法書士任せにしたままで，会社の関係の書類を十分に整備していない場合も少なくありません。この機会に，次代への承継を見据えて定款規定を再検討し，必要な規定があれば新設することも考えられます（Q3-3参照）。また，過去に取引先や従業員に株式を発行することで株式の所在が曖昧になっている場合には，あらためて株主が誰であるかを確認し，株主名簿を作成しておいたほうがよいでしょう。所在不明の株主についても明確化し，必要があれば，所在不明株式の売却制度を利用して，現金化したうえで供託するなどの方策を取ることも考えられます（会197条。Q3-6参照）。その他，この機会に，株主総会議事録及び取締役会議事録を整備しておいたほうがよいでしょう。

〔5〕相続税対策

　相続税は，被相続人が所有している財産（相続財産）の内容によって差異が生じます。そこで，相続財産の内容を見直し，財産の入れ替えを行うこと

で相続税額を減少させることができる場合があります。また，相続財産の中でも大きい割合を占めると思われる株式については，評価方法によって評価が大きく異なり，相続税額にも差異が生じます。そこで，まず，自社の株式がどのような評価方法で評価されるのか，その際にどの値が評価に影響するのかを把握しておくことが有用です。それらを踏まえて，長期的に社長個人の財産構成と会社の配当政策などを検討していく必要があります（**第7章**参照）。

〔南　繁樹〕

Q 1-4　事業承継計画の効用

事業承継計画を作成する意味はありますか。

A

　　事業の現状を認識し，後継者の育成，並びに法的な問題点及び税務上の問題点を整理するうえで，事業承継計画は有用です。

解説

〔1〕事業承継計画とは

　事業承継計画とは，事業の承継の工程に関する計画です。中小企業庁 HP（http://www.chusho.meti.go.jp/zaimu/shoukei/pamphlet/2009/download/Shoukei.pdf）において入手できる「中小企業事業承継ハンドブック26問26答平成21年度税制改正対応版」にサンプルが掲載されています（同6頁）。このような計画がなぜ必要なのでしょうか。
　それは，事業承継は，事業（会社）の命運に関わる問題であり，後継者の育成をはじめ一定の準備期間を要し，また，親族・従業員・取引先など様々な方面への目配りが必要であることから，計画的に事を運ぶ必要があるからです。

〔2〕事業承継計画の内容

　事業承継計画において記載すべき内容は，以下のとおりです。
① 　後継者の選定
② 　株式の承継方法・承継者の検討
③ 　その他の財産の承継方法・承継者の検討
④ 　遺言の作成・生前贈与・死因贈与契約の締結

⑤　会社の定款等の整備・種類株式の発行など事業承継に備えた会社体制の整備
⑥　売上高・利益等の中長期目標の設定

〔3〕事業承継計画の例

(1)　後継者の選定
　後継者を誰にするかが問題です。この点については，誰に承継させるかが最大の問題ですが，それと同時に，いつごろ承継させるか，計画をしておくことが望ましいといえるでしょう。承継の時期を目処に，後継者としての準備を進めていく必要があるからです。
(2)　株式の承継方法・承継者の検討
　後継者は，会社の代表取締役（社長）の地位を承継することになりますが，法的にはオーナーとして株式（議決権）の過半数を承継することが重要です。この承継がなされたときが，事業が承継されたときということになります。承継の方法・時期については大別して，相続による場合と生前に行う場合の2つがあります。先代社長が経営に関与し続ける場合には，承継は相続によることになります。この場合，遺言によって承継者を指名し，株式（の過半数）を承継させることになるでしょう。遺言に代えて死因贈与という方法もあります（Q4-25参照）。他方，先代が早めに引退する場合，生前に株式を贈与することも考えられます。この中間形態として，株式は先代が所有したまま，代表取締役社長としての地位は後継者に委ねることも考えられます。これらのいずれを選択するか，また，いつ株式を承継させるか，いつ代表取締役（社長）の座を譲るかは，後継者の自覚と周囲の反応も考えて慎重に決定すべきです。
(3)　その他の財産の承継方法・承継者の検討
　一族間での円満な相続という点では，株式の承継者が決まったあと，その他の遺産をバランスよく相続人に配分する必要があります。また，贈与税の負担を考えて，計画的に贈与を行うことも考えられます（Q6-3～Q6-5，Q5-2参照）。特に，生前贈与に関しては，相続時精算課税の利用も考えら

れますので，税理士に相談したうえで計画的に進めると同時に，記録を大事に保管しておくことが重要です。

(4) 遺言の作成等

株式及びその他の相続財産の承継者と承継方法が決定したときは，それに従った遺言を作成します。遺言は，定期的に見直したほうがよいでしょう。このほか，上述のとおり生前贈与や負担付死因贈与契約の利用も考えられます。

(5) 会社の定款等の整備等

スムーズな事業承継のために，配当優先株式を発行したり，相続人に対する売渡請求権を創設する場合などは，会社の定款変更が必要になります（**Q 3-3**，**Q 3-7**，**Q 3-8** 参照）。このような会社の定款やその他の関係書類等の整備は，怠らずに事前に行っておく必要があります。

(6) 中長期目標の設定

売上高・利益等，経営面の目標を設定し，事業承継が会社の本来の経営の支障にならないように注意を喚起しましょう。

〔4〕 事業承継計画のチェックポイント

事業承継計画のひな形は，**図表1**のとおりです。空欄に記載することによって，今後の事業承継の見通しを立て，なすべきことを整理することが可能となりますので，まずは現状を記載することをお勧めします。

なお，新事業承継税制における納税猶予の特例を利用するための「確認」については，事業承継計画が要求されていますが（経営承継規15条5号），必ずしもこのような書式で作成する必要はありません（**Q 5-6** 参照）。上記確認を申請する際に必要となる事業承継計画については，「中小企業経営承継円滑化法申請マニュアル」（本書**45頁**参照）の181頁をご参照ください。

〔南　繁樹〕

Q1-4 事業承継計画の効用

図表1　事業承継計画表

	項目	現在	1年目	2年目	3年目	4年目	5年目	6年目	7年目	8年目	9年目	10年目
事業の計画	売上高(千円)	1,000,000	1,020,000	1,040,000	1,060,000	1,080,000	1,100,000	1,120,000	1,140,000	1,160,000	1,180,000	1,200,000
	経常利益(千円)	100,000	100,000	100,000	100,000	100,000	105,000	105,000	105,000	105,000	105,000	105,000
	当期純利益(千円)	50,000	50,000	50,000	50,000	50,000	50,000	50,000	50,000	50,000	50,000	50,000
	店舗数	10	11	12	13	14	15	16	17	18	19	20
会社財務	純資産額(千円)	500,000	550,000	600,000	650,000	600,000	650,000	700,000	750,000	800,000	850,000	900,000
	役員給与(千円)	10,000	10,000	10,000	10,000	110,000	10,000	10,000	10,000	10,000	10,000	10,000
	配当・自己株式取得(千円)					50,000						
	借入金(千円)	100,000	90,000	80,000	70,000	60,000						
会社資本政策	普通株式					長男に普通株式贈与						
	配当優先・無議決権株式(優先株式)	優先株式を父に発行				優先株式を次男・三男に贈与						
	中心的株主以外の株式					叔父・甥の自己株式取得						
現経営者(父)	年齢	70歳	71歳	72歳	73歳	74歳	75歳	76歳	77歳	78歳	79歳	80歳
	役職	代表取締役社長				会長						
	関係者の理解	家族会議		社内へ計画発表	取引先・金融機関に紹介							
	株式・財産の分配					株式贈与						
	議決権(%)	60%				0						
	所得税	役員給与	役員給与	役員給与	役員給与	役員給与(退職慰労金)						
後継者(長男)	年齢	40歳	41歳	42歳	43歳	44歳	45歳	46歳	47歳	48歳	49歳	50歳
	役職	取締役営業部長		常務取締役	専務取締役	代表取締役社長						
	議決権(%)	20%				100%						
	贈与税・相続税					贈与税の納税猶予適用		事業継続要件(株式継続保有・雇用維持・代表権保持，など)				
	相続対策					民法特例に係る除外合意・経済産業大臣確認・家庭裁判所許可						

(出所：中小企業庁「中小企業事業承継ハンドブック26問26答平成21年度税制改正対応版」6頁を参考に作成)

Q1-5　事業承継に関し，相続開始後にやるべきこと

相続開始後に行うべきことは何ですか。

A

相続開始後10ヵ月以内に相続税の申告が必要ですので，すみやかに税理士に依頼すると同時に，財産調査に協力する必要があります。遺言が作成されている場合は，遺言の検認の手続（公正証書遺言には必要ありません）を経たうえで，遺言を執行しなければなりません。なお，相続の放棄・限定承認は，自己のために相続の開始があったことを知った時から3ヵ月以内に行わなければなりません。

会社に関しては，役員変更登記や株主名簿の名義書換も必要です。不動産などについては，権利移転の手続を行う必要があります。

後継者が取引先に挨拶し，継続的な協力を求めることも重要です。

解説

〔1〕相続税の申告

相続税の申告は，相続の開始があったことを知った日の翌日から10ヵ月以内に行う必要があります（相税27条1項）。そのためには，まず税理士を選任しなければなりません。この点については，会社の法人税申告を依頼している税理士が必ずしも適任とは限りません。なぜならば，相続税は「資産税」として法人税とは全く体系が異なるうえ，税理士にとってはやや特殊な分野で，法人税の申告を業務の中心としている税理士の中には相続税の経験が乏しいことも少なくないからです。また，会社の通常の業務に携わる税理士に，相続というプライベートに関する事情を知られることが適切ではない場合もあります。したがって，相続税（資産税）を専門とするよい税理士を探して，早めに相談しておく必要があります。

相続税の申告のためには，相続財産の詳細を明らかにする必要があるため，株式，不動産，銀行預金等の金融資産，その他の相続財産について税理士に知らせて，それらに関する書類（株券，不動産登記事項証明書，銀行通帳など）を準備する必要があります。なお，相続一般の問題として，戸籍謄本の取り寄せなどが必要になりますが，これも税理士又は司法書士に依頼することが可能です。

特に，税務上の法定期限についてはQ 9-10をご参照ください。

〔2〕遺言の検認・執行

遺言が作成されている場合には，その検認手続が必要です（民1004条）。ただし，公正証書遺言については検認手続は不要です（民1004条2項）。検認手続は，遺言書の偽造変造を防ぐための一種の検証手続であり（大決大4・1・16民録21輯8頁，大判大7・4・18民録24輯722頁），証拠保全手続です（中川＝泉・相続法610頁）。検認手続においては遺言書の形式，形状その他の状態を調査するだけであって，遺言書の有効・無効を審査するものでも遺言書の有効要件でもありません。ただし，遺言の検認を経ないで遺言を執行し，又は家庭裁判所外においてその開封をした者は，5万円以下の過料に処せられます（民1005条）。また，不動産登記実務上は，自筆証書の遺言書を登記原因証明情報（相続を証する書面）として申請書に添付することにより「相続」による所有権移転の登記の申請をする場合には，検認を経る必要があります（平成7年12月4日民三4343号民事局第三課長回答）。これに対し，「遺贈」の登記申請に添付される遺言書については，検認を要しないものとされています（昭和33年1月10日民事甲4号民事局長心得通達）。

遺言が作成される場合，遺言内容を法的に実現させるための執行行為を必要とする場合には，遺言執行者が遺言を執行することになります。遺言執行者は相続財産の管理その他遺言の執行に必要な一切の権利義務を有します（民1012条1項）。具体的には，会社株式については株券の交付（必要に応じて），株主名簿の名義書換請求，不動産については所有権移転登記の申請，銀行預金の名義変更などを行います（Q 4-23参照）。

遺言に関しては，**第4章**をご参照ください。

〔3〕相続の放棄・限定承認

　相続財産がプラスである場合には単純承認を行うことにより，相続財産が相続人に相続されることになりますが，相続財産がマイナスである場合には相続放棄，相続財産がプラスかマイナスか分からない場合には限定承認（相続によって得た財産の限度においてのみ被相続人の債務及び遺贈を弁済すべきことを留保して相続を承認すること）を行うことを検討しなければなりません（**Q4-11**参照）。相続の放棄又は限定承認は，自己のために相続の開始があったことを知った時から3ヵ月以内に行わなければなりませんので（民915条1項），被相続人が死亡したときには，すみやかに財産調査を行わなければなりません。

　この関係で注意を要するのは保証債務です。相続されるのは，被相続人個人の債務すべてですが，その中には保証債務も含まれます。オーナー企業の場合，会社の借入金についてオーナー個人が連帯保証をするのが通常であり，かかる連帯保証債務も相続され（ただし，包括根保証については，相続が否定されることがあります。**Q4-12**参照），相続人は自己の法定相続分に応じて連帯保証債務を相続します（最判昭34・6・19民集13巻6号757頁）。例えば，相続人が被相続人の妻と子供2名であった場合で，会社に1億円の借入金があり，これを被相続人が連帯保証していた場合，妻は5,000万円，子供はそれぞれ2,500万円の保証債務を相続し，それぞれの範囲内で全債務者である会社と連帯して責任を負います。したがって，オーナーの死亡に伴って事業を廃止する可能性がある場合で，会社が債務超過である可能性があるときは，期限内に相続放棄又は限定承認を行うことを検討しなければなりません。なお，相続放棄・限定承認については，家庭裁判所において，期間伸長の請求をすることができますので，財産の詳細が不明であるときは，自己のために相続の開始があったことを知った時から（通常は，被相続人の死亡時から）3ヵ月以内に期間伸長の請求をしておくべきです（**Q4-11**参照）。

〔4〕会社関係の処理

会社経営に関し，社長は死亡により退任することから（民653条1号），新たな代表取締役を選任し，選任から2週間以内に登記を行う必要があります（会349条3項・362条3項・911条3項・14号・915条1項）。なお，社長の死亡により法律又は定款所定の取締役の人数に欠員が生じる場合には，臨時株主総会を開催し（株主全員の書面による同意でも可能です。会319条1項），取締役を選任する必要があります（会329条1項・341条）。

株式の相続については，遺言執行者又は株式を相続した者自らが会社に対して株主名簿の名義書換請求を行い，会社はこれに応じて名義書換を行う必要があります（会133条）。遺言がある場合には，遺言の内容に沿って受遺者の名義に名義書換をすることになりますが，遺言がない場合には法定相続分（民900条）に応じた準共有名義になります。

なお，遺贈された株式につき，定款による譲渡制限株式の譲渡に関する会社の承認（会2条17号・107条1項1号・108条1項4号）が必要になります。相続による承継の場合（「相続させる」遺言による場合を含みます）には，かかる承認は不要です（**Q 4-18**参照）。

なお，新しい代表取締役が選任された場合には，会社の代表印もあらためて届け出る必要があります（商登規9条1項4号）。従前の代表印を引き続き使用することもできます（届出は，必ず必要です）。

〔5〕権利移転手続の処理

不動産などの権利については，登記などの権利移転手続を行う必要があります。このような手続が必要となる権利としては，不動産のほか，自動車，船舶，特許権・商標権等の知的財産権，銀行預金等の債権などがあります。法定相続分については，登記なしに第三者に対抗できます（最判昭38・2・22民集17巻1号235頁）。また，遺言による指定相続分（民902条1項）について，法定相続分を超える部分についても，登記なしに第三者に対抗できるとされて

います（最判平5・7・19判時1525号61頁）。同様に，特定の財産を「相続させる」遺言によって取得したことも（最判平14・6・10判時1791号59頁），登記なしに第三者に対抗できます（**Q 4-18参照**）。これに対し，特定遺贈による取得については，第三者に対抗するためには登記が必要です（最判昭39・3・6民集18巻3号437頁）。

〔6〕 従業員・取引先との関係維持

　取引先との関係も重要です。取引先は社長の交代によって経営に変化が生じるかどうかに注目しています。特に，与信を行う銀行は，新社長を信頼してよいか，経営が不安定化しないかを注視しており，不安を持たれた場合には貸出金額を引き下げられるおそれも生じます。したがって，銀行に対して新社長の交代を告げ，引き続き安定した経営が行われることをしっかり伝えなければなりません。他の取引先についても，同様の配慮が必要になります。
　従業員に対しても同様であり，社長交代によって経営が揺らぐことがないことを印象付け，動揺を与えないことが大切です。

〔南　　繁樹〕

第 2 章

経営承継円滑化法による民法の特例

Q 2-1　経営承継円滑化法の概要

「中小企業における経営の承継の円滑化に関する法律」の概要について教えてください。

A

「中小企業における経営の承継の円滑化に関する法律」は，大きく次の3つの柱からできています。
(1)　遺留分についての民法の特例
(2)　金融支援措置
(3)　贈与税及び相続税の納税猶予制度

解説

〔1〕経営承継円滑化法の立法趣旨

「中小企業における経営の承継の円滑化に関する法律」(以下「経営承継円滑化法」といいます)は，遺留分に関し，民法の特例を定めるとともに，中小企業が必要とする資金の供給の円滑化等の支援措置を講ずることにより，中小企業における経営の承継の円滑化を図り，もって中小企業の事業活動の継続に資することを目的として制定され，平成20年10月1日から施行されています(民法の特例については，平成21年3月1日からの施行です)。

全国の企業の約9割が中小企業であり，そのうち後継者不在を理由として約7万社が毎年廃業し，約20～30万人が失業していると言われており，「中小企業の事業活動の継続」により雇用の確保を図ることが喫緊の課題とされていました。

しかし，中小企業の事業承継にとって，①遺留分の制約，②株式等の買取りのために多額の資金が必要，③相続税の重い負担といった障害があり，これらを取り除くための措置を講ずる必要があるとして，立法上の手当てが要

請され，今般，経営承継円滑化法が制定されました。

上記①～③の障害について，①については経営承継円滑化法において遺留分の特例を定め，②については同法における金融支援措置として定められています（②については，Q2-6をご参照ください）。③については，租税特別措置法において相続税・贈与税に関する納税猶予の特例として定められています（第5章をご参照ください）。

〔2〕 経営承継円滑化法の適用対象—「中小企業者」

経営承継円滑化法の適用を受けることができるのは，同法2条及び政令に定める「中小企業者」に限られます。

(1) 法2条に定める「中小企業者」の範囲

業　種	資本金の額又は出資の総額		常時使用する従業員の数
製造業・建設業・運輸業	3億円以下	又は	300人以下
卸売業	1億円以下		100人以下
サービス業	5千万円以下		100人以下
小売業	5千万円以下		50人以下
政令で定める業種（下記(2)参照）	政令で定める金額以下（下記(2)参照）		政令で定める数以下（下記(2)参照）
上記以外の業種	3億円以下		300人以下

(2) 法2条5号の規定する政令で定める「中小企業者」の範囲

	業　種	資本金の額又は出資の総額		従業員の数
1	ゴム製品製造業（自動車又は航空機用タイヤ及びチューブ製造業並びに工業用ベルト製造業を除く）	3億円	又は	900人
2	ソフトウェア業又は情報処理サービス業	3億円		300人
3	旅館業	5千万円		200人

「中小企業者」には，会社のみならず，個人事業者も含まれますが，個人事業者が適用を受けることができるのは，金融支援措置だけです。

「中小企業者」の定義に該当するためには，会社（株式会社，合同会社，合名会社又は合資会社）は，「資本金の額又は出資の総額」基準又は「常時使用する従業員の数」基準のいずれかに該当すればよく，個人事業者は，「常時使用する従業員の数」基準に該当すればよいこととされています。

上記の「中小企業者」の定義に該当しない会社においては，経営承継円滑化法の適用を受けるために，資本金の額の減少（会447条）を実施することを検討するケースが増えることと思われます。

例えば，主として小売業を営む資本金の額8,000万円，従業員数80名の株式会社は，上記「中小企業者」に該当しませんが，資本金の額を3,000万円以上減少させて，金5,000万円以下にすることによって，「中小企業者」に該当することになり，経営承継円滑化法の適用を受けることができるようになります。

〔3〕民法特例の適用対象—「特例中小企業者」

民法の特例の適用を受けることができるのは，「中小企業者」のうち，さらに，3年以上継続して事業を行っている「会社」に限られますので個人事業主は含まれず，また医療法人も含まれません。

すなわち，民法の特例の適用を受けることができるのは，経営承継円滑化法3条1項の規定により，「中小企業者」のうち，一定期間以上継続して事業を行っているものとして経済産業省令で定める要件に該当する会社とされており，同法施行規則2条は，要件を「3年以上継続して事業を行っていること」と定めています。また，金融商品取引法（昭和23年法律第25号）2条16項に規定する金融商品取引所に上場されている株式又は同法67条の11第1項の店頭売買有価証券登録原簿に登録されている株式を発行している株式会社は除かれています。これらの要件に該当する会社は，「特例中小企業者」と称されています。

〔4〕民法特例の適用範囲―「株式等の贈与」

　民法の特例が適用される「株式等の贈与」とは、「旧代表者」から「後継者」に対してなされた、「特例中小企業者」の株式等の贈与です。
　民法特例の適用範囲を定める「特例中小企業者」、「旧代表者」及び「後継者」については、経営承継円滑化法3条において、次の表のように定義されています。

特例中小企業者（民法の特例を利用できる中小企業者）	中小企業者のうち、3年以上継続して事業を行っている「会社」（上場又は店頭登録されている会社を除く）
旧代表者	特例中小企業者の**代表者であった者**又は**代表者である者**であってその推定相続人のうち少なくとも1人に対して当該中小企業者の株式等の**贈与**をしたもの
後継者	旧代表者の推定相続人のうち、旧代表者から「株式等の**贈与を受けた者**」又は「**贈与を受けた者**から株式等を相続、遺贈もしくは贈与により取得した者」であって、特例中小企業者の総株主又は総社員の**議決権の過半数**を有し、かつ**代表者**であるもの

　「特例中小企業者」については、上記〔3〕を参照してください。民法の特例を利用できるのは「会社」のみです。新事業承継税制と異なり、資産管理会社でも、性風俗営業会社でもかまいません（Q5-2参照）。
　特例を利用できるのは、贈与者が「特例中小企業者」の代表者であった者又は現に代表者である者である必要があります。
　また、受贈者については、「後継者」として現に「特例中小企業者」の代表者であり、かつ、「旧代表者」から株式等の贈与を受けた者、又は「『旧代表者』から株式等の贈与を受けた者から当該株式等を相続、遺贈もしくは贈与により取得した者」である必要があります。新事業承継税制における納税猶予の特例を受けるには、先代経営者及び後継者について、さらに要件が付加されますので（Q5-2参照）、納税猶予の特例を前提に民法特例の適用を検討する場合には、注意が必要です。

なお,「特例中小企業者」が株式会社である場合には,要件充足の基準は,議決権の数であり,完全無議決権株式（株主総会において決議をすることができる事項の全部につき議決権を行使することができない株式）を除いて判断されることになります。

　また,「後継者」が所有する株式のうち,除外の合意又は固定の合意の対象となる株式を除いた残りの株式に係る議決権の数が,総株主の議決権の50％以下であることが必要です（経営承継法4条1項1号但書）。過半数支配を確保するために,除外の合意又は固定の合意を利用して遺留分を制限することが必要な場合に,はじめて特例が認められるのであって,当初から「後継者」が過半数を支配している場合には特例を認める必要がないからです。

　また,「後継者」は,推定相続人（相続が開始した場合に相続人となるべき者）であることが必要ですが,被相続人の兄弟姉妹及びこれらの者の子は「後継者」から除かれています（経営承継法3条2項）。これらの者はそもそも遺留分を有しないからです（民1028条）。したがって,「旧代表者」から事業を承継する「旧代表者」の兄弟姉妹又は甥姪に株式等の贈与がなされても,特例の適用を受けることはできません。

　なお,法文上,民法特例は,「旧代表者」が「推定相続人」に対して株式等の「贈与をした」ことが要件とされています（経営承継法3条2項・3項・4条1項1号）。この「贈与」は,合意の時点において単に贈与契約を締結した,あるいは,遺言書の効力が生じた,というだけでは足りず,その履行又は執行を終え,対抗要件などを具備して,確定的に権利を取得していなければならないと解されています（吉岡毅「中小企業事業承継の実務対応」銀法52巻11号48頁）。「後継者」がこの贈与等によって取得した株式を含めて過半数の議決権を有することが前提となっていることがその理由です。したがって,「旧代表者」から「後継者」に対し株式等を遺贈する旨の遺言を作成したに過ぎない場合には民法特例は利用できませんので,遺留分の放棄の利用などを検討する必要があります（Q4-34参照）。なお,経営承継円滑化法3条3項の「後継者」には,贈与を受けた推定相続人から,さらに「相続,遺贈若しくは贈与」により取得した者を含みます。

〔内藤　　卓〕

Q 2-2　経営承継円滑化法に基づく民法特例における合意事項

特例についてどのような合意をすることができますか。

A

①生前贈与株式等を遺留分の対象から除外する合意（除外の合意）と，②生前贈与株式等の評価額をあらかじめ固定する合意（固定の合意）が中心ですが，その他の事項を合意の内容に含めることは可能です。

解説

〔1〕合意事項（その1）―「除外の合意」及び「固定の合意」

経営承継円滑化法に基づく特例により，推定相続人全員の合意によって，次の合意をすることができます。
① 生前贈与株式等を遺留分の対象から除外する合意
② 生前贈与株式等の評価額をあらかじめ固定する合意

(1)　**除外の合意**（生前贈与株式等を遺留分の対象から除外）
「後継者」が旧代表者からの贈与等により取得した「特例中小企業者」の株式等の全部又は一部について，その価額を遺留分を算定するための財産の価額に算入しないとする合意をすることができます（経営承継法4条1項1号）。

(2)　**固定の合意**（生前贈与株式等の評価額をあらかじめ固定）
「後継者」が旧代表者からの贈与等により取得した「特例中小企業者」の株式等の全部又は一部について，遺留分を算定するための財産の価額に算入すべき価額を「合意の時における価額」とする合意をすることができます（経営承継法4条1項2号）。

〔2〕合意事項（その2）—株式等の贈与以外の合意

　株式等の贈与に加えて，株式等以外のものの贈与についても対象とすることができます。
　例えば，事業用不動産の贈与についても，合意の対象とすることができます。ただし，かかる合意は，株式等の贈与に付加する形でしか行うことはできず，事業用不動産の贈与のみを遺留分の基礎財産から除外する旨の合意をすることはできません（経営承継法5条）。

〔3〕合意事項（その3）—その他の合意事項

　その他の合意事項として，後継者以外の推定相続人が取ることができる措置に関する定め（経営承継法4条3項），推定相続人間の衡平を図るための措置に関する定めがあります（経営承継法6条）。

〔4〕合意事項のまとめ

　以上をまとめると，以下のとおりです。まず，民法特例の適用を受ける場合において，必ず合意しなければならない内容（経営承継法4条）は，次のとおりです。

> ①　後継者が旧代表者からの贈与等により取得した特例中小企業者の株式等の全部又は一部について，その価額を遺留分を算定するための財産の価額に算入しないこと（経営承継法4条1項1号）。
> ②　後継者が旧代表者からの贈与等により取得した特例中小企業者の株式等の全部又は一部について，遺留分を算定するための財産の価額に算入すべき価額を当該合意の時における価額（弁護士，弁護士法人，公認会計士，監査法人，税理士又は税理士法人がその時における相当な価額として証明をしたものに限る）とすること（経営承継法4条1項2号）。

> ③ 経営承継円滑化法4条3項の規定による合意（後継者以外の推定相続人がとることができる措置に関する定め）。

　①及び②の合意は，上記〔1〕の「除外の合意」及び「固定の合意」を意味します。これらは，and/or であり，贈与等により取得した株式等の一部につき①の合意，残りの全部又は一部につき②の合意をすることも可能です。
　③は，「後継者が合意の対象とした株式等を処分した場合又は当該特例中小企業者の代表者として経営に従事しなくなった場合」にとることができる措置であり，必須の定めです。
　例えば，合意を解除することができること，あるいは，後継者から他の推定相続人に対して一定の財産を交付することなどを定めることが考えられます。ただし，後継者以外の推定相続人は，当該贈与契約の当事者ではないので，当該贈与を取り消すことはできません。
　また，①又は②の合意をする際に併せてすることができる合意内容，すなわち，上記〔2〕及び〔3〕の合意事項は，次のとおりです。

> ④ 後継者が旧代表者からの贈与等により取得した「株式等以外の財産」の全部又は一部について，その価額を遺留分を算定するための財産の価額に算入しないこと（経営承継法5条）。
> ⑤ 推定相続人間の衡平を図るための措置に関する定め（後継者以外の推定相続人が旧代表者からの贈与等より取得した財産の全部又は一部について，その価額を遺留分を算定するための財産の価額に算入しない旨の定め）（経営承継法6条）。

　④は，①又は②の合意に附随してするものであり，④のみの合意はできません。すなわち，株式等を贈与することなく，例えば事業用不動産を贈与する場合には，本特例を利用することはできないわけです。
　また，④に関し，「株式等以外の財産」については，いわゆる「除外の合意」のみが認められ，「固定の合意」をすることはできません。

〔内藤　　卓〕

Q2-3 経営承継円滑化法に基づく民法特例に関する合意の効力の消滅

合意の効力が消滅するのは,どのような場合ですか。

A

　経営承継円滑化法に基づく合意は,次に掲げる事由が生じたときは,その効力を失います(経営承継法10条)。
(1) 経済産業大臣の確認が取り消されたこと。
(2) 「旧代表者」の生存中に「後継者」が死亡し,又は後見開始もしくは保佐開始の審判を受けたこと。
(3) 合意の当事者以外の者が新たに旧代表者の推定相続人となったこと。
(4) 合意の当事者の代襲者が旧代表者の養子となったこと。

解説

〔1〕法定消滅事由

　旧代表者が長命で,「後継者」のほうが先に死亡した場合,あるいは,「後継者」の判断能力が低下して成年後見開始の審判又は保佐開始の審判を受けると,合意の効力は消滅します(経営承継法10条2号)。したがって,「後継者」について,法定後見制度を利用することが困難となります。任意後見契約の利用を検討する必要があると思われます(本問末尾の**コラム**をご参照ください)。

　また,旧代表者が再婚し,「旧代表者」の子の子が出生し,「旧代表者」がその子を認知することにより親子関係が生じ,又は養子縁組をすることによって,合意の当事者以外の者が新たに「旧代表者」の推定相続人となった場合には,合意は,失効します(経営承継法10条3号)。推定相続人全員の合意という基盤が崩れるのが理由です。ただし,離婚又は離縁により,推定相続人の数が減少しても,合意は失効しません。

さらに、「後継者」以外の推定相続人が死亡した場合、それによって「旧代表者」の推定相続人が減少するに過ぎない場合には合意の効力は消滅しません。例えば、「旧代表者」の妻と、子である「後継者」及び弟が推定相続人として合意をした場合、その後、弟が死亡したとしても、弟に子供がいなければ新たに「旧代表者」の推定相続人になる者は生じず（民887条1項・889条1項参照）、また弟に子供がいたとしても、代襲者である弟の子供に対して合意の効力が及びますので（経営承継法9条3項、民887条2項）、合意の効力は消滅しません。これに対し、推定相続人が「旧代表者」の妻と一人息子のみであった場合、一人息子の死亡によって、推定相続人は「旧代表者」の直系尊属（両親）になり（民889条1項1号参照）、合意の当事者以外の者が新たに「旧代表者」の推定相続人となるため、合意の効力は消滅します（経営承継法10条3号）。

〔2〕任意的消滅事由

　合意に際して解除事由を定めた場合にその事由が生じたとき、あるいは、合意の当事者全員の合意によるときは、解除することができると解されます。また、民法の一般的な無効原因等（民93条～96条等）によっても、合意の効力が消滅する場合があると考えられます。

〔内藤　卓〕

コラム　事業承継と成年後見

1．取締役の欠格事由

　認知症を発症した高齢者など，判断能力の不十分な人を保護するために，後見人等を選任して，その人を保護するものとして後見制度があります。このうち，裁判所の手続により後見人等を選任するのが法定後見制度であり，当事者間の契約によって後見人等を選任するのが任意後見制度です。任意後見は，まだ判断能力が正常であるか，又は衰えたとしてもその程度が軽く，自分で後見人を選ぶ能力を有していることを前提に，本人が自ら任意後見契約を締結します。任意後見契約において，本人は，任意後見人に対し，本人（被後見人）の生活，療養看護及び財産の管理に関する事務（後見事務）を委託します（任意後見2条1号）。その後，本人の事理を弁識する能力が不十分になった場合，裁判所により任意後見監督人が選任され，そのときから，任意後見契約の効力が発生します（任意後見4条1項）。

　成年被後見人（民7条～9条）又は被保佐人（民11条～13条）であることは，取締役の欠格事由です（会331条1項2号）。これに対して，被補助人（民15条～17条）であること又は任意後見契約の効力が生じたことは，欠格事由とされていません。

　したがって，任意後見制度を利用する場合には，会社法上は，判断能力を喪失しているときであっても，取締役の地位に留まることとなることから，会社の立場からすると，任意後見契約の効力が生じたときの処遇について検討しておく必要があります。

　例えば，定款で，取締役の委任の終了事由として，「任意後見契約の効力が生じたとき」と定めることなどが考えられます。

2．株主総会における議決権の行使

　成年後見人は，法定代理人です（民859条1項後段）から，成年被後見人が株式を所有している場合には，成年後見人が株主権の行使を代理することができます（会310条）。

　他方，保佐人，補助人又は任意後見人の代理権は，特定の法律行為等（民876条の4第1項・876条の9第1項，任意後見2条1号）についてのものであり，代理

権目録に「財産の管理」とあるだけでは，株主総会における議決権の行使については代理することはできません。

任意後見契約を締結する場合において，自らが経営する中小企業の株式について議決権の代理行使を希望する場合には，代理権目録に「株主権の行使」と明記しておくべきです。この場合においても，株式会社の定款の定めとして，「代理人は株主に限る」旨の規定が存するときは，会社は，任意後見人の代理権の行使を拒否するおそれがあります。

なお，弁護士，司法書士等が成年後見人等又は任意後見人に選任されている場合に，その議決権の行使が当該中小企業の経営において具体的妥当性を有するか否かは，別途検討を要する問題といえます。

◇内藤　　卓◇

Q 2-4　合意書のサンプル

合意書の各条項について，教えてください。

A

以下のとおりです。

解説

> 合　意　書
>
> 　旧代表者Aの遺留分を有する推定相続人であるB，C及びDは，中小企業における経営の承継の円滑化に関する法律（以下，単に「法」という）に基づき，以下のとおり合意する。

※推定相続人全員の合意である旨を明示します。

> （目的）
> 第1条　本件合意は，BがAからの贈与により取得したY社の株式につき遺留分の算定に係る合意等をすることにより，Y社の経営の承継の円滑化を図ることを目的とする。

※本合意が特例中小企業者の経営の承継の円滑化を図るためにされたものであること（経営承継法7条1項1号）を明示しています。

> （確認—法3条2項及び3項）
> 第2条　B，C及びDは，次の各事項を相互に確認する。
> 　①　AがY社の代表取締役であったこと。
> 　②　B，C及びDがいずれもAの推定相続人であり，かつ，これらの者以外にAの推定相続人が存在しないこと。

③　Bが，現在，Y社の総株主（ただし，株主総会において決議をすることができる事項の全部につき議決権を行使することができない株主を除く。）の議決権〇〇個の過半数である〇〇個を保有していること。
④　Bが，現在，Y社の代表取締役であること。

※①において，Aが「旧代表者」（経営承継法3条2項）であることを明示しています。
※②において，Aの推定相続人は，B，C及びDの3名で全員であることを明示しています。
※③④において，Bが経営承継法3条3項の「後継者」の要件を満たしていることを明示しています。

（除外合意及び固定合意）
第3条　B，C及びDは，BがAからの平成〇〇年〇〇月〇〇日付け贈与により取得したY社の株式〇〇株について，次のとおり合意する。
①　上記〇〇株のうち□□株について，Aを被相続人とする相続に際し，その価額を遺留分を算定するための財産の価額に算入しない。
②　上記〇〇株のうち△△株について，Aを被相続人とする相続に際し，遺留分を算定するための財産の価額に算入すべき価額を〇〇〇〇円（1株あたり☆☆☆円。弁護士××××が相当な価額として証明をしたもの。）とする。

※1号は，除外合意（経営承継法4条1項1号）です。
※2号は，固定合意（経営承継法4条1項2号）です。弁護士，弁護士法人，公認会計士（公認会計士法16条の2第5項に規定する外国公認会計士を含む），監査法人，税理士又は税理士法人による「相当な価額」であることの証明が必要です。この「相当な価額」の証明を円滑に進めるために，中小企業庁は，非上場株式等の評価方法についての考え方を示した「経営承継法における非上場株式等評価ガイドライン」を公表しています（下記アドレス参照）。このガイドラインは，法的な拘束力はありませんが，固定合意を利用する際の非上場株式の評価方法のメルクマールとなることが期待されています。
http://www.chusho.meti.go.jp/zaimu/shoukei/2009/090209HyoukaGuidelines.htm
なお，固定合意のための自社株式の評価と，税務における株式評価は必ずしも一致しません。この点については**437頁**をご参照ください。

(衡平を図るための措置)
第4条　B，C及びDは，Aの推定相続人間の衡平を図るための措置として，次の贈与の全部について，Aを被相続人とする相続に際し，その価額を遺留分を算定するための財産の価額に算入しないことを合意する。
　① 　CがAから平成〇〇年〇〇月〇〇日付け贈与により取得した現金1,000万円
　② 　DがAから平成〇〇年〇〇月〇〇日付け贈与により取得した下記の土地
　　　所在　　東京都〇〇区〇〇町
　　　地番　　〇番〇
　　　地目　　宅地
　　　地積　　〇〇.〇〇㎡

※経営承継法6条2項の定めです。ただし，C及びDが当該定めに明記した以外に受けた贈与に関して，「特別受益」（民903条）に該当するか否かで争いになることも想定されるので，「C及びDが合意日以前に受けた贈与の全部について，Aを被相続人とする相続に際し，その価額を遺留分を算定するための財産の価額に算入しない」旨の合意をすることが望ましいといえます。

(後継者以外の推定相続人がとることができる措置)
第5条　Bが第3条の合意の対象とした株式を処分したときは，C及びDは，Bに対し，それぞれ，Bが処分した株式数に〇〇万円を乗じて得た金額を請求することができるものとする。
2　BがAの生存中にY社の代表取締役を退任したときは，C及びDは，Bに対し，それぞれ，〇〇万円を請求できるものとする。
3　前二項の規定いずれかに該当したときは，C及びDは，共同して，本件合意を解除することができる。
4　前項の規定により本件合意が解除されたときであっても，第1項又は第2項の金員の請求を妨げない。

※経営承継法4条3項の定めです。

※1項及び2項は，合意違反に対する制裁金条項であり，3項は，合意の効力の任意的消滅事由を定めるものです。

(経済産業大臣の確認)
第6条　Bは，本件合意の成立後1ヵ月以内に，法第7条所定の経済産業大臣の確認の申請をするものとする。
2　C及びDは，前項の確認申請手続に必要な書類の収集，提出等，Bが行う手続に協力するものとする。

※C及びDに，協力義務を課すことに意味があります。

(家庭裁判所の許可)
第7条　Bは，前条の経済産業大臣の確認を受けたときは，当該確認を受けた日から1ヵ月以内に，第3条及び第4条の合意につき，管轄家庭裁判所に対し，法第8条所定の許可審判の申立てをするものとする。
2　C及びDは，前項の許可審判申立手続に必要な書類の収集，提出等，Bが行う手続に協力するものとする。

※C及びDに，協力義務を課すことに意味があります。

(効力の発生)
第8条　本件合意は，前条の家庭裁判所の許可審判が確定したときに，その効力を生ずる。

〔内藤　卓〕

Q2-5　経営承継円滑化法に基づく民法特例に関する手続

民法特例を利用するための手続は，どのようなものですか。

A

次の手順で行います。
(1)　「旧代表者」から「後継者」への「株式等」の贈与
(2)　推定相続人全員が書面により合意
(3)　経済産業大臣に確認申請
(4)　家庭裁判所に許可申立て

解説

〔1〕手続の概要

遺留分に関する民法の特例を利用するためには，①「旧代表者」が推定相続人に対し株式等の贈与をした後に，②推定相続人全員が書面により合意（除外合意又は固定合意）を行い，③経済産業大臣に対して確認申請を行ったうえで，確認書を取得し，④確認証明書を添付して，家庭裁判所に許可を申し立てる必要があります。②の合意が成立した後は，「後継者」自らが③及び④の手続を進めていくことになります。

〔2〕経済産業大臣の確認

経営承継円滑化法による合意をした「後継者」は，合意後1ヵ月以内に，経済産業大臣への確認の申請をしなければなりません。具体的には，後継者は，次の各号のいずれにも該当することについて，経済産業大臣の確認を受けなければなりません（経営承継法7条1項）。

① 当該合意が当該「特例中小企業者」の経営の承継の円滑化を図るためにされたものであること。
② 申請をした者が当該合意をした日において「後継者」であったこと。
③ 当該合意をした日において，当該「後継者」が所有する当該「特例中小企業者」の株式等のうち当該合意の対象とした「株式等」を除いたものに係る議決権の数が総株主又は総社員の議決権の100分の50以下の数であったこと。
④ 経営承継法4条3項の規定による合意（「後継者」以外の推定相続人がとることができる措置に関する定め）をしていること。

　確認の申請は，経済産業省令（経営承継規3条）で定めるところにより，「合意をした日」から1ヵ月以内に，次に掲げる書類を添付した確認申請書（後掲**書式1**参照）を経済産業大臣に提出してしなければなりません（経営承継法7条2項）。ただし，「特例中小企業者」の主たる事業所の所在地を管轄する経済産業局（全国9ヵ所）を経由して行うことができることとされています（経営承継規3条4項）。**49頁**参照。

【添付書面】

一　経営承継法4条1項の規定による合意（経営承継法5条又は6条の規定による合意をした場合にあっては，同項及び5条又は6条の規定による合意。以下同じ。）の書面に当事者が押印した場合にあっては，当該当事者が押印した印鑑に係る印鑑登録証明書（経営承継法7条1項の確認を申請する日の前3ヵ月以内に作成されたものに限る。）

二　経営承継法4条1項の規定による合意をした日（以下「合意日」という。）における特例中小企業者の定款の写し（会社法（平成17年法律第86号）その他の法律の規定により定款の変更をしたものとみなされる事項がある場合にあっては，当該事項を記載した書面を含む。）

三　特例中小企業者の登記事項証明書（経営承継法7条1項の確認を申請する日の前3ヵ月以内に作成されたものに限る。）

四　合意日における特例中小企業者の従業員数証明書
五　特例中小企業者の合意日の属する事業年度の直前の3事業年度の貸借対照表，損益計算書及び事業報告書
六　特例中小企業者が上場会社等に該当しない旨の誓約書
七　特例中小企業者が農地法（昭和27年法律第229号）2条7項に規定する農業生産法人（同法15条の2第1項の報告をしなければならないものに限る。以下同じ。）である場合にあっては，合意日において農業生産法人である旨の農業委員会（農業委員会等に関する法律（昭和26年法律第88号）3条1項ただし書又は5項の規定により農業委員会を置かない市町村にあっては，市町村長）の証明書
八　旧代表者が合意日において特例中小企業者の代表者でない場合にあっては，旧代表者が当該特例中小企業者の代表者であった旨の記載のある登記事項証明書
九　合意日における旧代表者のすべての推定相続人（相続が開始した場合に相続人となるべき者のうち被相続人の兄弟姉妹及びこれらの者の子以外のものに限る。）を明らかにする戸籍謄本等
十　特例中小企業者が株式会社である場合にあっては，合意日における株主名簿の写し
十一　前各号に掲げるもののほか，経営承継法7条1項の確認の参考となる書類

　なお，経済産業省に提出する申請書の様式や記載要領，添付書類など実際に手続を行う際に必要な情報は，中小企業庁が「中小企業経営承継円滑化法申請マニュアル」にて公表しています。

※「中小企業経営承継円滑化法申請マニュアル」は，中小企業庁HP（http://www.chusho.meti.go.jp/zaimu/shoukei/2008/080917shokei_manual.htm）にて入手可能です。

〔3〕家庭裁判所の許可

　「後継者」は，さらに，「経済産業大臣の確認を受けた日」から1ヵ月以内に，家庭裁判所に許可の申立てをしなければなりません。
　すなわち，経営承継円滑化法に基づく合意は，経済産業大臣の確認を受けた者が「当該確認を受けた日」から1ヵ月以内にした申立てにより，家庭裁判所の許可を受けたときに限り，その効力を生ずる（経営承継法8条1項）こととされています。
　申立ては，旧代表者の住所地の家庭裁判所に対して行います（特別家事審判規則31条）。
　家庭裁判所は，合意が当事者の全員の真意に出たものであるとの心証を得なければ，これを許可することができない（経営承継法8条2項）とされていますが，この「心証」とは，遺留分放棄の許可審判手続における「心証」と同程度のものと考えられます。なお，従前の遺留分放棄許可においては，①放棄が申立人本人の自由な意思に基づくこと，及び②放棄の理由に合理性・必要性のあることが要件とされていました（**Q 4-34**参照）。
　家庭裁判所が行う許可の審判は，当該許可に係る合意の当事者の全員に告知しなければならないこととされています（特別家事審判規則33条）。

〔内藤　　卓〕

Q2-5 経営承継円滑化法に基づく民法特例に関する手続

【書式1 遺留分に関する民法の特例に係る確認申請書】→経済産業大臣

様式第1

遺留分に関する民法の特例に係る確認申請書

年　月　日

経済産業大臣　名　殿

住　　所
氏　　名　　　　　印

　中小企業における経営の承継の円滑化に関する法律第7条第1項の確認を受けたいので，別紙その他の必要書類を添えて申請します。

（備考）
1　用紙の大きさは，日本工業規格A4とする。
2　記名押印については，署名をする場合，押印を省略することができる。
3　法第7条第2項に掲げる書類各1通並びに申請書（別紙を含む。）の写し及び法第7条第2項第1号の書面の写し各2通を添付する。

（別紙）

特例中小企業者	会 社 所 在 地	
	会　　社　　名	
	代 表 者 の 氏 名	
	設　　立　　日	年　月　日
	資本金の額又は出資の総額(*)	円
	株式上場又は店頭登録の有無(*)	ア　株式を上場又は店頭登録している。 イ　株式を上場又は店頭登録していない。
	主たる事業内容(*)	
	総株主又は総社員の議決権の数(*)	個　　常時使用する従業員の数(*)　　　人
旧代表者	住　　　　所	
	氏　　　　名	
	代表権の有無(*)	あり ／ なし（退任日　年　月　日）
後継者	住　　　　所	
	氏　　　　名	
	電　話　番　号	

	保有議決権数及び割合（*）			個（　　％）	
	旧代表者との続柄				
後継者以外の推定相続人		目録記載のとおり			
合意の内容	チェック欄	合意をした事項			添付書類
		旧代表者の推定相続人間の合意が特例中小企業者の経営の承継の円滑化を図るためにされたものであること。			
		法第4条第1項第1号の規定による合意	左記合意の対象とした株式等に係る議決権の数	個	
		法第4条第1項第2号の規定による合意	左記合意の対象とした株式等に係る議決権の数及び価額	個円	
		法第4条第3項の規定による合意			
		法第5条の規定による合意			
		法第6条第1項の規定による合意			
		法第6条第2項の規定による合意			

（記載要領）
1　（*）の事項については，合意をした日における状況を記載すること。
2　「合意の内容」欄については，合意をした事項の「チェック欄」に○印を記載し，「添付書類」欄には当該事項を確認できる書類及び該当箇所（例：合意書第●条）を記載すること。

後継者以外の推定相続人目録

住　　　　所	
氏　　　　名	
電　話　番　号	旧代表者との続柄

：
：

Q2-5 経営承継円滑化法に基づく民法特例に関する手続

〈経済産業省本省連絡先〉

| 中小企業庁
事業環境部
財務課 | 〒100-8912
東京都千代田区霞ヶ関1丁目3番1号 | 03-3501-1511（代表）
03-3501-5803（直通） |

〈地方経済産業局　中小企業課　連絡先一覧〉

北海道経済産業局 産業部中小企業課	〒060-0808 北海道札幌市北区北8条西2丁目 札幌第1合同庁舎	011-709-2311（代表） 011-709-1783（直通）
東北経済産業局 産業部中小企業課	〒980-8403 仙台市青葉区本町3-3-1	022-263-1111（代表） 022-222-2425（直通）
関東経済産業局 産業部中小企業課	〒330-9715 埼玉県さいたま市中央区新都心1番地1 合同庁舎1号館	048-601-1200（代表） 048-600-0321（直通）
中部経済産業局 産業部中小企業課	〒460-8510 愛知県名古屋市中区三の丸2-5-2	052-951-2748（直通）
近畿経済産業局 産業部中小企業課	〒540-8535 大阪府大阪市中央区大手前1-5-44	06-6966-6000（代表） 06-6966-6023（直通）
中国経済産業局 産業部中小企業課	〒730-8531 広島県広島市中区上八丁堀6番30号	082-224-5661（直通）
四国経済産業局 産業部中小企業課	〒760-8512 香川県高松市サンポート3番33号 高松サンポート合同庁舎5～7階	087-811-8900（代表） 087-811-8529（直通）
九州経済産業局 産業部中小企業課	〒812-8546 福岡県福岡市博多区博多駅東2丁目11番1号 福岡合同庁舎本館7階	092-482-5447（直通）
沖縄総合事務局 経済産業部 中小企業課	〒900-0006 沖縄県那覇市おもろまち2丁目1番1号 那覇第2地方合同庁舎2号館	098-866-0031（代表） 098-866-1755（直通）

50 第2章 経営承継円滑化法による民法の特例

【書式記入例 遺留分の算定に係る合意の許可の申立書】→家庭裁判所

	受付印	家事 審判 申立書 事件名（遺留分の算定に係る合意） 　　調停

		この欄に収入印紙をはる。 　1件について甲類審判　 800円 　　　　　　　乙類審判1,200円 　　　　　　　調　停1,200円 　　　　　　　　　（はった印紙に押印しないでください。）
収入印紙　　　　円 予納郵便切手　　円 予納登記印紙　　円		

準口頭		関連事件番号　平成　　年（家　）第　　　　　　　　　　号

	○　○　家庭裁判所 　　　　　　　御中 平成○年○月○日	申立人（又は法定代 理人など）の署名押 印又は記名押印	甲　野　次　郎　㊞

添付書類	・「遺留分に関する民法の特例に係る確認証明書」（経済産業大臣作成）1通 （「確認書」ではなく、「確認証明書」を提出します。） ・合意書面のコピーの推定相続人（申立人を除く。）の人数分の通数 ・推定相続人全員（申立人を含む。）の戸籍謄本各1通 ・「旧代表者」の戸籍・除籍・改製原戸籍謄本（出生から現在までのもの）各1通 （戸籍・除籍・改製原戸籍謄本については、経済産業大臣の確認に伴い、経済産業省から還付されたものでも差し支えありません。） ※事案によっては、このほかの資料の提出が必要となることがあります。

申立人	本　籍	○○　都道府県　○○市○○町○丁目○番地
	住　所	〒○○○－○○○○　　電話　○○○（○○○）○○○○ ○○県○○市○○町○丁目○番○号　　　　　　　　　（　　　方）
	連絡先	〒　　－　　　　　　電話　　（　　） （注：住所で確実に連絡できるときは記入しないでください。）（　　　方）
	フリガナ 氏　名	コウノ　　ジロウ 甲　野　次　郎	大正 昭和　○年○月○日生 平成
	職　業	会社代表者

※ 旧代表者	本　籍	○○　都道府県　○○市○○町○番地○
	住　所	〒○○○－○○○○　　電話　○○○（○○○）○○○○ ○○県○○市○○町○番地○　　　　　　　　　　　　（　　　方）
	連絡先	〒　　－　　　　　　電話　　（　　） （注：住所で確実に連絡できるときは記入しないでください。）（　　　方）
	フリガナ 氏　名	コウノ　　ハナコ 甲　野　花　子	大正 昭和　○年○月○日生 平成
	職　業	無職

（注）　太枠の中だけ記入してください。　※の部分は、申立人、相手方、法定代理人、事件本人又は利害関係人の区別を記入してください。

一般(1/　)

Q2-5　経営承継円滑化法に基づく民法特例に関する手続

申　立　て　の　趣　旨
経済産業大臣が平成○年○月○日付け中第○○号をもって確認した遺留分の算定に係る合意を許可するとの審判を求めます。

申　立　て　の　実　情
1　申立人は旧代表者の次男です。旧代表者は，○○株式会社の代表取締役でしたが，平成○年○月○日，申立人が旧代表者から同会社の代表権を受け継ぎ，それ以後，申立人が代表取締役を務めています。
2　申立人及び「遺留分に関する民法の特例に係る確認証明書」添付の「後継者以外の推定相続人目録」記載の旧代表者の推定相続人全員は，平成○年○月○日，同会社の経営の承継の円滑化を図るために，上記証明書添付の合意書面の写しのとおり，中小企業における経営の承継の円滑化に関する法律4条1項（及び5条／6条2項）の遺留分の算定に係る合意をしました。
3　申立人は，平成○年○月○日，経済産業大臣に対し，上記合意の確認申請を行い，同法7条1項の各号のいずれにも該当することについて，平成○年○月○日にその確認を受けましたので，合意の効力を生じさせるため，申立ての趣旨のとおりの審判を求めます。

(注)　太枠の中だけ記入してください。

Q 2-6　金融支援措置

経営承継円滑化法に基づく金融支援措置について教えてください。

A

「中小企業者」の基準を満たす未上場の会社もしくはその代表者又は個人事業主で，先代経営者の死亡又は退任により事業承継を行ったことで特定の資金需要がある場合に，金融支援措置が認められています。

解説

〔1〕金融支援措置の概要

　経営承継円滑化法は，中小企業の事業承継に関する資金調達を支援するために，会社の資金調達のための信用保険の枠を拡大し，また，代表者個人のための融資が受けられるようにしています。

　この金融支援措置が利用できるのは，先代経営者の死亡又は退任により，自社株式・事業用資産に関し贈与税・相続税の納付が必要となる場合などです。具体的には，先代経営者の死亡又は退任により，①自社株式又は事業用資産の買取資金が必要になった場合，②自社株式・事業用資産に関して相続税・贈与税の納付が必要となった場合，③会社の信用力低下が生じた場合，④遺産分割における債務負担又は遺留分権利者に対する価額弁償を行う場合，⑤贈与税・相続税について納税猶予の特例を利用する場合です。具体的には，下記〔2〕(2)に記載のとおり，それぞれの場合について細かい要件が定められています。

〔2〕金融支援の内容

(1) 概　要

　経営者の死亡等に伴う事業承継に必要となる資金の調達を支援するため，経済産業大臣の認定を受けた「中小企業者」又はその代表者に対して，「中小企業信用保険法の特例」及び「株式会社日本政策金融公庫法及び沖縄振興開発金融公庫法の特例」が設けられました。

(2) 対　象

　金融支援措置の対象となるのは，「中小企業者」の基準を満たす①未上場の会社もしくはその代表又は②個人事業主で，先代経営者の死亡又は退任により経営の承継を行ったことで次に掲げる事由に該当していることが必要です（経営承継規6条）。

> 一　当該中小企業者又はその代表者が，当該中小企業者又は当該代表者以外の者が有する当該中小企業者の株式等（株式（株主総会において決議をすることができる事項の全部につき議決権を行使することができない株式を除く。）又は持分をいう。以下同じ。）又は事業用資産等を取得する必要があること。

> 二　当該中小企業者の代表者が相続もしくは遺贈（贈与をした者（以下「贈与者」という。）の死亡により効力を生ずる贈与を含む。以下同じ。）又は贈与（遺贈に含まれる贈与を除く。以下同じ。）により取得した当該中小企業者の株式等もしくは事業用資産等に係る多額の相続税又は贈与税を納付することが見込まれること（第七号又は第八号に掲げる事由に該当する場合を除く。）。

> 三　当該中小企業者の代表者（代表者であった者を含む。）が死亡又は退任した後の3ヵ月間における当該中小企業者の売上高又は販売数量（以下「売上高等」という。）が，前年同期の3ヵ月間における売上高等の100分の80以下に減少することが見込まれること。

> 四　仕入先（当該中小企業者の仕入額の総額に占める当該仕入先からの仕入額の割

合が100分の20以上である場合における当該仕入先に限る。以下同じ。）からの仕入れに係る取引条件について当該中小企業者の不利益となる設定又は変更が行われたこと。

五　取引先金融機関（預金保険法2条1項に規定する金融機関，農水産業協同組合貯金保険法2条1項に規定する農水産業協同組合，株式会社日本政策金融公庫，沖縄振興開発金融公庫及び株式会社日本政策投資銀行であって，当該中小企業者の借入金額の総額に占める当該取引先金融機関からの借入金額の割合が100分の20以上である場合における当該取引先金融機関に限る。以下同じ。）からの借入れに係る返済方法その他の借入条件の悪化，借入金額の減少又は与信取引の拒絶その他の取引先金融機関との取引に係る支障が生じたこと。

六　次に掲げるいずれかを内容とする判決が確定し，裁判上もしくは裁判外の和解があり，又は家事審判法により審判が確定し，もしくは調停が成立したこと。
　　イ　当該中小企業者の代表者が当該中小企業者の株式等又は事業用資産等をもってする分割に代えて当該代表者が他の共同相続人に対して債務を負担する旨の遺産の分割
　　ロ　当該中小企業者の代表者が有する当該中小企業者の株式等又は事業用資産等に対して遺留分の減殺を受けた場合における当該株式等又は事業用資産等の返還義務を免れるための価額弁償

七　当該中小企業者が次に掲げるいずれにも該当する場合であって，当該中小企業者の代表者（当該代表者に係る贈与者からの贈与の時以後において代表者である者に限る。以下この号において同じ。）が贈与により取得した当該中小企業者の株式等に係る贈与税を納付することが見込まれること。
　　イ　当該贈与の時以後において，上場会社等（金融商品取引所もしくは店頭売買有価証券登録原簿に上場もしくは登録の申請がされている株式又は金融商品取引所もしくは店頭売買有価証券登録原簿に類するものであって外国に所在するもしくは備えられるものに上場もしくは登録もしくはこれらの申請がされて

いる株式もしくは持分に係る会社を含む。以下この項において同じ。）又は風俗営業等の規制及び業務の適正化等に関する法律2条5項に規定する性風俗関連特殊営業に該当する事業を営む会社（以下「風俗営業会社」という。）のいずれにも該当しないこと。

ロ　当該贈与の日の属する事業年度の直前の事業年度の開始の日以後において，資産保有型会社に該当しないこと。

ハ　贈与認定申請基準事業年度（当該贈与の日の属する事業年度の直前の事業年度及び当該贈与の日の属する事業年度から贈与認定申請基準日（当該贈与の日が1月1日から10月15日までのいずれかの日である場合にあっては当該10月15日をいい，当該贈与の日が10月16日から12月31日までのいずれかの日である場合にあっては当該贈与の日をいう。以下同じ。）の翌日の属する事業年度の直前の事業年度までの各事業年度をいう。以下同じ。）においていずれも資産運用型会社に該当しないこと。

ニ　贈与認定申請基準事業年度においていずれも総収入金額が零を超えること。

ホ　当該贈与の時において，当該中小企業者の常時使用する従業員の数が1人以上であること。

ヘ　当該贈与の時以後において，当該中小企業者の特別子会社が上場会社等，大法人等又は風俗営業会社のいずれにも該当しないこと。

ト　当該中小企業者の代表者が次に掲げるいずれにも該当する者（以下「経営承継受贈者」という。）であること。

　(1)　当該贈与により当該中小企業者の株式等を取得した代表者（代表権を制限されている者を除く。以下この号において同じ。）であって，当該贈与の時以後において，当該代表者に係る同族関係者と合わせて当該中小企業者の総株主等議決権数の100分の50を超える議決権の数を有し，かつ，当該代表者が有する当該株式等に係る議決権の数がいずれの当該同族関係者が有する当該株式等に係る議決権の数も下回らない者であること。

　(2)　当該贈与の時において，当該中小企業者の株式等の贈与者の親族であること。

(3) 当該贈与の日において，20歳以上であること。
(4) 当該贈与の時において16条1項の確認（17条1項又は2項の変更の確認があった場合にあっては，変更後の確認。以下この号及び次号において同じ。）を受けた当該中小企業者の当該確認に係る特定後継者（15条3号の特定後継者をいう。次号において同じ。）であり，かつ，当該贈与の日まで引き続き3年以上にわたり当該中小企業者の役員（会社法329条1項に規定する役員をいい，当該中小企業者が持分会社である場合にあっては，業務を執行する社員をいう。以下同じ。）であること。
(5) 当該贈与の時以後において，当該代表者が当該贈与により取得した当該中小企業者の株式等（当該贈与の時以後のいずれかの時において当該中小企業者が合併により消滅した場合にあっては当該合併に際して交付された吸収合併存続会社等（会社法749条1項に規定する吸収合併存続会社又は同法753条1項に規定する新設合併設立会社をいう。以下同じ。）の株式等（同法234条1項の規定により競売しなければならない株式を除く。），当該贈与の時以後のいずれかの時において当該中小企業者が株式交換又は株式移転（以下「株式交換等」という。）により他の会社の株式交換完全子会社等（同法768条1項1号に規定する株式交換完全子会社又は同法773条1項5号に規定する株式移転完全子会社をいう。以下同じ。）となった場合にあっては当該株式交換等に際して交付された株式交換完全親会社等（同法767条に規定する株式交換完全親会社又は同法773条1項1号に規定する株式移転設立完全親会社をいう。以下同じ。）の株式等（同法234条1項の規定により競売しなければならない株式を除く。））のうち租税特別措置法70条の7第1項の規定の適用を受けようとする株式等の全部を有していること。
(6) 当該贈与の時において，当該中小企業者の株式等の贈与者が16条1項の確認を受けた当該中小企業者の当該確認に係る特定代表者（15条4号の特定代表者をいう。次号において同じ。）であること。
(7) 当該中小企業者の株式等の贈与者が，当該贈与の直前において，当該贈与者に係る同族関係者と合わせて当該中小企業者の総株主等議決権数の100分の50を超える議決権の数を有し，かつ，当該贈与者が有する当該株式等に係る議決権の数がいずれの当該同族関係者（当該中小企

業者の経営承継受贈者となる者を除く。）が有していた当該株式等に係る議決権の数も下回らなかった者であること。
　　(8)　当該贈与の時以後において，当該中小企業者の株式等の贈与者が当該中小企業者の役員でないこと。
　チ　当該贈与が，次の(1)又は(2)に掲げる場合の区分に応じ，当該(1)又は(2)に定める贈与であること。
　　(1)　当該贈与の直前において，当該中小企業者の株式等の贈与者が有していた当該株式等（議決権に制限のない株式等に限る。以下チにおいて同じ。）の数又は金額が，当該中小企業者の発行済株式又は出資（議決権に制限のない株式等に限る。）の総数又は総額の3分の2（1株未満又は1円未満の端数がある場合にあっては，その端数を切り上げた数又は金額）から当該代表者（当該中小企業者の経営承継受贈者となる者に限る。）が有していた当該株式等の数又は金額を控除した残数又は残額以上の場合　当該控除した残数又は残額以上の数又は金額に相当する株式等の贈与
　　(2)　(1)に掲げる場合以外の場合　当該中小企業者の株式等の贈与者が当該贈与の直前において有していた当該株式等のすべての贈与
　リ　当該中小企業者が会社法108条1項8号に掲げる事項についての定めがある種類の株式を発行している場合にあっては，当該贈与の時以後において当該株式を当該中小企業者の代表者（当該中小企業者の経営承継受贈者となる者に限る。）以外の者が有していないこと。
　ヌ　贈与認定申請基準日における当該中小企業者の常時使用する従業員の数が当該贈与の時における常時使用する従業員の数に100分の80を乗じて計算した数（その数に1未満の端数があるときは，その端数を切り上げた数）を下回らないこと。

八　当該中小企業者が次に掲げるいずれにも該当する場合であって，当該中小企業者の代表者（当該代表者の被相続人（遺贈をした者を含む。以下同じ。）の相続の開始の日から5ヵ月を経過する日以後において代表者である者に限る。以下この号において同じ。）が相続又は遺贈により取得した当該中小企業者の株式等に係る相続税を納付することが見込まれること。

イ 当該相続の開始の時以後において，上場会社等又は風俗営業会社のいずれにも該当しないこと。
ロ 当該相続の開始の日の属する事業年度の直前の事業年度の開始の日以後において，資産保有型会社に該当しないこと。
ハ 相続認定申請基準事業年度（当該相続の開始の日の属する事業年度の直前の事業年度及び当該相続の開始の日の属する事業年度から相続認定申請基準日（当該相続の開始の日から5ヵ月を経過する日をいう。以下同じ。）の翌日の属する事業年度の直前の事業年度までの各事業年度をいう。以下同じ。）においていずれも資産運用型会社に該当しないこと。
ニ 相続認定申請基準事業年度においていずれも総収入金額が零を超えること。
ホ 当該相続の開始の時において，当該中小企業者の常時使用する従業員の数が1人以上であること。
ヘ 当該相続の開始の時以後において，当該中小企業者の特別子会社が上場会社等，大法人等又は風俗営業会社のいずれにも該当しないこと。
ト 当該中小企業者の代表者が次に掲げるいずれにも該当する者（以下「経営承継相続人」という。）であること。
　(1) 当該相続又は遺贈により当該中小企業者の株式等を取得した代表者（代表権を制限されている者を除く。以下この号において同じ。）であって，当該相続の開始の時以後において，当該代表者に係る同族関係者と合わせて当該中小企業者の総株主等議決権数の100分の50を超える議決権の数を有し，かつ，当該代表者が有する当該株式等に係る議決権の数がいずれの当該同族関係者が有する当該株式等に係る議決権の数も下回らない者であること。
　(2) 当該相続の開始の直前において，当該被相続人の親族であったこと。
　(3) 当該相続の開始の時において16条1項の確認を受けた当該中小企業者の当該確認に係る特定後継者であり，かつ，当該相続の開始の直前において当該中小企業者の役員であったこと（次に掲げるいずれかに該当する場合を除く。）。
　　(i) 当該代表者（2人以上あるときは，そのうちの当該中小企業者が定めた

1人に限る。）の被相続人（代表者であった時において，その同族関係者と合わせて当該中小企業者の総株主等議決権数の100分の50を超える議決権の数を有し，かつ，その有していた当該中小企業者の株式等に係る議決権の数がいずれの当該同族関係者が有していた当該株式等に係る議決権の数も下回らなかったことがある被相続人に限る。(ii)において同じ。）が60歳未満で死亡した場合（当該代表者以外の者が16条1項の確認を受けた当該中小企業者の当該確認に係る特定後継者である場合を除く。）

(ii) 当該代表者が当該相続の開始の直前において当該中小企業者の役員であった場合であって，当該相続の開始の直前において当該代表者が有していた当該中小企業者の株式等に係る議決権の数と相続（公正証書による遺言によって当該株式等につき遺産の分割の方法が定められたものに限る。）又は遺贈（公正証書による遺言によって特定の名義で行われたものに限る。）により取得した当該株式等に係る議決権の数の合計数が総株主等議決権数の100分の50を超える議決権の数であるとき（当該代表者以外の者が16条1項の確認を受けた当該中小企業者の当該確認に係る特定後継者である場合を除く。）。

(iii) 特定後継者の相続が開始した場合であって，当該代表者が16条1項の確認を受けた当該中小企業者の当該確認に係る新たに特定後継者となることが見込まれる者（15条6号の新たに特定後継者となることが見込まれる者をいう。）であるとき。

(4) 当該相続の開始の時以後において，当該代表者がその被相続人から相続又は遺贈により取得した当該中小企業者の株式等（当該相続の開始の時以後のいずれかの時において当該中小企業者が合併により消滅した場合にあっては当該合併に際して交付された吸収合併存続会社等の株式等（会社法234条1項の規定により競売しなければならない株式を除く。），当該相続の開始の時以後のいずれかの時において当該中小企業者が株式交換等により他の会社の株式交換完全子会社等となった場合にあっては当該株式交換等に際して交付された株式交換完全親会社等の株式等（同項の規定により競売しなければならない株式を除く。））のうち租税特別措置法70条の7の2第1項の規定の適用を受けようとする株式等の全部を有していること。

(5)　当該相続の開始の直前において，当該代表者の被相続人が16条1項の確認を受けた当該中小企業者の当該確認に係る特定代表者であること（(3)(i)から(iii)までのいずれかに該当する場合（(iii)に該当する場合にあっては，当該被相続人が特定後継者であったときに限る。）を除く。）。

　(6)　当該代表者の被相続人が，当該相続の開始の直前において，当該被相続人に係る同族関係者と合わせて当該中小企業者の総株主等議決権数の100分の50を超える議決権の数を有し，かつ，当該被相続人が有する当該中小企業者の株式等に係る議決権の数がいずれの当該同族関係者（当該中小企業者の経営承継相続人となる者を除く。）が有していた当該株式等に係る議決権の数も下回らなかった者であること。

　(7)　当該中小企業者が特別贈与認定中小企業者等（13条1項の特別贈与認定中小企業者等をいう。）である場合にあっては，当該代表者の被相続人が当該特別贈与認定中小企業者等の経営承継贈与者（経営承継受贈者に係る贈与者をいう。以下同じ。）でなかったこと。

チ　当該中小企業者が会社法108条1項8号に掲げる事項についての定めがある種類の株式を発行している場合にあっては，当該相続の開始の時以後において当該株式を当該中小企業者の代表者（当該中小企業者の経営承継相続人となる者に限る。）以外の者が有していないこと。

リ　相続認定申請基準日における当該中小企業者の常時使用する従業員の数が当該相続の開始の時における常時使用する従業員の数に100分の80を乗じて計算した数（その数に1未満の端数があるときは，その端数を切り上げた数）を下回らないこと。

九　前各号に掲げるもののほか，当該中小企業者の事業活動の継続に支障を生じさせること。

(3)　内　　容
(a)　中小企業信用保険法の特例

中小企業信用保険法の特例（経営承継法13条）は，信用保証協会の保証に保

険を付保する制度であり，下記(4)の認定を受けた「中小企業者」の事業に必要な資金（株式や事業用資産等の買取資金，信用状態が低下している中小企業者の運転資金等）について，中小企業信用保険法に規定されている普通保険（限度額2億円），無担保保険（限度額8,000万円），特別小口保険（限度額1,250万円）が別枠化されます。特例によって別枠化されることにより，信用保険を利用した新たな借入れが可能になります。これにより，「中小企業者」の金融機関からの資金調達が円滑になると思われます。

(b) 株式会社日本政策金融公庫法及び沖縄振興開発金融公庫法の特例

株式会社日本政策金融公庫法及び沖縄振興開発金融公庫法の特例（経営承継法14条）は，下記(4)の認定を受けた会社の代表者個人に対する融資の特例で，当該代表者が必要とする資金で，その会社の事業活動の継続に必要なものについて，株式会社日本政策金融公庫及び沖縄振興開発金融公庫から代表者個人が融資を受けることができます。

従来株式会社日本政策金融公庫と沖縄振興開発金融公庫から代表者個人が融資を受けることはできませんでしたが，本特例により後継者である代表者個人が融資を受けることが可能となっています。

(4) 経済産業大臣の認定

金融支援措置を受けるためには経済産業大臣に対して一定の書類を提出し，認定を受ける必要があります（経営承継法12条，経営承継規7条）。認定された場合，経済産業大臣から認定書が交付されます。認定の有効期限は，認定日の翌日から1年とされています。

(5) 金融機関への申込み

経済産業大臣の認定を受けた後，融資の申込みの際には，その認定書の写しを金融機関等に提出する必要があります。

認定を受けた場合，信用保険が利用できることによって信用保証協会による保証が受けやすくなり，それによって金融機関の信用リスクが軽減され，融資を受けやすくなることが期待されます。しかし，もちろん融資の可否について金融機関の審査があり，必ず融資を受けられるとは限りません。

(6) 認定の取消し

次に掲げるいずれかに該当することが判明したときは，認定が取り消され

ることになります（経営承継規9条）。この場合，金銭消費貸借契約上の規定により，即時返済を求められる可能性もあるので，注意が必要です。

> 一　当該認定中小企業者が会社である場合にあっては，当該認定中小企業者の当該認定の申請に係る代表者が退任したこと。
> 二　当該認定中小企業者が個人である場合にあっては，当該認定中小企業者が事業の全部を廃止又は譲渡したこと。
> 三　偽りその他不正の手段により当該認定を受けたこと。

〔3〕指導及び助言

　経済産業大臣は，代表者の死亡等に起因する経営の承継に伴い，従業員数の減少を伴う事業の縮小又は信用状態の低下等によって事業活動の継続に支障が生じることを防止するために，多様な分野における事業の展開，人材の育成及び資金の確保に計画的に取り組むことが特に必要かつ適切な中小企業者の経営に従事する者であって一定の要件を満たした者に対して，必要な指導及び助言を行うものとされています（経営承継法15条）。
　具体的には全国102ヵ所に事業承継支援センターが設置されています。

〔内藤　卓〕

第3章

事業承継のための会社法の基礎知識

Q3-1　相続を契機に生じる経営権の争い

相続によって経営権の争いが生じることがありますか。また，それはどのような場合ですか。

A

相続による株式の分散により，相続人間で会社経営権の紛争が生じることがあります。判例により，相続された株式については相続分に基づく多数決で権利行使者を定め，権利行使者が権利を行使します。議決権の過半数を有する株主が有利に物事を進めることができます。

解説

〔1〕相続による株主権の帰属

　会社経営権を誰が握るかは，究極的には株式の過半数を誰が保有するかによって決定されます（会329条1項・341条参照）。社長の株式が相続により相続人によって承継される場合，遺言によって株式を誰が，いくつ承継するかが決定されるときには問題が生じませんが，遺言がないときは，相続の対象である株式も相続人全員の準共有になります（民898条）。遺言があっても遺留分減殺請求権が行使されたときは，受遺者と遺留分減殺請求権を行使した者との間における共有となります（民1031条。**Q 4 -30**参照）。この点，例えば，被相続人の所有する100株が妻W，長男A及び次男Bに相続される場合，遺言がなく，法定相続分に従って共同相続されるとすると，Wが50株，Aが25株，Bが25株をそれぞれ相続するのではなく，1株をW，A及びBの3者で，それぞれ持分2分の1，4分の1，4分の1で準共有し，かかる準共有された株式が100株あるという状態になります（東京高判昭48・9・17判タ303号153頁，大阪地判昭61・5・7判時1243号122頁，大森政輔「株式の相続に伴う法律問題」別冊商事67号14頁。なお，100株が一体としてW・A及びBに準共有されるとする見解もありえ

ますが，結論に違いが生じる場面は少ないと思われます）。

　このように共同相続によって株式が準共有される場合，最終的には遺産分割協議によって株式の帰属を決定することになりますが，それまでの間は，相続分に応じた持分の過半数によって権利行使者を定め（民252条本文・264条），当該権利行使者のみが会社法106条に従い権利を行使することができるとするのが判例です（最判平9・1・28判時1599号139頁（有限会社に関する事例，最判平11・12・14判時1699号156頁））。そうすると，先の例で，ある株主総会の決議において，WとBが賛成し，Aが反対している場合，ある1株の議決権について，WとBの持分の合計は4分の3（＝1/2＋1/4）となるので，WとBの意向により定められた権利行使者によりその議決権は賛成として行使されます。このような株式が100株あることから，決議において賛成の議決権の個数は100個，反対の議決権の個数は0個となります。Wが50個，Aが25個，Bが25個の議決権を有するのではないのです。

　なお，「共同相続人間で事前に議案内容の重要度に応じしかるべき協議をすることが必要」であるとして，「この協議を全く行わずに権利行使者を指定するなど，共同相続人が権利行使の手続の過程でその権利を濫用した場合」には，「当該権利行使者の指定ないし議決権の行使は権利の濫用として許されない」とする裁判例がありますので（大阪高判平20・11・28判時2037号137頁），多数派がやりたい放題というわけではありません。しかし，真摯に協議を行ったとしても，多数派の意思を覆すのは容易でないと思われるため，あまり協議に期待をすべきではないと思われます。

〔2〕準共有株式の会社支配権に与える影響

　このような議決権の行使方法が支配権に重大な影響を及ぼすこともあります。例えば，上記の例で，総株式数200株である会社で，被相続人があらかじめAを後継者と目して80株をAに生前贈与し，被相続人が120株を保有していたとします。この120株が，妻W（法定相続分2分の1），長男A（同4分の1）及び次男B（同4分の1）に共同相続されたとします。上述のとおり，共有された株式120株については，持分の過半数で議決権の行使者を決定しま

すので，WとBが同調した場合（持分合計4分の3），両者の意向で準共有株式120株の議決権（議決権比率60％）の行使者を定めることができ，80株の議決権（議決権比率40％）を有するAの反対にもかかわらず株主総会普通決議（会309条1項）を可決することができます。仮に，120株が法定相続分に従って分割されたとすれば，保有株式数はW60株，A110株（＝80株＋30株），B30株で，Aが過半数を取得することになります。しかし，株式が準共有状態であるうちは，そのようにはならないので，注意が必要です。

そうすると，妻Wと次男Bが同調する場合には，WとBの意向に沿う者を取締役に選任し，長男Aを経営から排斥することも可能になります。したがって，例えば，先代社長がAを経営に関与させており，Aを後継者にする意向を有していた場合には，議決権比率をよく検討し，それに沿った遺言を遺しておくことが重要であることが分かります。

〔3〕遺産分割協議と株主権

上記のとおり，遺言がない場合や，遺言があっても遺留分減殺請求権が行使された場合には，相続財産の帰属は遺産分割協議又は共有物分割等を経なければ確定しないことになります（民906条以下・256条・258条）。しかし，相続争いが生じた場合には，遺産分割協議又は共有物分割が成立するまでに数年，場合によっては10年以上の年月を要することもあります。その間，法定相続分で過半数を有する者にとって有利な状況が継続することになります。過半数を有する側にとっては会社経営の実権を把握し，配当を行わず，役員報酬として会社財産を自らの懐に入れることが可能となるので，少数株主（支配権を有しない株主）の側には極めて不利な状況になります。

以上に鑑みると，先代社長は，後継者を明確に指名し，その者に対して遺言などにより株式の過半数を承継させるような手を打っておくことが重要です。

〔南　繁樹〕

Q3-2　一部の相続人による会社支配と対抗手段

相続人が他の株主の知らないうちに株主総会を開催してしまいました。対抗手段はあるでしょうか。

A

　一部の株主が通知などの正式な手続を省略して株主総会を開催する場合，株主総会の決議取消しの訴えを提起することができます。また，事前にそれが判明した場合，裁判所に株主総会禁止の仮処分を求めることができます。

解説

〔1〕相続を契機とした紛争の実状

　社長（被相続人）の死亡によって，株式が分散することになると，これを契機に相続人間で主導権争いが起こることがあります。この争いは，様々な形を取りますが，その1つとして，一部の株主が反対派株主への通知なしに株主総会を開催し，又は株主総会を一切開催することなく，株主総会による取締役選任の議事録を作成し，さらに代表取締役選任の取締役会を行って，取締役・代表取締役の登記を行ってしまう例があります。過半数を有する株主側は，正面から株主総会を開催すればよいので，このようなことをする必要はないのですが，それでも反対派株主を完全に経営から排除するためにこのようなことをする場合がないとはいえません。他方，相続による株式の移動により，少数派（半数未満）に転落する株主側では，社長であるとの既成事実を作り上げることを狙って，代表取締役・取締役の登記を行い，取引先への挨拶などを行うことがあります。

〔2〕株主総会決議の瑕疵

　一部の株主への招集通知漏れがあった場合の株主総会決議については株主総会の取消事由となりますが（会831条1項1号），瑕疵の程度が著しい場合には決議不存在となります（最判昭33・10・3民集12巻14号3053頁）。オーナー企業の場合，株主も少人数であり，通常は招集通知を行うことが困難である事情も認められないので，決議不存在とされる場合が少なくないと思われます。

〔3〕実際上の対応

　株式の過半数を有する側に立つ場合，疑義のないように，正々堂々と株主総会を開催して取締役の選任決議を行い，さらに取締役会を開催して代表取締役の選任決議を行うべきです。その際，場合によっては弁護士に立ち会ってもらうことが有用な場合があるかもしれません。他方，少数株主の側では，多数派による株主総会の決議の成立を阻止することは困難ですが，会社法上の手段を利用して，多少なりとも経営の透明性を確保し，それをもって配当などの権利を実効性のあるものにすることは考えられます。例えば，株主の株主総会における議題提案権・議案提出権（会303条・305条），株主総会検査役の選任請求権（会306条），株主代表訴訟による取締役の責任の追及（会847条），違法行為の差止請求権（会360条），業務執行に関する検査役の選任請求権（会358条），会計帳簿閲覧権（会433条）などの行使により，多数派株主による経営を牽制することは可能です。

　さらに，一部株主が他の株主への招集通知なく株主総会を開催しようとしているような場合は，株主総会開催禁止の仮処分・決議禁止の仮処分を得ておくことも考えられます。

〔南　　繁樹〕

Q 3-3　相続に備えた定款の規定

相続に備えて設けておいたほうがよい定款規定がありますか。

A

相続人に対して株式の売渡しを請求することができる権利を定めることによって，株式が分散することを防止することが可能です。ただし，その規定を設けた結果，予想外の不利益を被る可能性もあるので，よく吟味する必要があります。

解説

〔1〕相続人に対する売渡請求の制度趣旨

　会社法においては，譲渡制限株式（会2条17号）が相続その他の一般承継により移転した場合には，株式会社が当該株式の株主に対し，当該株式の売渡しの請求をすることができる旨を定款で定めることができます（会174条）。その趣旨は，相続その他の一般承継によって会社の望まない者が株主になることを防止する手段を与えるとともに，その者の投下資金の回収手段を確保させるものです。会社法制定の際に，中小企業における円滑な事業承継等のため，特に強い実務上の要望が寄せられ，実現したものです（相澤哲編著『立案担当者による新・会社法の解説』（別冊商事295号）44頁）。

　オーナー企業の場合，相続によって株式が分散することがありますが，特に，オーナーの息子の嫁に株式が相続されることを通じて，オーナー一族外の者に株式が渡ることを嫌う会社もあります。譲渡制限株式であっても，相続その他の一般承継は，「譲渡」（会2条17号）ではないため，譲渡制限株式においても譲渡承認の対象とはならず，譲渡承認を拒否することで株主となることを拒むこともできません。したがって，定款に相続人等に対する株式売渡請求の定めを置くことは，非常に有効な対策といえます。

そのような会社では，この定款規定があれば，相続人の同意がなくとも強制的に売渡しを請求できることになります。

〔2〕売渡請求の概要

　この規定は将来の相続の可能性を見据えて，あらかじめ株主総会特別決議を経て（会309条2項11号），定款を変更しておくことが望ましいと考えられます。では，相続開始後に，このような定款変更を行ったうえで売渡請求権の行使を行うことは許されるでしょうか。会社法の文言上は，このようなことも禁止されておらず，立案担当者も，これを認める旨の解釈を示しています（松本真＝清水毅『譲渡制限株式の相続人等に対する売渡請求(上)』月刊登記情報543号28頁）。
　中小企業であっても，オーナー一族が取締役会の過半数を支配しておらず，所有と経営が分離している会社においては，後述〔3〕のとおり，支配株主に生じた相続を奇貨として，経営陣がクーデターを起こし，売渡請求を行うというリスクがあります。そこで，そのようなリスクが懸念される会社においては，少数株主に相続等が生じた後にはじめて定款変更を行って，当該定款の定めを置くことが考えられます。
　もっとも，事後的な会社定款規定の変更によって株主の権利を奪うことは，取得条項を創設する定款変更に株主全員の同意を要することや（会110条・111条1項），全部取得条項付種類株式を利用したいわゆるスクイーズ・アウトにおいても株主の議決権行使が著しく不公正と認められるときは株主総会決議が取り消されうること（会831条1項1号参照）に鑑みると，株主総会決議取消しのリスクについて慎重に吟味したほうがよいと思われます。
　実際に売渡請求を行うための手続としては，取得する株式の数（種類株式発行会社にあっては株式の種類及び種類ごとの数）及び株主の氏名又は名称についての決議が必要です（会175条1項）。この決議は，売渡請求の対象となる株式を保有する株主を除いた株主による株主総会の特別決議を要します（会309条2項3号）。すなわち，当該株主総会において議決権を行使することができる株主の議決権の過半数（3分の1以上の割合を定款で定めた場合にあっては，その割

合以上）を有する株主が出席し，出席した当該株主の議決権の３分の２（これを上回る割合を定款で定めた場合にあっては，その割合）以上にあたる多数による決議が必要であるところ，売渡請求の対象となる株式については，定足数に加算されず（会175条２項。ただし，それ以外の株主の全部が当該株主総会において議決権を行使することができない場合を除く），当然，出席株主にも含まれません。

売渡しの請求ができる期間は相続等の一般承継があってから１年以内に限られます（会176条１項）。会社は，売渡しの効力が生じる前は，いつでも売渡しの請求を撤回することができます（会176条３項）。

〔３〕売渡請求を設けることのリスク

相続人に対する売渡請求においては，少数株主が死亡したことを念頭に，その相続人に株式が分散することを想定し，それを防止することを目的としていました。しかし，定款に相続人に対する売渡請求権を規定した場合，オーナー（支配株主）自身の死亡によっても売渡請求権が発生するため，オーナーの相続人に対して売渡請求権が行使される可能性があります（なお，分配可能額による制限については，後述Q3-9参照）。つまり，オーナーの意思に反し，オーナー以外の役員によって，オーナーの相続人を会社から排除するような売渡請求権の行使，いわばクーデターが起こる可能性があるわけです。このリスクを排除するためには，社長の株式が相続の対象となった場合に，その株式を除いて計算した議決権について，その３分の２が反対派によって行使されるおそれがないことを確認しておく必要があります。

〔４〕売買価格に争いがある場合

会社が売渡請求を行った場合，株式の売買価格は，会社と相続人の間の協議によって定めます（会177条１項）。会社又は当該株式を有する者は，請求の日から20日以内に裁判所に対し売買価格の決定の申立てをすることができます（会177条２項）。この期間内に，協議が成立せず，かつ裁判所への申立てもない場合は，売渡請求は効力を失います（会177条５項）。20日間というのは短

い期間ですので，相続人に対して売渡請求を行う際には，あらかじめ上記申立てをする準備もしておいたほうがよいでしょう。

〔5〕行使の際の注意点

売渡請求による株式の取得は，会社にとっては自己株式の取得となるので，買取価格に相当する分配可能額がなければなりません（会461条1項5号・2項）。

また，売渡対象となる株式が多数になる場合，買取額の負担も大きくなり，会社の資金繰りに影響が出るかもしれません。

なお，税務上の問題点についてはＱ7-2及びＱ7-3をご参照ください。

〔6〕共有の場合

相続開始により株式が相続人の共有状態にある場合（民898条），会社は，特定の相続人に対してのみ，売渡請求をすることもできます。

遺産分割協議を了している場合，未了の場合を問わず，会社は，共同相続人中の特定の相続人に対して，当該相続人が有する共有持分を対象として，売渡請求をすることができます。共有持分を取得した会社は，当該共有持分に基づいて，他の共有者に対し，共有物の分割請求をすることができます（松本真＝清水毅『譲渡制限株式の相続人等に対する売渡請求(下)』月刊登記情報544号25頁）。

〔7〕売渡請求に関する決議への参加

売渡請求を受けた相続人は，売渡請求を決議する株主総会において，議決権を行使することができません（会175条2項本文）。

なお，当該相続人が相続前からすでに有していた株式に関しても，議決権を行使することはできないと解されています（松本＝清水・前掲月刊登記情報544号25頁）。

〔8〕相続その他の一般承継

　会社法174条の「相続その他の一般承継」には，何が含まれるかが問題となります。同条の定める，売渡しの請求に関する定款の定めを置くことが可能な「相続その他の一般承継」には，相続，合併のほか，会社分割も含まれると一般的には解されています。
　ただし，「譲渡制限株式制度（会社法2条17号参照）における『譲渡による取得』に一般承継による取得を含まないものとする趣旨に照らしても，会社分割によって譲渡制限株式が承継される場合をことさら『譲渡による取得』から除外する理由はない。したがって，ここにいう『一般承継』には，会社分割による承継が含まれないことは明らかである。」とする会社法の立案担当者の有力な見解があります（松本＝清水・前掲月刊登記情報544号25頁）。
　「譲渡」とは，意思表示，すなわち契約に基づく移転行為を意味します。吸収分割も契約によるわけですから，「譲渡による取得」に含める余地がないとはいえません。しかし，その契約は，株式の譲渡を直接の目的とするものではなく，吸収分割の効果として株式が移転するわけですから，正しく一般承継であって，「譲渡」には含まれないと従来解されていました。
　この点，会社法の立案過程において，議論がされたものの結局，株式の移転一般に会社の承認を認めることとはせず，「譲渡による取得」についてのみ承認の対象とする取扱いを維持し，「相続その他の一般承継」については，定款の定めによる売渡請求という制度を新設したものであることに鑑みても，会社分割による承継を「譲渡による取得」に含ませるのは不合理であろうと思われます。
　会社分割は，組織法上の行為であり，これによる株式の承継は，株式の譲渡を直接の目的とする契約に基づくものではないので，やはり「相続その他の一般承継」に含まれると解すべきでしょう。

〔9〕財源規制

　株式会社が自己株式を取得する場合，財源規制（会461条1項）があり，定款の定めに基づく株式売渡請求による取得（同条項5号）の場合も同様です。違反して取得した場合，私法上無効と解されます（江頭・株式会社法243頁）。なお，直ちに無効となるものではないと解する見解（松本＝清水・前掲月刊登記情報544号27頁）もあります。

　いずれにせよ，当該相続人及び取得に関わった取締役等は，その善意，悪意にかかわらず，会社に対し，連帯して，交付を受けた金銭に相当する額を支払うべき義務を負う（会462条1項）ことになります。

〔内藤　卓〕

Q 3-4　事業承継とM&A

後継者を見つけることが困難なので，会社を売却したいと思っています。どうすればよいでしょうか。

A
　　株式を売却することが考えられますが，その他，様々なM&Aの形態を検討したほうがよいでしょう。

解説

〔1〕M&Aの意義

　後継者が見当たらず，第三者に会社を売却することも，広い意味での事業承継に含まれます。会社を買う側からみれば，M&Aということになります。M&Aは，merger and acquisitionを略したもので，合併や買収を意味します。M&Aは多種多様ですが，その形態によって，手続，法的責任，課税などが異なりますので，それぞれの特徴をよく理解しておく必要があります。

〔2〕第三者間買収とグループ内再編

　M&Aには，第三者との間で行われるものと，グループ内で行われるものとがあります。
　第三者間の買収とグループ内再編には，以下のような相違があります。
　(1)　第三者間の買収
　第三者間の買収では，買収者が被買収会社（ターゲット）に対して交付する対価を現金にするか，株式にするかが大きな問題です。現金を対価にする場合，少なくとも過半数を所有しているオーナーからの株式取得となります。さらに，現金を対価とする場合でも，会社の一部の事業を買い取る場合や，

偶発債務を回避するために，事業譲渡という手法を採用することも考えられます。

これに対し，株式を対価とする場合には，買収会社と被買収会社（ターゲット）の間で，合併，吸収分割，株式交換，共同株式移転などの組織再編行為を行うことが考えられます。この場合，買収会社は，被買収会社（の事業の一部）を取得し，被買収会社の株主に買収会社の株式を交付します。

第三者間の買収では，株式取得の場合には株式の売り手において，事業譲渡の場合には譲渡会社において，実現した含み損益への課税が生じます。これらの税コストは，買収金額にも影響します。ただし，第三者間の買収でも，組織再編として行う場合等には，被買収会社と，その株主のいずれについての課税も避けることが可能です。しかし，そのためには適格組織再編（又は適格現物出資・適格事後設立）に該当しなければなりませんので，適格要件に該当するように慎重な検討が必要です。

(2) グループ内再編

グループ内再編とは，グループ内においてある会社の事業部門を独立した会社として切り出したり，他の会社の事業部門に統合したりすることです。

グループ内再編では，一般的に，課税は発生しにくいようになっています。もちろん，具体的な場合に応じて，課税が発生することのないように注意をする必要があります。また，グループ内再編によってグループ内のある会社の所得と他の会社の損失とを相殺することや，グループ内再編により含み損のある資産の損出しをすることは制限されており，安易な節税は許されません。

他方で，組織再編成により自社株式の相続税法上の評価を引き下げることなど，税務上の効果も睨んでグループ内再編を行うことも考えられます。この点については**Q7-5**をご参照ください。

〔3〕取引行為と組織的行為

(1) 取引行為

M&Aには，売買，すなわち取引行為として行われるものと，会社法上の

組織法上の行為として行われるものとに分類されます。

取引行為によるM&Aには事業譲渡があります。会社が有している資産・負債のすべて，あるいは一事業部門の資産・負債のすべてを売買の対象とする事業譲渡は，個々の資産・負債の譲渡とは区別されるM&A取引です。会社法上も，事業譲渡については手続的な規制が設けられています（会467条）。また，事業全体を取引の対象とするため，会計上，個々の資産の収益力を超えた「のれん」（税務上は，資産調整勘定及び差額負債調整勘定）が計上されます。

株式譲渡も取引行為です。この場合，企業価値を表章した株式を取引の対象とするので，手続は容易です。

(2) 組織的行為

これに対し，合併，会社分割や株式交換・株式移転は，会社法に規定された手続に則って行われ，会社全部又は特定の事業に関する権利義務が，相手方の会社（買収者）に一般承継されます。これらの組織再編は，会社の基礎的変更であるため，株主総会等の機関決定を要します。株主にとっては投資対象が変貌するため，株式買取請求権が与えられます。債権者にとっては債務者である会社の責任財産の範囲が変更されるため，多くの場合において債権者を保護するための異議を申し述べる手続が設けられています。

税務上は，組織再編税制が適用されます。非適格の場合，被合併法人等においては資産・負債の含み損益に対する課税，株主にはみなし配当課税及び株式譲渡損益課税が生じます。適格組織再編の場合，いずれも繰り延べられ，当面の課税は回避されます。

〔4〕会社全部の買収と一部の買収

会社全部を対象とする買収の場合，合併や株式交換・株式移転が考えられます。また，株式全部の譲渡も，会社全体の支配権獲得を目的としています。また，会社の事業全部の事業譲渡も可能です（会467条1項1号）。

これに対し，会社の事業全体の中の一部を対象とする場合には，会社分割や事業譲渡によることになります（会757条・763条5号・765条1項5号・467条1

項2号)。

〔5〕統合か支配か

　2つの会社が合併する場合や，共同株式移転により持株会社を設立する場合には，「統合」と呼ばれるように，実際上，双方対等の関係を構築しやすいことがあります。特に，共同株式移転は，統合する各会社の独立性が法的にも維持されます。これに対し，株式交換による買収の場合，完全親会社・完全子会社関係が構築されるので，支配・被支配の関係が明瞭になるのが通常です。現金による株式取得の場合も，被買収会社が子会社化されるので，支配という色彩が拭えません。

〔南　繁樹〕

Q 3-5　スクイーズ・アウトによる少数株主の排除

先代の相続の結果，私（社長）が80％の株式を所有し，弟が20％の株式を所有していますが，株主総会に出席しては，経営に対する不満を述べます。かといって，売却にも応じてくれません。長男への事業承継を考えていますが，それに先立ち弟の株式を強制的に取り上げることができるでしょうか。

A

非上場企業におけるスクイーズ・アウトには問題があります。

解説

〔1〕スクイーズ・アウトとは

スクイーズ・アウトとは，少数株主に対して金銭などを対価として交付することにより，その株主の地位を強制的に奪うことをいいます。株主の地位から締め出すことからスクイーズ・アウトと呼ばれます。近時，上場企業が，上場廃止によって非公開化する過程において，しばしば用いられるようになってきています。様々な方法がありますが，例えば，合併の際に，合併消滅会社の株主に対し，合併存続会社の株式を交付するのではなく，現金を交付することによって，株主の地位を失わせるなどの方法があります（現金合併）。

しかし，本来，株式は株主が所有する財産であり，株主の所有権は憲法上保障されています（憲29条）。したがって，株主は株式を現金化せずに保有し続ける自由を有しているはずです。そこで，対価を支払うとしても，株主の意思に反して株式の所有権を奪うことが許されるか，許されるとして，それはどのような場合であるかが問題になります。

〔2〕 株主総会の決議取消しのリスク

　スクイーズ・アウトの方法として，上記のような現金合併を行う場合，存続会社と消滅会社との間で合併契約を締結し，当該合併契約を存続会社及び消滅会社の双方の株主総会において特別決議をもって承認することが必要です（会783条1項・795条1項・309条2項12号）。かかる消滅会社の株主総会において，大株主である存続会社が当該合併に賛成する旨の議決権を行使することとなりますが，かかる合併により消滅会社の少数株主を排除することになるので，存続会社による議決権の行使が「特別の利害関係を有する者が議決権を行使したことによって，著しく不当な決議がされた」として，株主総会の取消事由（会831条1項3号）となるかが問題となります。その他の手法による場合（後述）にも，同様の議論となります。

〔3〕 適法性に関する議論

　上述した現金合併などの組織再編のほか，以下のような手法が可能です。
(1) 株式併合
　スクイーズ・アウトの手法として株式併合があります（会180条1項）。学説上，株式併合が，少数株主への株式の割当てを1株未満の端数にすること（会235条1項）により少数株主を会社経営から追い出す目的で利用され，多数派の賛成によりその特別決議が成立した場合は，上記取消事由に該当すると解されています（江頭・株式会社法263頁）。
(2) 全部取得条項付種類株式を利用する手法
　スクイーズ・アウトには「端数処理型」による方法もあります。これは，少数株主が既存株式と交換に取得する株式を端数とすることによって，金銭化する手法です。
　近時は，全部取得条項付種類株式を用いた手法がよく利用されています。例えば，公開買付けで議決権の90％を超える株式が取得された後に，①新たな種類の株式を創設し，②既存株式を全部取得条項付種類株式に変更し，そ

の後，③会社が②の全部取得条項付種類株式を取得し，その対価として①で創設した種類株式を交付します。少数株主に割り当てられる新たな種類株式の数が1株未満の端数となるように割当比率を定めれば，全部取得条項付種類株式の取得により少数株主は（1株未満の端数しか割り当てられないため）株主でなくなります。会社は，端数の合計数に相当する株式を競売・任意売却又は会社自身の取得により現金化し（会234条1項2号・2項～4項），少数株主に対し現金を交付します。この手法による場合，上記定款変更に際して株式買取請求権が認められるほか（会116条1項2号・117条），全部取得条項付種類株式の全部取得の際に関する取得価格決定の申立て（会172条）が認められており，少数株主の不服申立手続が法的に認められていることから，この手法は法的安定性が高いと考えられています。

(3) 適法性の判断基準

このような手法による少数株主排除につき，以下の要素が多数決の濫用として「著しく不当な決議」に該当するか否かの判断の基礎になるといわれてきました（藤縄憲一「企業再編における実務上の課題と取組み(下)」商事1656号83頁，武井一浩「子会社公開・非公開化戦略と法的諸問題」判タ1122号53頁）。

① 大株主の議決権比率
② 正当な事業目的がある完全子会社化といえるか
③ 正当な対価が支払われているか
④ 支配株式を取得する過程・手続が正当であったか
⑤ 少数株主に対する十分な情報開示が行われているか

〔4〕 非上場企業の場合のスクイーズ・アウトの適法性

上記の議論は，主として上場企業を念頭に置いたものであり，実際に，多くのスクイーズ・アウトが実行されています。では，非上場企業の場合はどうでしょうか。上場企業の場合，非公開化を行い，金融商品取引法上の継続開示義務を免れ，また，短期的な経営圧力を受けないようにするために，少数株主を排除する事業上の目的があり，そのような目的は一般的に正当なものと認められています。したがって，対価が公正であることを前提とすれば，

上記〔3〕(3)の諸要素にもよりますが，スクイーズ・アウトの適法性が認められやすいということができます。

　これに対し，非上場企業の場合，上場株式を非公開化するというような経営面における重大な変化はなく，また，開示義務を免れるなどスクイーズ・アウトをどうしても行わなければならない必然性が見当たらず，正当な事業目的を認めることが困難と思われます。また，非上場企業の場合，株主数も限られていることから，締め出そうとする株主の議決権割合が少数株主といっても，10％を超え，場合によっては30％に及ぶこともあると思われますが，そのような状況で，特別決議（総議決権の3分の2の賛成が必要です。会309条2項）によって締め出しを行うことは，少数株主として経営に参加する権利を奪うという点でも問題です。以上に加え，非上場企業の場合，一般的には株価算定が困難であることから，対価が正当であったか否かを判断することも困難です。

　以上に鑑みると，非上場企業でスクイーズ・アウトを行う場合には，事後的に株主総会決議が取り消されるリスクが相当程度あるものと思われます。

　事業承継に関していえば，設例のように，兄弟間であれば不満を持ちつつも何とかうまくやっていける場合であっても，兄弟の一方に相続が生じ，伯父・叔父と甥などが株主となった場合には，共同経営が難しくなり，多数派となった株主が少数派のスクイーズ・アウトを希望することがあります。しかし，上記のような法的リスクを踏まえると，仮に，経営陣に不満を抱く少数株主がいたとしても，買取交渉を粘り強く続けることが通常は賢明であり，スクイーズ・アウトの強行は慎重にしたほうがよいと思われます。

〔南　繁樹〕

Q 3-6　所在不明株主の株式売却制度

事業承継対策として，株式の集中を図りたいのですが，長期にわたり所在が不明で連絡がとれなくなっている株主が若干名おります。会社法には所在不明株主の株式売却制度が設けられているそうですが，その概要を教えてください。

A

　所在不明株主の株式売却制度は，株式会社からの通知及び催告が継続して5年間到達していない等の株主について，所在不明株主として，当該株主が所有している株式を株式会社が売却することにより，株主を整理することを可能とする制度です。

解説

〔1〕所在不明株主の株式売却制度の趣旨

　所在不明株主の株式売却制度は，平成14年商法改正により創設された制度です。戦前からの歴史のある企業では，所在不明株主の株式数が15％以上に上る株式会社もあるようであり，そうした株主の議決権は，株主管理コストもさることながら，「議決権を行使することができる株主の議決権」に該当しながら「議決権が行使されることがない株式」ということになり，だんだんとその数が増えるにつれ特別決議の要件を満たすことが困難となってきます。しかし，株式は，所有権と同様消滅時効にかからない権利と解されており，会社としてはなす術がないというのが実情でした。そういう事情背景の下に，平成14年商法改正により「所在不明株主の株式売却制度」が創設され，会社法においても採用されています。しかし，憲法29条に鑑み，この制度の利用に際しては慎重な対処が必要であると考えられます。

　また，中小企業においても，平成2年商法改正前，発起人が7人以上必要

であった時代に設立された株式会社は，いわゆる名義貸株主が多数おり，その後音信不通となって取扱いに窮しているケースが稀ではありません。こうした企業においても，株主全員出席総会，あるいは総株主の同意による簡易迅速な手続を選択できないという不都合が生じており，事業承継の局面において，そのような名義貸株主を整理することを望む場合には，この制度を活用するメリットは大きいと思われます。

〔2〕要　　件

　所在不明株主の株式売却制度を利用するには，次の①及び②のいずれにも該当する株式であることが必要です（会197条1項）。

① 　株式会社が株主に対してする通知又は催告が5年以上継続して到達しないことなどにより（会196条1項・294条2項），その株式の株主に対して通知及び催告をすることを要しないもの。
② 　その株式の株主が継続して5年間剰余金の配当を受領しなかったもの。

　登録株式質権者がある場合には，当該登録株式質権者が同様の要件に該当する者である必要があります（同条5項）。上記②については，通知又は催告が5年間到達しない株主であっても，振込みによる配当金を受領している場合が非常に多く，そのような株主を整理することはできないという事情に鑑みて設けられている要件です。この要件は，会社が剰余金の配当をしたにもかかわらず受領されなかった場合のほか，無配である場合にも満たされます（江頭・株式会社法200頁）。

　なお，上記①の通知及び催告の範囲に関しては，法文上特段の限定はありません。したがって，株主総会の招集通知等の法定の通知及び催告とすべきか，あるいは法定に限らず原則としてすべての通知及び催告とすべきか，が問題となります。しかし，株主管理コストの低減等，株式会社の利益保護を図る立法趣旨に鑑みれば，あまりに厳格に解して会社にとって過重な負担をかけることは相当ではありません。法定の通知及び催告に限らないと解して

差し支えないと考えます。

〔3〕手　　続

　所在不明株主の株式売却制度を利用する場合には，通常は，以下の手続が必要となります（会198条）。
　①　売却する旨の取締役会の決議等（取締役全員の同意）
　②　裁判所への許可申立て（上場株式会社でない場合）
　③　売却する旨の公告及び各別の催告
　④　売却の実行

　上記③の公告・催告は，一定の期間内（3ヵ月以上）に異議を述べることができる旨その他の事項を公告し，かつ，株主・登録株式質権者に対しては株主名簿に記載・記録された住所に宛てて各別の催告を行わなければなりません（会198条1項・2項）。

　なお，所在不明株主の株式を売却する場合，競売によるのが原則とされています（会197条1項）。しかし，競売はコスト及び日数が掛かることから，通常は，競売以外の方法により売却することを選択することになろうかと思います。

　市場価格のない株式については裁判所の許可を得て競売以外の方法により，これを売却することができます（同条2項前段）。この場合において，裁判所への許可申立ては，取締役が2人以上あるときは，その全員の同意によってしなければなりません（同条項後段）。なお，裁判所の手続においては，株式の評価に関して，100～200万円ほどの費用が必要になると思われます。

　売却にあたっては，会社が買い受けることもできます（同条3項）が，この場合，取締役会の決議によれば足り（同条4項），株主総会の決議は不要です。ただし，分配可能額の範囲内でなければなりません（会461条1項6号）。

〔4〕売却代金の支払

　所在不明株主の株式売却制度を利用した場合には，その後所在不明株主が

支払請求をした場合に直ちに支払うことが可能となるように分別管理をするか，あるいは供託することとなります。従前の株主（所在不明株主）が有する代金支払請求権は，商行為にあらざる債権として，その消滅時効は10年となります（民167条１項，江頭・株式会社法201頁）。ただし，遅延損害金（年５分。民404条）が生ずるのを防ぐためには，供託の方法によって債務を免れるのが無難であると思われます（民494条）。

　また，配当金の場合と同様に定款に除斥期間を定め，除斥期間内にその代金が受領されないときは会社に帰属させることができるかという問題もあります。法律上明文の定めがなくても，株主の利益に重大な影響がある事項は，定款に規定して初めて有効になると解され，配当金支払請求権の除斥期間の定めに関しては，実際的必要性に鑑み不当に短いものでない限りその定めは有効なものとして判例上も認められています（大判昭２・８・３民集６巻484頁）。現状では，除斥期間付きの権利は配当金の支払請求権に限定されていますが，所在不明株主の株式売却による代金支払請求権の消滅時効が10年というのも実務的感覚からすると長すぎると思われ，この点に関して会社法に定めがなく，民法の任意規定に拠っていることからすれば，「会社法の規定に違反しないもの」（会29条）として，定款に除斥期間の定めを置くことも可能であると考えられます。ただし，この制度と憲法29条の相克の観点からすれば，不当に短いものはもちろん無効とすべきであり，配当金支払請求権の除斥期間の定めが一般に３年とされていることからすれば，少なくとも３年以上とするのが適当であろうと考えます。

〔内藤　　卓〕

Q 3-7　事業承継と種類株式（その1）

事業承継のために，種類株式を利用できますか。

A

配当優先株式・残余財産分配優先株式や，取得条項付株式・取得請求権付株式を利用することにより，一部の株主に対して経済的利益を与えつつ，経営への干渉を防ぐことができます。

解説

〔1〕種類株式と事業承継

　種類株式とは，株式に含まれる権利について内容の異なる2以上の株式を発行する場合における，それぞれの株式をいいます（会2条13号・108条1項本文）。株主は，会社に対して資金を提供する代償として，会社経営に参加し，利益の分け前に与る権利を得ます（会105条）。これが株式です。そのような株式につき，種類株式とは，特に，会社経営への参加及び利益の分け前に与る方法について複数のあり方を認めたものといえます。
　事業承継との関係では，例えば，経営を担う長男に経営権を集中させるとともに，現実の経営に関与しない次男には利益を優先的に与えることが考えられます。このように種類株式は，会社の実状に応じて，経営権と利益の配分を柔軟に設計することを可能とします。
　会社法107条は，全部の株式の内容について柔軟に設計することを許容しています。これに対し，108条は，複数の内容の異なる株式を発行することを認め，種類ごとに柔軟な設計をすることを許容したものです。事業承継との関係では，後者を利用することが有益ですので，以下，これについて説明します。
　なお，種類株式についての税務上の評価についてはQ7-4をご参照くだ

さい。

〔２〕種類株式ごとの異なる定めが可能な事項

種類ごとに異なる定めが可能な事項として９項目が掲げられています（会108条１項）。これを機能別にまとめると，以下のとおりです。
① 剰余金の配当・残余財産の分配に関する事項（１号・２号）
② 種類株主総会の議決権（役員選任を含む）に関する事項（３号・９号）
③ 株式譲渡制限に関する事項（４号）
④ 株式の償還・交換（会社主導・株主主導）に関する事項（５号～７号）
⑤ 任意種類株主総会決議事項（種類株主の拒否権）（８号）

なお，委員会設置会社及び公開会社においては，役員選任に関して異なる内容を定めた種類株式を発行することはできません（会108条１項但書・108条１項９号）。これは，株式の自由譲渡を前提とする会社において，一部の者のみが実質的な支配権を独占することを防止する趣旨と思われます。

〔３〕剰余金配当優先株式・残余財産分配優先株式

事業承継との関係では，実際に事業を承継する株主（例えば，長男）に経営権，具体的には株主総会の議決権を集中することが重要です。そのために，後継者以外の株主に剰余金の配当及び残余財産分配についての優先権を与え（会108条１項１号・２号），その代わりに株主総会において議決権を行使できないものと定めることが考えられます（会108条１項３号）。このようにすることで，後継者以外の株主にも経済的利益を与えて納得してもらうと同時に，経営には干渉させないことが可能となります。**94頁**の種類株式発行のための定款変更及び株式の内容変更議案をご参照ください。

〔４〕会社による株式取得

剰余金配当優先株式を発行した場合，毎事業年度の配当負担が重くなりま

す。そこで，剰余金が積み上がって分配可能額に余裕が生じたときに，会社が買い取ってしまうことが考えられます。他の株主個人（例えば，長男）が買取りを行う資金的余裕がない場合にも会社資金を利用することが可能である点も，この手法のメリットです。

そのように利用できる株式として，会社による株式の取得が予定されているものには2パターンあります（会155条1号・4号）。

第1に，株主が自己保有の株式を会社に売り付ける権利（プット・オプション）を有する「取得請求権付株式」（会108条1項5号）です。

第2に，会社が株主保有の株式を買い取る権利（コール・オプション）を有する「取得条項付株式」（会108条1項6号）です。

なお，株主総会の決議によってある種類の株式全部を取得することが可能な「全部取得条項付種類株式」（会108条1項7号・155条5号・171条）は，迅速な株式の取得を可能とする機能が期待されていますが，スクイーズ・アウト（株主の締め出し）などに利用されるもので，性格が異なります。

〔5〕取得請求権付株式の株主による売付け

(1) 取得請求権付株式の利用方法

取得請求権付株式においては，株主が会社に対して取得を請求することができます（会108条1項5号）。主導権を有するのは株主です。いわゆるプット・オプションです。対価は，社債，新株予約権，新株予約権付社債及びその他の財産が認められ，その内容及び数もしくは額等について定款で定める必要があります（会108条2項5号）。したがって，金銭による償還のみならず，株式から異なる株式への転換，株式から社債への転換，株式から新株予約権への転換，株式から子会社株式への転換，等が認められることになります。

事業承継のためには，例えば，株式について相続争いが生じた場合，相続財産のうちに潤沢な現金が含まれていれば，後継者は株式を相続し，他の相続人は現金を相続することによって解決することが可能です。ところが，相続財産の大部分が株式である場合には，この方法は困難です。そこで，経営に関心のない相続人に剰余金配当優先株式を取得させることが考えられます。

その株主には配当を交付することで満足してもらい，経営には関与させないようにするものです。さらに，その株式に取得請求権を付与しておけば，株主の意思による金銭や社債を対価とする取得（償還）を認めることが可能となり，将来の買取請求を認めることで，その者からの納得を得やすくなる場合があります。なお，取得請求権では株主の側に主導権がありますので，会社の側から強制的に取得（償還）するためには，後述する取得条項を利用する必要があります。

(2) 取得請求権付株式の権利行使方法

取得請求権付株式の株主は，会社に対し，株券が発行されている場合には株券を提出して，取得請求を行います（会166条）。ただし，この場合も，会社による自己株式取得の一場面として財源規制を受けるため，請求によって会社が交付する財産の帳簿価額が「分配可能額」を超えているときは，取得ができません（会166条1項・461条1項1号・2項）。例えば，会社が資本欠損の場合，金銭償還の定めのある取得請求権付株式は行使できません。

〔6〕取得条項付株式の会社による買取り

(1) 取得条項付株式の利用方法

取得条項付株式においては，一定の事由が生じたことを条件として，会社が株主に対して株主所有の株式の取得を請求することができます（会108条1項6号）。取得請求権付株式と異なり，主導権は会社にあります。一定の期限の到来・条件の成就により会社に取得義務が生ずる形の定め方と，会社に転換するか否かの選択の余地が認められる定め方（コール・オプション）があります。対価の内容及び数もしくは額等について定款で定める必要があることは，取得請求権付株式と同様です（会108条2項6号）。

取得条項は，会社の都合によってある種類の株式を排除するために利用できます。したがって，例えば，一定の額で取得する旨の取得条項付株式を発行すれば，金銭の支払によって株主を排除することができます。相続人の中でも事業経営には興味がないものの，相続分として現金を希望する者がいる場合に，会社にはすぐに株式を買い取るほどの現金がない場合には，当該相

続人が相続した株式の内容を金銭を対価とする取得条項付株式に変更し，将来，剰余金が蓄積され，分配可能額が潤沢になった時点において，会社が取得条項によって金銭によって取得する（買い取る）ことが考えられます。

(2) 取得条項付株式の権利行使方法

　発行会社は，条件成就の日に当該株式を取得します（会170条1項）。ただし，株主総会（取締役会設置会社では取締役会）の決議による取得日の決定（会107条2項3号ロ）や，一部株式のみの取得も可能です（会107条2項3号ハ・169条）。会社は，条件成就後，遅滞なく株主に通知又は公告をしなければなりません（会170条3項・4項）。財源規制については，取得請求権付株式と同様です（会170条5項・461条2項）。

〔7〕 種類株式の発行方法

　事業承継との関係では，後継者に普通株式の多く（できれば過半数）を承継させ，その他の相続人に対し配当優先・議決権制限株式（典型的には，無議決権株式。以下「優先株式」といいます）を承継させることが典型的な利用方法です。そのためには，以下の4通りの方法があります（以下については，事業承継協議会・検討成果129頁を参照しています）。いずれについても，定款変更により，定款上，当該内容（ここでは，配当優先・無議決権）の株式の定めを設けることが前提となります（会108条2項1号～3号・309条2項11号・466条）。かかる定款変更のための株主総会議案と，これに基づく株式の内容変更議案（下記②参照）については，**94頁**をご参照ください。

① 優先株式の新規発行

　現オーナー（被相続人）の生前に，優先株式を発行し，現オーナー自身に割り当てます（会199条1項・2項・203条～205条）。その後，遺言により，普通株式を後継者（例えば，長男）に相続させ，優先株式を後継者以外の相続人（例えば，次男）に相続させることによって，次男の遺留分を侵害することなく，長男に経営権を与えることが可能となります。ただし，株式の払込資金が必要になるうえ，適正な価額での発行でない場合には既存株主の株式価値を希薄化し，場合によっては不当決議の問題となります（会831条1項3号。有

利発行による税務上の問題点について，岡村忠生『法人税法講義〔第3版〕』322頁）。

② 普通株式の優先株式への内容の変更

定款変更を行ったうえで，オーナーがすでに所有している普通株式の一部について株式の内容の変更により，優先株式に変更することが考えられます（会322条1項1号ロ）。この方法は，会社と株式の内容の変更を希望する株主との合意と他の株主全員の同意があることが前提となります（昭和50年4月30日民四2249号民事局長回答）。また，内容の変更によりオーナー自身は議決権を失うことから，他の株主との関係で変更する株式数をよく考える必要があります。また，一部の株式の内容の変更によって株主間の利益の移転が生じた場合には贈与税の問題が生じる可能性がありますので，注意が必要です（相税9条，相基通9-2参照）。

③ 優先株式の無償割当て

優先株式を，株主に所有株式数に応じて平等に割り当てます（会185条・186条）。株主総会の普通決議（取締役設置会社においては取締役会決議）によって行います（会186条3項・309条1項）。払込資金を要せず，また，株主間の権利の変動が生じないので少数株主を害することもないため，比較的，どのようなケースでも対応できる方法とされています。

④ 全部取得条項を利用した優先株式の発行

既存の普通株式を全部取得条項付種類株式に変更します（会322条1項1号ロ・108条2項7号・324条2項1号・111条2項1号）。同時に，既存株主全員に新たな普通株式を割り当てます（会199条1項・2項・204条1項・2項）。その後，会社が全部取得条項付種類株式を取得し，対価として優先株式を発行します（会171条）。旧普通株式が優先株式になり，代わりに新たな普通株式を発行するわけです。

ただし，この方法では，反対株主の株式買取請求権や株価決定の申立てが可能であり（会116条1項2号・117条・172条），少数株主に買取請求の機会を与え，紛争の種にもなりかねませんので，避けたほうが無難でしょう。

〔南　繁樹〕

【種類株式発行のための定款変更及び株式の内容変更議案（例）】

議案の概要

第1号議案　定款一部変更及び株式の内容変更の件
　下記のとおり定款の一部変更を行いたく，その承認をお願いするものであります。なお，以下順次条数を繰り下げるものと致します。

現行定款	変更案
第2章　　株式	第2章　　株式
第6条　当会社の発行する株式の総数は，普通額面株式5万株とする。	第6条　当会社の発行可能株式総数は，5万株とし，各種類の株式の発行可能株式総数は，次のとおりとする。 (1)　普通株式　　　　　4万株 (2)　A種種類株式　　　1万株
第7条～第11条 　　　　　【略】	第7条～第11条 　　　　【現行どおり】
	第3章　種類株式及び種類株主総会
【新設】	第12条　当会社は，毎年12月31日における最終の株主名簿に記載された株主に対して行う金銭による剰余金の配当については，次に定めるとおりとする。 　(1)　A種種類株式を有する株主（以下，「A種種類株主」という。）に対し，普通株式を有する株主（以下，「普通株主」という。）に先立ち，1株につき，金25円を支払う。

	(2) ある事業年度において，A種種類株主に対して行う金銭による剰余金の配当の額が(1)の優先配当金額に達しないときであっても，その不足額は，翌事業年度以降に累積しない。 (3) (1)の優先配当金が支払われた後に残余剰余金があるときは，普通株主に対して，(1)の優先配当金と同額に至るまで剰余金の配当を行うことができ，さらに残余剰余金について配当を行うときは，A種種類株主及び普通株主に対し，1株につき同等の金額を支払う。
【新設】	第13条　A種種類株主は，株主総会においてすべての事項につき議決権を行使することができない。
第3章　株主総会	第4章　株主総会
第12条～第31条 　　　　　【以下略】	第14条～第33条 　　　　　【現行どおり】

　また，これと同時に，発行済みの普通株式2万株の一部である1万株を次のとおりA種種類株式に内容変更したいと存じますので，併せてご承認をお願い致します。

記

株主甲野太郎が所有する普通株式1万5000株のうち1万株をA種種類株式に内容変更する。

以上

Q 3-8　事業承継と種類株式（その2）

事業承継のために拒否権付株式を利用することはできますか。

A

後継者の会社支配を確実にするために利用できます。

解説

〔1〕拒否権付株式とは

　会社は、定款をもって、特定の事項につき、特定の種類株式の株主による種類株主総会の決議を要するものと規定することができます（会108条1項8号）。その場合、その行為は、種類株主総会決議がなければ、無効です（会323条）。つまり、当該種類株式の株主は、その事項に関する拒否権を有しているといえます。

　これを株主総会という観点からみると、会社法322条1項は、特定の種類株主に損害が及ぶおそれがあることを前提に、法律上、当然にその種類株主による種類株主総会の特別決議を要求しています（会324条2項4号）。これを法定種類株主総会といいます。これに対し、種類株主の損害を前提とせずに、定款の規定によって特定の種類の株主に特定の事項について拒否権を与え、当該種類株主を保護するために種類株主総会の決議が要求される場合があります（会323条）。これを任意種類株主総会といいます。ここでは後者を取り上げます。

〔2〕定款の定めにより拒否権の対象としうる事項

　任意種類株主総会の対象とされる事項は、株主総会決議事項や取締役会決議事項です（会323条）。具体的には、①代表取締役の選任、②取締役の選任、

③新株又は社債の発行，④重要財産の処分及び譲受け，⑤事業の譲渡及び譲受け，⑥合併，会社分割，株式交換及び株式移転，⑦株式譲渡の承認などです。これらはいずれも定款によって定めなければなりません（会108条2項8号）。

〔3〕拒否権の機能

　事業承継との関係では，拒否権は後継者に会社支配権を留保するために利用することができます。例えば，被相続人である創業者の相続財産の大部分が株式（持株比率100％）で，現金や金融資産がない場合，相続人（妻，長男，次男とします）のうち，長男のみが後継者として株式の大半を相続することは，他の相続人による遺留分の制約があるため困難です。そこで，創業者の生前に，株式構成を，拒否権付株式（1株1議決権）25株，普通株式（1株1議決権）75株として，長男が拒否権付株式25株（議決権比率25％），妻に普通株式50株，次男に普通株式25株を相続させることを考えます。そうすると，妻と次男で議決権75％を有し，株主総会決議（普通決議・特別決議）を支配することができます（会309条1項・2項）。しかし，たとえ株主総会の決議が可決されても，拒否権の対象とした事項（例えば，代表取締役・取締役の選・解任）は長男が所有する拒否権付株式の種類株主総会決議がなければ効力を生じませんので，長男は会社支配権を維持することが可能となります。拒否権付株式は，このような強大な力を有しますが，相続税の評価に関しては，他の株式と同様に取り扱われますので（**Q7-4**参照），普通株式を後継者に集中させることに比べて，税務上もメリットがある場合があります（**498頁**も参照）。

　なお，経営承継円滑化法の特例を利用できる場合には，遺留分の規定が適用されないほか，相続税・贈与税の納税猶予が認められますので，拒否権付株式を利用せずに，後継者に株式を集中させることができます（**第2章及び第5章**参照）。しかし，これらの特例が利用できない場合や，特例を利用することが適当でない場合には，拒否権付株式の利用も検討に値するといえるでしょう。

〔4〕定款変更

　拒否権を定款で定めるためには，定款変更の手続を要します（会466条・309条2項11号）。具体的な定款規定の例については，**94頁**をご参照ください。

〔南　繁樹〕

Q 3-9 事業承継における自己株式の取得の活用方法と法的規制

事業承継における自己株式の取得の活用方法と法的規制を教えてください。

A

会社支配権を移転させるのに，株式の移転に加えて自己株式の取得を組み合わせることで，会社の資金を利用し，かつ税務上のメリットを得られる場合があります。

解説

〔1〕 事業承継における自己株式の取得の活用方法

　会社が自己株式を取得した場合，譲渡人である旧株主の議決権割合がその分減少するほか，その他の株主の議決権割合が増加します。つまり，自己株式の取得は，議決権の点において，譲渡人である旧株主以外の株主に対して平等に株式を譲渡したのと類似した効果があります。ところが，自己株式の取得の場合，会社の財産をもって買い取るため，他の株主が買取資金を調達する必要がありません。また，会社で買い取った場合，譲渡人である旧株主の受け取った対価のうち，当該株式に基因する資本金等の額の部分を控除した部分は配当とみなされますが（所税25条1項4号，法税24条1項4号），旧株主が（資産管理会社など）法人の場合には，受取配当金の益金不算入及びそれによる株式の譲渡損という税務上のメリットを受けることができる場合があります（法税23条1項1号）。**Q 9-8** をご参照ください。

　したがって，事業承継に関し，特定の株主が株式を譲渡したいと希望する場合には，オーナーなどの既存株主が取得するのか，会社が取得するのか，2つの選択肢があることを念頭に置くことが重要になります。そして，既存株主が取得した場合と，会社が取得した場合で議決権割合にはどのような変

化が生じるのか，既存株主と会社それぞれにおいて買取資金の調達が可能なのか否かの検討が必要です。さらに，これらのそれぞれのシナリオについて税務上の効果はどうかを検討し，シミュレーションを行ったうえで，どのような買取りを行ったらよいかを決定する必要があります。以上に関し，税務上の問題点については，Q7-2，Q7-3，Q9-8をご参照ください。

以下では，上述のような目的で自己株式の取得を行う場合に留意しなければならない法的問題点を説明します。第1に，取得に関する規制として，取得方法に関する規制と，財源に関する規制があります。第2に，処分方法に関する規制があります。以下，それぞれについて説明します。

〔2〕取得に関する規制

(1) **取得方法に関する規制**
(a) 取得が許容される場合

会社による自己株式の取得（会155条）として許容されている方法を大別すると以下のとおりです。

第1に，株主との合意により取得される場合（会155条3号）。

第2に，取得請求権又は取得条項によるものとして，取得請求権付株式（会107条1項2号・108条1項5号）の株主からの取得請求による場合（会155条4号），取得条項付株式（会107条1項3号・108条1項6号）の条件成就による場合（会155条1号），及び全部取得条項付種類株式（会108条1項7号）につき会社が取得する旨の株主総会決議による場合（会155条5号）。

第3に，譲渡制限株式に関するものとして，会社が譲渡を承認しない場合（会155条2号）及び相続による取得者に売渡請求をする場合（会155条6号）。

第4に，事業の移転に伴うものとして，事業全部の譲受け，合併及び吸収分割に伴って自己株式を取得することとなる場合（会155条10号～12号）。

第5に，その他のものとして，単元未満株式，所在不明株主の株式，及び端数を取得する場合（会155条7号～9号）。

第6に，その他，法務省令で定める場合（会155条13号）。

Q 3-9　事業承継における自己株式の取得の活用方法と法的規制

(b)　株主との合意による取得に関する手続

　事業承継との関係で，会社が，後継者以外の株主から株式を取得する場合には，「株主との合意による取得」ということになります。

　株主との合意による取得については，以下の点が重要です。

　まず，特定の株主からの取得については，株主総会の「特別決議」が必要です（会160条・309条2項2号）。この株主総会は，定時に限らず，臨時株主総会でもかまいませんので，機動的な自己株式の取得が可能です（会160条1項・156条1項）。ただし，（会社に売却を行おうとする）当該特定の株主は，当該決議について議決権を行使できません（会160条4項）。かかる株式取得については，株主平等への配慮から，他の株主も，自己が有する株式を会社が取得することを求めて，議案の提案ができます（売主追加請求。会160条3項。この請求は定款で排除が可能です。会164条）。ただし，全株式譲渡制限会社（公開会社でない会社）において，特定の株主が相続その他の一般承継により取得した株式を会社に売却しようとするときには，上記の売主追加請求はできず（会162条。すでに議決権を行使した場合を除く），相続人から株式を取得するのが容易になっています。

　また，上場会社及び非上場会社を通じ，不特定の株主からの取得に関する手続（簡易公開買付け）が設けられています（会156条〜159条）。株主に平等に機会を与えるため，通知又は公告が要求され（会158条），申込総数が取得総数を超過する場合には按分比例となります（会159条）。株主に平等の機会が与えられるため，決議要件は（定時・臨時）株主総会の「普通決議」です（会156条1号）。株式が分散している非上場会社において支配株主以外の者（取引先，過去及び現在の従業員，地域関係者等）から株式を買い付ける場合には検討する余地があります。

　なお，上場会社においては，定款の定めにより取締役会決議に基づいて，市場取引又は公開買付けによる自己株式取得が認められます（会165条）。

(2)　**財源に関する規制**

　自己株式取得の財源規制は，剰余金の配当（商法における利益配当，有償消却，有償減資等を含む）と統一的な規制に服し，「分配可能額」の範囲内でしか取得が許されません（会461条1項1号〜7号・166条・170条5項）。したがって，事

業承継との関係で，自己株式の取得を検討する場合，まず株式を取得するために必要な「分配可能額」が十分か否かを検討しなければなりません。なお，会社が株主から株式を取得する場合の税務上の取扱いについては，**Q9-8**をご覧ください。

「分配可能額」を算定する際には，剰余金の額が基本となりますが（会446条，会計規27条・29条・149条・150条），さらに複雑な計算を施す必要がありますので，注意が必要です（会461条2項，会計規158条）。のれん，その他有価証券評価差額金，土地再評価差額金などが計上されている場合や，すでに自己株式の取得を行った場合などは，特に注意が必要です。さらに，期中に臨時決算日を設け，臨時計算書類を作成することにより，期中の利益も分配可能額に取り込むことが可能となりました（会441条，会計規156条・157条）。財源規制は，最終の決算期（事業年度の末日）現在ではなく，自己株式取得の効力発生日（又は，取得請求時，もしくは条件成就時）現在の分配可能額を基準としますので（会461条1項本文），前事業年度末日現在の数値からの変動もチェックする必要があります。

なお，単元未満株式の買取りや，事業全部の譲受け，合併及び吸収分割に伴う自己株式の取得（会155条7号・10号～12号）には，財源規制は及びません。

〔3〕保　　有

会社は，適法に取得した自己株式を保有し続けることができます。

〔4〕処分・消却に関する規制

取得された自己株式の処理に関しては，2つの方法があります。
(1)　処　　分
自己株式の処分は，募集株式の発行等として，新株発行と同様の取扱いを受けます（会199条以下）。
(2)　消　　却
会社は，自己株式を消却することが可能です（会178条）。取締役会設置会

社においては，取締役会決議が必要です（会178条2項）。

　会社法においては，株式の消却は，自己株式の取得及びその消却と分解され，整理されました。これにより，商法における減資に伴う消却や，利益消却，償還株式の消却等は，すべて自己株式の取得及びその消却として位置付けられます。したがって，自己株式取得のルートを経ない株式消却は存在しません。

〔南　繁樹〕

Q 3-10　事業承継と MBO

非上場の事業承継のために MBO を利用することができますか。

A

現オーナーの親族に後継者が見当たらない場合には、MBO 又は MEBO が考えられます。

解説

〔1〕MBO・MEBO とは

MBO（マネジメント・バイ・アウト）とは、一般的に、経営陣が主体となって行う会社買収をいいます。経営陣だけではなく、従業員も買収に参加する場合は、MEBO（マネジメント・エンプロイー・バイ・アウト）ということもあります。

MBO・MEBO も、旧オーナーから新オーナーへ支配権が移転する点では第三者による買収と異なりませんが、会社のことを熟知している現経営陣又は現従業員が会社のオーナーとなる点で、第三者による買収のような混乱が避けられるほか、現経営陣・現従業員のモチベーションを高めることができるメリットがあります。

〔2〕MBO の実例

日本では、上場会社（特に、創業者が一定割合の株式を保有する会社）について、創業者及びプライベート・エクイティ・ファンドが公開買付け及びそれに引き続くスクイーズ・アウトによって100％買収を行い、上場廃止により非公開化を行うという形態の MBO が数多く行われています。実例としては、ワールド、ポッカ、キューサイなどがあります。

では，非上場企業の場合はどうでしょうか。MBO・MEBOは必ずしも上場企業に限られるわけではなく，非上場企業であっても十分に考えられます。特に，オーナーの親族に後継者がいない場合，第三者に対して売却するか，事業を廃止するかという二者択一を迫られる場合がありえます。この場合，第三者に対してよい条件で売却できるとは限らず，また，大企業に飲み込まれることに抵抗を感じる経営陣・従業員がいることも考えられます。これに対し，第三の途として，現経営陣及び現従業員が自ら経営を行うことが，事業を維持し，かつ皆の士気を高めるという点で有効な場合が考えられます。

〔3〕非上場企業のMBO・MEBO

(1) ストラクチャリング

　非上場企業の場合には，上場廃止及びそのための公開買付けという手続が不要であり，オーナーから株式を買い取ることになります。買収の主体として，特定の者が買い取ることができればよいのですが，MBO・MEBOの場合には，特定の個人にそれだけの資力がないことが通常でしょう。したがって，買収の受皿会社として特別目的会社（SPC）を設立し，経営参加者はその会社に株主として出資を行ったうえ，買収資金の一部について銀行から借入金を調達することが必要になると思われます。ただし，銀行は，利益の減少が直ちに借入金の返済の遅滞につながることのないようにある程度の自己資本があることを前提に貸付けを行いますので，普通株主による出資が一定額に達することが前提になってきます。そのため，現経営陣又は現従業員による出資の額が小さい場合には，追加のエクイティ・スポンサー（普通株式を引き受ける株主）としてプライベート・エクイティ・ファンドの参加を得ることが考えられます。エクイティ・スポンサーは，将来の上場を前提に出資をすることが多いと思われますが，最近では必ずしもそれにこだわらず，企業価値を向上させたうえで同業他社に売却することや，利益剰余金を積み上げて自己株式取得によって回収することを想定する柔軟なファンドも存在するようです。また，普通株主と貸付人の中間の資金提供者であるメザニンとして優先株主の参加を得ることも考えられます。このようなスポンサーの例

として，例えば，独立行政法人中小企業基盤整備機構（略称：中小機構）が民間機関等とともに組成する「がんばれ！中小企業ファンド（事業継続ファンド）」など，中小企業の事業継続を円滑化するためのファンドも存在します。これらのファンドから投資を受けることも検討に値する場合があります。以下のHPなどをご参照ください。

http://www.smrj.go.jp/fund/index.html

(2) 非上場企業のMBO・MEBOのポイント

MBO・MEBOの場合，買収資金を事業から生まれるキャッシュ・フローから返済することを想定するのが通常ですので，買収に要する資金を抑えることができることが必要になります。この点，会社に余剰資金が蓄積され，(現オーナーに退職慰労金等を支払っても) 現金が潤沢にある会社の場合，買収後に現金を配当することにより買収資金調達のための借入金の返済に充てることができます。また，経営に直結しない，いわゆる「ノン・コア」の資産がある場合，その資産売却による手取金を借入金の弁済に充てることが想定されます。このように会社の余剰資産・不採算資産を整理することで経営をスリム化することが可能であれば，買収の採算性が向上しますので，実現可能性が高まります。

また，キャッシュ・フローが安定していることもMBO・MEBOの成功の必要条件になります。この点，中小企業であっても，他社に真似のできない技術を有しており，多数の一流メーカーから安定した受注をしている会社もあります。リーマン・ショック以降，安泰といえる会社は少なくなりましたが，それでもある程度安定した売上高を確保している会社であれば，MBO・MEBOを検討する価値があるといえるでしょう。

(3) MBO・MEBO成功の鍵

創業者によるMBOでない場合には，何より新経営陣の熱意が鍵といえるでしょう。創業者は，会社を設立し，艱難辛苦をものともせずに育て上げた経験がありますが，創業者以外の者では，そのような執念があるかどうかは試されていないからです。エクイティ・スポンサーがMBO・MEBOに参加する場合，ファイナンスに関する知識や様々なネットワークなどの経営資源を提供することができても，現場で汗をかき，従業員を引っ張っていくのは

経営陣になります。したがって，そのような経営陣が得られ，銀行や，エクイティ・スポンサーから信頼を得ることが，このようなMBO・MEBOの必須条件となります。しかし，そのような熱意ある経営陣がいる限り，MBO・MEBOは事業承継の重要な選択肢となりえます。

〔南　繁樹〕

Q 3-11　事業承継と上場

事業承継のために上場を検討することは意味があるでしょうか。

A

オーナー又は親族の株式の一部を現金化するために、上場を行うことが考えられます。親族から後継者が得られない場合、上場することによって、経営陣の士気を高め、役員・従業員に有能な人材を得ることが可能になることが考えられます。

解説

〔1〕上場の意味

上場とは、会社の発行する株式を金融商品取引所（東京証券取引所など）において売買可能とすることをいいます。上場は、一次的には、会社が多額の資金を資本市場で調達することを目的として行われます。

上場には、資金調達という一次的な目的のほか、社会的な信用を得ることができ、外部から有能な役員・従業員を得ることが容易になるなどの間接的なメリットがあります。また、会社が新規に発行する株式を募集することに加えて、創業者等の既存株主の株式も売り出される場合には、既存株主が創業者利益を得る手段ともなります。

〔2〕事業承継と上場

事業承継の場合、優良な会社であれば、株式の価値も高く評価され、その分相続税も高額になります。この点、平成21年度税制改正で導入された納税猶予などの利用によって相続税の猶予を得るなどの方法もありますが、納税猶予を利用するには一定の条件を満たさなければならず、必ずしもすべての

場合に利用できるとは限りません（**第5章**参照）。また，納税猶予を利用することのデメリットを考慮すると，あえてこれを利用しないことも考えられます（**Q5-1，Q5-2**参照）。そうすると，相続税の負担に耐えなければならないことになります。しかし，相続人は価値の高い株式を承継したといっても，株式を現金化することは容易ではなく，非上場株式を担保として借入れを行うことについて銀行は必ずしも積極的ではありませんので，納税資金の調達が困難な場合があります。

そこで，現オーナーの保有株式の一部を上場の際に売り出すことによって，財産の一部を現金化し，相続人に対して現金で相続させることにより，納税資金の準備を可能とすることが考えられます。

〔3〕 上場の際の注意点

上場するということは，誰でも株式を買うことができることを意味します。したがって，株式の分散が生じた場合には，買収されるリスクが生じます。一般的に，新興市場においては，オーナーが会社支配権を維持するために，過半数の株式を保有したまま上場をする例があり，このような場合，買収のリスクはありません。しかし，その株式が相続により分散し，しかも，相続人が一枚岩ではない場合には問題が生じます。例えば，51％の株式を保有している創業者に相続が生じ，兄が25.5％，弟が25.5％を相続したとします。その後，兄弟間で仲違いが生じ，弟が経営から遠ざけられ，弟が25.5％の株式を同業他社に売却するなどということがありえます。その場合には，その株式を取得した者から敵対的買収を仕掛けられるなど，経営に対する危機を招きかねません。したがって，上場した場合には，非上場の場合にも増して，株式の分散が生じないように注意を払う必要があります。あるいは，兄弟間で組合契約又は株主間契約を締結し，議決権行使は共同で行うことや，株式売却に際しては相手方の同意を得ることが必要である旨を定めるなどして，「一枚岩」を崩さないようにする工夫が必要になります。

あるいは，新規上場の際には拒否権付株式や議決権種類株式を導入することも考えられます。東京証券取引所では，拒否権付種類株式は原則として認

められていません（東京証券取引所有価証券上場規程第601条第17号，同施行規則第601条第12項第1号ｃ，上場管理等に関するガイドラインⅣ5.等。例外として，国際石油開発帝石ホールディングス株式会社）。しかし，新規公開時には，一定の要件を満たす場合においては議決権種類株式を認めるものとされています（平成20年1月16日「議決権種類株式の上場制度に関する報告書」，宇都宮純子「議決権種類株式の上場に関する制度要綱について」商事1834号15頁，戸嶋浩二「議決権種類株式の上場に向けた実務と課題」商事1835号10頁参照）。これによれば，議決権の過半数を創業者一族の所有に留めておきつつ，無議決権株式や，議決権の少ない株式のみ上場することも可能です。

　現時点では，株式会社伊藤園が（普通株式とともに）無議決権株式を上場した実例があります。また，米国NASDAQに上場されているGoogle Inc.は，1株に1議決権が与えられているA種株式を上場していますが，このほか1株で10議決権が与えられているB種株式が発行されており，創業者及びCEOが合計してB種株式約90％を所有することにより総議決権の約68％を所有し，支配権を確実なものとしています（同社2008年12月期FORM10-K参照）。今後，上場を考える際には，このような選択肢も考慮に入れる必要があります。

〔南　　繁樹〕

Q 3-12　名義株の問題点

名義株とは何ですか。また，どのような法的問題点がありますか。

A

　会社オーナーが税負担を免れることを目的として，株式を名義だけ第三者のものとして，実質は所有し続ける場合があります。この場合，相続税との関係では第三者名義であるにもかかわらずオーナーの名義と認定される可能性があります。また，名義を有する第三者との間で真の株主はいずれであるかについて紛争になる可能性もあります。

解説

〔1〕名義株とは

　名義株とは，名義だけを第三者のものとして，実質的な所有権は従前の所有者が保有し続ける株式をいいます。税金を回避するために名義株が行われる場合があります。

　例えば，相続税の関係では，被相続人が実質的には会社の発行済株式の100％を所有していたとしても，そのうち20％を被相続人以外の者の所有名義として，80％が相続財産に属するとして相続税の申告を行った場合，上記20％分だけ相続財産が減少し，相続税の負担も軽減されることになります。

　また，「特定同族会社」においてはいわゆる留保金課税が課されるため（法税67条），留保金課税を免れるために，「特定同族会社」の判定のうえで同族株主と認められる者以外の第三者，具体的には従業員や取引先などに名義上株式を譲渡するなどの事例があったようです（なお，平成19年度税制改正により，資本金又は出資金の額が1億円以下の「特定同族会社」が留保金課税の適用対象から除かれたため，留保金課税の適用範囲は著しく限定されました。法税67条1項1号）。

〔2〕名義株と相続税

　オーナーに相続が生じた場合に，名義株は第三者が所有していることを前提に，相続税を申告することがあります。しかし，税務調査の結果，税務当局から名義株はオーナー（被相続人）の所有であると認定された場合には，当該名義株が相続財産に属するものとして相続税を計算し直し，不足している相続税額を納付する必要があるほか，過少申告加算税の納付が必要になり（国通65条1項），隠ぺい・仮装を行ったものと認められる場合には重加算税の対象になります（国通68条1項）。したがって，このような実態に合わない工作を行うことは決して勧めることができません。例えば，このような名義株が否定され，相続財産に属すると認定されたうえ，「被相続人が作出した仮装状態を利用して，自らこれら財産に係る相続税を免れる意思で，これを相続財産から除外して」相続税の申告に及んだことを理由に，相続人に重加算税が課された例として，東京地判平成18年7月19日（税資256号順号10471（控訴））があります。

〔3〕名義株と株式の所有権の紛争

　名義株に関し，株式の所有権自体の帰属が問題となった例として，上場会社の持株会社の株式の帰属について，前会長の弟が同社の株主総会の招集の禁止を命じる仮処分を求めた事案があります。この裁判で，弟は相続分33分の2を有する相続人として，同社の一部の株式が名義株であって真実は相続財産に属し，自らが株主であるとして，同氏に対する招集通知を欠く株主総会の招集の禁止を求めました。
　これに対し，東京地裁は，「［持株会社］又は［傘下中核会社］の中枢において経営に関与した役員又は従業員が自らの名義となっている株式について名義株であることを認めていること，［持株会社］株の株券のほとんどは［持株会社］により管理され，また，株式購入者が支払った購入代金は当該株主に返還されているなど，株主名簿上の株主が真実の株主であれば考え難

い運用がされていることを併せ考えると，本件名義株については，［被相続人］死亡後，従業員間で名義書換が行われているが，その少なからぬ部分については，売買を仮装した名義貸しであったことが窺われるということができる」と判示しました（東京地決平17・11・11金判1245号38頁）。なお，この事案では，持株会社に回復困難な重大な損害を被らせることについては疎明がないとして，申立ては却下されています（即時抗告後取下げにより確定）。

　同決定は，理由中で，①名義株でないことの証拠として主張された売買契約書の存在につき，「確かに一部に売買契約書の作成の有無等客観的証拠と反する部分が存するものであることは否定できないものの……そうした点をもって［名義貸しであることを認めている株主名簿上の株主］の陳述の信用性を否定することは相当ではない」と判示しています。

　また，同決定は，②名義人が売買代金を負担していない点につき，「株主名簿に記載された名義人の中には，株式購入代金の支払の後，同額の金銭の払戻しを受けている一方で，次の名義人への交替に際しては，株式売渡代金の交付を受けた後，速やかに同額の金銭を返金している者が少なくないことからすると，そのような株式名義人については，自ら売買代金の負担をして株式を取得したものとは到底解することができない」としています。

　さらに，同決定は，③名義人が株主総会において議決権を行使し，配当金を受領している点についても，「株主名簿上の株主らは，株主総会への出席は［元同社監査役］の指示によるものであり，配当金は名義借料として受領していた旨を概ね陳述しており，これらの陳述に照らせば，株主名簿上の株主らによる株主総会における議決権行使や配当金の受領の事実は，上記判断を覆すものではない」などと判断しています。

　このように，名義株について真実の所有者が問題となった場合，形式的な外形にとらわれず，実質的にみて，所有者とされる者が，経済的にみて売買代金を負担し，実質的な所有者として行動していたかどうかによって判断されることになると思われます。

〔4〕 名義株に関するその他の裁判例

　相続税の関係で名義株が問題となった上記〔2〕で前述した東京地判平成18年7月19日では，株式の帰属に関し，以下の要素を考慮すべき旨を判示しています。
　① 株式の名義
　② 誰が株式購入の原資を出捐したか
　③ 株式売買の意思決定をし，株式を管理運用してその売買益を取得しているのは誰か
　④ （比較的長期間保有を続けている株式にあっては）その配当金を取得しているのは誰か
　⑤ その他名義人と管理，運用者との関係

〔5〕 名義株の法的リスク

　〔3〕で前述した持株会社の株式の所有権が正面から問題となったのは，元持株会社会長に対し，弟ら親族4人が，元会長名義の757株は元会長や弟らの父（被相続人）の遺産で，（法定相続分に当たる）約55％は自分たちの所有であるとして持分の確認を求めた裁判です。東京地裁は，被相続人の死亡時に第三者名義だった持株会社株式約1,260株（株式併合後の換算数）のうち，少なくとも1,000株相当は被相続人所有の名義株だったとしたうえで，元会長名義の同社株757株のうち，約742株は20年の取得時効成立により元会長の所有であると判断し，残る約15株分の約55％について弟らの持分と認めたと報道されています（2009年3月31日付東京読売新聞朝刊38頁，同日付東京新聞朝刊30頁）。
　名義株と思っていても，それが長期間にわたる場合，当事者間においても所有関係が判然としないこととなりかねません。また，株式の価値も，会社の経営状況次第で大きく変動しうるので，当初は名義株のつもりでも，名義を有する第三者において真実株式を所有する旨の主張を行うことがないとも限りません。さらに，上記判決のように時効取得が認められた例すら存在し

ます。したがって，この意味でも，名義株を行うことは賢明ではないと考えられます。

　逆に，これらの要素次第では，真実所有権を移転する意思が存在したにもかかわらず，税務調査において，名義株と判断され，従前の所有者の所有のままであることを前提に課税が行われるリスクもあります。特に，株式の移転の際に対価の交付のない贈与の場合，所有権の移転が曖昧になりがちです。したがって，事業承継のために先代から後継者に自社株式を贈与する場合などは，これらの要素をよく吟味し，書面を整えておくことが重要です（**375頁**参照）。また，相続税の税務調査の実情については**503頁**をご参照ください。

〔南　繁樹〕

Q 3-13　事業承継と従業員持株会

事業承継との関係で，従業員持株会を創設することにはどのようなメリットがありますか。

A

従業員持株会の所有株式は相続財産に含まれませんので，相続税額を圧縮する効果があります。

解説

〔1〕従業員持株会とは

従業員持株会とは，従業員が自社株を購入することを目的として組成された組合又は権利能力なき社団をいいます。従業員は任意で加入し，株式取得費用を拠出します。従業員の退職時には，会社が自己株式として買い取る場合と，持株会が買い取る場合などがあります。

従業員持株会は，経営の観点からは，従業員に対して自社株式を持たせることを目的としており，会社の業績に応じて配当を行うことによって，従業員に対する利益還元の機能を果たしています。

〔2〕事業承継における従業員持株会のメリット

事業承継の観点からは，従業員持株会はオーナー（被相続人）の所有株式ではないため，相続財産には含まれず，それだけ相続税額を圧縮する効果があります。もっとも，従業員持株会が所有する株式は，数パーセント程度のことが多く，相続税圧縮の効果はあくまでも付随的なものと考えたほうがよいと思われます。

〔3〕従業員持株会の問題点

　従業員持株会の場合，退職時に会社又は持株会が買戻しを要求することができる権利が設けられている場合があります（会社との間の合意や持株会規約で定められます）。その場合，額面価額（額面制度は会社法では存在しません）での買戻しや，当初の出資価額で買戻しが規定されている場合と，時価での買戻しが規定されている場合があります。

　額面価額又は出資価額での買戻しが規定されている場合，従業員である株主がその買取価額に不満を有する場合があります。特に，創業に参加した古参の従業員の場合には，創業者利益をオーナーだけが保持することに納得できない場合もあるでしょう。その場合には，時価での買取りを要求し，譲渡制限及び額面価額・出資価額での買取りを定めた条項が公序良俗に反し無効である（民90条）と主張されます。このような裁判は多数ありますが，裁判所は，一般的に会社による買取りの合意の有効性を認めています（最判平7・4・25裁判集民175号91頁，最判平21・2・17金判1312号30頁（日本経済新聞社株主確認請求事件・日刊新聞紙の発行を目的とする株式会社の株式の譲渡の制限等に関する法律1条の適用あり），神戸地尼崎支判昭57・2・19判時1052号125頁，名古屋高判平3・5・30判タ770号242頁，東京高判平5・6・29判時1465号146頁）。

　そして，買取価額についても，当初の出資価額とする定めを有効と認めている裁判例があります（京都地判平元・2・3判時1325号140頁，神戸地判平3・1・28判時1385号125頁，東京高判昭62・12・10金法1199号30頁，名古屋高判平3・5・30判タ770号242頁）。この場合，配当によって（従業員）株主への利益還元が行われていたことも理由として挙げられますが，どの程度の配当があればよいかは問題です。この点，上記平成21年最判は，「被上告会社が，多額の利益を計上しながら特段の事情もないのに一切配当を行うことなくこれをすべて会社内部に留保していたというような事情も見当たらない」ことを理由として挙げており，高い割合での配当を必須とするものではないと思われます。具体的には，額面金額の1割（上記東京高判平5・6・29）の事例のほか，判文上，必ずしも明らかではありませんが，出資価額に対して当初はおおむね15ない

し30％，後に 8 ％（上記最判平 7・4・25），年15ないし30％（上記京都地判平元・2・3），年間 2 割（上記東京高判昭62・12・10），年40ないし45％（上記神戸地判平 3・1・28）の各事例において，買取価額の定めが有効とされています。

他方，一部の規約では時価での買取りを認めています。この場合，「時価」の解釈が問題となります。（税法上の「同族株主」ではない）従業員の所有株式は税務上は配当還元価格で評価されることからすれば（財基通178但書・188・188-2，所基通59-6参照），この場合の「時価」は配当還元価格と解するのが合理的とも思われますが，株主側が純資産価額を主張することも考えられ，その場合裁判所がどのように判断するかは明らかではありません。

今後，新たな従業員持株会を創設する場合には，このような潜在的な問題点のあることを意識し，退職時の買取価格について明確な規定を置くとともに，上記裁判例を参考にして一定の配当を行い，持株会の趣旨を活かすとともに，将来の買取りについての紛争を未然に防止することが重要になります。

〔南　繁樹〕

Q 3-14 事業承継と信託

事業承継のために信託を利用することができますか。

A

「遺言代用信託」を利用して，後継者である相続人に議決権を集中させることが可能です。また，「他益信託」を利用して，株式を推定相続人に承継させつつ，議決権行使の指図権を現オーナーに留保することもできます。さらに，「後継ぎ遺贈型受益者連続信託」を利用して，子・孫の代まで後継者を指定することができます。

解説

〔1〕事業承継における信託の利用

　信託とは，信託行為により，特定の者（受託者）が一定の目的（信託目的）に従い財産の管理又は処分及びその他の当該目的のために必要な行為をすべきものとすることをいいます（信託2条1項）。この定義から明らかなとおり，信託は，財産から実質的な利益を受ける者（受益者）と財産の管理・処分を行う者（受託者）を分離する制度ということができます。つまり，専門的知識・経験を有する者に財産の管理・処分を任せ，受益者はその利益を受けることができるのです。

　事業承継との関係では，信託においては，受益者や議決権行使の指図権の指定が信託行為により柔軟に設計できるため，これらを株式の所有権と分離させることで，事業をスムーズに承継させることが可能となります。特に，現オーナーの生前にスキームを構築しておくことが可能となることや，議決権を集中させることができることが，信託を利用する場合のメリットです。具体的には，以下のようなスキームが考えられます。なお，以下については，中小企業庁・平成20年9月1日「信託を活用した中小企業の事業承継円滑

に関する研究会における中間整理について～信託を活用した中小企業の事業承継の円滑化に向けて～」(以下「中小企業庁信託報告書」といいます)に多くを依拠しました。

〔2〕遺言代用信託を利用したスキーム（単独相続人型）

現オーナー（下図におけるA）が、委託者として、自己が所有する株式に第三者（信託銀行など）を受託者として信託設定し、受益者は、当初は現オーナー、現オーナーの死亡後は後継者（下図におけるB）とします。議決権行使の指図権は、現オーナーの生存中は現オーナー、その死亡後は後継者が保有するものとします。このスキームでは、株式は受託者が所有しますが、受益権・議決権行使の指図権は、現オーナーの生前は現オーナーに、その死亡後は後継者に帰属します。

この信託は、遺言によって現オーナーの株式を後継者に承継させることと同じ経済的実質を有します。しかし、信託を利用することで、株式の所有権は受託者に移転するため、受益者たる後継者が当該株式を自由に処分できず（財産の隔離）、後継者への事業承継が安定的かつ確実となります。また、遺言と比べた場合、遺言執行手続のために生じる経営の空白期間が生じないことや、委託者である現オーナーが受益者変更権を有しないものとすることに

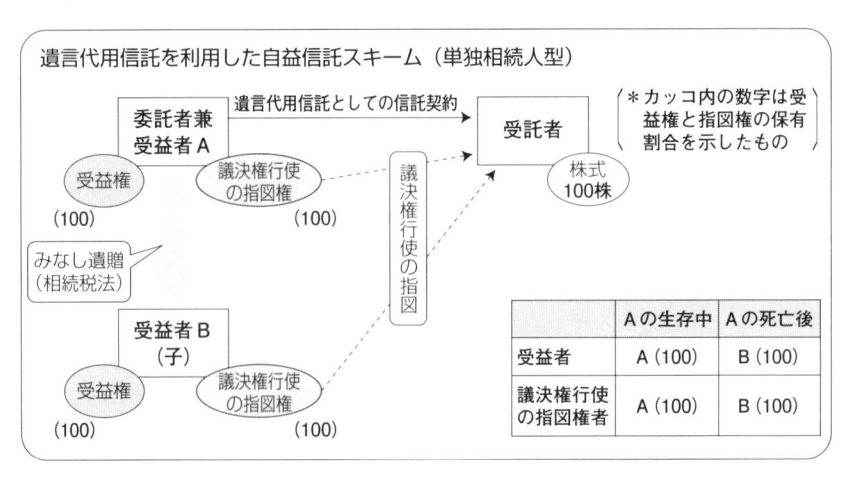

```
遺言代用信託を利用した自益信託スキーム（単独相続人型）

                  遺言代用信託としての信託契約              *カッコ内の数字は受
   委託者兼 ─────────────────→  受託者         益権と指図権の保有
   受益者A                                                割合を示したもの
  ┌────┐ ┌──────┐        ↑   ┌──────┐
  │受益権│ │議決権行使│        │議  │ 株式   │
  │    │ │の指図権 │        │決  │ 100株  │
  └────┘ └──────┘        │権  └──────┘
   (100)    (100)          │行
                            │使
  ┌──────┐                │の
  │みなし遺贈│                │指
  │(相続税法)│                │図
  └──────┘                │
                            │
   受益者B                   │
    (子)                     │
  ┌────┐ ┌──────┐        │
  │受益権│ │議決権行使│        │
  │    │ │の指図権 │        │
  └────┘ └──────┘        │
   (100)    (100)

              │          Aの生存中  Aの死亡後
              ├─────┼────────┼────────┤
              │受益者   │ A(100)  │ B(100)  │
              ├─────┼────────┼────────┤
              │議決権行使│ A(100)  │ B(100)  │
              │の指図権者│         │         │
```

より遺言の撤回（民1022条）のような不安定性を避けることができることなどがメリットとされています。

〔3〕遺言代用信託を利用したスキーム（複数相続人型）

上記の応用型として、相続人が複数いる場合、現オーナー（下図におけるA）の死亡後において、それぞれの相続人（下図におけるB及びC）を受益者としつつ、議決権行使の指図権は後継者（下図におけるC）のみが独占的に保有するものとすることによって、経営権を集中させることができます。このようにするメリットは、後継者とならない相続人（下図におけるB）も経済的利益を得ることから、遺留分減殺請求権（民1031条）の行使ができず、安定的な事業承継が可能となる点にあるとされています。

なお、このような議論の前提として、議決権行使の指図権を承継した相続人について、同指図権の評価が問題になります。遺留分の侵害額の算定においては、遺留分額から、遺留分権利者が相続によって得た財産額を控除することが必要になりますが（最判平8・11・26民集50巻10号2747頁）、その際に、議決権行使の指図権を与えられた相続人とそうでない相続人の間に相続によって得た財産額に相違が生じるかどうかという問題です。この点について、中小企業庁信託報告書4頁では「議決権行使の指図権は、独立して取引の対象

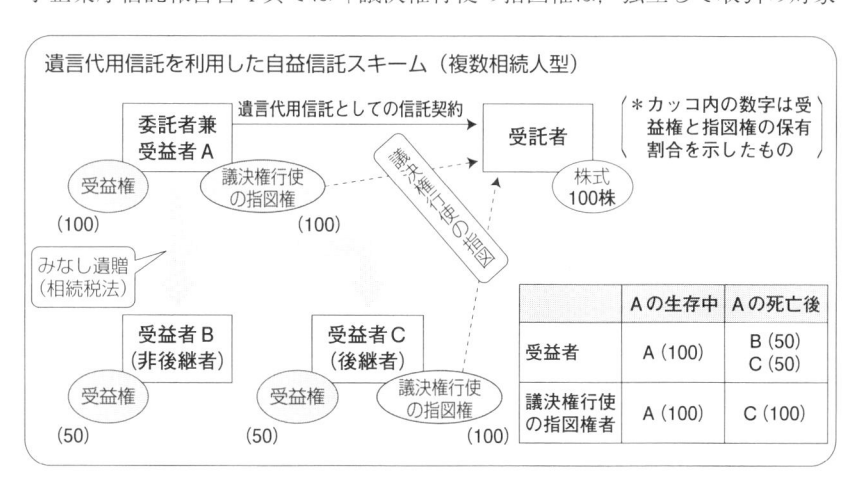

遺言代用信託を利用した自益信託スキーム（複数相続人型）

＊カッコ内の数字は受益権と指図権の保有割合を示したもの

委託者兼受益者A ── 遺言代用信託としての信託契約 → 受託者
受益権 (100)　議決権行使の指図権 (100)　　　株式100株
撤回、指図権の指図

みなし遺贈（相続税法）

受益者B（非後継者）　受益者C（後継者）
受益権 (50)　　受益権 (50)　議決権行使の指図権 (100)

	Aの生存中	Aの死亡後
受益者	A (100)	B (50) C (50)
議決権行使の指図権者	A (100)	C (100)

となる財産ではないため，財産的価値はなく，遺留分算定基礎財産に算入されないと考えられる」としています。確かに，株式に基づいて経済的利益を享受する権利（剰余金分配請求権，残余財産分配請求権など）は，各株式について平等ですが（会109条1項），上記指図権に「財産的価値はな［い］」と断定してよいかは，なお，検討を要する問題と思われます（**498頁**参照）。

〔4〕他益信託を利用したスキーム

　現オーナー（下図におけるA）が，委託者として，自己が所有する株式に第三者（信託銀行など）を受託者として信託設定し，受益者は後継者（下図におけるB）とします。議決権行使の指図権は，現オーナーが保有するものとします。このスキームでは，株式は受託者が所有しますが，受益権は後継者に，議決権行使の指図権は現オーナーに帰属します。現オーナーの生前において，剰余金分配請求権を含めた経済的利益は後継者に承継させますが，現オーナーが議決権行使の指図権を留保し，経営権を握り続けることを意図しています。信託の終了時期を，現オーナーの死亡時，又は一定期間経過後とすることにより，現オーナーからの経営権の承継時期を柔軟に設計することができます。

　このスキームは，株式を後継者に承継させつつ，現オーナーが拒否権付株

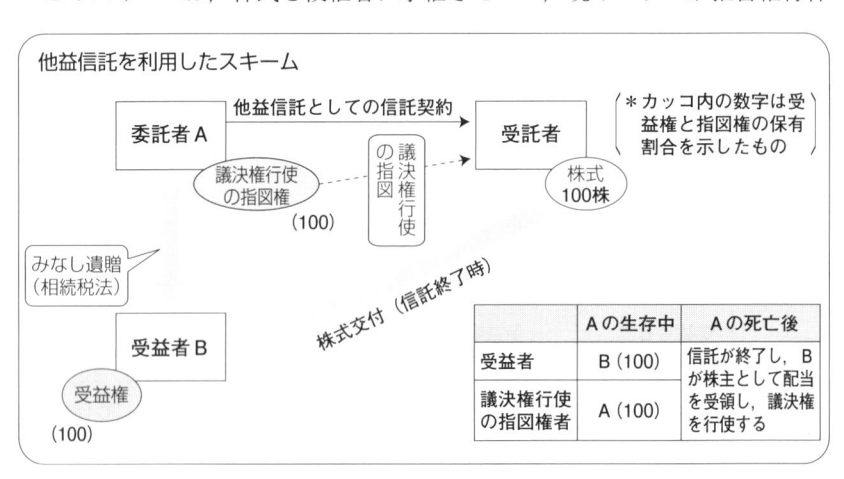

式（会108条1項8号）を保有する場合と同じ経済的実質を有します。しかし，拒否権付株式の発行に要する手続を避けることが可能であり，また，拒否権付株式の場合に生じるデッドロック（積極的に会社の意思決定をすることができない状態）を避けることができるメリットがあるとされています。

〔5〕後継ぎ遺贈型受益者連続信託を利用したスキーム

これは，上記〔3〕の遺言代用信託を利用したスキームに類似しますが，受益権の承継者を子の代のみならず，孫の代に及ぼす点に特色があります。具体的には，現オーナー（下図におけるA）が，委託者として，自己が所有する株式に第三者（信託銀行など）を受託者として信託設定し，受益者は，当初は現オーナー，現オーナーの死亡後は後継者①と非後継者である子（子，下図におけるB及びC），後継者①の死亡後は後継者②（孫，下図におけるD）とします。議決権行使の指図権は，現オーナーの生存中は現オーナー，その死亡

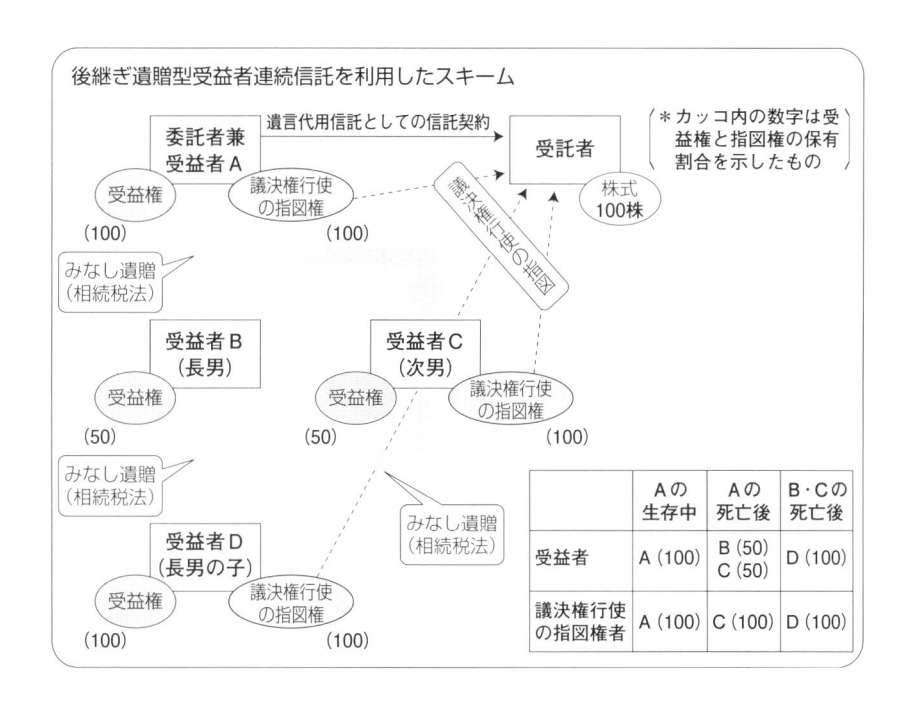

後継ぎ遺贈型受益者連続信託を利用したスキーム

＊カッコ内の数字は受益権と指図権の保有割合を示したもの

	Aの生存中	Aの死亡後	B・Cの死亡後
受益者	A (100)	B (50) C (50)	D (100)
議決権行使の指図権者	A (100)	C (100)	D (100)

後は後継者①，その死亡後は後継者②が保有するものとします。このスキームでは，株式は受託者が所有しますが，受益権・議決権行使の指図権は，現オーナーの生前は現オーナーに，その死亡後は後継者①，その死亡後は後継者②に帰属します。現オーナーが，次代の承継者のみならず，その次の代の承継者を指定することができる点が特色です。なお，各世代において，受益権を推定相続人全員（前頁の図におけるB及びC）に承継させつつ，議決権行使の指図権を特定の相続人（後継者，前頁の図におけるC）に承継させることで，議決権の分散を避けることができます。

〔6〕信託を利用する際の実務上の問題点

　信託を利用したスキームにおいては，まず受託者を得ることができるか否かが最大の問題点であると思われます。受託者としては信託業法上，最低資本金規制（信託業1億円，管理型信託業5,000万円）や，営業開始前の営業保証金の供託義務（信託業2,500万円，管理型信託業1,000万円）等があり（信託業5条2項2号・3項・7条1項・8条1項2号・10条1項2号・11条2項，信託業令3条・8条・9条1項1号・2号），事実上，信託銀行等の専門業者に限られます。受託者には善管注意義務及び忠実義務という重い責任が課されることから（信託29条2項・30条），報酬の額も相応の額になるものと思われます。

　また，受益権と議決権行使の指図権を分離することによる経営権の集中については，上述のとおり，遺留分及び遺留分侵害額の計算における取扱いに加え，相続税の算定における取扱いにおいても不透明な点があります。

　全体として，信託は，信託要項の定めによって，柔軟な設計ができる可能性を秘めているものの，現時点では，やや装置が大がかりに過ぎる感があります。

　なお，信託に関する税務については**Q9-9**をご参照ください。

〔南　　繁樹〕

第4章

事業承継のための相続法の基礎知識

Q 4-1　相続法の基礎

相続について最初に知っておかなければならないことを教えてください。

A

相続には遺言相続と法定相続があります。遺言相続においては、被相続人は遺言によって相続の仕方を定めることができますが、相続人による遺留分減殺請求権によって遺言どおりの相続が行われないこともあります。法定相続は、遺言がない場合の相続の仕方であり、①いつ相続が開始するのか（相続の開始要件）、②誰が相続するのか（相続人）、③何を相続するのか（相続財産）、④どれだけ相続するのか（相続分）について民法に定められています。

解説

〔1〕相続の意義

「相続」とは、自然人の死亡を原因として財産上の地位を承継させることをいいます（潮見・相続法1頁）。相続される人、すなわち死亡した人を「被相続人」、相続する人を「相続人」といいます。さらに、相続が開始した場合に相続人となるべき人を「推定相続人」といいます（民892条）。

相続は、被相続人の死亡によって開始します（民882条）。相続人は、相続開始の時から、被相続人の財産に属した一切の権利義務を承継します（民896条）。ただし、被相続人の一身に専属した財産は相続の対象になりません（同条但書）。

〔2〕相続の方法

　相続の方法には大別して2つあります（内田・民法Ⅳ327頁）。遺言相続と法定相続です。「遺言相続」とは，被相続人が相続の仕方について遺言という形で意思を表示している場合の相続の仕方をいいます（民960条以下）。これに対し，「法定相続」とは，遺言がない場合における民法が定めたルールに従った相続の仕方をいいます。遺言がない場合には法定相続のルールに基づいた相続が行われますが，被相続人は遺言という意思表示によって法定相続のルールを修正することが認められているのです（遺言自由の原則）。これは，私的自治の原則（個人意思自治の原則）を権利主体が死亡した後にまで拡張する意味を有しています（潮見・相続法165頁）。事業承継との関係では，法定相続における相続のルールに従った相続の仕方が必ずしも事業を安定的に承継させることに適しているとは限りません。例えば，会社の株式が相続人に法定相続分に従って分割された場合，会社の経営権が分散されてしまい，経営が不安定化するリスクがあります。そこで，理想的な事業承継のためには遺言相続を考えることが適切です。

〔3〕遺言相続

　被相続人は，事業承継のために望ましいと考える方法で，株式その他の財産についての相続の仕方を定めることができます。例えば，推定相続人が妻，長男及び次男のみの場合において，株式を後継者と考える長男のみに相続させ，その他の金融資産（現預金等）を妻と次男に相続させるといった具合です。このように，被相続人は，遺言によって，相続の法定原則を修正し，自分の意思に基づいて相続財産（遺産）を相続させることができます。

　もっとも，遺言自由の原則は，相続人の最低生活の保護などの観点から，遺留分権利者の遺留分を侵害する場合には，その限度で制約を受けます（民1031条）。例えば，上記事例において，財産のすべてを長男に相続させる旨の遺言の場合，妻や次男はそれぞれ4分の1，8分の1の遺留分を侵害する限

度で遺言の効力を否定することができ，これにより（株式のみが相続財産で，かつ価額弁償が行われない場合には）株式は長男，妻及び次男において，それぞれ持分8分の5，4分の1，8分の1の共有となります。

そこで，事業承継においては，遺言を法的に有効に作成するのみならず，他の相続人による遺留分減殺請求権の行使によって遺言の効力が（一部）否定されないように，他の相続人にも遺留分以上の財産を取得させるなど，適切な設計を行うことが必要です（Q 4-20，Q 4-33参照）。

〔4〕法定相続

遺言がない場合には法定相続が行われますので，法定相続に関するルールもよく理解しておく必要があります。また，遺言がある場合でも，遺留分の算定や，遺言で規定されない事項については，補充的に法定相続に関するルールが適用される場合があります。したがって，遺言を作成する場合であっても，法定相続に関する知識は必要です。

法定相続における基本的な枠組みは，①いつ相続が開始するのか（相続の開始要件），②誰が相続するのか（相続人），③何を相続するのか（相続財産），④どれだけ相続するのか（相続分）の4点です（内田・民法Ⅳ327頁）。さらに，相続人が複数存在する共同相続の場合には，相続財産は相続人の共有となり（共同相続財産），これを相続人間で分けなければなりません。これを遺産分割といいます。遺言がある場合にも，遺留分減殺請求権が行使された場合には，対象となる財産は遺言によって相続した者と遺留分減殺請求権を行使した者との間の共有となるので，その分割を行う必要があります。

〔南　繁樹〕

Q 4-2　相続人の範囲

　創業者である父が10年前に亡くなり，後妻が会社の株を一部相続しました。その後妻についても，先般，相続が開始しました。後妻には実子がおらず，先妻の子である私の姉（長女）と私（長男）が養子となりました。後妻の両親はすでに亡く，会社の役員になっている後妻の弟が唯一の後妻の肉親です。また，後妻は父の死後，再婚はしておりません。なお，私の姉も，2年ほど前に，夫と一人息子を残して亡くなりました。
　この場合に，誰が後妻である義母の相続人として，株式を取得することになるのでしょうか。

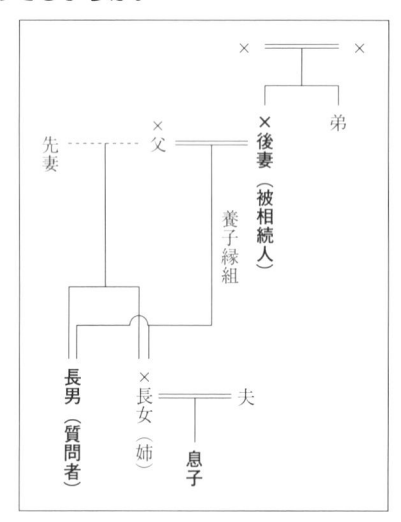

```
                            ×───┬───×
                                │
           ×─────┬─────×        弟
    先妻        父   │後妻
                    │（被相続人）
                    │養子縁組
          ┌─────┴─────┐
         長男       ×長女───夫
        （質問者）  （姉）  │
                          息子
```

A

(1)　配偶者は常に相続人となります。そのほか，第1順位として子が，第2順位として直系尊属が，第3順位として兄弟姉妹が，それぞれ相続人としての権利を取得できることになります。

(2)　相続人である子が被相続人の相続開始以前に死亡した場合等は，孫が子に代わって相続人（代襲相続人）となります。
　(3)　養子の子のうち養子縁組前に生まれた子は，被相続人の直系卑属ではないため，代襲相続人にはなれません。
　(4)　質問のケースの場合，被相続人の養子である質問者が相続人となるほか，亡姉の息子が被相続人と亡姉の養子縁組後に生まれた場合には，相続人となります。

解説

〔1〕相続人となるのは

　被相続人の配偶者は，常に相続人となります（民890条）。それに加えて，民法は，子（代襲相続人を含む）を第1順位の相続人，直系尊属を第2順位の相続人，兄弟姉妹（代襲相続人を含む）を第3順位の相続人と定めています（民889条）。すなわち，相続人については，第1類型として配偶者，第2類型として血族があり，後者（血族）には上記の第1ないし第3の順位が付されているわけです。このように2類型に分かれていることから，配偶者は常に血族の相続人と同順位で相続人になります。

　質問のケースの場合，後妻（被相続人）の配偶者である父はすでに死亡していますので，相続人とはなりえません。他方，被相続人の血族については，第1順位の相続人である養子（質問者である長男）がいますので，養子が相続を放棄する等の事情がない限り，第3順位の被相続人の弟が相続人になることはありません。

　質問者に加えて，被相続人のもう1人の養子である質問者の姉は死亡していますので，その子が相続人となるかについては後述します。

〔2〕被相続人の子と代襲相続

　被相続人の子は，第1順位の相続人です。ここでいう子には，養子も含ま

れます。また，相続開始時に未だ生まれていない胎児も含まれ，胎児は，生きて生まれてきた場合に，相続人としての権利を取得します（民886条2項）。

　被相続人の子が相続開始以前に死亡していた等の一定の事情がある場合には，子の子が代襲相続人となります（民887条2項・3項）。代襲原因として民法に定められているのは，相続開始以前の子の死亡のほか，子が相続欠格（民891条）に該当して相続権を失ったときや，子が廃除（民892条）されて相続権を失った場合です。子による相続放棄（民915条1項・939条）は代襲原因となっていませんので，子が相続放棄をした場合，孫は子の代襲相続人にはなりません。

　代襲相続人となれるのは，被代襲者の子に限りますので，たとえ被代襲者の相続人であっても，被代襲者の配偶者は相続人となることができません。したがって，質問のケースでも，死亡した姉の夫が姉の代襲相続人となることはありません。

　また，代襲相続人は，被相続人の直系卑属に限ります（民887条2項但書）。実子であれば，そのまた実子は，親から見ると当然に孫すなわち直系卑属となりますから，この点が問題になることはありません。ところが，養子の場合には注意が必要です。というのは，養子の連れ子は，被相続人の血族とはならないため（民727条），養子縁組前に生まれた養子の子は，養親の直系卑属とはいえないからです。

　質問のケースの場合も，質問者の姉の息子が，後妻（被相続人）と姉との養子縁組前に生まれた子であれば，後妻の相続人にはならず，質問者が唯一の相続人となります。一方，姉の息子が，後妻と姉との養子縁組後に生まれた子であれば，死亡した姉の代襲相続人として相続人としての権利を有することになりますので，質問者と，姉の息子の2人が相続人であることになります。

　なお，養子縁組に関する税務上の問題点については**Q6-6**をご参照ください。

〔間瀬　まゆ子〕

Q 4-3　相続財産の範囲

被相続人の財産のうち，相続の対象となるのはどのような財産ですか。また，生命保険金や死亡退職金は相続の対象となりますか。

A

被相続人の財産に属した一切の権利義務が相続の対象となります。これに対し，被相続人を保険金受取人とするものではない生命保険金や，死亡退職金は，支払の根拠によりますが，相続財産には含まれず相続の対象とならないことが多いと思われます。

解説

〔1〕相続財産の範囲

　相続の対象となるのは相続開始（死亡）の時に被相続人の財産に属した一切の権利義務です（民896条）。なお，相続財産は財産上の権利義務に限られますので，身分上の権利義務（親権等）は含まれません。
　財産上の権利義務であれば，すべて包括的に相続の対象となります（包括承継）。具体的には，物権（所有権・地上権・地役権・留置権・質権・抵当権等），無体財産権（特許権・実用新案権・商標権・著作権等），債権，債務などが含まれます。占有権も相続され（最判昭44・10・23民集23巻10号1881頁），取得時効との関係で重要な意味をもちます。
　そのほか，明確な権利義務といえないものであっても，財産法上の法的地位といえるものであれば，相続の対象となります。例えば，被相続人がその所有する土地の売買契約を締結し，履行する前に死亡した場合，相続人は契約上の売主たる地位を承継し，土地の引渡・登記移転義務及び代金請求権を承継します。また，契約上の地位を承継することから，取消権（民96条1項等）や，解除権（民541条等）も承継します。さらに，錯誤（民95条），善意・悪

意（民96条2項等），過失・無過失（民95条但書等）などの主観的態様も承継されます。なお，保証債務については**Q 4-12**をご参照ください。

〔2〕相続財産とならないもの

以下の財産については，相続の対象となりません。

(1) **一身専属財産**

「被相続人の一身に専属したもの」は相続の対象になりません（民896条但書）。扶養請求権などがこれに該当します。財産分与請求権については，清算・扶養・慰謝料の3要素があるところ，清算については相続を肯定，扶養は否定，慰謝料については肯定すべきであり（慰謝料につき，最大判昭42・11・1民集21巻9号2249頁），これら3要素は渾然一体となっているため，相続性の考慮は金額算定の際になすものとして，財産分与請求権自体の相続は肯定すべきであるとする説があります（内田・民法Ⅳ363頁）。ただし，いずれにせよ，これらが一定額の給付請求権として具体化していた場合には，一身専属性が消失して，相続の対象となります。

(2) **祭祀財産**

祭祀財産，すなわち，系譜（系図），祭具（位牌，仏壇等），墳墓（墓石，墓地）の所有権は相続の対象となりません。これらは，慣習に従って祖先の祭祀を主宰すべき者が承継します（民897条1項）。

(3) **遺贈財産・「相続させる」遺言の対象財産**

遺贈（遺言による財産の無償処分）の対象となった財産については，それが特定物である場合には，相続開始と同時に所有権が受遺者に移転すると解されているため（物権的効果説・大判大5・11・8民録22巻2078頁），理論的には相続財産を構成しません。したがって，遺贈財産は遺産分割の対象となりません。ただし，遺贈財産は具体的相続分を算定する際の基礎となる「被相続人が相続開始の時において有した財産」には含まれるとともに（民903条1項），遺留分算定の基礎となる「被相続人が相続開始の時において有した財産」にも含まれます（民1029条1項。以上については，中川＝泉・相続法272頁・654頁，潮見・相続法108頁・258頁参照）。

これに対し，遺言実務上，よく利用される「特定の財産を，特定の相続人に，相続させる」旨の遺言は，原則として「遺産分割方法の指定」と解されます（最判平3・4・19民集45巻4号477頁）。この場合も，特段の事情のない限り，なんらの行為を要せずして（遺産分割を経ることなく），被相続人の死亡の時に直ちに当該財産が当該相続人に相続により承継されます。ただし，「相続させる」遺言の対象財産も，具体的相続分を算定する際の基礎となる相続財産に含まれるとともに，遺留分算定の基礎となる財産にも含まれます（民903条1項・1029条1項。東京弁護士会・相続・遺言204頁参照）。「相続させる」遺言については，**Q 4 -18**をご参照ください。

〔3〕相続財産であるか否かが問題となる財産

(1) 生命保険金請求権

(a) 受取人が特定の者である場合

　特定の者が保険金受取人に指定されている場合，その者が相続人であると否とを問わず，相続財産に含まれません（相続人以外の者が受取人とされた事案として大判昭11・5・13民集15巻877頁，相続人が受取人に指定された事案として大判昭13・12・14民集17巻2396頁）。保険金は，生命保険会社（保険者）と保険契約者との契約によって保険される者（被保険者）の死亡を原因として保険金受取人が直接取得するものであり，相続によって取得するものではないからです。

　したがって，かかる保険金は遺産分割の対象となりません。また，推定相続人である保険金受取人が，相続を放棄した場合でも，受取人として保険金を受け取ることはできます。相続人が限定承認をした場合，被相続人の債権者は相続財産から弁済を受けうるに過ぎないため，相続財産に属しない保険金から弁済を受けることはできません。

　ただし，保険金も一定の場合には特別受益として「みなし相続財産」に含まれ，具体的相続分の算定の基礎とされるとともに，遺留分の基礎財産に含まれる場合があります。この点については**Q 4 -20**，**Q 4 -28**をご参照ください。

　なお，相続税の関係では保険金額を相続財産とみて課税の対象としていま

す（相税3条1項1号）。この点は**Q6-1**及び**364頁**をご参照ください。
　(b)　受取人が「相続人」である場合
　この場合，特段の事情がない限り，被保険者死亡時点の相続人たる個人を受取人として指定した保険契約と解すべきであり，この要件を満たす「相続人」が，「保険契約を根拠として」保険金請求権を取得すると解するのが判例です（最判昭40・2・2民集19巻1号1頁，最判昭48・6・29民集27巻6号737頁，最決平16・10・29裁時1375号3頁）。すなわち，受取人である「相続人」は相続法に従って確定されますが，保険金請求権は相続財産に含まれず，遺産分割の対象になりません。この場合，保険金受取人である複数の相続人の間における保険金取得の割合について，判例は「特段の事情のない限り，［保険金受取人を『相続人』とする］右指定には，相続人が保険金を受け取るべき権利の割合を相続分の割合によるとする旨の指定も含まれている」として相続分割合説を採用し（最判平6・7・18民集48巻5号1233頁），各相続人が平等の割合で取得する旨の主張を退けています。なお，受取人に指定された者が死亡した場合に，商法676条2項によって「保険金額を受け取るべき者の相続人」が保険金請求権を取得する場合には，複数の受取人は平等の割合で同請求権を取得します（最判平4・3・13民集46巻3号188頁，最判平5・9・7民集47巻7号4740頁）。
　かかる保険金については，上記のとおり相続財産には含まれないうえ，相続人全員が受取人となるので，特別受益になることは考えにくいものと思われます（前掲最決平16・10・29参照）。ただし，相続税の対象にはなります（相税3条1項1号）。
　(c)　受取人が指定されていない場合
　この場合も，生命保険約款中に「指定のないときは，保険金を被保険者の相続人に支払う」との条項があった場合，上記(b)と同様の取扱いとなると考えられます。
　(d)　受取人が被相続人である場合
　相続財産に含まれます。
　(2)　死亡退職金
　被相続人が生前に退職した後に死亡した場合には，被相続人がすでに具体

的な退職金請求権を取得しているので，当該退職金請求権は相続財産に含まれます。これに対し，死亡による退職の場合には，死亡退職金支給の根拠となる規定の趣旨によりますが，受給権者である遺族固有の財産として，遺族が直接会社に対する退職金請求権を取得するもので相続財産には含まれないと解されることが多いと思われます。判例においては，特殊法人（日本貿易振興会）の職員の退職手当規程について，「受給権者の範囲及び順位につき民法の規定する相続人の順位決定の原則とは著しく異なつた定め方がされている」ことを理由に，かかる規程は，「専ら職員の収入に依拠していた遺族の生活保障を目的とし，民法とは別の立場で受給権者を定めたもの」と解して，「受給権者たる遺族は，相続人としてではなく，右規程の定めにより直接これを自己固有の権利として取得するもの」と判断されています（最判昭55・11・27民集34巻6号815頁）。このほか，滋賀県の学校職員に関する死亡退職手当（最判昭58・10・14判時1124号186頁），私立大学教授に関する死亡退職金（最判昭60・1・31家月37巻8号39頁）について，同様の判断がなされています。

さらに，死亡退職金の支給規定のない財団法人において，死亡した理事長の配偶者に対して死亡退職金の支給決定をした場合においても，「相続という関係を離れて［被相続人］の配偶者……個人に対して支給されたもの」と判断されています（最判昭62・3・3判時1232号103頁）。

(3) 遺族年金

恩給法，厚生年金保険法，国家公務員共済組合法等によって死亡した人と一定の関係のある人に年金の形で支払われるものです。かかる年金の支払は法律に根拠を有するものであり，受給者固有の権利であって被相続人の権利を取得するものではなく，相続財産には含まれません。

〔4〕相続税における相続財産

相続税に関する相続財産の範囲については**Q6-1**を，相続財産に関する相続税法上の評価については**第7章**を，役員退職慰労金等の税務上の取扱いについては**Q9-5**を，それぞれご参照ください。

〔南　繁樹〕

Q 4-4　金銭債権の相続

　父（被相続人）が死亡し，相続人は私（長男）と弟（次男）の2人です。私は父が経営していた会社の自社株式を生前贈与される一方，弟は十分な土地を生前贈与されたので不満はないはずですが，その他の財産について遺産分割協議は難航しています。被相続人は生前，会社の資金繰りを助けるために個人財産から1億円を貸し付けており，また，会社の金庫に1,000万円を預けていました。弟はこれらの貸付金と現金を相続したとして貸付金5,000万円の支払と現金500万円の引渡しを会社に対して請求してきました。会社はこれに応じなければならないのでしょうか。

　また，亡父の銀行預金について，相続人である私（長男）が法定相続分相当額の支払を求めたところ，銀行は応じません。銀行は支払義務はないのでしょうか。

A

　金銭債権は，相続分に応じて分割され，各共同相続人に承継されます。したがって，相続人である弟の請求に対して会社は支払義務があります。

　相続財産として保管されている現金は当然には分割承継されず，遺産分割の対象となりますので，遺産分割前には当該現金を保管している相続人に対して支払を求めることはできません。

　預貯金債権は各共同相続人に分割承継されますが，相続人全員の同意がない場合には，金融機関は支払を拒絶するのが通常です。

解説

〔1〕金銭債権の相続

相続財産に含まれる金銭債権は，共同相続人の間で準共有されますが（民

264条),金銭債権は可分であることから,遺産分割の手続を待つまでもなく,法律上当然に分割され(民427条),各共同相続人がその相続分に応じて権利を承継します(最判昭29・4・8民集8巻4号819頁,最判平16・4・20判時1859号61頁)。ここにいう相続分は,法定相続分(民900条・901条)又は指定相続分(民902条)を意味すると解されます(潮見・相続法82頁。なお,公平の見地から,特別受益や寄与分を考慮した具体的相続分であるとする説もあります。岡部=三谷・実務家族法講義329頁)。相続分の指定がある場合,(債権譲渡の対抗要件としての通知・承諾を要せず)当然に指定相続分によって分割承継されると解されます(最判平5・7・19判時1525号61頁,潮見・前掲82頁参照)。

ただし,実務上は,可分債権も相続人の合意を要件に遺産分割の対象となると扱われ(田中壮太ほか『遺産分割事件の処理をめぐる諸問題』245頁),むしろ「『信義則の法理』を最大限活用して,可分債権を遺産分割手続にとりこむべき」との見解もあります(森野俊彦「遺産分割事件における不合理とその是正」判タ1246号75頁)。いずれにせよ,当事者の1人でも審判の対象とすることに明らかに反対した場合には,対象とすることはできません(同74頁)。

オーナー企業においては,社長が自らの預金や現金で会社の資金繰りを補助することがあり,また,会社に余剰資金が生じない限り,金銭債権のまま存続したままのことがあります。これらの債権や現金が相続の対象となった場合,以下のとおり,各共同相続人に分割されたり,一時的に権利を行使することができない状態が生じうるため,会社の資金繰りとの関係で問題が生じます。

〔2〕会社に対する貸付金

上記の判例によれば,弟は法定相続分(2分の1)に相当する貸付金5,000万円分を当然に承継し,会社に対する請求が可能ということになります。オーナーの会社に対する貸付金は,利息や返済期限の定めがないことが通常ですが,期限の定めのない債務は請求時から遅滞になり(民412条3項),借入れが商行為であれば年6分の遅延損害金が生じますので(民419条1項,商3条1項・514条,会5条),無視するわけにもいかず,会社の資金繰りに影響が生じ

ます。この場合，会社の後継者である質問者（長男）は，会社経営を考えて，個人（相続人）としての遺産分割協議の交渉において弱い立場に置かれることにもなりかねません。

〔3〕現　　金

　相続財産に含まれる金銭は，「有体物」として共同相続人間で共有される相続財産に含まれ，「相続人は，遺産の分割までの間は，相続開始時に存した金銭を相続財産として保管している他の相続人に対して，自己の相続分に相当する金銭の支払を求めることはできない」と解されます（最判平4・4・10家月44巻8号16頁）。この点，遺産分割を待たずに相続分に応じて当然に分割承継される金銭債権とは異なります。設問の場合，遺産分割前において，弟は相続財産に属する現金の法定相続分に相当する500万円の支払を求めることはできません。ただし，この場合，長男は現金を相続財産として保管しているに過ぎませんので，法定相続分に相当する部分であっても自己のものとして費消することはできません。

〔4〕預貯金債権

　金融機関に対する預貯金債権も可分な金銭債権ですので，遺産分割を待たずに，法定相続分に応じて当然に分割されて各相続人に承継されます。しかし，銀行実務上は，「払戻請求を行っている相続人の法定相続分に限り，払戻しに応じる」との建前に立ちつつ，「相続人間で遺言の有無で争っているケースなど，相続財産をめぐる権利関係が変動するような紛議が生じている場合は，二重払いのリスクを回避するため，払戻しを拒絶するという対応を検討する」とされています（みずほ銀行法務部・鈴木知法ほか「相続預金払戻しに関する窓口対応上の留意点」銀法704号12頁）。実際上，銀行は，法定相続人全員の連名で署名・捺印した払戻請求書及び印鑑証明書を求め，全員分の提出がなければ，払戻しを拒絶される可能性があります（東京弁護士会・相続・遺言12頁）。なお，特に，定額郵便貯金については分割による払戻しができないとす

る裁判例があります（郵政民営化法等の施行に伴う関係法律の整備等に関する法律2条1項1号による廃止前の郵便貯金法7条1項3号、東京地判平10・8・31訟月45巻10号183頁）。

　しかし、訴訟を提起した場合には、「代理人が調査の結果に基づき遺言が存しないこと等について一応の説明をしている」ことを理由に、金融機関は法定相続分に基づく預金の払戻請求を拒むことはできないとした裁判例があるほか（東京地判平8・2・23金法1445号60頁），金融機関に支払を命じる判決を得ることができるのが通常です（東京地判平7・9・14判時1569号81頁，東京高判平7・12・21判タ922号271頁，東京地判平9・5・28判タ985号261頁）。ただし，「［可分］債権を遺産分割協議の対象に含めることについての合意が成立する余地がある間は、その帰属が未確定であることを理由に請求を拒否することも可能」とする裁判例（東京地判平9・10・20判タ999号283頁）もあるので、訴訟を提起する際には、合意の成立しないことを明確化しておいたほうがよいでしょう。

　そこで、質問を検討すると、以上のように、預貯金債権については、訴訟提起を行わない限り、相続人全員の同意がなければ払戻しを受けることは困難ですので、弟は引き出すことができないと思われます。他方で後継者（設問の質問者）自身の法定相続分に相当する部分についても同様ですので、直ちには会社の資金繰りのためには利用できないものと考えておいたほうがよいでしょう。

〔5〕会社の資金繰りとの関係

　以上のとおり、オーナーに相続が生じた場合、オーナーの個人資産の一部は会社経営に携わらない相続人にも帰属するため、会社の資金調達がオーナーの個人資産に依存している場合、相続により資金繰りに困難が生じることが考えられます。金銭債権や現金については先代オーナーの生前によく検討し、あらかじめ出資の手続を行い会社の資本金に振り替えておくことなども検討に値すると思われます。なお、会社に対する貸付金に関する税務上の問題点については**Q 9-7**をご参照ください。

〔南　繁樹〕

Q 4-5　相続財産から生じた果実の帰属

　父（被相続人）が死亡し，母（妻）と長男である私及び次男が相続人となりました。遺産は，賃貸している土地と，亡父が経営していた会社の自社株式（100株）です。父は遺言を遺しませんでしたので，遺産分割協議を行っており，土地は母，株式は私（長男）が取得し，次男が現金を取得する方向で協議をしていますが，土地及び株式の評価について協議が難航し，すでに1年以上経過しています。

　(1)　相続開始後の土地の賃料（4,000万円）については，事実上，母が受領していますが，私が法定相続分（4分の1）に相当する額を請求することはできるでしょうか。

　(2)　遺産分割中に会社において配当決議が行われました（1株1万円）。次男が会社に対し法定相続分に相当する額を請求することはできるでしょうか。

　(3)　また，遺産分割によって，土地は母，株式は私（長男）がそれぞれ取得することが確定しました。この場合，これまで受領した賃料と配当金はどうなるのでしょうか。

A

(1)　共有される遺産である土地から生ずる賃料債権は，各共同相続人がその相続分に応じて分割単独債権として確定的に取得しますので，長男は1,000万円分を母に対して請求できます。

(2)　配当金請求権についても同様です。

(3)　各共同相続人がその相続分に応じて分割単独債権として確定的に取得した賃料債権・配当金請求権の帰属は，後にされた遺産分割の影響を受けません。

解説

〔1〕相続財産から生じた果実の帰属

　相続開始後に相続財産から生じる果実については，それが遺産に含まれるか否かが問題となります。この点，判例は「遺産は，相続人が数人あるときは，相続開始から遺産分割までの間，共同相続人の共有に属する」ことを理由に，「この間に遺産である賃貸不動産を使用管理した結果生ずる金銭債権たる賃料債権は，遺産とは別個の財産というべきであって，各共同相続人がその相続分に応じて分割単独債権として確定的に取得する」と解しています（最判平17・9・8民集59巻7号1931頁）。

　上記判例によれば，4,000万円の賃料債権は，相続人に法定相続分に応じて分割帰属することになります（民427条）。当該賃料全額（4,000万円）を母が占有している場合には，長男は母に対し，自己の法定相続分に相当する1,000万円分を不当利得（民703条・704条）として請求できます（高木多喜男・リマークス34号73頁）。

　そして，賃料債権は遺産には属しない以上，遺産分割の対象とならず，その帰属については遺産分割審判ではなく，上記のとおり，不当利得返還請求訴訟を通常裁判所に提起することによって解決されることになります。

〔2〕配当金の場合

　株式については，1株ごとに，法定相続分に応じた共有状態が生じます。すなわち，母50株，長男25株，次男25株になるのではなく，1株について母の持分2分の1，長男の持分4分の1，次男の持分4分の1の共有状態が生じます（この点についてはQ3-1をご参照ください）。

　配当金は，果実に含まれると解するのが通説です（最判解説民事篇平成17年度（下）576頁）。そうすると，配当についても上記平成17年最判の趣旨があてはまり，各共同相続人が法定相続分に応じて配当金請求権を分割取得するものと

思われます（民427条）。したがって，次男は法定相続分に相当する25万円について，会社に対して請求することができます。

〔3〕遺産分割との関係

　相続開始後に生じた賃料債権・配当金請求権が，各共同相続人に当然に分割帰属するとすると，相続開始後に行われた遺産分割との関係が問題となります。この点，上記平成17年最判は，「遺産分割は，相続開始の時にさかのぼってその効力を生ずるものであるが，各共同相続人がその相続分に応じて分割単独債権として確定的に取得した上記賃料債権の帰属は，後にされた遺産分割の影響を受けない」としました。これにより，果実について，「相続開始の時にさかのぼって，遺産分割により当該財産を取得した各相続人にそれぞれ帰属する」という考え方は退けられました。

　したがって，設問において，土地が母に，株式が長男に帰属したとしても，母は賃料2,000万円及び配当金50万円，長男・次男はそれぞれ賃料1,000万円及び配当金25万円を確定的に取得したままであり，後に行われた（協議又は審判による）遺産分割の影響を受けません。

　なお，相続人全員の合意により，賃料・配当金を遺産分割の対象に含めることができるとするのが家裁実務であり，この実務は上記平成17年最判によっても否定されないとされています（前掲最判解説574頁）。

〔南　繁樹〕

Q 4-6　特別受益

父の所有していた自社株式について，生前贈与を受けていますが，この点は相続においてどのように考慮されますか。

A

その金額により，特別受益として，みなし相続財産に含まれます。

解説

〔1〕特別受益とは

相続人の中の一部の者が，遺贈（遺言による無償処分）を受けたり，又は被相続人から「婚姻若しくは養子縁組のため若しくは生計の資本として」生前贈与を受けることにより，他の相続人に比べて特別の利益を受けていることがあります。このような場合に，相続財産を基礎として法定相続分をそのまま適用すると相続人の間に不公平が生じます。そこで相続分の計算にあたって特別の配慮をしています（民903条1項）。上記の贈与に該当するか否かの判断に際しては，「当該生前贈与が相続財産の前渡しとみられる贈与であるか否かを基準にしながら，相続人間の衡平を考慮して判断されるべきである」と解されており（有地亨・新版注釈民法(27)228頁），「相続分の前渡しと見られる程度に大きい価額」の贈与は，「特別の事情のない限り，すべて持戻し贈与と見ると解してよい」（中川＝泉・相続法271頁）あるいは，「ある程度以上の高額な贈与は，原則として全て対象となる」と解されています（内田・民法Ⅳ384頁）。以下，具体的な贈与についてみていきます。

〔2〕「特別に利益を受けた者」（特別受益者）とは

特別受益者には，以下の者が含まれます。

① 遺贈を受けた者
② 婚姻のために贈与を受けた者

　持参金，支度金，結婚支度の品等をいいます。通常の挙式費用は含まれないと解するのが有力です（有地亨・新版注釈民法(27)228頁，東京弁護士会・相続・遺言61頁）。

③ 養子縁組のために贈与を受けた者

　支度金，持参金等をいいます。

④ 生計の資本として贈与を受けた者

　事業資金の提供，住宅資金の拠出などのほか，他の兄弟と比べて特別の教育を受けた場合も含まれます。ただし，単に生活の援助を受けただけの場合は含まれません。

　事業承継の関係で特に問題となる株式の贈与については，贈与される株式が高額の場合には当然に特別受益に該当すると思われます。少数かつ少額の株式を長期間にわたって贈与する場合についても，それぞれの贈与は少額であっても，全体として会社経営権（の一部）を譲渡したものと解されるような場合には，「相続財産の前渡し」としての性格があるため，特別受益に該当するものと解すべきではないかと思われます。

〔3〕特別受益の持戻し

　相続開始時の財産の価額に，特別受益者の受けた贈与の額を加えたものが「相続財産」として扱われます（民903条1項，みなし相続財産）。ただし，遺贈の価額については，もともと相続財産を構成するとされていますので，さらに加える必要はありません。もっとも，この説明は，遺贈財産の所有権が相続開始と同時に受遺者に移転し，相続財産を構成しないとする判例の考え方とは整合していないとの指摘もありますが（潮見・相続法108頁参照），いずれにせよ，相続分の算定の基礎とすることには変わりありません。

　被相続人は持戻しの免除をすることができます（民903条3項）。その場合，生前贈与を考慮せず，かつ，遺贈を除外した残りの財産だけを対象として，共同相続人（受贈者・受遺者を含む）が法定相続分に従った分配を行うことに

なります。被相続人の意思により特定の相続人を特別扱いすることを認めるものです。ただし，この場合も遺留分制度による制約には服することになります（**Q 4 -28**参照）。

〔4〕特別受益の評価の基準時

　評価の基準時は，相続開始時と解されています（最判昭51・3・18民集30巻2号111頁）。
　金銭の場合は，相続開始時の貨幣価値に換算し直します。換算に関し，審判例においては，総務省統計局編『家計調査年報』，「消費者物価指数報告」掲載の消費者物価指数，日本銀行統計局編『経済統計年報』，「東京物価小売指数年報」掲載の物価指数などが使用されるようです（最判解説民事篇昭和51年度59頁）。
　土地・家屋等については，贈与を受けた当時の原状のままで現存するものとみなして評価します（民904条）。したがって，増改築・土地の改良をしたりして価値が増しても考慮せず，逆に，手入れをしなかったため価値が減少しても考慮しません。
　贈与の目的である財産が滅失した場合には，滅失が受贈者の行為による場合（受贈者の失火，受贈者による売却など）は，贈与当時の原状のままであるものとして相続開始時を基準時として評価します（民904条）。これに対し，滅失が受贈者と無関係な事情による場合（類焼，地震，水害など）は，受贈者に酷であるので，贈与がなかったものとして持戻しの対象としないと解されています（内田・民法Ⅳ386頁）。ただし，滅失によって火災保険金等が支払われている場合，その額が特別受益となります。

〔5〕経営承継円滑化法による除外合意

　以上は民法上の特別受益に関する規定についての説明ですが，経営承継円滑化法に基づく特例を利用することができる場合には，推定相続人全員の合意によって，①生前贈与株式等を遺留分の対象から除外すること（除外の合

意），又は②生前贈与株式の評価額をあらかじめ固定すること（固定の合意）が可能です。

前者においては，「後継者」が旧代表者からの贈与等により取得した「特例中小企業者」の株式等の全部又は一部について，その価額を遺留分算定の基礎財産の価額に算入しないとする合意をすることができます（経営承継法4条1項1号）。

後者においては，「後継者」が旧代表者からの贈与等により取得した「特例中小企業者」の株式等の全部又は一部について，遺留分算定の基礎財産の価額に算入すべき価額を，かかる合意の時における価額とする合意をすることができます（経営承継法4条1項2号）。

以上は「後継者」が贈与等により取得した「株式等」を対象とするものですが，それのみならず，「後継者」又は「後継者以外の推定相続人」が贈与等によって取得した「株式等」以外の財産についても，その価額を遺留分算定の基礎財産の価額に算入しない旨の定め（除外の合意）をすることができます（経営承継法5条・6条2項）。例えば，後継者以外の推定相続人の1人が被相続人から不動産の贈与を受けた場合，これを遺留分算定の基礎財産の価額に算入しない旨を合意することができるので，当該推定相続人が取得した当該不動産に対して遺留分減殺請求権を行使される可能性を低くすることができます。ただし，かかる合意は，株式等の贈与に付加する形でしか行うことはできず，また，除外の合意は認められていますが，（評価額の）固定の合意は認められていません。

経営承継円滑化法に基づく合意をする場合，当該財産（株式）の贈与については合意がなされたとしても，その他の生前贈与について特別受益に該当するか否かが問題となる余地があり，この点が争いになった場合，せっかく合意をした意義が小さくなってしまいます。したがって，株式の贈与について除外の合意をする場合には，その他の生前贈与についても，併せて除外の合意をしておくのが賢明といえるでしょう。なお，経営承継円滑化法についての詳細は**第2章**をご参照ください。

〔南　繁樹〕

Q 4-7　法定相続分

　昨年亡くなった祖父（被相続人）の相続に関してお尋ねします。私には弟がいますが，私だけが祖父の養子となっています。父は10年前に他界しました。私と弟以外の相続人は，祖母（被相続人の妻）と父の異母姉である伯母（被相続人の子）です。伯母は，非嫡出子です。

　この場合に，祖父（被相続人）の相続に関し，それぞれの法定相続分は，どのようになりますか。私は，養子としての権利と孫としての権利の両方を主張することができるのでしょうか。

A

(1)　法定相続分は，以下のとおりに定められています。
　　① 配偶者と子が相続人→各2分の1
　　② 配偶者と直系尊属が相続人→配偶者3分の2・直系尊属3分の1
　　③ 配偶者と兄弟姉妹が相続人→配偶者4分の3・兄弟姉妹4分の1
(2)　非嫡出子の法定相続分は，嫡出子の2分の1です。
(3)　養子と代襲相続人というように相続人として二重の資格を有する場合，各々の地位に基づく相続分を合算します。

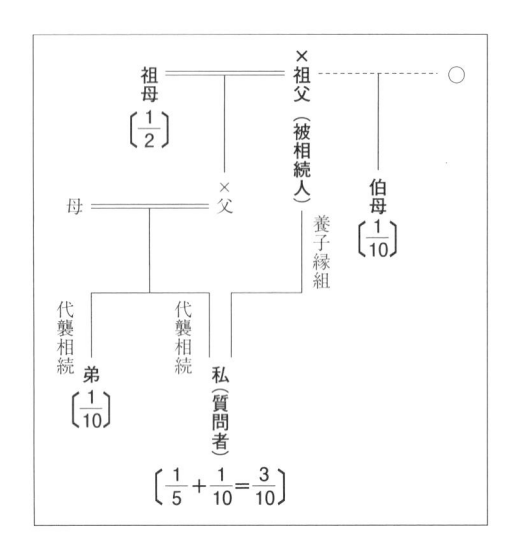

```
        ┌──── ×祖父 ────┈┈┈┈ ○
    祖母 ═══  (被相続人)
    [1/2]         │              伯母
                  │            [1/10]
   母 ═══ ×父  ─養子縁組
        │
   ┌────┴────┐
  代襲      代襲
  相続      相続
   弟        私
  [1/10]  (質問者)
         [1/5 + 1/10 = 3/10]
```

解説

〔1〕 相続分とは

　相続人が複数存在する場合，各相続人がどれだけの割合で相続財産を取得するのかが問題になります。この割合を相続分といいます。
　相続分には，民法の規定による法定相続分（民900条）と，遺言によって指定される指定相続分（民902条）があります。指定相続分については，具体的に遺言の中で具体的な割合が指定されることが多いのですが，遺言者が遺言の中で，第三者に相続分の指定を委託することもあります。指定相続分がない場合は，法定相続分の定めに従うことになります。
　さらに，各相続人の特別受益や寄与分を考慮して法定相続分に修正を加え，具体的な相続分を算出していくことになりますが，特別受益と寄与分については，別の項に譲ります（**Q 4-6**，**Q 4-8**～**Q 4-10**参照）。

〔2〕法定相続分

民法が定める法定相続分は，以下のとおりです（民900条1号～3号）

第1順位	配偶者が2分の1	子が2分の1
第2順位	配偶者が3分の2	直系尊属が3分の1
第3順位	配偶者が4分の3	兄弟姉妹が4分の1

　子が複数いる場合，各人の相続分は均等です（民900条4号本文）。ただし，嫡出子と非嫡出子がいる場合は，非嫡出子の相続分は嫡出子の2分の1になります（民900条4号但書）。このように非嫡出子の相続分を嫡出子の相続分の2分の1とすることが，法の下の平等を定めた憲法14条1項に違反するか否かが，以前訴訟で争われましたが，最高裁（最大決平7・7・5民集49巻7号1789頁）は，民法が法律婚主義を採用していることなどから，このような定めが「立法府に与えられた合理的な裁量判断の限界を超えたものということはできない」として，合憲との判断を下しました。
　直系尊属が相続人となる場合，実父母と養父母の区別はなく，各人が均等に相続します（民900条4号本文）。兄弟姉妹が相続人の場合にも，各人が均等に相続するのが原則ですが，死亡した被相続人と父母の一方のみを同じくする半血の兄弟姉妹の相続分は，父母の双方を同じくする全血の兄弟姉妹の2分の1になります（民900条4号但書後段）。
　配偶者のみが相続人の場合は，配偶者が，相続財産のすべてを相続します。

〔3〕代襲相続人の法定相続分

　相続人となるべき者（被相続人の子，兄弟姉妹）が，相続の開始以前に死亡している場合，その相続人の子や孫等の直系卑属が代襲相続人（民887条2項・3項）になります。代襲相続は，相続欠格（民891条）・廃除（民892条）の場合にも生じます。相続人が兄弟姉妹の場合は，その子に限って代襲相続が認められ，再代襲は認められていません（民889条2項・887条2項）。代襲相続人の

相続分は，被代襲者が受けるべき相続分と同じです（民901条）。なお，昭和55年（1980年）12月31日以前に開始された相続については，兄弟姉妹相続人についても再代襲が認められていましたので，長期間遺産分割がなされなかった事案では注意が必要です。

　例えば，被相続人に4人の子がいた場合に，そのうちの長男が被相続人の相続開始以前に死亡していたとすると，長男の子が代襲相続人となります。長男の子は，長男が受けるべきであった相続分を代襲相続人として取得することとなり，さらに，長男の子が複数存在する場合は，その子たちの代襲相続による相続分は民法900条4号（法定相続分）の規定に従うことになります（民901条，株分け説）。つまり，長男に2人の子がいる場合には，それぞれが，長男が受けるべきであった相続分4分の1の2分の1，すなわち8分の1の相続分を取得することになります。

〔4〕二重資格の相続人の法定相続分

　質問者のように，相続人（養子）の地位と代襲相続人（死亡した子の子）の地位を兼ねる相続人がいる場合があります。この場合，登記の実務では，二重の相続分を有すると取り扱っており（昭和24年9月15日民事甲2040号民事局長回答参照），通説も同様の見解を採っています（内田・民法Ⅳ339頁）。したがって，相続人としての相続分と代襲相続人としての相続分を合算すべきことになります。

　一方，二重資格を有する例として，1人の相続人が，配偶者としての相続分と兄弟としての相続分を有することもあり得ます。配偶者の義父と娘婿として養子縁組をしたところ，配偶者が死亡し，当該夫婦には子供がおらず，また義父はすでに死亡しているという場合です。この場合，娘婿は，配偶者と，義父を親とする兄弟という二重の資格を有することになります。この場合，登記の実務では，配偶者としての相続分のみを有するとして取り扱われています（昭和23年8月9日民事甲2371号民事局長回答参照）。学説上は，未だ議論のあるところです。

〔5〕ま と め

　では，質問者の場合はどうなるでしょう。被相続人の配偶者である祖母と，被相続人の子（及び子の代襲相続人）が法定相続人となっています。後者は，伯母と，祖父と養子縁組をした質問者，さらに亡父（被相続人の子）の代襲相続人としての質問者及び弟です。配偶者と子が相続人であるため，配偶者すなわち祖母の相続分は2分の1です（民900条1号）。

　さらに，子の相続分も2分の1となりますが（民900条1号），被相続人の3人の子のうち，伯母は非嫡出子ですので，伯母，亡父及び（養子としての）質問者の相続分は1：2：2の割合となります。したがって，亡父が取得すべき相続分及び質問者が養子としての地位に基づき取得する相続分は，それぞれ2分の1に5分の2を乗じた5分の1，伯母の相続分は2分の1に5分の1を乗じた10分の1となります（民900条4号）。

　そして，亡父の代襲相続人は2人（弟及び質問者）ですので，弟の相続分及び質問者が代襲相続人としての地位に基づいて取得する相続分は，それぞれ（亡父の相続分である）5分の1の2分の1すなわち10分の1となります（民901条1項・900条4号）。

　結局，質問者は，養子としての5分の1と代襲相続人としての10分の1を合算した10分の3の法定相続分を有することとなります。

〔間瀬　まゆ子〕

Q 4-8 具体的相続分の算定（その1・特別受益）

以下のような事案で，各相続人の相続分はどのように算定すればよいですか。

[設例]

平成11年1月31日，H（被相続人）が死亡し，相続人は，妻W，子A・B・Cです。

遺産は，土地（相続開始時の時価8,000万円），建物（同3,000万円），マンション（同2,000万円），現金8,000万円の合計2億1,000万円です。なお，被相続人は生前，Aに対し，平成元年から同10年まで毎年株式10株（合計100株）をAに贈与しました（各年度における時価100万円）が，相続開始時の株式100株の時価は3,000万円になっています。被相続人は，土地・建物をWに遺贈する旨の遺言を遺しています。

平成21年1月31日，遺産分割協議が成立しました。

```
       ×
       H ══════════ 妻
      （被相続人）   （W）
           │
    ┌──────┼──────┐
    │      │      │
   三男    次男    長男
   （C）  （B）   （A）
```

A

具体的相続分の計算は，以下のとおりです。

① （相続開始時の相続財産価額）＋（贈与価額）
   ＝ みなし相続財産額の価額

②　(みなし相続財産の価額) × (法定・指定相続分率)
　　＝　一応の相続分
③　(一応の相続分) − (贈与又は遺贈の価額)
　　＝　具体的相続分
④　各相続人の具体的相続分 ÷ 各相続人の具体的相続分の総計
　　＝　各相続人の具体的相続分率
⑤　遺産分割時の相続財産の価額 × 具体的相続分率
　　＝　最終の取得分

解説

〔1〕具体的相続分の計算

　相続によって,「被相続人が相続開始の時に有した財産」(遺産)が相続人に承継されるところ,民法898条は「各共同相続人は,その相続分に応じて被相続人の権利義務を承継する」と規定しています。かかる「相続分」につき,各共同相続人が最終的に取得する具体的相続分は,以下のように算定します(民903条1項。有地亨・新版注釈民法(27)235頁,内田・民法Ⅳ385頁,潮見・親族法110頁)。

　①　「被相続人が相続開始の時に有した財産」(遺贈の対象財産を含む)の価額に,特別受益としての贈与の価額を加え(贈与財産の持戻し),これを相続財産とみなします(みなし相続財産。Q4-6参照)。なお,相続債務を控除する必要はありません(内田・民法Ⅳ385頁)。

　②　みなし相続財産の価額に,各共同相続人の法定相続分(民900条・901条)又は指定相続分(民902条)に応じた割合(法定・指定相続分率)を乗じ,各共同相続人の相続分(「一応の相続分」,「本来の相続分」)を算出します(Q4-7参照)。

　③　一応の相続分の価額から,各共同相続人が受けた特別受益としての生前贈与又は遺贈の価額を控除し,各共同相続人が取得する相続分(「具的相続分」)を算定します(民903条1項)。

④ 各共同相続人の具体的相続分を、全共同相続人の具体的相続分の総計で除して、各自の「具体的相続分率」を算出します。
⑤ 遺産分割時の相続財産の価額に、上記具体的相続分率を乗じて、各相続人の最終の取得分を確定します。

かかる最終の取得分に基づいて遺産を現実に分割するためには、遺産分割という手続を経ることになります（**Q 4 - 26**参照）。

〔2〕具体的相続分の計算例

以上に基づいて、設例に関し、各相続人の具体的相続分を計算します。なお、超過特別受益がある場合については、**Q 4 - 9**をご参照ください。

(1) みなし相続財産の価額（贈与財産の持戻し）

相続財産は相続開始時点で評価します。また、遺贈財産を含みます。

　　　　相続時の財産の価額（遺贈を含む）　2億1,000万円
　　　　贈与財産（株式100株）の持戻し　　　3,000万円（相続開始時の時価）
　　　　　合　　　　計　　　　　　　　　　2億4,000万円

(2) 「一応の相続分」の確定

相続分（法定相続分・指定相続分）に基づいて「一応の相続分」（「本来の相続分」）を確定します。

　　［みなし相続財産×相続分＝各相続人の一応の相続分］
　　　　W：24,000×1/2＝12,000　………①
　　　　A：24,000×1/6＝　4,000　………②
　　　　B：24,000×1/6＝　4,000　………③
　　　　C：24,000×1/6＝　4,000　………④

(3) 贈与・遺贈の控除

贈与・遺贈の対象財産の価額を控除します（すなわち、遺贈については、原則として法定相続分に影響を与えません。民903条1項）。評価の基準時は相続開始時です（**Q 4 - 6**参照）。

なお，ここでは，Aに対する株式の贈与は，「相続財産の前渡し」として特別受益に該当することを前提とします（Q4-6参照）。

　　W：12,000（①）−11,000（遺贈）＝1,000　………①′
　　A：4,000（②）−3,000（贈与）＝1,000　………②′

(4) 具体的相続分の確定
　　W：1,000（①′）
　　A：1,000（②′）
　　B：4,000（③）
　　C：4,000（④）

(5) 具体的相続分率
①′，②′，③及び④に基づいて，具体的相続分率を計算します。
[分母＝各相続人の一応の相続分の合計（①′＋②′＋③＋④＝10,000）]
　　W：1,000（①′）÷10,000＝1/10　………（ア）
　　A：1,000（②′）÷10,000＝1/10　………（イ）
　　B：4,000（③）÷10,000＝4/10　………（ウ）
　　C：4,000（④）÷10,000＝4/10　………（エ）

(6) 遺贈の対象財産の取り分け
　遺贈された財産（土地及び建物）は，相続開始と同時にWに移転し，遺産分割の対象となりませんので，取り分けます。その結果，マンション（相続開始時の時価2,000万円）及び現金（同8,000万円）が遺産分割の対象となります。

(7) 遺産分割によって取得すべき価額（遺産分割時の価額）
　遺産については，設例では相続開始時（平成11年）から遺産分割時（平成21年）までの間に価額が変動していますので，遺産分割時の遺産の価額を基礎として，具体的相続分率に応じた分割を行います（Q4-26参照）。
　[遺産分割時の価額]（例えば，以下のとおりとします）
　　　マンション　3,000万円

現金　　　9,000万円
合計　　1億2,000万円

［遺産（遺贈を除く）×具体的相続分率＝具体的取り分］

　W：12,000×1/10（ア）＝1,200
　A：12,000×1/10（イ）＝1,200
　B：12,000×4/10（ウ）＝4,800
　C：12,000×4/10（エ）＝4,800

(8) **遺産分割において取得する財産（例）**

　W：現金1,000万円＋Aからの代償金200万円（合計1,200万円）

　　なお，Wは，遺産分割とは別個に，遺贈により土地・建物を取得しています。

　A：マンション（3,000万円）−W・B・Cそれぞれへの代償金の支払（1,800万円）（合計1,200万円）

　　なお，Aは，遺産分割とは別個に，生前贈与により株式100株を取得しています。

　B：現金4,000万円＋Aからの代償金800万円（合計4,800万円）
　C：現金4,000万円＋Aからの代償金800万円（合計4,800万円）

〔南　　繁樹〕

Q 4-9　具体的相続分の算定（その2・超過特別受益者がいる場合）

　Q 4-8と同様な状況なのですが，被相続人はAに対し，株式合計100株を生前贈与したのに加え，マンション（相続開始時の時価2,000万円）を遺贈したため，Aは，一応の相続分（本来の相続分）を超える財産をすでに取得しています。この場合，みなし相続財産の額が少なくなるので，一応の相続分のとおりに配分することができません。どうすればよいのでしょうか。

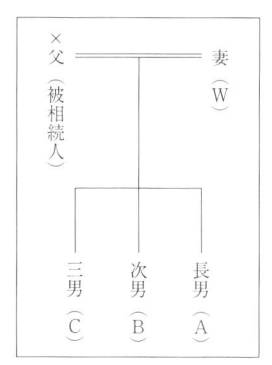

```
×父━━━━━━妻
（被相続人）　（W）
　　│
　┌──┼──┐
三男　次男　長男
（C）（B）（A）
```

A

　一応の相続分を超える財産を取得した相続人（超過特別受益者）以外の残りの相続人の「具体的相続分」の割合で，相続分を算定します。つまり，減少したみなし相続財産の額について，残りの相続人が具体的相続分の割合で負担することになります。

解説

〔1〕超過特別受益がある場合の残りの相続分の具体的相続分

　Q 4-8の事例においては，各相続人の贈与・遺贈は，法定相続分に基づ

くそれぞれの一応の相続分（本来の相続分）の範囲内に収まっていました。これに対し，ある相続人について，一応の相続分から（特別受益としての）贈与・遺贈を控除する計算をした結果がゼロ又はマイナスとなる場合，すなわち，具体的相続分を超過して贈与・遺贈を受けた者（超過特別受益者）がいる場合，当該超過特別受益の分だけ，みなし相続財産の額が少なくなるので，その分だけ他の相続人の取り分が不足するため，その点についての考慮が必要となります。

　この場合，その相続人（超過特別受益者）は相続財産から現実に取得する額はありませんが（民903条2項），それを超えて超過受益を返還する必要はありません。その結果，超過特別受益者の具体的相続分はゼロになります。

　次に，不足分を誰がどのように負担するかという問題が生じます。学説上は5つの方法があるとされていますが（有地亨・新版注釈民法(27)236頁参照），実務上は，（超過特別受益者を除いた）残りの相続人の「具体的相続分」の割合で，相続分を算定する方法が取られています（大阪家審昭51・3・31家月28巻11号81頁，東京家審昭61・3・24家月38巻11号110頁。田中壯太ほか『遺産分割事件の処理をめぐる諸問題』298頁，内田・民法Ⅳ385頁，潮見・親族法111頁）。これは，超過特別受益額を残りの相続人が具体的相続分の割合で負担したことになります。

　以上について，**Q4-8**の事例で，**被相続人がマンション**（相続開始時の時価2,000万円）**をAに遺贈していた場合**を例として，具体的相続分の計算を示します（**Q4-8**と同じ部分は省略します）。

〔2〕具体的計算例

(1) **みなし相続財産の価額**（贈与財産の持戻し）
　　　合計　2億4,000万円

(2) **「一応の相続分」の確定**
　　　W：24,000×1/2＝12,000　………①
　　　A：24,000×1/6＝　4,000　………②
　　　B：24,000×1/6＝　4,000　………③

Q4-9 具体的相続分の算定（その2・超過特別受益者がいる場合） 161

C：24,000×1/6＝ 4,000 ………④

(3) 贈与・遺贈の控除
W：12,000（①）－11,000（遺贈）＝1,000 ………①′
A：4,000（②）－3,000（贈与）－2,000（遺贈）＝－1,000 ………②′

(4) 具体的相続分の確定
W：1,000（①′）
A：ゼロ（②′はマイナスであるので，ゼロになる）
B：4,000（③）
C：4,000（④）

(5) 具体的相続分率
①′，③及び④に基づいて，具体的相続分率を計算します。
［分母＝各相続人の一応の相続分の合計（①′＋③＋④＝9,000)］
W：1,000（①′）÷9,000＝1/9 ………（ア）
A：ゼロ ………（イ）
B：4,000（③）÷9,000＝4/9 ………（ウ）
C：4,000（④）÷9,000＝4/9 ………（エ）

(6) 遺贈の対象財産の取り分け
遺贈された土地及び建物は相続開始と同時にWに移転し，また遺贈されたマンションはAに移転し，いずれも遺産分割の対象となりませんので，取り分けます。その結果，現金8,000万円（相続開始時の時価）が遺産分割の対象となります。

(7) 遺産分割によって取得すべき価額（遺産分割時の価額）
現金 9,000万円（遺産分割時の価額）
［遺産（遺贈を除く）×具体的相続分率＝具体的取り分］
W：9,000×1/9（ア）＝1,000

A：ゼロ（イ）
B：9,000×4/9（ウ）＝4,000
C：9,000×4/9（エ）＝4,000

(8) **遺産分割において取得する財産（例）**

W：現金1,000万円

　　なお，Wは，遺産分割とは別個に，遺贈により土地・建物を取得しています。

A：ゼロ

　　なお，Aは，遺産分割とは別個に，生前贈与による株式100株及び遺贈によるマンションを取得しています。

B：現金4,000万円

C：現金4,000万円

〔南　繁樹〕

Q 4-10　寄 与 分

　私は，亡父（被相続人）の経営する会社でずっと働いてきました。寄与分の主張は可能でしょうか。

A

　役員報酬や従業員給与の支払を受けている場合には，難しいものと思われます。ただし，報酬・給与が相当に低額の場合には，寄与分が認められる余地がないとはいえません。

解説

〔1〕寄与分の意義

　共同相続人の中に被相続人の財産の維持・形成に特別の寄与をした者がいた場合，この特別の寄与を考慮し，特別に相続財産への持分が与えられます。これを寄与分といいます（民904条の2）。
　寄与分として考慮されるためには，「被相続人の財産の維持又は増加」についての寄与でなければなりません（民904条の2第1項）。「被相続人の財産の維持又は増加」にあたるものであれば，その態様のいかんを問いません。民法904条の2は，寄与の態様として，①被相続人の事業に関する労務の提供，②被相続人の事業に関する財産上の給付，③被相続人の療養看護，④その他の方法を規定し，寄与の典型例を挙げるとともに，「その他の方法」という包括的要件を設けています。

〔2〕特別の寄与

　寄与分として考慮されるには，「特別の寄与」と評価されるものでなければなりません。

法律で定められた義務の履行としての行為は，それが当該義務により通常期待されている範囲内のものを超えるものでなければ「特別の寄与」としては評価されません。この点，当該行為が，夫婦間の同居・協力・扶助義務（民752条），直系血族・兄弟姉妹間の扶養義務（民877条1項），直系血族・同居親族間の扶助義務（民730条）の履行と解されるものでないかが問題となります。

また，「特別の寄与」といえるためには，寄与行為に対する対価や補償を受けていないことが必要と解されています（無償性）。

〔3〕会社に対する寄与と被相続人に対する寄与との関係

そこで，設問のように，オーナー企業の経営について子供が助力していた場合を考えます。この点，被相続人が株主である会社に対して労務の提供又は財産上の給付を行った場合，「被相続人の財産」の維持又は増加についての寄与といえるかが問題となります。被相続人と会社は別人格であることから，一般的には否定されると解されています（松原正明『全訂判例先例相続法Ⅱ』133頁）。しかし，裁判例においては，「Ｆ建設は被相続人が創業した株式会社であって被相続人とは別人格として存在しており，その実質が個人企業とは言いがたい」としつつ，「Ｆ建設と被相続人とは経済的に極めて密着した関係にあった」として，「Ｆ建設の経営状態，被相続人の資産状況，援助と態様等からみて，Ｆ建設への援助と被相続人の資産の確保との間に明確な関連性がある場合には，被相続人に対する寄与と認める余地がある」としたものがあります（高松高決平8・10・4家月49巻8号53頁）。

〔4〕報酬・給与との関係

次に，「被相続人の財産の維持又は増加」に貢献したとしても，当該会社の役員又は従業員としての立場で，委任契約（会330条）又は雇用契約（民623条）に基づく役員報酬・給与として対価を受けている場合には，上記の無償性の要件を満たさず，寄与とは認められないことが通常であるものと思われます（法務省民事局参事官室編『新しい相続制度の解説』194頁）。ただし，報酬・給

与の額が，提供した労務の対価として相当に低額であるときは，不足部分について特別の寄与があると認められる余地がないとはいえません（東京弁護士会相続・遺言研究部編『遺産分割・遺言の法律相談〔改訂版〕』61頁参照）。

　裁判例においても，特定の相続人が被相続人の家業である薬局経営に従事してきた事案で，当該相続人が無報酬又はこれに近い状態で従事したとはいえないとしつつ，当該相続人が長年経営に従事し，当該薬局を会社組織にし，店舗を新築するなどして経営規模を拡大したことが，薬局経営のみが収入の途であった被相続人の遺産の維持又は増加に特別の寄与貢献を相当程度したとして，3,000万円（遺産の約32％）の寄与分を認めた事例もあります（福岡家久留米支審平4・9・28家月45巻12号74頁）。

〔5〕寄与分の手続

　寄与分は共同相続人の協議で決定されますが，協議が調わないときは家事調停を行い，調停不成立の場合には家庭裁判所の審判により決定されます（民904条の2第1項・2項，家審9条1項乙類9号の2）。

〔6〕寄与分と遺贈・遺留分との関係

　寄与分は，「寄与の時期，方法及び程度，相続財産の額その他一切の事情」を考慮して決定されます。

　寄与分は遺贈された財産やすでに生前贈与された財産に対して主張することができませんので（民904条の2第3項），その限度では被相続人の意思は寄与分によって制約されないことになります。その意味では，遺贈や生前贈与が行われる場合には寄与分による持分の確保の意味はあまり大きくありません。ただし，被相続人による相続分の指定は寄与分による修正を受けます（民904条の2第1項）。

　他方，寄与分と遺留分との関係については，寄与分が遺留分に優先し，遺留分を侵害するような寄与分の定めも有効とする説もありますが（有地亨・新版注釈民法(27)282頁），裁判例においては，「寄与分を定めるにあたっては，こ

れが他の相続人の遺留分を侵害する結果となるかどうかについても考慮しなければならない」とされており（東京高決平3・12・24判タ794号215頁），他の共同相続人の遺留分を侵食するような寄与分は認められにくいと思われます。

〔7〕まとめ

　設問においても，一般的には寄与分の主張が難しいと思われますが，会社と被相続人との間に密着した関係があり，会社への援助と被相続人の資産の確保との間に明確な関連性があるような場合で，相続人の得ていた報酬・給与が相当に低額であるような場合には，寄与分を検討する余地があります。

　もっとも，裁判官も「寄与分の認定，評価というものは困難な問題」であり，「全体の見通しが悪い」と指摘しており（上原裕之「高齢者介護と寄与分・試論」東京弁護士会・相続・遺言118頁），寄与分について迅速かつ円満な解決を得るのは容易ではありません。また，他の相続人の遺留分も考慮される結果，認められる額にも限界があります。したがって，従前から事業を手伝ってきた後継者たる相続人に対しては，寄与分が認められることを期待するのではなく，生前贈与や遺言によって円滑な事業承継のための手段を講じておくべきといえるでしょう。

〔8〕計算例

　なお，**Q4-8と類似の事例**（ただし，相続開始時の土地の時価9,000万円，建物の時価4,000万円とします）で，**Bに2,000万円の寄与が認められた場合**の計算例を示します。

(1) **みなし相続財産の価額**（贈与財産の持戻し・寄与分の控除）

　みなし相続財産の価額を算定する際に，遺産の額から寄与分の額を控除します。寄与分は，寄与が認められた相続人の持分として取り分けられるからです。

　　［相続開始時の財産の額（遺贈を含む）］
　　　　土地　　　　　　　　　　　9,000万円

建物	4,000万円	
マンション	2,000万円	
現金	8,000万円	
合計	2億3,000万円	
＋贈与財産（株式100株）の持戻し	3,000万円	（相続開始時の時価）
－寄与分	**2,000万円**	
合計	2億4,000万円	

(2) 「一応の相続分」の確定（法定相続分・指定相続分）

　　W：24,000×1/2＝12,000　………①
　　A：24,000×1/6＝ 4,000　………②
　　B：24,000×1/6＝ 4,000　………③
　　C：24,000×1/6＝ 4,000　………④

(3) 贈与・遺贈の控除，寄与分の加算

寄与分が認められる者については，寄与分を加算して，具体的相続分を確定します。

　　W：12,000（①）－11,000（遺贈）＝1,000　………①′
　　A：4,000（②）－3,000（贈与）＝1,000　………②′
　　B：4,000（③）＋2,000（寄与分）＝6,000　………③′

(4) 具体的相続分の確定

　　W：1,000（①′）
　　A：1,000（②′）
　　B：6,000（③′）
　　C：4,000（④）

(5) 具体的相続分率

［分母＝各相続人の一応の相続分の合計（①′＋②′＋③′＋④＝12,000）］

　　W：1,000（①′）÷12,000＝1/12　………（ア）

A：1,000（②′）÷12,000＝1/12　………（イ）
B：6,000（③′）÷12,000＝6/12　………（ウ）
C：4,000（④）÷12,000＝4/12　………（エ）

(6) 遺贈の対象財産の取り分け

　遺贈された財産（土地及び建物）は，相続開始と同時にWに移転し，遺産分割の対象となりませんので，取り分けます。その結果，マンション（相続開始時の時価2,000万円）及び現金（同8,000万円）が遺産分割の対象となります。

(7) 遺産分割によって取得すべき価額（遺産分割時の価額）

〔遺産分割時の価額〕（例えば，以下のとおりとします）

　マンション　　3,000万円
　現金　　　　　9,000万円
　合計　　　1億2,000万円

〔遺産（遺贈を除く）×具体的相続分率＝具体的取り分〕

　W：12,000×1/12（ア）＝1,000
　A：12,000×1/12（イ）＝1,000
　B：12,000×6/12（ウ）＝6,000
　C：12,000×4/12（エ）＝4,000

(8) 遺産分割において取得する財産（例）

　W：現金1,000万円
　　　なお，Wは，遺産分割とは別個に，遺贈により土地・建物を取得しています。
　A：現金1,000万円
　　　なお，Aは，遺産分割とは別個に，生前贈与により株式100株を取得しています。
　B：マンション（3,000万円）＋現金3,000万円（合計6,000万円）
　C：現金4,000万円

〔南　　繁樹〕

Q 4-11　相続の放棄・限定承認

　会社を経営していた父が亡くなりました。相続人は，母と姉と私の3人です。姉も私も会社を継がなかったため，父は，生前から，血縁関係のない役員を後継者とすることを決めていました。
　現時点で，父の会社がすぐに倒産するような状況にあるわけではありませんが，業績は芳しくありません。父が会社の仕入先に対する継続的売買取引の代金債務について連帯保証していたため，万一の場合には，相続人である私たちにも責任が及ぶことになります。
　そのようなことを避けるため，相続は放棄したほうがよいのでしょうか。他に手段はないのでしょうか。

A

(1)　相続人には，相続の単純承認以外に，相続の放棄又は限定承認という選択肢があります。
(2)　実務的には，限定承認はとりにくい手段です。
(3)　一部の法定相続人だけが単純承認し，他は相続放棄するという方法も考えられます。

解説

〔1〕相続の承認と放棄

　相続人が相続の単純承認をすると，無限に被相続人の権利義務を承継することになります（民920条）。被相続人が負担していた債務についても，当然に相続人が承継し，相続債務が可分債務の場合には，各相続人は法定相続分に従って分割された債務を承継することになります（大決昭5・12・4民集9巻1118頁）。
　したがって，仮に，父親が連帯保証していた債務の元本が1億円であった

とすると，配偶者である母親は5,000万円の範囲で，また，2人の子はそれぞれ2,500万円の範囲で，父親の保証債務を承継し，前述の額の範囲内で主債務者（この場合は会社）とともに連帯債務者となることになります（最判昭34・6・19民集13巻6号757頁）。

もし，相続開始時点において各相続人が承継する保証債務の金額が，預貯金等の積極財産の価額を下回っていたとしても，(民法上無効とされず，かつ相続も認められる保証契約について）将来債務が発生した場合には，相続人はそれぞれが承継した保証債務について，責任を負わなければなりません（保証債務の相続についてはQ4-12をご参照ください）。

そこで，このような事態を回避できるよう，民法は相続人に，相続の放棄又は限定承認を行う権利を与えています。相続の放棄は，相続による権利義務の承継を一切拒否するもので，一方の限定承認は，相続人が，被相続人の債務について，相続によって得た財産を限度として責任を負う制度です。

相続の放棄又は限定承認をするためには，後述する熟慮期間（原則として3ヵ月。後述）内に家庭裁判所への申述を行わなければならず（民915条），その期間を過ぎると，単純承認をしたものとみなされます（民921条2号）。

〔2〕相続放棄

(1) 相続放棄の意義

相続放棄とは，「自己のために開始した不確定な相続の効力を，確定的に消滅させることを目的とする意思表示」です（雨宮則夫＝石田敏明編著『相続の承認・放棄の実務』230頁）。相続放棄がなされると，放棄をした者は初めから相続人とならなかったものとして取り扱われます（民939条）。

相続放棄をしようとする者は，前述のとおり，熟慮期間内に相続を放棄する旨を家庭裁判所に申述する必要があります。具体的には，管轄する家庭裁判所に対して，申述者の氏名等所定の事項を記載した相続放棄の申述書を提出することになります（家審規114条2項）。管轄裁判所は，被相続人の住所地又は相続開始地の家庭裁判所です。

相続放棄は代襲原因とされていないため，放棄者の子らが代襲相続人とな

ることはありません（民887条2項本文参照）。先順位の相続人が全員放棄すると，次順位の相続人が法定相続人となります。そのため，すべての人が相続しないようにするために，最初に配偶者と子，次に親，最後に兄弟姉妹というように，親類が次々に放棄の手続をとらざるを得ないこともあり得ますので，実務上は，後順位の相続人への配慮も必要になることがあります。なお，この場合，熟慮期間は，先順位の相続人全員が相続放棄その他の理由により相続権を有しないことを知った時から起算されると解されます（神戸地判昭62・11・17判タ663号149頁参照）。

(2) 相続放棄が必要となる場合

　事業承継との関係で相続放棄が問題となる場面として，相続人の1人に財産を集中させるために，他の相続人全員が相続を放棄する場合があります。上述のとおり，相続放棄がなされると，放棄をした者は初めから相続人とならなかったものとして取り扱われるため，特定の相続人が相続財産のすべてを承継する結果となります。この場合，実際に相続する者以外の推定相続人については，十分な生前贈与などを受けており，相続財産に期待をしていないことが放棄を行う前提となるでしょう。

　このほか，オーナー企業において社長が死亡した場合に，後継者も見つかっておらず，また，債務超過のおそれがある場合には，会社の存続を断念したほうが適切な場合もあります。

　相続放棄を行うためには，原則として自己のために相続の開始があったことを知った時から3ヵ月以内に，家庭裁判所に放棄の申述をしなければなりません（民915条・938条）。したがって，相続放棄の可能性があるのであれば，ひとまず，この期間（熟慮期間）の伸長の申立てを行うべきです（民915条1項但書）。熟慮期間の伸長の申立ては，家庭裁判所の甲類審判事項として，被相続人の最後の住所地又は相続開始地の家庭裁判所に申し立てますが（家審9条1項甲24号，家審規99条），事件処理上特に必要があると認められるときなどは，これら以外の家庭裁判所が処理することもあります（家審規4条1項但書・2項）。

　なお，相続放棄の税務上の取扱いについてはQ6-7をご参照ください。

〔3〕限定承認

　限定承認は,「相続によって得た財産の限度においてのみ被相続人の債務及び遺贈を弁済すべきことを留保して」相続を承認することです（民922条）。言わば有限責任の相続で，特に，相続財産が相続債務を上回るかどうかが不明な場合に有効です。ご相談のケースのように，経営者である被相続人が会社の債務の連帯保証人になっていた場合，特に，保証契約が民法上無効とされず，かつ相続が認められる場合には，将来いくらの債務が現実化するか分からないわけですから，正に限定承認の効果が発揮されやすい例ともいえます。保証債務の相続については**Q 4-12**をご参照ください。

　ただ，実際には，限定承認が選択されることは稀です。制度の使いにくさ等が要因になっているものと思われます。その1つは，共同相続人の全員が共同で行う必要があることです（民923条）。1人でも反対者がいれば，限定承認を選択することはできません。

　加えて，課税上の問題もあります。詳細は税務の項に譲りますが（Q 6-8参照），限定承認を行うと，そのときの時価で譲渡したものとみなされて，被相続人について所得税の課税が生じます（所税59条1項1号）。そのため，結果として相続財産がプラスだったときに，単純承認した場合と比較して，思わぬ課税が生じるおそれがあります。

　このように，検討すべき点の多い方法ですので，限定承認の選択は，慎重に行わなければならないでしょう。

〔4〕熟慮期間とその伸長

(1)　熟慮期間の意義

　相続の放棄又は限定承認を行うための熟慮期間は，原則として，「自己のために相続の開始があったことを知った時」から3ヵ月です。ただし，家庭裁判所に請求することにより，期間の伸長が認められることがあります（民915条1項但書）。実務上，一度目の期間伸長の申立ては認められることが多い

ようです。ただ，相続財産の調査に時間を要することが分かっているような場合には，安全のため，早急に申立てをしておくべきでしょう。

(2) 熟慮期間経過後の相続放棄

この3ヵ月の熟慮期間を経過した後に，債務超過に気づき，相続放棄を行った場合，有効な放棄と認められるでしょうか。この点については，民法915条1項の「自己のために相続の開始があったことを知った時」の解釈が問題となります。判例においては，被相続人が連帯保証債務を負担していることを相続人が知らないまま，相続開始後約1年を経過した後に，相続人が連帯保証債務の存在を知ったという事案があります。最高裁は，「相続人が右各事実［筆者注：相続開始の原因たる事実及びこれにより自己が法律上相続人となった事実］を知った場合であっても，右各事実を知った時から3ヵ月以内に限定承認又は相続放棄をしなかったのが，被相続人に相続財産が全く存在しないと信じたためであり，かつ，被相続人の生活歴，被相続人と相続人との間の交際状態その他諸般の状況からみて当該相続人に対し相続財産の有無の調査を期待することが著しく困難な事情があって，相続人において右のように信ずるについて相当な理由があると認められるときには，相続人が前記の各事実を知った時から熟慮期間を起算すべきであるとすることは相当でないものというべきであり，熟慮期間は相続人が相続財産の全部又は一部の存在を認識した時又は通常これを認識しうべき時から起算すべきものと解するのが相当である」と判示しています（最判昭59・4・27民集38巻6号698頁）。

この判旨によれば，「被相続人の生活歴，被相続人と相続人との間の交際状態その他諸般の状況からみて当該相続人に対し相続財産の有無の調査を期待することが著しく困難な事情」があり，かつ「相続人において右のように信ずるについて相当な理由があると認められるとき」でなければ救済は認められません。オーナー企業の社長の相続においては，財産調査を行うことが期待され，また，保証債務が存在することも予想されるところですから，単に社長の個人債務の存在を知らなかったというだけでは熟慮期間経過後の相続放棄を有効と認めるのは困難と思われます。したがって，財産調査のためにも熟慮期間伸長の申立てが重要となります。

仮に熟慮期間経過後において，家庭裁判所が相続放棄の申述を受理したとしても，相続放棄が有効になされたと確定されたわけではありません（最判昭29・12・24民集 8 巻12号2310頁）。後日，債権者から提訴され，実際には熟慮期間を徒過していたと認定されたような場合には，債務者の相続人としての責任を負うことになります。

〔5〕 法定単純承認

前述のとおり，放棄や限定承認の手続をとらずに熟慮期間を過ぎると，単純承認をしたものとみなされます（民921条 2 号）。他に，単純承認をしたものとみなされるのが，相続人が，相続財産の全部又は一部を処分した場合と，相続財産の隠匿・消費等の背信行為をした場合の 2 つです（民921条 1 号・ 3 号）。

このうち，相続放棄等をすべき可能性がある場合に，実務上もっとも気を遣うのが相続財産の処分です。例えば，一部の預金を下ろして費消したがために，相続放棄・限定承認が許されないこととなり，多額の債務を相続することになるといった事態も考えられます（詳細は，雨宮＝石田前掲・158頁以下参照）。この辺りは，相続人が意識せずに行ってしまうおそれもあるところですので，専門家が関与する場合，繰り返し注意喚起をすることが肝要でしょう。

〔6〕 会社を継続することの是非

後継者がおらず，かつ会社の経営が必ずしも良好ではない場合は，会社を存続すべきかどうかを考えなければなりません。仮に，漫然と経営を継続して，経営がますます悪化した場合，会社の債務の弁済がいっそう困難になるほか，相続人固有の個人資産を失うことにもなりかねないからです。そこで，上述のとおり，熟慮期間の伸長の申立てをしたうえで，税理士又は公認会計士などの専門的アドバイザーを起用したうえで，会社の資産・負債を精査する必要があります。この過程で，会社に借入金がある場合には，銀行などの

債権者との間で締結している金銭消費貸借契約の内容を精査し，元本及び利息の金額と支払時期を確認したうえで，弁済の見通しを立てる必要があります。同時に，社長個人の保証債務の有無及びその内容をしっかりと調査し，その有効性と相続性について検討することが重要です（**Q 4-12参照**）。会社の将来の見通しが立たないのであれば，相続人は相続放棄又は限定承認をしたうえで，相続財産管理人により会社を解散・清算することも選択肢となるでしょう。相続人全員が相続放棄をした結果，相続人が不存在になった場合，利害関係人又は検察官の請求によって，相続財産の管理人が選任され，相続財産の管理を行います（民952条）。限定承認の場合には，相続人又は相続人の中から選任された相続財産管理人が清算手続を行います（民926条〜936条）。相続財産の管理人は，債務超過の場合，破産申立てをすることができます（破223条・224条1項）。

〔7〕設問について

単純承認をすると，無限に責任を負うことになるため，万一会社が倒産したような場合は大変です。ただ，だからといって，簡単に放棄や限定承認をするわけにもいかないはずです。正確な債務の総額が分からない段階で全員が放棄してしまうというのは，現実にはとりにくい選択肢でしょうし，オーナー一族が相続しないということになると，取引先や金融機関等との関係で，会社が立ち行かなくなることも十分考えられます。

そこで，実務では，特定の相続人1人を残して他の相続人全員は相続放棄を行い，1人の相続人が単純承認又は限定承認を行うという選択が採られることがあります（なお，上記〔2〕(1)参照）。会社以外の収入を有する相続人は放棄をしてリスクを回避し，万一債務の負担を迫られた場合の影響がもっとも少ない人（設問では母）だけを，相続人として残す方法です。

〔間瀬　まゆ子〕

Q 4-12　保証債務の相続

相続により，会社の借入金について，相続人が個人的に責任を負うことがあるのでしょうか。

A

　会社のオーナーは会社の債務について個人保証を行うことが珍しくありません。保証債務も相続の対象となりますので，被相続人に個人保証があるときは，相続人は，保証人として会社の借入金の一部について責任を負うことになります。ただし，貸金債務の包括根保証は無効とされるほか，相続が制限される場合もありえます。

解説

〔1〕保証債務とは

　保証債務とは，主たる債務者がその債務を履行しないときに，代わってその履行を行う債務のことをいいます（民446条1項）。
　中小企業の場合，銀行が会社に対して貸付けを行う場合，オーナー社長に対して連帯保証を求めることが珍しくありません。場合によっては，社長のみならず，社長の親族にも保証を求めることがあります。このような保証は，個別の金銭消費貸借契約の締結に際して行われる場合もあります。銀行取引以外にも，継続的な売買の代金支払債務について包括的に保証を行う場合もあります。このような保証については，以下のとおり，契約書の文言にかかわらず，効力が否定される場合がありますので，よく検討する必要があります。

〔2〕根保証契約の有効性

　保証契約の中でも，「一定の範囲に属する不特定の債務を主たる債務とす

る保証契約」を「根保証契約」といいます（民465条の2第1項）。例えば、「保証人は、債務者が別に差し入れた銀行取引約定書第○条に規定する取引によって貴行に対して現在及び将来負担する一切の債務について、債務者と連帯して保証債務を負います」などの文言による保証契約がこれに当たります。

根保証契約については、「商工ファンド」などの金融機関が保証人からの回収を見込んで主債務者の返済能力を超える貸付けを行うことが問題とされたことにより、平成16年、「個人」による「貸金等根保証契約」について、無制限・無期限の包括根保証を否定する民法改正が行われました（筒井健夫『Q&A新しい保証制度と金融実務』参照）。これにより、「貸金等根保証契約」については、以下のようにその効力が制限されています。

(1) 「包括」根保証契約

根保証契約のうち主債務の範囲に「金銭の貸渡し又は手形の割引を受けることによって負担する債務」を含む根保証契約（以下「貸金等根保証契約」といいます）については、極度額の定めがない場合は無効とされます（民465条の2第2項）。ここにいう「極度額」とは、保証人の責任が及ぶ範囲について、主たる債務の元本のほか利息・損害金を含む上限の額（いわゆる債権極度額）を意味しますので（民465条の2第1項・2項）、元本極度額の定めしかない場合には無効とされます。

なお、平成17年4月1日（平成16年民法改正の施行日。改正法附則1条、平成17年政令36号）より前に締結された極度額の定めのない貸金等根保証契約は無効とはされませんが（改正法附則4条1項）、最長でも平成20年3月31日が元本確定期日とされていますので（改正法附則4条2項1号・3項）、すでに確定した元本（及び利息・損害金等）についての保証契約に転化しています。

以上に対し、包括根保証契約であっても、「貸金等根保証契約」に該当しないもの、例えば、継続的な売買取引の代金についての根保証契約は同条の対象とされていませんので、包括根保証であっても有効であり、元本確定に関する規制もありません。

(2) 「限定」根保証契約

「包括」根保証契約とは異なり、「限定」根保証契約、すなわち、保証人が負う責任の上限額（極度額）が定められた根保証契約は、「貸金等根保証契

約」であっても有効とされます（民465条の2第1項・2項）。例えば，保証契約において，「この保証契約における極度額（主たる債務の元本，主たる債務に関する利息，違約金，損害賠償その他その債務に従たるすべてのもの及び本保証債務に関する違約金又は損害賠償の額の全部を含みます）と元本確定期日は次のとおりとします。①極度額　金〇円　②元本確定期日　平成〇年〇月〇日」という規定がある場合です。なお，継続的な売買取引の代金についての根保証契約など，「貸金等根保証契約」でない場合には，もとより，極度額の有無にかかわらず，無効とはされません。

　また，極度額が定められた「貸金等根保証契約」については，契約締結日から5年を超えない日を元本確定期日として定めなければならず，5年を超える元本確定期日を定めた場合，その元本確定期日の定めは無効とされます（民465条の3第1項）。元本確定期日の定めのない場合（5年を超える元本確定期日を定めた場合を含みます）であっても，その元本確定期日は，その貸金等根保証契約の締結の日から3年を経過する日とすると規定されています（民465条の3第2項）。これは，3年で当然確定するものであり，保証人からの元本確定請求権の行使は必要ありません。

　なお，平成17年4月1日より前に締結された極度額の定めのある貸金等根保証契約については，元本確定期日の定めのないものは平成20年3月31日が元本確定期日とされ（改正法附則4条3項），元本確定期日の定めのあるものは最長でも平成22年3月31日が元本確定期日とされています（改正法附則4条2項2号）。

〔3〕保証債務の相続

(1) すでに発生した債務の相続

　事業承継に際しては，先代社長の株式が相続人に承継され，オーナーの交代が生じますが，それに伴い，「被相続人の財産に属した一切の権利義務」として保証債務も相続されるのが原則です（民896条）。保証債務が特定の債務，例えば，個別の金銭消費貸借に基づく特定の貸金返還請求権（例えば，平成〇年〇月〇日付金銭消費貸借契約に基づく元本金1,000万円の貸金返還請求権）であ

る場合，保証債務は相続されることに問題はなく，法定相続分の割合で当然に相続されますので（最判昭34・6・19民集13巻6号757頁），株式を相続せず，経営に関与しない相続人であっても保証債務を相続します。

なお，遺産分割協議書で保証債務については会社経営の後継者が実質的に負担する旨を取り決めることもできますが，その合意は債権者との間では効力を有さず，自己の相続分に応じた債務について債権者に対し弁済を拒むことはできません。ただし，当該相続人が債権者に対して弁済した場合には，合意の効力として，当該後継者に対して求償することは可能です（伊藤昌司・新版注釈民法(27)373頁）。

(2) 相続開始後に発生した債務の相続

これに対し，根保証契約であって，被相続人の生前に主債務が発生していない，抽象的な基本的保証債務については，当事者の人的信用関係を基礎とするものであることから，被相続人の一身に専属するものとして相続性が否定されるのではないかが問題となるところ（民896条但書），以下のとおり，問題となる保証債務が，包括根保証契約によるものか，限定根保証契約によるものかで，保証人の地位が相続されるか否かに違いが生じます。

(a) 包括根保証

包括根保証については，上述のとおり「貸金等根保証契約」の場合は法律上無効とされますが，そうでない包括根保証（例えば，継続的な売買取引の代金についての包括根保証）は依然として有効ですので，相続性が問題となります。この点，判例上，責任の限度額及び期間の定めのない保証契約は，特段の事情のない限り，「保証人の地位」は相続されないものとされています（大判大14・5・30新聞2459号4頁，最判昭37・11・9民集16巻11号2270頁）。特に，最判昭和37年11月9日は「継続的取引について将来負担することあるべき債務についてした責任の限度額ならびに期間について定めのない連帯保証契約」においては，「特定の債務についてした通常の連帯保証の場合と異り，その責任の及ぶ範囲が極めて広汎となり，一に契約締結の当事者の人的信用関係を基礎とするものである」ことを理由に，「かかる保証人たる地位は，特段の事由のないかぎり，当事者その人と終始するもの」であるとして，「連帯保証人の死亡後生じた主債務については，その相続人においてこれが保証債務を承

継負担するものではない」と判示しています。したがって，相続人が被相続人の「保証人の地位」を承継することはありません。

ただし，これは保証人の死亡後に発生した主債務者（会社）の債務について相続人が責任を負わないことを意味するに過ぎません。相続開始時にすでに発生していた主債務（この場合，会社が負った債務）については，相続開始時において被相続人が具体的に確定した保証債務を負っていますので，その具体的に確定した債務は（法定相続分に応じて）相続されることには注意が必要です（最判解説民事篇昭和37年度415頁）。

なお，平成17年4月1日より前に締結された極度額の定めのない貸金等根保証契約は最長でも平成20年3月31日が元本確定期日とされていますので（上述〔2〕(1)参照），下記の限定根保証として取り扱われることになります。

(b) 限定根保証

以上の包括根保証と異なり，保証金額に限度のある限定根保証の場合は，「貸金等根保証契約」であると否とを問わずただちには無効とされません。ただし，「貸金等根保証契約」については，保証人の死亡は元本確定事由となっていますので（民465条の4第3号），被相続人の死亡時にすでに発生していた債務について具体的に確定した債務として当然に相続されることになります。この元本確定事由については，平成17年4月1日より前に締結された貸金等根保証契約についても適用されます（改正法附則2条）。

これに対し，「貸金等根保証契約」でない限定根保証契約，例えば，継続的な売買取引の代金についての限定根保証契約はその保証人の地位が相続されるか否かが問題となります。この点，裁判例としては，大判昭和10年3月22日法学4巻1441頁が相続されることを肯定しています。しかし，限定根保証においても，「責任の及ぶ範囲が極めて広汎」となるような場合には上述の最判昭和37年11月9日の趣旨が及び，相続性が否定される場合もないとはいえないと思われます。学説上も，同判決について「あくまでも限度額・保証期間の合理性についての評価をした上でのことであるが，<u>合理的範囲内での保証債務につき必ずしも相続を否定しない趣旨</u>」と理解されているところです（潮見佳男『債権総論Ⅱ〔第3版〕』522頁。下線部筆者）。

また，相続されるとしても，期間の定めのない継続的保証契約について，

相当の期間が経過後に将来に向かって契約を解消する解約権（任意解約権）を認めた判例（大判昭7・12・17民集11巻2334頁）や，主債務者に対する保証人の信頼が害される場合に解約権を認めた判例（最判昭39・12・18民集18巻10号2179頁）などを参考に，保証契約の解除などを主張する余地は残されています。

ただし，実務上，相続放棄・限定承認との関係では，相続が肯定されることを前提に，慎重な判断を行わざるをえない場合もあると思われます。

限定根保証の保証人の地位が相続されると判断された場合，相続人は，被相続人の保証人の地位を承継し，相続開始後に発生した主債務者の債務についても，法定相続分の限度で，責任を負うことになります。なお，相続開始時にすでに発生していた主債務については，（法定相続分に応じて）相続されることは包括根保証の場合と同様です。

〔4〕 複数の相続人がいる場合

複数の相続人がいる場合，被相続人が負っていた可分債務である金銭債務は，法律上当然に相続分に応じて分割され，各相続人に帰属します（大決昭5・12・4民集9巻1118頁）。連帯債務の場合，各相続人は相続分に応じて債務の分割されたものを承継し，各相続人はその承継した範囲において本来の債務者とともに連帯債務者となります（最判昭34・6・19民集13巻6号757頁）。これを不等額連帯債務（各債務者の債務額が異なる連帯債務）といいます。各相続人間の関係については，上記最判について，各相続人も主債務者であることから互いに連帯関係に立つという理解（最判解説民事篇昭和34年度94頁）と，連帯関係は認められないという理解（中川＝泉・相続法237頁）があり，下級審も分かれています（東京地判昭25・1・25下民集1巻1号76頁，東京地判昭28・4・22下民集4巻4号570頁）。

相続されるのが連帯保証債務の場合，各相続人は相続分に応じて分割された保証債務を相続し，その承継した範囲において主債務者との間で連帯関係に立つことになります。この場合の相続人相互の関係については明確ではありません。

〔5〕実務的対応

　会社が債務超過であるか，又はそれが疑われるような場合には，相続放棄の要否を判断するためにも，保証債務の有無・範囲を確認することが非常に重要です。また，上述した保証の性質（根保証か否か，根保証の場合は「貸金等根保証契約」に該当するか否か，また，包括根保証か，限定根保証か）に応じて，そもそも保証が有効か否か，有効であるとしてどの範囲で相続されるか否かの判断をしなければなりません。そのため，会社が締結していた金銭消費貸借などの金融契約及び売買などの取引契約とともに，社長（被相続人）個人の行った保証契約について，契約書類を網羅的に調査することが重要です。個別の契約においては保証契約を締結していなくても，過去に，取引開始時に（包括・限定）根保証契約を締結している場合もあります。その場合，相続人にとって契約書の存在自体を認識していない場合などもありますので，十分な調査を行い，取引銀行に対しても契約の有無について照会を行い，事実関係について明らかにしておくことが重要です。包括根保証契約については，上述のとおり，契約自体が無効とされ，又は元本が確定したものとされる場合もありますので，よく検討することが必要です。

　調査の結果，相続放棄や限定承認について検討する必要が生じることもありますが，その点についてはＱ４-11をご参照ください。

　なお，銀行も，後継者が，（自らの相続分の範囲で）相続した保証債務に限らず，あらためて会社の債務について一切の責任を負う旨の保証債務を締結した場合には，経営に関与しない他の相続人が相続した保証債務について，解除に応じることもありますので，この点も踏まえて検討を行う必要があります。

〔南　繁樹〕

Q 4-13　根抵当権の処理

金融機関からの借入れについて，根抵当権を設定していました。債務者が死亡した場合に必要な手続について教えてください。

A

相続開始後6ヵ月以内に所要の登記をしなければ，被担保債権が確定し，後継者が新たに借入れをする際に，改めて根抵当権を設定する必要が生じることになりますので，注意してください。

解説

〔1〕根抵当権の債務者の相続

根抵当権は，一定の範囲内に属する不特定の債権を極度額の限度において担保することができる権利（民398条の2第1項）ですが，根抵当権の債務者が死亡すると，当該根抵当権は，
① 旧債務者（被相続人）の被担保債務
② 指定債務者（相続人全員の合意により指定を受けた相続人）が以後根抵当権者に対して負担する債務

を担保することになります（民398条の8第2項）。しかしながら，相続開始後6ヵ月以内に所要の登記をしなければ，被担保債権は相続開始の時に確定するものとみなされ（同条4項），後継者が負担する債務を担保することができません（新たに担保権を設定する必要が生じます）ので注意が必要です。

〔2〕債務引受

金銭債務は，法律上当然の分割債務であると解されており，相続放棄（民915条1項）をしない限り，財産を取得しない相続人も「相続分」に応じて承

継し，弁済の責を負います。

　前項の根抵当権の債務者の相続に関する登記及び指定債務者の合意の登記の際に，指定債務者（事業を承継する後継者）が他の相続人の相続債務を免責的に引き受ける契約を締結し，その旨の登記をするケースがしばしばあります。

〔内藤　　卓〕

Q 4-14 遺言の種類

遺言を残したいと考えています。公正証書にしたほうがよいのでしょうか。自筆の遺言でもかまいませんか。また、その他の遺言には、どのようなものがありますか。

A

(1) 公正証書遺言にするのが、一番安心です。
(2) 自筆証書遺言は後の紛争を招きやすいので、公正証書遺言を作成するまでの一時的なものと考えるべきです。
(3) その他の遺言としては、秘密証書遺言と特別の方式の遺言があります。

解説

〔1〕 公正証書遺言のメリット・デメリット

遺言を公正証書にする最大のメリットは、せっかくの遺言が後々無効といわれてしまうリスクを最小限にできることです。遺言について、民法は、厳格な方式を定めています。例えば、自筆証書遺言の場合、署名と捺印が要件であるほか、本文と日付を本人が自書しなければならない（民968条1項）、連名の遺言が認められない等の制約があり（民975条。なお、最判昭56・9・11民集35巻6号1013頁、最判平5・10・19判時1477号52頁）、もしこれらに反すると、せっかく書いた遺言が無効とされてしまいます（民960条, **Q 4-15**参照）。また、遺言の作成にあたって、偽造や変造のほか、錯誤等の意思表示の瑕疵があったのではないかという疑いが生じるおそれもあります。認知症等により意思能力が欠けていたというのも、遺言に不満を持つ相続人からよく出される主張です（**Q 4-17**参照）。これに対して、公正証書遺言であれば、公証人が作成し、公証役場に原本が保管されますので、多くの紛争を未然に防止することが可

能です。ただし，公正証書遺言であっても無効とされた例もあります（Q4-17参照）。

また，保管していた遺言が紛失してしまう，あるいは誰かが隠してしまうというリスクもなくなります。相続人らが遺言の存在を知らなくても，公証役場で利害関係を証明すれば，公正証書遺言の有無を検索することができるからです（Q4-16参照）。

加えて，自筆証書遺言や秘密証書遺言と異なり，裁判所による検認の手続も不要です（民1004条）。

一方，デメリットとしては，若干の費用がかかることと，必要書類の準備等に時間を要することが考えられます。ただ，費用については，よほどの財産がない限り，莫大な金額になるようなことはありませんし，事前に公証役場で金額を算定してくれますので，さほど心配はいりません。具体的な算定については，**199頁**の「公正証書遺言の作成費用」をご参照ください。準備に時間がかかる場合があるという点についても，公証人が柔軟に対応してくれるケースもあるようですので，特別に急いでいる事情があるような場合は，一度公証役場に相談してみるべきでしょう。

なお，以前であれば，口がきけない方と耳が聞こえない方は，公正証書を利用できないというデメリットがありましたが，平成12年1月以降，これらの方々も公正証書を作成することが可能になっています（民969条の2）。

公正証書遺言の詳細については**Q4-16**をご参照ください。

〔2〕自筆証書遺言

自筆証書遺言は，公正証書遺言に比べて，後々の紛争を招きやすい面があります。

自筆証書遺言の場合，専門家が関与せずに作成されることが多いため，要式の不備により無効とされる可能性が比較的大きいほか，記載された内容の解釈をめぐって紛争が生じるケースも少なくありません。紛失や隠匿の危険もあります。

ただ，自筆証書遺言は，思い立ったときにすぐに作成できるというメリッ

トがあります。上記のようなリスクも，専門家に相談することである程度軽減することが可能です。

したがって，公正証書遺言を作成することが推奨されますが，早急に作成する必要がある場合等には，自筆証書遺言の作成を検討すべきでしょう。

自筆証書遺言の詳細については**Q 4-15**をご参照ください。

〔3〕 その他の遺言

公正証書遺言と自筆証書遺言以外に，民法は，秘密証書遺言と特別の方式による遺言を規定しています（民967条）。

(1) **秘密証書遺言**

民法は，普通方式の遺言として，自筆証書遺言と公正証書遺言のほかに，秘密証書遺言を定めています（民970条以下）。秘密証書遺言は，自筆証書遺言と公正証書遺言の，言わば折衷的なものです。

公正証書遺言を作成する場合，2人の証人が必要であり（民969条1号），証人は相続開始前に遺言の内容を知ることになります。これを避けたいという場合に，秘密証書遺言を用います。

秘密証書遺言の具体的な作成の手続は，遺言者が遺言の内容を記載した書面（ワープロ等で作成したものでかまいません）に署名押印をし，これを封筒に入れ，同じ印鑑で封印をします。これを遺言者が公証人及び2人の証人の前に提出し，公証人が所定の事項を封書に記載し，遺言者及び証人らとともに署名押印をすることが必要です（民970条1項）。

秘密証書遺言の場合，作成された事実は公証役場において記録されていますが，遺言そのものまで保管されるわけではありません。したがって，紛失や隠匿のリスクは残ります。また，自筆証書遺言と同様に，検認の手続が必要になります（民1004条）。

(2) **特別の方式による遺言**

特別の方式の遺言は，傷病により危篤の状態に陥ったときや，船舶で遭難したとき等に認められる特別の遺言（民976条～982条）で，作成されることは稀です。

特殊な状態にある人について，特別の例外として認められたものであり，普通方式の遺言とは異なる要件が課されています。あくまで例外として認められるものですので，遺言者が普通の方式によって遺言をすることができるようになった時から6ヵ月間生存していると，効力を生じません（民983条）。

〔間瀬　まゆ子〕

Q 4-15　自筆証書遺言

費用をかけたくないので，自分で遺言を作成しようと思います。作成の仕方と注意すべき点について教えてください。

A

(1) 全文の自書等，民法に定められた方式に従う必要があります。
(2) 訂正についても，厳格な方式が定められていますので，訂正が必要な場合には最初から書き直したほうが無難です。
(3) 複数の解釈が可能な遺言は，後の紛争の元になりますので，書くべき内容及び表現については専門家に相談したほうがよいでしょう。また，遺言能力も問題になりやすい点です。

解説

〔1〕自筆証書遺言の要件

自筆証書遺言について，民法は厳格な方式を定めています。具体的には，以下の各要件を満たす必要があります（民968条1項）。

(1) **全文，日付，氏名の自書**

まず，遺言書の「全文」，日付及び氏名のすべてを遺言者自らが記載しなければなりません。

したがって，一部でも，他人が代筆したり，ワープロ等を用いて作成したりすると，その遺言は無効となってしまいます（不動産目録がタイプ印書された場合，遺言書全体が無効とされた東京高判昭59・3・22判タ527号103頁参照）。録音テープ等の記憶媒体に録音する方法も認められません。

日付や氏名の記載の不備のために，遺言の有効性が問題とされることもあります。日付は，複数の遺言が存在する場合の先後関係を決するためにも重要な意味を有しますので，「平成21年1月吉日」というように，作成日を特

定することができないような記載は無効とされます（「昭和四拾壱年七月吉日」と記載された遺言を無効とした最判昭54・5・31民集33巻4号445頁参照）。明らかな誤字について，救済された例もありますが（「正和」を「昭和」と認めた大阪高判昭60・12・11家月39巻1号148頁，「昭和五拾四拾年」を「昭和五拾四年」と認めた東京地判平3・9・13判時1426号105頁参照），やはり，記載する場合には正確性を期すべきでしょう。

また，氏名についても，遺言者が確認されれば氏名を要求する趣旨は満たすことができますので，必ずしも戸籍上の氏名と一致する必要はありませんし，氏名の一方のみでも有効とされた例もないことはありません（「吉川」という氏の記載がない，単なる「親次郎兵衛」の記載をもって，「吉川次郎兵衛」の記載と認めた大判大4・7・3民録21輯1176頁参照）。ただ，やはり後の紛争を防ぐために，戸籍上の氏名を正確に記載すべきです。

(2) 押　　印

たとえ自筆の署名があったとしても，押印がないと遺言は無効になります（民968条1項）。使用する印は，実印（市町村・東京23区に登録された印鑑）である必要はなく，認印でもかまいません。

なお，自筆証書遺言に限定した要件ではありませんが，夫婦が1通の遺言を作成するように，2人以上の人が同一の証書で作成した遺言は無効とされます（民975条）。

〔2〕遺言の訂正

遺言を加除変更する場合についても，民法に定められた方法により行うことが求められます（民968条2項）。すなわち，遺言者がその場所を指示し，これを変更した旨を付記したうえで署名をし，かつ変更の場所に押印をしなければなりません。

この方式を欠くと，加除変更がなされなかったものとして扱われてしまう場合もありますが（大阪高判昭44・11・17下民集20巻11＝12号824頁参照），遺言全体が無効とされる可能性も否定できませんので，一度書いた遺言の内容を変えたい場合には，一から書き直したほうがよいでしょう。

〔3〕遺言作成にあたって注意すべき点

　以上のような方式を満たすことが何より重要ですが，他にも注意すべき点があります。
　まず，自筆証書遺言で，特に専門家が関与せずに作成されたような場合には，記載が不正確であるために相続登記等の手続が困難となったり，あるいは，複数の法解釈が可能な表現であるために，相続人間で紛争が生じたりすることがあります。この点，遺言を解釈する基準につき，判例は「遺言の解釈にあたつては，遺言書の文言を形式的に判断するだけではなく，遺言者の真意を探究すべきもの」であり，遺言書の特定の条項を解釈するにあたっても，「単に遺言書の中から当該条項のみを他から切り離して抽出しその文言を形式的に解釈するだけでは十分ではな」いとしたうえ，「遺言書の全記載との関連，遺言書作成当時の事情及び遺言者の置かれていた状況」などを考慮したうえで，「遺言者の真意を探究し当該条項の趣旨を確定すべきものである」との基準を示しています（最判昭58・3・18家月36巻3号143頁）。そのうえで，解釈の方向性についても，「可能な限りこれ〔遺言〕を有効となるように解釈することが右意思に沿うゆえんであ」ると判示しています（最判平5・1・19民集47巻1号1頁）。後者の判例は，遺産を「公共に寄与する」との遺言につき，「国・地方公共団体」や「〔旧〕民法34条に基づく公益法人あるいは特別法に基づく学校法人，社会福祉法人等」にその遺産の全部を包括遺贈する趣旨であると解し，有効としました。このような判例があることは確かですが，事前の準備としては綱渡りをすべきではありませんので，形式不備がなく，また内容も一義的であるような遺言を作成すべきです。
　また，遺言に係る紛争で多いのが，遺言能力を争われるケースです。公正証書遺言に比べ，自筆証書遺言のほうが，遺言能力を否定されるリスクが高まります。遺言者が高齢で病気の治療中であるような場合には，医師の診断書をとっておくべきでしょう。なお，遺言能力については**Q 4 -17**をご参照ください。
　さらに，自筆証書遺言の保管者又は発見者は，家庭裁判所に遺言書を提出

して，検認の請求をしなければならず（民1004条1項），また，封印された遺言書は，家庭裁判所において開封しなければなりません（同条3項）。この義務に違反した場合に，民法1005条に基づいて現実に過料（5万円以下）に処せられることは稀でしょうが，裁判所外で開封されてしまうと，遺言書の偽造・変造があったと疑われるおそれが高まります。そのような事態を避けるため，遺言書に封印をしたうえで，封筒に，裁判所に検認の申立てをすべきことと，裁判所外で開封してはならないことを付記しておくとよいでしょう。

　なお，遺言書の偽造は有印私文書偽造罪（刑159条1項，3ヵ月以上5年以下の懲役），偽造された遺言書の使用は偽造私文書行使罪（刑161条1項，3ヵ月以上5年以下の懲役）を構成するほか（広島高判昭41・9・30高刑集19巻5号620頁），偽造された遺言書を登記申請に使用した場合には，公正証書原本不実記載罪を構成します（刑157条1項，5年以下の懲役又は50万円以下の罰金）。また，相続に関する被相続人の遺言書を偽造し，変造し，破棄し，又は隠匿した者は，当然に相続人となることができません（相続欠格。民891条5号）。したがって，間違っても遺言書の偽造などはすべきではありません。

〔間瀬　まゆ子〕

【自筆証書遺言（例）】

遺 言 書

1 遺言者甲野太郎は，遺言者の有する次の不動産を遺言者の長男である甲野一郎（昭和○年○月○日生）に相続させる。

《不動産の表示》

 所在   京都市○○区○○町
 地番   1番1
 地目   宅地
 地積   200.39㎡

 所在   京都市○○区○○町1番地
 家屋番号 1番
 種類   共同住宅
 構造   鉄筋コンクリート造鋼板葺2階建
 床面積 1階 100.49㎡
     2階 100.49㎡

2 遺言者甲野太郎は，遺言者の有する次の株式を前記甲野一郎に相続させる。

記

 株式会社○○（本店　京都市○○区○○町1番地1）の株式全部

3 遺言者は，遺言者の有する全ての預貯金及び国債を換価し，その中から遺言者の一切の債務を弁済し，遺言者の葬儀費用を支払い，かつ，遺言の

執行に関する費用を控除した残金を，次のとおり相続させる。

長男甲野一郎に3分の1
長女乙野華子（昭和○年○月○日生）に3分の1
次男の子（代襲相続人）甲野一雄（昭和○年○月○日生）に6分の1
次男の子（代襲相続人）丙野良子（昭和○年○月○日生）に6分の1

4　上記以外の本遺言書に記載なき相続財産及び後日判明した相続財産は，前記甲野一郎が全てこれを取得する。

5　次の者を遺言執行者に指定し，遺言執行者に対して，本遺言執行のための不動産の名義変更，預貯金等の名義変更，解約，受領その他本遺言執行に関する一切の権限を付与する。
　　　　　　　　　　京都市○○区○○町1番地1
　　　　　　　　　　　甲野一郎

6　本遺言の執行に要する一切の費用は，相続財産の負担とする。

平成○年○月○日

　　　　　　　　　京都市○○区○○町1番地1
　　　　　　　　　　甲野太郎　㊞

Q 4-16　公正証書遺言

遺言を公正証書で残したいと思います。現在入院中で公証役場に行くことができませんが，大丈夫でしょうか。その他，公正証書遺言を作成する手続を教えてください。

A

(1)　公証役場に出向くことができない場合，公証人に自宅や病院に出張してもらうことができます。ただし，費用が加算されます。
(2)　公正証書遺言の作成に際しては，証人2人の立会いが必要になるなど，民法で定められた手続に従う必要があります。

解説

〔1〕公正証書遺言について

　公正証書遺言は，公証人が遺言者の口述を筆記して作成する遺言書で，民法が定める遺言のうち，もっとも確実な方法といえます。
　一般に利用される遺言として，公正証書遺言のほかに，自筆証書遺言がありますが，相続開始後の検認手続が必要である点で煩雑なほか（民1004条1項），素人が作成した場合は，方式不備で無効とされ（民968条），又は遺言内容の解釈に不明確なところが生じてしまう可能性があり，また，偽造や変造と主張されると裁判手続が必要になってしまうなど，遺言者の意思が確実に実現されるかという点で不確実性が残ります。さらに，遺言書の紛失や隠匿の危険もあります（**Q 4-15**参照）。
　この点，公正証書遺言であれば，検認の手続は不要ですし（民1004条2項），公証人が関与するため，曖昧な記載になるリスクも少ないといえます。また，偽造や変造のおそれもなく，原本が公証役場に保管されるため（公証人法施行規則27条1項1号），紛失や隠匿のリスクも回避できます。

なお，公正証書遺言と秘密証書遺言については，日本公証人連合会が，作成した役場名，公証人名，遺言者名，作成年月日等のデータをコンピュータにより集中管理しています。相続人等の利害関係者であれば，亡くなった人の遺言が作成されているか，公証役場を通じて照会することができます。ただし，平成元年（東京都内は昭和56年）以降に作成された公正証書遺言に限ります。詳細は，日本公証人連合会のHPをご参照ください。

〔2〕 公正証書遺言の作成手続

(1) 証　　人

公正証書遺言を作成する際には，2人の証人の立会いが必要です（民969条1号）。証人は，遺言者に人違いがないこと，精神状態が確かなこと，遺言が真実に成立したものであることを証明するほか，公証人の事務を監督する役割も果たします。

民法は，証人の欠格事由についても定めを置いています（民974条）。すなわち，以下の者は，遺言の証人となることができず，証人の1人でもこの欠格事由に該当すると，その遺言は方式を欠き無効となってしまいます。

① 未成年者
② 推定相続人及び受遺者並びにこれらの配偶者及び直系血族
③ 公証人の配偶者，4親等内の親族，書記及び使用人

公正証書遺言のデメリットの1つが，証人を通じて，相続開始前に，遺言の内容が推定相続人らに漏れてしまうリスクがあることです。しかし，公正証書遺言の手続について，職業上守秘義務を負う弁護士等の専門家に依頼をし，その専門家や事務職員等に証人になってもらえば，生前に遺言の内容を知られてしまうリスクも回避できます。

(2) 口述の筆記と読み聞かせ

遺言は，遺言者の意思に基づいて作成されなければなりません。そのため，公正証書遺言の作成に際しては，遺言者自身が，遺言の趣旨を公証人に直接伝える必要があります。その方法は，口授（くじゅ），すなわち口述（こうじゅつ）することが原則ですが，口がきけない方の場合は，通訳人の通訳を介

して，又は自書により意思を伝達することが認められています（民969条の2第1項）。

公証人は，遺言者から伝達された内容を筆記し，これを遺言者と証人に読み聞かせるか，あるいは閲覧させます。遺言者又は証人が耳が聞こえない方である場合には，通訳人の通訳で伝えることもできます（民969条の2第2項）。

法律に定められた方式は以上のとおりですが，実務上は，遺言者又はその代理人が，公証人に対して事前に遺言書に記載すべき内容を伝え，公証人がこの内容を文章化して遺言書の案を作成したうえ，遺言書作成日当日には，証人立会いのもと，上述の手順で進められることが一般的です。

(3) 署名・押印

読み聞かせを受けた遺言者と2人の証人は，筆記の正確なことを承認した後，それぞれが遺言書の原本に署名押印します。手の機能の障害等により遺言者が署名することができない場合は，公証人がその事由を付記して署名に代えることも可能です（民969条4号但書）。押印については，遺言者本人は実印（市町村・東京23区に登録された印鑑）によることが求められますが，証人は認印で足ります。

なお，遺言者については印鑑証明書の提出が必要になり，証人については，遺言書を作成する当日に，運転免許証等の身分証明書を提示することになりますが，公証人が遺言書の案を作成する際にも，正確な住所等を把握するためにこれらの書類が必要であることから，事前に写しの提出を求められます。その際，遺言者と相続人の関係が分かる戸籍謄本と，受遺者が相続人以外である場合には，その者の住民票の提出も必要です。

(4) 出　張

遺言者が病気等で公証役場に出向くことができない場合，公証人に出張してもらうことができます。ただし，公証人は，自己が所属する法務局・地方法務局の管轄外で職務を行うことが制限されているため，例えば，東京の公証役場に所属する公証人に，静岡にある病院に出張してもらうというようなことができません。

〔3〕手 数 料

　公正証書遺言を作成する際に，公証人手数料令（平成13年2月21日政令第37号）に従って手数料の支払が求められます。手数料の金額は，基本的に，遺言により相続させ又は遺贈する財産の価額により決まります。その他，遺言については，遺言加算として一定の手数料が加算され，遺言書の正本・謄本を交付してもらうための費用も生じます。また，公証人に出張してもらう場合は，基本手数料が増額されるほか，別途旅費日当も支払う必要があります。
　上記のとおり，手数料の算定のために，目的財産の価額を算定する必要があることから，事前に，公証人から，固定資産税評価額証明書や預貯金通帳の写しの提出を求められます。これらの書類に基づいて手数料を算定すると，当日支払うべき金額を知らせてくれるのが一般的です。
　手数料の詳細については**次頁**の「公正証書遺言の作成費用」をご参照ください。

〔4〕訂正・撤回

　公正証書遺言を撤回し，あるいは内容を訂正したいという場合には，新しい内容の遺言を作成するか，新たな遺言書により従前の遺言を訂正し又は撤回する必要があります。内容の異なる遺言が複数ある場合，日付の新しいものが優先しますので（民1022条・1023条1項），単に新しい内容の遺言を作成してもよいのですが，無用な混乱を招くことにもなりかねませんので，後の遺言で，従前の遺言を撤回する旨を明言しておくのが無難です。
　なお，新しい遺言は自筆証書遺言や秘密証書遺言でもかまいませんが，上記〔1〕に記載した理由から，公正証書遺言にしておくほうが安全と考えます。

〔間瀬　まゆ子〕

【公正証書遺言の作成費用】

（目的財産の価額）	（手数料の額）
100万円まで	5,000円
200万円まで	7,000円
500万円まで	11,000円
1,000万円まで	17,000円
3,000万円まで	23,000円
5,000万円まで	29,000円
1億円まで	43,000円

1億円を超える部分については
　1億円を超え3億円まで　5,000万円毎に　1万3,000円
　3億円を超え10億円まで　5,000万円毎に　1万1,000円
　10億円を超える部分　　5,000万円毎に　　8,000円
がそれぞれ加算されます。

（留意点）
① 財産の相続又は遺贈を受ける人ごとにその財産の価額を算出し，これを上記基準表に当てはめて，その価額に対応する手数料額を求め，これらの手数料額を合算して，当該遺言書全体の手数料を算出します。
② 遺言加算といって，全体の財産が1億円未満のときは，上記①によって算出された手数料額に，1万1,000円が加算されます。
③ さらに，遺言書は，通常，原本，正本，謄本と3部作成し，原本を公証役場に残し，正本と謄本を遺言者にお渡ししますが，これら遺言書の作成に必要な用紙の枚数分（ただし，原本については4枚を超える分）について，1枚250円の割合の費用がかかります。
④ 遺言者が病気又は高齢等のために体力が弱り公証役場に赴くことができず，公証人が，病院，ご自宅，老人ホーム等に赴いて公正証書を作成する場合には，上記①の手数料が50％加算されるほか，公証人の日当と，現地までの交通費がかかります。

⑤　公正証書遺言の作成費用の概要は，ほぼ以上でご説明できたと思いますが，具体的に手数料の算定をする際には，上記以外の点が問題となる場合もあります。しかし，あまり細かくなりますので，それらについては，それが問題となる場合に，それぞれの公証役場で，ご遠慮なくお尋ねください。

(出所：日本公証人連合会 HP より抜粋)

Q 4-17　遺言の有効性の確保

被相続人が高齢の場合，遺言について特に注意すべき点はありますか。

A

後日，意思能力が欠けていることなどを理由として遺言の効力が争われないようにする必要があります。

解説

〔1〕遺言の有効性の確保の重要性

遺言については，被相続人の死後，その効力が争われないようにすることが遺言本来の目的を達する大前提です。効力が争われて無効と判断された場合には，せっかく遺言を作成した被相続人の意思が無視されることになってしまうからです。これは事業承継が関係する遺言に限りませんが，特に，事業承継が問題となるような会社においては，後継者の地位をめぐって相続人（典型的には，兄弟姉妹）間に葛藤があることが少なくないことから，真実の遺言に不満を持つ相続人が遺言の効力を争うことが考えられるため，この点に一層の配慮が必要となります。

遺言は厳格な要式行為であり，それぞれの方式（自筆証書，公正証書，秘密証書など）に従って行われなければ無効とされますが（民960条），この点についてはQ 4-14～Q 4-16をご参照ください。以下では，遺言能力及び意思能力について説明します。

〔2〕遺　言　能　力

遺言が有効であるためには，遺言者が遺言をする時においてその能力（遺

言能力）を有しなければなりません（民963条）。遺言能力については，以下のような規定があります。

　①　財産法上の行為と異なり，行為能力（法律行為を自分1人で確定的に有効に行うことのできる資格。民5条・9条・13条・17条）は必要とされません（民962条）。

　②　未成年者であっても，満15歳以上であれば，単独で遺言が可能です（民961条）。

　③　被保佐人及び被補助人は，単独で遺言が可能であり，保佐人の同意は不要です（民962条）。

　④　成年被後見人は，事理を弁識する能力を一時回復している時に限り，医師2人の立会いがあれば，単独で遺言が可能です（民973条1項）。ただし，遺言に立ち会った医師は，遺言者が遺言をする時において精神上の障害により事理を弁識する能力を欠く状態になかった旨を遺言書に付記して，これに署名押印しなければなりません（民973条2項。なお，秘密証書遺言については同条項但書参照）。

〔3〕意思能力

(1)　意思能力に関する証拠の必要性

　遺言能力としては，さらに意思能力，すなわち，事理を弁識する能力が必要です（民7条参照）。意思能力については，「自らの行為の意味と結果を認識し，自らの意思によっていかなる行為をすべきであるのかの判断をする能力」（東京地判平9・10・24判タ979号202頁），あるいは「遺言の内容および当該遺言に基づく法的結果を弁識，判断するに足りる能力」とされます（石田明彦ら「遺言無効確認請求事件の研究(下)」判タ1195号81頁）。高齢で死亡した被相続人については，遺言作成時に意思能力が欠けていることを理由に，遺言が無効である旨の主張がなされることがあります。特に，被相続人が相続開始前の数年間に認知症を発症し，又は脳梗塞などの病気に罹患することは稀ではなく，遺言を作成したのがそれよりも明確に先の時期であるとはいえない場合には，このような主張がそれなりの説得力を持つことがあります。

この点，公正証書遺言の場合，法律専門家である公証人が作成に関与し，証人2人が立ち会うことから，意思能力の点が争われる可能性は低くなります（Q4-16参照）。ただし，公正証書遺言であっても無効と判断された事例もあります（東京地判平11・9・16判時1718号73頁，東京地判平11・11・26判時1720号157頁，東京高判平12・3・16判タ1039号214頁，東京地判平18・7・4判タ1224号288頁，横浜地判平18・9・15判タ1236号301頁）。したがって，公正証書遺言であるから後日無効にならないと決め付けることはできません。

　遺言の効力が争われた場合，決め手がない場合には，少なくとも裁判が長期化する可能性があります。それを考えると，多少の手間と費用は惜しまず，遺言作成時に証拠を確保しておいたほうが得策と思われます。

(2)　意思能力の立証手段

　具体的に，意思能力が存在したことの証拠を確保するためには，遺言作成の前後の時期に，医師の診察を受け，物事の判断能力に問題がない旨の診断書を得ておくことが考えられます（念のために，確定日付を得ておくことも一法です）。認知症に関しては，いわゆる「改訂長谷川式簡易知能評価スケール」などの結果を記載してもらうことも有用と思われます。後日，遺言が無効であるとして訴えられた場合においても，「遺言者の治療，看護を担当した主治医，看護師の証言及び同人らの作成した医療記録等の証拠価値は高」く，「裁判例においても，遺言者の病状を認定するに当たってこれらの証言ないし記録等が重視されている」との裁判官の指摘があります（石田ら・前掲判タ1195号83頁）。

　さらに万全を期すためには，公正証書遺言において，その状況を詳細に記載しておくことが考えられます。これは，一種の事実実験公正証書（公証人が，五感の作用により直接見聞した事実を記載した公正証書）としての意味を持つことになります。事実実験公正証書については，日本公証人連合会のHPなどをご覧ください（http://www.koshonin.gr.jp/index2.html）。

　一般の公正証書遺言においても，遺言時の状況は記載されますが，「本公証人は，遺言者○○の嘱託により，証人○○，同○○の立会いをもって，遺言者の口述を筆記し，この証書を作成する。……上記遺言者及び証人に読み聞かせたところ，各自筆記の正確なことを承認し，次にそれぞれ署名押印す

る」程度の記載しかないのが通常です。遺言が無効とされた事案では、公証人が遺言の原案を読み上げたのに対して、遺言者が「はい」、「そのとおりで結構です」などの簡単な肯定の返事をするにとどまったことも理由の1つとして、遺言内容を理解し、判断したうえでの返事であったか疑問とされているものもあります（上記横浜地判平18・9・15）。そこで、遺言作成時の状況について記載することも検討の余地があります。

　さらに、遺言作成時の状況を、日付の分かる資料（新聞等）とともにビデオ撮影しておくことは、当時の意思能力を立証するうえで有効と思われます。また、遺言作成時の状況を撮影したビデオテープについて、以下のように公正証書に記載したうえで封印し、封印済みの封筒を弁護士に保管してもらうことも考えられます（特許庁編『先使用権制度の有効な活用に向けて─戦略的なノウハウ管理のために─』（別冊 NBL111号、平成18年6月）付録1・事実実験公正証書の作成の手引き参照）。

　　「表に『ビデオテープ、平成21年○月○日、公証人立会時封印、弁護士甲野一郎』と記載した封筒に入れ、封筒の開口部を糊付けして封じたうえで、5㎝×5㎝の和紙に『平成21年○月○日、弁護士甲野一郎』と記載し、甲野弁護士の職印を押捺した封印紙を、封筒の糊付け部分の境界を覆うように貼付した。本職は、5㎝×5㎝の和紙に『平成21年○月○日、公証人公証太郎』と記載し本職の職印を押捺した封印紙を、甲野弁護士の封印紙の横に貼付した。本職は、さらに、封筒の表に、『平成21年第○○号、平成21年○月○日公証人公証太郎』と署名した。これにより、封印したビデオテープは、上記封印紙を破棄しない限り開封できないものとなった。」

〔4〕筆　　跡

　自筆証書遺言の有効性が争いになる場合、本人が作成したものではないとの主張がなされ、筆跡が問題となることがあります。筆跡については、真贋の判別が難しく、筆跡鑑定も必ずしも決め手にはなりません。裁判例においても、筆跡鑑定の信用性に関しては評価が分かれています（石田明彦ら「遺言

無効確認請求事件の研究(上)」判タ1194号51頁)。例えば，京都の一澤帆布工業の事案では，いったん有効との判断が確定した遺言書が，既判力が及ばない別の裁判で無効と判断されました。もっとも，この事案では，後日，遺言書が偽造されたことになり，そのようなことに対してあらかじめ対応することは困難であるのが実情です。

〔5〕遺言の内容

　遺言の内容が複雑な場合，例えば，財産の規模が大きく，多数に及び，相続人も多数で，分配の仕方も複雑である場合には，遺言者がその内容を理解したか否かが問題とされることがあります。したがって，そのような遺言の場合には，慎重な対応をする必要があります。例えば，意思表明を繰り返させて（意思の再現性），意思能力を明確に確認することなどが考えられます（新井誠「上記横浜地判平18・9・15評釈」リマークス36号81頁参照）。

　この点に関し，遺言者本人が明確に理解し，口にしたことだけを遺言書に記載するという方法が提案されています。例えば，建物の相続に関し，「私の家の向かい側にある○町のマンションの半分を長女○に，残りの半分を二女○，三女○，四女○に同じ割合で，相続させます」という具合です（梶村太市「公正証書遺言の無効をなくす遺言書作成上の一工夫」民事法情報253号1頁）。同論文の著者によれば実際に，このような遺言書で相続登記は実現したとのことです。物件の特定性という観点からはなお検討を要し，慎重な対応が必要ですが，遺言者本人の実際の意思を確認するという趣旨で，本人の言葉を取り込むことは一考に値すると思われます。

　また，遺言作成当時の状況に鑑み，その遺言の内容の合理性の有無も遺言の有効性の判断に影響します。裁判例においては，遺言者が以前にした遺言の内容との整合性，遺言者の従前の発言・意向との整合性，遺言者と相続人の関係との整合性，遺言の目的である財産内容との整合性が検討されます。これらに不自然な点がある場合には，遺言者の作成であることに疑いが投げかけられます（石田ら・前掲判タ1194号49頁）。例えば，上記一澤帆布工業の事案では，長男に株式の大半を相続させる旨の遺言書について，第2審大阪高

裁においては，経営に関与していない銀行員の長男に株式の大部分を相続させるとの遺言は著しく不自然で不合理であるとして，被相続人作成の遺言書とは認められない旨の判断がなされ，最高裁においても支持されました（以上，平成21年6月24日付毎日新聞朝刊28頁による）。したがって，事業承継の関係で，後継者に株式を集中させる遺言を作成する場合には，その後継者を選定することについて意向を表明し，かつそれを，周囲に納得してもらうことが一番です。もっとも，後継者の指名は難しく，死亡まで意中の人物を明らかにしない場合もあるかもしれませんが，その場合には，反発する相続人がいることも予想して，遺言の有効性についてはより慎重に対策を練っておく必要があるでしょう。

〔南　繁樹〕

Q 4-18 「相続させる」遺言

以下の遺言は，どのような効力を有しますか。
(1)「別紙目録記載の土地を相続人Aに相続させる」
(2)「遺言者が所有する財産のすべてを相続人Bに相続させる」
(3)「遺言者が所有する財産の2分の1を相続人Cに相続させる」

A

(1) 特定の財産を「相続させる」遺言は，遺産分割方法の指定であり，原則として，対象となる遺産は，何らの行為を要せずして，被相続人の死亡時に直ちに当該相続人に相続により承継されます。
(2) すべての遺産を「相続させる」遺言についても，被相続人の死亡時にすべての遺産が当該相続人に承継されます。この場合，原則として，債務も当該相続人が承継するものと解されます。
(3) 遺産の一定割合を「相続させる」遺言については，相続分の指定として，遺産分割が必要となるものと思われます。

解説

〔1〕「相続させる」遺言に関する問題の所在

わが国の遺言実務（特に，公正証書遺言の実務）においては，法定相続人に対して財産を承継させる場合に，「遺贈」ではなく，「特定の遺産を，特定の相続人に，相続させる」旨の遺言が，主として後述する税務上の理由から推奨されてきました。この「相続させる」旨の意思表示が，いかなる法的効果を有するものかが問題となっていました。

〔2〕「相続させる」遺言の法的性質

　最判平成3年4月19日（民集45巻4号477頁）は，「相続させる遺言」は，「遺産分割の方法の指定」であり，原則として，「遺贈」ではないとしつつ，以下のような効果を生じるものとしました。
　① 「相続させる遺言」によって，特段の事情のない限り，対象となる遺産は，何らの行為を要せずして（遺産分割を要せずして），被相続人の死亡時に直ちに当該相続人に相続により承継される。
　② 「相続させる遺言」には，他の共同相続人も拘束され，これと異なる遺産分割の協議，さらには審判もなし得ない。
　③ ただし，当該特定の相続人は，相続の放棄の自由を有し，また，他の相続人の遺留分減殺請求権の行使は妨げられない。
　換言すると，対象財産が遺産共有の状態を経ずに当該相続人の単独所有となるという点では遺贈と同様の効果がありますが，あくまでも「相続の枠内」での遺産処分である点で相違があります。

〔3〕特定の財産を「相続させる」遺言の効果

(1) 相続開始時に所有権移転

　Q(1)の「別紙目録記載の土地を相続人Aに相続させる」旨の遺言については，上記のとおり，当該土地は被相続人の死亡時に直ちにAに相続により承継されますので，Aは単独申請により相続を原因とする所有権移転登記が可能です（不登63条2項。昭和47年4月17日民事甲1442号民事局長通達・民月27巻5号165頁）。この点，遺贈の場合，登記義務者である他の共同相続人（又は遺言執行者）との共同申請となるのと比べて（不登60条），手続が容易です（他の共同相続人の印鑑証明書等が必要ありません）。また，当然ながら，遺産分割協議書の添付も要求されません。

(2) 法定相続分との関係

　相続させる遺言によってAに承継される土地の相続開始時の時価が，Aの

法定相続分相当額よりも高額であった場合，同額であった場合，少額であった場合に，それぞれ当該相続人の法定相続分に変更を加える相続分の指定（民902条1項）の趣旨が含まれているかが問題となります。これは遺言の趣旨の解釈の問題です。

　そこで，相続人はW・A・Bの3人で，Wの各法定相続分が2分の1，A・Bの法定相続分が各4分の1である場合を想定します。

　まず，Wに対して「相続させる」旨の遺言の対象となった土地の価額（相続開始時の評価）が7,500万円で，遺産全体の価額（相続開始時の評価）が1億円であった場合，「遺言者の意思としては，法定相続分の変更をも伴う分割方法の指定をしたもの」と解されます（東京家庭裁判所家事第5部「遺産分割事件処理の実情と課題」判夕1137号86頁，鈴木禄弥『相続法講義〔改訂版〕』218頁。平成3年最判前の裁判例として，東京高判昭45・3・30高民集23巻2号135頁，東京高判昭60・8・27判時1163号64頁）。したがって，Wが当該土地を取得し，残りの2,500万円（相続開始時の評価）に相当する財産について，A及びBで均等に分割することになります。

　上記設例で，Wに相続させた土地の価額が5,000万円（相続開始時の評価）である場合も同様に考えることができると思われます。

　これに対し，Wに対して「相続させる」旨の遺言の対象となった土地の価額（相続開始時の評価）が2,500万円，遺産全体の価額が1億円であった場合，Wにはそれだけしか相続させない趣旨か，それとも，Wはさらに2,500万円に相当する遺産（＝1億円×1/2－2,500万円）について権利を有するかが問題となります。この点については，後者，すなわち，Wの法定相続分率に変更が加えられたわけではなく，むしろ前者，すなわち，法定相続分額から，取得した土地の価額を控除した分については，遺産分割によって遺産中の他の物の形で与えられるとする説が有力です（山口家萩支審平6・3・28家月47巻4号50頁，鈴木・前掲218頁。なお，この場合の遺言者の意思解釈につき，橘勝治「遺産分割事件と遺言書の取扱い」中川善之助先生追悼現代家族法大系編集委員会編『現代家族法大系5』66頁参照）。この考え方によれば，土地以外の7,500万円（相続開始時の時価）について，W（＝1億円×1/2－2,500万円），A（＝1億円×1/4）及びB（＝1億円×1/4）がいずれも2,500万円に相当する財産を取得することになります。

〔4〕すべての遺産を「相続させる」旨の遺言

　Q(2)の「遺言者が所有する財産のすべてを相続人Bに相続させる」のように，遺産全部について「相続させる」趣旨の遺言をした場合でも，上記と同様に解され，遺産全部の権利が被相続人死亡の時に直ちに当該相続人に承継されます（福岡地判平19・2・2金法1815号53頁）。この場合は法定相続分を超える遺産を相続させることになることから，遺産分割の方法が指定されたとともに，相続分が指定されたもの（すなわち，相続分の全部が当該相続人に指定されたもの）と解されます（同）。

　さらに，その場合の債務の承継については，「遺言の趣旨等から相続債務については当該相続人にすべてを相続させる意思のないことが明らかであるなどの特段の事情」のない限り，「当該相続人に相続債務もすべて相続させる旨の意思が表示されたもの」と解すべきであり，これにより「相続人間においては，当該相続人が指定相続分の割合に応じて相続債務をすべて承継することになる」と解されます（最判平21・3・24判時2041号45頁）。

　この場合，債権者との関係について，上記判決は，「上記遺言による相続債務についての相続分の指定は，相続債務の債権者（以下「相続債権者」という。）の関与なくされたものであるから，相続債権者に対してはその効力が及ばない」として，「各相続人は，相続債権者から法定相続分に従った相続債務の履行を求められたときには，これに応じなければならず，指定相続分に応じて相続債務を承継したことを主張することはできない」という原則を確認しつつ，「相続債権者の方から相続債務についての相続分の指定の効力を承認し，各相続人に対し，指定相続分に応じた相続債務の履行を請求することは妨げられない」としています。なお，遺留分に関し**272頁**もご参照ください。

〔5〕遺産の一定割合を「相続させる」旨の遺言

　以上に対し，Q(3)の「遺言者が所有する財産の2分の1を相続人Cに相続

させる」旨の遺言については，承継の対象となる遺産が特定されていない以上，特定の財産の処分行為としての性質を認めることはできないのではないかと思われます。むしろ，当該遺言が，遺言者の全財産について，「相続人に割合的に相続させる」ことを指示していると解される場合には，相続人に対する相続分の指定と解されます（東京地判平4・12・24家月46巻5号40頁参照）。また，同様の遺言が相続人以外の者（受遺者）に対してなされた場合には，包括名義による遺贈をしたものと解されます。いずれの場合も，「それ自体として特定の相続財産を直ちに相続人らに相続取得させる効力を有するものではない」と解されることから，（共有物分割ではなく）遺産分割協議において，当該相続分の指定・包括遺贈に従った分割を行うべきではないかと思われます（上記東京地判参照）。ただし，遺産の一定の割合を，法定相続分に付加して取得させる趣旨であることが遺言書の内容から明らかである場合には，（相続人に対しても）包括遺贈と解釈される可能性もあります（橘・前掲64頁参照）。このような遺言をする場合には，内容について複数の解釈の余地が残らないように，公証人又は弁護士の助力を得るべきでしょう。

〔6〕「相続させる」遺言と遺贈との相違点

その他，遺言書を作成する際に，「相続させる」遺言か，遺贈かを決定する際に，上述した点のほか，以下のような点を考慮したうえで，いずれにするかを選択することになります。

(1) 相　　手

「相続させる」遺言は，遺産分割方法の指定（及び相続分の指定）ですので相手は相続人に限りますが，遺贈の場合は相手は相続人に限りません。すなわち，遺贈の相手は，法人を含む第三者でもかまいませんし，推定相続人でありながら相続放棄をした者でも差し支えありません。

(2) 放　　棄

「相続させる」遺言の場合，相続そのものを放棄しない限り，対象不動産を放棄できませんが（内田・民法Ⅳ484頁），遺贈の場合には遺贈の放棄（民986条1項）が可能です。

(3) 株式譲渡制限

「相続させる」遺言によって承継された株式につき，定款による譲渡制限株式の譲渡に関する会社の承認（会2条17号・107条1項1号・108条1項4号）は不要ですが，遺贈の場合は必要になります。他方，相続人等に対する株式の売渡請求（会174条）が定款で定められている会社の場合，「相続させる」遺言によって承継された株式は売渡請求の対象になりますが，遺贈された株式は対象になりません（遺贈の場合，好ましくない者が株式を取得した場合，会社は譲渡承認を拒むことが可能であり，売渡請求はもとより必要ではありません）。

(4) 賃借権

「相続させる」遺言の場合，賃借権の譲渡に関する賃貸人の承諾（民612条1項）は不要ですが，遺贈の場合は必要になります。

(5) 農地法の許可

不動産が農地である場合，相続人に対し「相続させる」遺言によって承継させると，農地法3条の知事の許可は不要とされています。これに対し，登記実務上，遺贈の場合は必要と解されています（昭和43年3月2日民三170号民事第三課長回答，昭和52年12月27日民三6278号民事局第三課長回答，昭和58年10月17日民三5987号民事局第三課長回答。なお，包括遺贈の場合は，同許可は不要です。農地法施行規則3条5号）。なお，最判昭和52年7月19日裁判集民121号199頁など，裁判例は遺贈の場合でも許可を不要としていますが，登記実務との間で齟齬が生じており，注意を要します。

(6) 第三者に対する対抗力

特定の財産を「相続させる」遺言による物権変動は，登記なしに第三者に対抗できますが（最判平14・6・10判時1791号59頁），特定遺贈の場合には登記が必要です（最判昭39・3・6民集18巻3号437頁）。

(7) 代襲

遺言者の死亡以前に，「相続させる」遺言における当該相続人が死亡した場合，代襲相続人に相続させるという規定が適用ないし準用されるとする裁判例があります（東京高判平18・6・29判時1949号34頁，上告受理申立中）。

これに対し，遺贈の場合，遺言者の死亡以前に受遺者が死亡した場合，遺贈は効力を失い，代襲は生じません（民994条）。

(8) 登録免許税

登録免許税の額は，「相続させる」旨の遺言は，相続が登記原因となり，当該不動産の価額の1000分の6であったのに対し，遺贈だと1000分の25という相違がありました。しかし，平成15年4月1日より施行された登録免許税法の改正により，相続による登記の場合と相続人に対する遺贈を原因とする登記の場合につき，同一の税率（現在，不動産の価額の1000分の4）が適用されることになったため，この点は相違がなくなりました（登録免許税法9条・17条1項，別表第一・一㈡イ）。

〔南　繁樹〕

Q 4-19　事業承継と遺言

事業承継のための遺言について，特に注意すべき点はありますか。

A

(1) 株式の分散を避けるようにする必要があります。
(2) 株式と事業用資産が分散しないようにする必要があります。
(3) 遺言執行者を指定したほうがよいでしょう。
(4) 遺留分が行使されないような配慮が必要です。

解説

　事業承継のための遺言書について，特に留意すべき事項は，以下のとおりです。

〔1〕株式の分散を避ける

　株式の分散は，会社経営の不安定化につながりますので，後継者に議決権の過半数，できれば会社法上の特別決議を可決することができる3分の2以上の議決権を確保させるようにすることが理想的です（会309条2項）。

〔2〕株式と事業用資産の分散を避ける

　株式に加えて，事業のために使用されている資産が相続財産に含まれている場合には，その資産も後継者に承継させたほうがよいでしょう。例えば，会社が所有する本社ビルの敷地が被相続人個人の所有地である場合，事業を承継しない相続人が敷地のみを承継すると，万が一相続争いが生じた場合，土地の利用権の根拠となる契約（使用貸借，賃貸借）が解除されるなどによって会社経営に重大な影響が生じるリスクがあります。

〔3〕遺言執行者の指定

　遺言の執行をスムーズに行うためには，遺言執行者を指定すべきです。遺言執行者がある場合には，相続人は，相続財産の処分その他遺言の執行を妨げる行為をすることができません（民1013条）。遺言執行者がいるにもかかわらず，相続人が無断で行った処分行為は絶対的に無効ですので（大判昭5・6・16民集9巻550頁，最判昭62・4・23民集41巻3号474頁），被相続人の意思が貫徹されることになります。
　遺言執行者としては，弁護士等の専門家を選任したほうがよいでしょう。遺言執行者の指定に関しては**Q 4 -23**をご参照ください。

〔4〕遺留分対策

　後継者以外の相続人によって遺留分減殺請求権が行使された場合には，その処理をめぐって紛争が長期化し，会社経営が不安定になるおそれがあります。したがって，遺留分減殺請求権が行使されないようにするか，仮に行使された場合にも会社経営に影響が及ばないような遺言を作成しておく必要があります。この点は**Q 4 -20**をご参照ください。

〔5〕一般的留意点

(1)　公正証書遺言の有用性
　遺言の確実性（無効とされるリスクが小さい）と遺言執行の便宜（検認が不要）という点では，公正証書遺言が望ましいと考えられます。公正証書遺言については**Q 4 -16**をご覧ください。
(2)　遺言の文言
　遺言の文言について，「相続させる」遺言と遺贈との間で相違があります。現在では，「相続させる」遺言が使用されることが多いようですが，場合によっては遺贈を選択することが適切な場合もあります。現在では，「相続さ

せる」遺言の税務上のメリットも失われています。この点については，**Q 4 -18**をご参照ください。

(3) 相続財産（遺産）の特定

相続財産が十分に特定されていない場合には，その限度で無効となります。そこで，相続財産の存在する場所・種類・名称・数量などを明確に記載する必要があります。特に，不動産の場合，相続による所有権の移転登記を行う際に，登記事項証明書（既登記の場合）又は固定資産課税台帳登録証明書（未登記の場合）の記載と異なっている場合，登記が受理されないおそれがあるので，これらの表示どおりに記載すべきです。

なお，この点に関し，特に公正証書遺言に関し，遺言者本人が明確に理解し，口にしたことだけを遺言書に記載するという方法が提案されていますが，特定性との関係では慎重な検討を要します（**205頁**参照）。

一部の相続財産の記載が漏れていると，当該財産については遺産分割が必要となりますので，手続の処理に時間を要することになります。これを避けるためには，遺言書には「遺言者は，以上を除く残余の遺産はすべて○○に相続させる」などという文言を記載しておくことが有用です。

〔南　繁樹〕

Q 4-20　遺言における遺留分対策

遺言その他の方法により遺留分を行使された場合の対策を行っておくことができますか。

A

(1) 経営承継円滑化法の利用が考えられます。
(2) 重要な株式・事業用資産は早めに生前贈与しておくことが考えられます。
(3) 遺留分を行使する順序（減殺の順序）を定める遺言により，株式や事業用資産にまでは遺留分行使の効果が及ばないようにすることが可能です。
(4) 付言事項として，遺留分を行使しないように記載しておくことも考えられます。

解説

〔1〕遺留分対策の必要性

　株式及び事業用資産の分散を避けるためには，これらが後継者に承継されることが必要です。ところが，遺留分権利者である相続人により遺留分減殺請求権が行使された場合には，会社経営が不安定化するおそれがあります。このため，できるだけ遺留分減殺請求権が行使されないようにしておく必要があります。

　このためには，まず後継者以外の相続人に対しても一定の財産を取得させることにより，遺留分の侵害が生じないようにすることで，後継者が取得する株式・事業用資産に対する遺留分減殺請求権が成立しないようにするのが一番です。なお，**Q 4-33**もご参照ください。

〔2〕 経営承継円滑化法による民法特例の利用

　この点についての抜本的な対策としては，経営承継円滑化法による民法特例の利用が考えられます。経営承継円滑化法に基づく特例により，「特例中小企業者」の「旧代表者」が「後継者」に対して「特例中小企業者」の株式等を贈与した場合において，推定相続人全員によって，次の合意をすることができます。
　① 生前贈与株式等を遺留分の対象から除外する合意
　② 生前贈与株式等の評価額をあらかじめ固定する合意
　①の生前贈与株式等を遺留分の対象から除外する合意（除外の合意）によって，「後継者」が「旧代表者」からの贈与等により取得した株式につき，その価額を遺留分算定の基礎財産の価額に算入しない旨の合意をすることができます（経営承継法4条1項1号）。これにより，当該株式は遺留分減殺請求の対象となりません。
　また，②の生前贈与株式等の評価額をあらかじめ固定する合意（固定の合意）においては，「後継者」が「旧代表者」からの贈与等により取得した株式について，遺留分算定の基礎財産の価額に算入すべき価額を，合意のときにおける価額として固定する合意をすることができます（経営承継法4条1項2号）。これにより，生前贈与によって取得した株式について，その後の株価上昇によって遺留分減殺請求の対象とされることが避けられます。
　ただし，経営承継円滑化法に基づく民法特例は，「旧代表者」が「後継者」に対して「贈与をした」ことが前提であり（経営承継法3条2項・3項・4条1項1号），また，推定相続人全員の合意がなければ利用できません。したがって，現経営者が生前には後継者の指名を行おうとしない場合や，株式以外にめぼしい財産がないために株式を承継しない相続人の合意が得られない場合などには利用できません。
　経営承継円滑化法については**第2章**をご参照ください。また，新事業承継税制に基づく納税猶予の特例については**第5章**をご参照ください。

〔3〕売買による譲渡

　贈与された財産は遺留分減殺の対象となりますが（民1030条・1031条），売買によって譲渡された財産は対象となりません。したがって，後継者が先代経営者から株式を買い取ってしまえば，遺留分減殺の問題は生じません。この場合，後継者が資金調達ができることが前提となります。買い取った株式に担保権を設定することを前提に金融機関から買取資金を借り入れることも考えられますが，非上場株式は担保として認められない場合や，認められたとしても担保掛け目が低く，他の担保（銀行預金等）が必要となる場合もありますので，一般的には借入れによる資金調達は容易ではないと思われます。

　この点，経営承継円滑化法に規定されている金融支援措置において，旧代表者の死亡又は退任による経営の承継に伴って後継者個人が自社株式や事業用資産を買い取る場合に，通常の金利（基準金利）と比べて利率の低い特別利率で融資を受けることが可能となっています（経営承継法12条1項1号，経営承継規6条1項1号，**Q2-6**参照）。

　また，税金の負担も問題となります。

〔4〕早期の贈与

　贈与財産に対して遺留分減殺請求権が行使される場合，後の贈与から順次前の贈与に対して減殺の対象となります（民1035条）。したがって，先に贈与された財産は後順位で減殺の対象となるため，減殺の対象になりにくいといえます。そこで，株式のうち過半数に相当する部分や，重要な事業用資産（本社ビルや工場など）は早めに後継者に贈与することが考えられます。そうすれば，仮に遺留分減殺請求権が行使された場合にも減殺の対象となる順位を遅らせることができ，相続争いが会社経営に影響することを避けることができます。もっとも，自社の株式については，遺産の前渡しの趣旨が強いと思われますので，その時期の如何を問わず，特別受益である「生計の資本としての贈与」として遺留分算定の基礎となる財産に含まれると解されることが

多いと思われます(民1044条・903条1項。**Q 4 - 6** 参照)。
　なお,贈与税に関しては**Q 6 - 3** ～ **Q 6 - 5** をご参照ください。

〔5〕減殺の順序・方法を定める遺言

(1) 減殺の順序を定める遺言

　遺留分を行使する順序(減殺の順序)を定める遺言により,自社株式や事業用資産にまでは遺留分行使の効果が及ばないようにすることが可能です(民1034条)。

　遺言において複数の財産を後継者に遺贈又は相続させる場合には,それらは遺留分減殺請求との関係では同順位となるため,その価額に配分して減殺されます(民1034条本文)。しかし,遺言者はその遺言において,別段の意思として減殺の方法を定めることができます(民1034条但書)。この別段の意思として,減殺の順序を定め,事業承継上重要な株式や事業用資産については後順位で減殺の対象となる旨を定めておくことや,減殺の方法として価額弁償を定め(後述(2)参照),株式が共有とされることを避けることが考えられます。

　減殺の方法(及び価額弁償)に関する定めを置いた遺言の例としては,以下のようなものが考えられます。

　　「遺言者○○は,長男○○に,別紙財産目録1記載の株式,別紙財産目録2記載の土地及び建物[自宅土地],別紙財産目録3記載の預金,並びに別紙財産目録4以下に記載の現金,動産,負債,その他の残余の遺産の一切を相続させる。
　　もし,遺言者の次男○○から遺留分減殺請求があったときは,①別紙財産目録3記載の預金,②別紙財産目録2記載の土地及び建物,③別紙財産目録1記載の株式の順序により減殺し,別紙財産目録1に記載の株式については,価額弁償の方法によるものとする。」

(2) 価額弁償

(a) 価額弁償を定める遺言

　遺留分減殺請求権が行使された場合，目的物が非上場会社の株式や不動産のような特定物である場合，現物返還が原則となります（民1036条参照）。しかし，受贈者・受遺者は「贈与又は遺贈の目的の価額を遺留分権利者に弁償して返還の義務を免れることができる」とされています（民1041条1項）。これを価額弁償といいます（**Q 4 -32**参照）。

　したがって，事業承継上，重要な株式や事業用資産については，現物を渡す代わりに弁償金を支払うことによって，会社経営への影響を避けることができます。そこで，遺言においても，あらかじめ遺留分減殺請求の効果として価額弁償に限る旨を定めておくことが可能です（上記文例参照）。

(b) 価額弁償の原資

(ア) 借入れ

　価額弁償のためには遺留分相当の金銭が必要となります。まず，株式を担保とした借入れが考えられますが，容易でないことは上述のとおりです。

(イ) 配当

　会社にある程度の余剰資金がある場合には，配当を行い，後継者である相続人が配当として受領した金員で遺留分減殺請求権を行使した相続人に対して価額弁償を行うことも考えられます。この点，後継者以外の相続人が株式を相続したうえで，その株式を会社が買い取るほうが税務的には有利になる場合もあると思われますが（みなし配当課税の特例。措置9条の7），売却するか否かが当該相続人の意思によるので，売却に応じてもらえることを確認しておく必要があります。なお，税務上の取扱いにつき**Q 9 - 8** もご参照ください。

(ウ) 生命保険金

　また，生命保険の利用も考えられます。一般的に，生命保険金が相続財産に含まれるか否かについては，場合によって異なります（**Q 4 - 3** 参照）。一般的には，被相続人以外の者が保険金受取人に指定されている場合には，保険金は相続財産に含まれませんので，後継者を保険金受取人として，その保険金を原資として価額弁償を行うことも考えられます。

この関係で，生命保険金は，原則としては特別受益には該当しないとされるものの，「保険金受取人である相続人とその他の共同相続人との間に生じる不公平」が「903条の趣旨に照らし到底是認することができないほどに著しいものであると評価すべき特段の事情がある場合」には，同条の類推適用により特別受益に準じて持戻しの対象として相続財産に含まれると解されています（最決平16・10・29民集58巻7号1979頁）。下記に掲げる裁判例によれば，特定の相続人が，遺産価額との関係で相当な額の生命保険金の受取人とされ，その他の事情も考慮のうえで，他の共同相続人との間で著しく不公平になるような場合には，民法903条の類推適用により，その保険金はみなし相続財産に含まれ，その結果，遺留分算定の基礎財産に含まれることになります（民1044条による民903条の準用。潮見・相続法262頁・282頁）。さらに，そのような財産は，原則として，遺留分減殺の対象とされることになりますので（Q4-28参照），遺留分権利者の遺留分の額も増加します。その場合，保険金のみでは価額弁償の原資が不足することがありえます。そこで，下記に掲げる裁判例を踏まえて，(i)持戻しの対象とされずに，(ii)できる限り価額弁償の額をカバーできるような，生命保険金の額を定めることが賢明と思われます。

【持戻し肯定例】
　①　相続人である保険受取人が受領した保険金額が合計1億0,129万円に及び，遺産価額（1億0,134万円）に匹敵する巨額の利益を得ており，受取人の変更がなされた時期やその当時当該相続人が被相続人と同居しておらず，被相続人夫婦の扶養や療養介護を託するといった明確な意図もなかったことを理由に，持戻しを認めた事例（東京高決平17・10・27家月58巻5号94頁）。
　②　保険契約に基づき保険金受取人とされた妻が取得する死亡保険金等の合計額は約5,200万円とかなり高額で，相続開始時の遺産価額の61パーセントを占めること，被相続人と妻との婚姻期間が3年5ヵ月程度であることなどを理由に，死亡保険金等を持戻しの対象とした事例（名古屋高決平18・3・27家月58巻10号66頁）。

【持戻し否定例】
　保険契約に基づき保険金受取人とされた次男が取得した死亡保険金の合計額は約430万円で，遺産価額の6パーセント余りにすぎないこと，次男は被

相続人と長年生活を共にし，被相続人の入通院時の世話をしていたことなどを理由として，持戻しの対象としなかった事例（大阪家堺支審平18・3・22家月58巻10号84頁）。

〔6〕付言事項

　その他，遺言において，事業の承継のために後継者に株式等の財産を集中させる必要があること，他の相続人には生前に一定の利益を与えたこと，遺留分減殺請求権の行使を避けるべきことなどを記載し，相続争いをしないように戒める旨を付記することにより，事実上，遺留分減殺請求権の行使を控えさせるようにすることも考えられます。しかし，その部分については法的には拘束力がないので，あまり効果を期待しないほうがよいと思われます。

〔南　繁樹〕

Q 4-21　事業用資産の遺贈

事業用資産を会社に遺贈したいのですが，何か問題はありますか。

A

会社に対する遺贈については，被相続人において所得税が課され，準確定の確定申告が必要になるうえ，会社にも贈与された株式の時価について法人税が課されます。一般的には，個人に対する遺贈の場合の相続税に比較すると税負担が重くなります。

解説

〔1〕 法人への贈与（遺贈）

(1) **被相続人に対する所得税**

事業用資産を法人に遺贈することで，会社経営権（株式）と事業用資産が分散することを防ごうと考える方もいるかもしれません。しかし，この手法は税法の観点からはあまり賢明ではありません。

まず，遺贈を行った被相続人に，時価と取得価額及び譲渡費用の差額（譲渡益）について所得税が課されます（所税59条。なお，この場合の時価とは，相続税評価額ではなく，通常の取引価額と解されますが，公示価格は特段の事情のない限り通常の取引価額を上回ることがないとして，公示価格を時価とした課税処分を是認した例があります。東京地判平2・2・27訟月36巻8号1532頁）。所得税については，準確定申告として，相続の開始があったことを知った日の翌日から4ヵ月を経過した日の前日までに，被相続人の1月1日から死亡の日までの所得金額に係る確定所得申告書を被相続人の納税地の所轄税務署長に提出しなければなりません（所税125条1項）。これを準確定申告といいます。準確定申告については，Q9-1をご参照ください。

(2) 会社に対する法人税

他方で，遺贈を受けた会社においては，その資産の価額の全額について益金として法人税の対象となります（法税22条2項）。この場合，資産の価額は時価と解されますので（東京高判平3・2・5行集42巻2号199頁），不動産などの場合，相続税の課税標準としての相続税評価額よりも高い評価になるのが一般です。なお，この場合も，上記公示価格は特段の事情のない限り通常の取引価額を上回ることがないとして，公示価格を時価とした課税処分を是認した例があります（上記東京高判平3・2・5）。

また，相続開始の直前において被相続人又は被相続人と生計を一にしていたその親族（相続人を含む）が事業の用又は居住の用に供していた宅地について，小規模宅地の負担軽減措置（措置69条の4）として相続による取得について税負担が軽減されていますが，会社に対する遺贈ではこれが利用できません（なお，上記軽減措置の利用には，申告書への記載及び法定書類の添付が必要であり，また，これを利用した場合には特定物納制度は利用できません）。以上を考え合わせると，被相続人に対する所得税及び会社に対する法人税を合計すると，個人に遺贈された場合の相続税よりも税負担が大きいことが多いと思われますが，この点については税理士と相談して，それぞれの場合の税額を試算するとよいでしょう。

〔2〕遺留分

会社に対して財産が遺贈される場合には，当然のことながら相続人に承継される財産が減少しますので，相続人の遺留分を侵害し，遺留分減殺請求権が行使される可能性が高まります。この点でも，会社に対する遺贈には注意が必要です。

〔南　繁樹〕

Q 4-22　遺産分割方法の指定

どのように相続財産（遺産）を分けるかの決定を，後継者である長男に任せることは可能ですか。

A

遺言によって，遺産分割方法の指定を第三者に委託することは可能ですが，かかる第三者は相続人以外の者でなければなりませんので，相続人である長男に委託することはできません。

遺産分割においては，相続人全員が合意する限りにおいて，遺言や法定相続分と異なる遺産分割が可能です。

解説

〔1〕遺言による遺産分割方法の指定

被相続人は，遺言で，遺産分割の方法を指定することができます（民908条）。遺産分割の方法とは，①現物分割，②換価分割，③債務負担による分割などの遺産の配分の方法をいいます。

〔2〕遺言による遺産分割方法の指定の委託

さらに，被相続人は，遺言で，遺産分割の方法を指定することを第三者に委託することができます（民908条）。その場合の遺言の文例は以下のようになります。

「遺言者○○は，この遺言書により次のとおり遺言する。
1　次の者に私の遺産の分割の方法を指定することを委託する。
　　住所　○○県○○市○○町○丁目○番○号

　　　　　職業　弁護士
　　　　　　　　○○
　　　　　昭和○年○月○日生
　2　相続人らは，上記○○の指定に従って分割すること。
　　平成○年○月○日
　　　　　　　　　　　　　遺言者　○○　印」

　ただし，委託を受ける第三者は，共同相続人以外の者でなければならず，共同相続人の1人に対する委託は指定の公正が期待できないことから無効と解されています（東京高判昭57・3・23判タ471号125頁）。したがって，相続人である長男に遺産分割方法の指定を委託することはできません。

〔南　　繁樹〕

Q 4-23　遺言執行者の指定

遺言の中で遺言執行者を指定できると聞きました。遺言執行者は指定しておいたほうがよいのでしょうか。指定するとして，誰にお願いするのがよいでしょうか。

A

(1) 相続開始後に遺言執行者を指定するのには手間がかかりますから，遺言で指定しておいたほうがよいでしょう。
(2) 遺言執行者として，相続人・受遺者又は弁護士等の専門家を指定する例が多いようです。
(3) 遺言執行を考慮した記載により，遺言執行が円滑に進むようになります。

解説

〔1〕遺言執行者の指定

　遺言執行者は遺言で指定されることが多く（民1006条1項），遺言による指定がない場合も，利害関係人の請求があるときは，家庭裁判所の審判により選任されることになります（民1010条）。
　遺言執行者として誰を指定するかですが，相続人の1人や受遺者のほか，作成に専門家が関与した場合は，その専門家とすることが多いようです。その他に，相続人以外の親戚で，信頼できる人を指定するような例もあります。
　ただ，後述のとおり，弁護士等の専門家以外の人が遺言執行者となった場合，実務上対銀行でのやりとりに手間がかかるケースもあるようです。そういった意味では専門家を指定したほうが安心でしょう。
　遺言執行者の指定にあたって注意しなければならないのが，遺言執行者が遺言者より先に死亡する可能性があることです。遺言執行者が遺言者よりも

高齢であるような場合は，補充条項を設けて，第2順位の遺言執行者を遺言で指定しておくのが無難です。

また，遺言執行者を専門家に頼みたいけれど，誰に頼んでよいか分からないというケースもあるでしょう。そのような場合，遺言で直接執行者を指定するのではなく，指定を第三者に委託することも可能です（民1006条1項）。実際，遺言者が，遺言の中で，弁護士会の会長に指定を委託した例もあるようです。その他，財産を特定の団体に寄附する内容の遺言のような場合に，その団体の責任者に遺言執行者の指定を委託しておくようなことも考えられます。

特に，弁護士が特定の推定相続人からの依頼を受けて被相続人の遺言の執行者となった場合，遺言執行者としての公正性が疑われることのないように注意が必要です（後述〔5〕参照）。

〔2〕複数の遺言執行者

遺言執行者は，1人ではなく，複数選任することも可能です。子2人が相続人であるような場合に，その両方を遺言執行者に指定するというようなことが考えられます。

このように複数の執行者が存する場合，特に遺言に指定がなければ，遺言執行者は，過半数で決して，任務を遂行することとされています（民1017条）。問題となるのは，遺言執行者が偶数で，賛否が分かれてしまった場合です。この点について法の手当てがありませんので，遺言執行の手続が滞ってしまうおそれが生じます。

そもそも，手続が煩雑になる可能性がありますので，複数の執行者を選任することはおすすめできませんが，遺言者の希望で複数の執行者を選任する場合は，上記の点に配慮して，権限を明確にするための文言を入れておくのが肝要です。

〔3〕執行者の権限の明示

　遺言執行の過程で，遺言執行者の権限の範囲が問題とされることがあります。
　そこで，遺言執行者が執行手続を円滑に進められるように，事案に応じて，貸金庫の開扉及び収納物の取出し，預金の払戻し等の具体的な項目について，遺言執行者に権限があることを明確にしておくのがよいでしょう。

〔4〕遺言執行者の報酬

　遺言執行者の報酬については，遺言に指定がなければ，家庭裁判所に申し立てて，報酬に関する決定を経なければなりません（民1018条・648条2項・3項）。この場合，家庭裁判所の審判に対する即時抗告は認められていません。
　遺言執行者の負担を考えると，遺言執行者の報酬についても，遺言で決めておいたほうが親切です。報酬の決め方については，定額を定めることも可能ですが，遺産総額に対する割合で決するのが一般的です。

〔5〕遺言執行者と弁護士の利益相反

　弁護士が遺言執行者となる場合には利益相反に注意する必要があります。特に，弁護士が遺言作成に関与する場合，特定の相続人から依頼を受けて被相続人の遺言書の作成に関与し，作成された遺言において遺言執行者に選任される場合があります。この場合，遺言執行者であるにもかかわらず，特定の相続人のための代理人となると，弁護士倫理上の問題が生じます。現行の弁護士職務基本規程（以前の「弁護士倫理」）28条（職務を行い得ない事件）に規定する「依頼者の利益と他の依頼者の利益が相反する事件」（同条3号）などが問題となります（そのほか，同28条2号・27条1号・2号なども問題となりえます）。
　この点，弁護士が遺言執行者に指定されたにもかかわらず，当該遺言により遺産の全部を相続するものとされた相続人に対する遺留分減殺請求の調停

事件において，その相続人を代理したことについて，「受任している事件と利害相反する事件」を受任した点が弁護士倫理（当時）26条2項に違反するとして，戒告処分を受けた事例があります。当該処分に対する取消請求事件において，東京高裁は「遺言執行者は，特定の相続人ないし受遺者の立場に偏することなく，中立的立場でその任務を遂行することが期待されている」との認識を述べたうえ，「遺言執行者が弁護士である場合に，当該相続財産を巡る相続人間の紛争について，特定の相続人の代理人となって訴訟活動をするようなことは，その任務の遂行の中立公正を疑わせるものであるから，厳に慎まなければならない」と判示し，取消請求を棄却しました（東京高判平15・4・24判時1932号80頁）。

また，上記のような場合，弁護士の信用と品位の保持（弁護士職務基本規程6条），職務の公正の確保（同5条）に関する各規定に違反するとの見解も示されています（宮川光治「日弁連における懲戒事件審議の実情と今後の課題」自由と正義58巻3号85頁，東京高判平18・12・12判例集未登載参照）。

いずれにせよ，弁護士が遺言執行者に選任された場合，相続開始後に（遺留分減殺請求や，遺言無効確認請求などの）紛争が生じたとしても，特定の相続人の代理人になることはできないことを前提に，対応策を検討しておくことが必要であると思われます。

〔間瀬　まゆ子〕

Q 4-24　生前贈与・遺留分・特別受益

生前贈与と，遺留分・特別受益との関係について教えてください。

A

　生前に贈与された財産は，特別受益として遺留分算定のための基礎財産に含まれる可能性が高く，後継者に株式を集中するために生前贈与を行った場合，他の相続人から遺留分減殺請求権の行使を受けるリスクがあります。特に，贈与財産は相続開始時を基準時として評価しますので，贈与を受けた後継者の貢献によって贈与後に株式の価値が上昇した場合でも，他の相続人の遺留分を増加させる結果になる可能性があります。

解説

〔1〕生前贈与と遺留分

　遺留分とは，相続財産（遺産）のなかで，一定の相続人に留保されている持分的利益をいいます。遺留分を有する者が，受贈者（生前贈与・死因贈与を受けた者），受遺者（遺贈を受けた者），相続分の指定を受けた者，又は「相続させる」遺言によって財産を取得した者に対して遺留分減殺請求権を行使した場合，遺留分を保全するために必要な限度で対象となる贈与契約，遺贈，相続分の指定，又は「相続させる」遺言は効力を失います（民1031条）。その結果，取り戻された財産は当然に当該遺留分権利者に帰属します。遺留分については，Q 4-27～Q 4-35で詳述しますが，ここでは生前贈与と特別受益との関係について略説します。

〔2〕特別受益と遺留分

　共同相続人の1人に対し，婚姻もしくは養子縁組のため，又は生計の資本

としてされた贈与，すなわち「特別受益」である生前贈与は，相続開始前1年間であるか否かを問わず，また，損害を加えることを知っていたか否かを問わず，遺留分算定の基礎財産に算入されます（民1044条による903条の準用）。これらが相続財産の前渡しであることから，共同相続人相互の公平をはかるためです（最判昭51・3・18民集30巻2号111頁）。

そして，「生計の資本として」された贈与の意義については，広い意味に解され，生計の基礎として役立つような贈与は一切これに含まれ，「相当額の贈与は，特別な事情のない限り，すべて持戻し贈与と見ると解してよい」とされています（中川＝泉・相続法271頁，有地亨・新版注釈民法(27)229頁）。したがって，被相続人から相続人である後継者に生前贈与された株式や事業用資産（本社ビルや工場の敷地など）は，特別受益に該当すると解されます。

特別受益財産は「相続財産」に含まれます（みなし相続財産）。そして，遺留分減殺の対象ともされるのが原則です（例外については，**262頁**をご参照ください）。そして，遺留分算定の基礎財産は，相続開始時点を基準に算定すると解されていますので（大判大7・12・25民録24輯2429頁，最判昭51・3・18民集30巻2号111頁），生前贈与後に経営が順調で，株価が上昇した場合には，それだけ相続財産全体が増大し，他の相続人の遺留分も増大することになります（後述〔6〕参照）。

したがって，相続人である後継者に対する生前贈与は，遺留分の対象となるおそれがあり，これが事業承継の支障となる可能性があります。この問題を回避するためには，経営承継円滑化法を利用する方法があります（**第2章**をご参照ください）。同法を利用しない場合には様々な工夫を凝らす必要がありますが，この点については，**Q 4 -20**，**Q 4 -33**をご参照ください。

〔3〕特別受益に該当しない生前贈与と遺留分

上記のとおり，相続人が株式の贈与を受けた場合，特別受益として遺留分の基礎財産に含まれる可能性が高いと思われますが，以下においては，特別受益に該当しないとされた場合の贈与の取扱いについて説明します（**Q 4 -28**をご参照ください）。

遺留分算定の基礎となる財産（基礎財産）には，相続開始前1年間に贈与された財産が含まれます。例外的に，相続開始の1年前の日より前に贈与された財産であっても，当事者双方が遺留分権利者に損害を加えることを知って贈与をしたときは，基礎財産に含まれます（民1030条）。したがって，遺留分を減らすために，被相続人の死亡直前に相続財産を後継者に贈与することは，仮に特別受益に該当しないとしても，意味がありません。

また，「損害を加えることを知って」いたといえるためには，遺留分を侵害する事実関係を知っているだけではなく，将来において被相続人の財産が増加することはないとの認識をもっている必要があります（予見必要説・大判昭11・6・17民集15巻1246頁）。したがって，例えば，被相続人が健康で，会社経営が順調なうちに，少しずつ財産を贈与すれば，その後被相続人の財産（株式の一部及びそこから得られる配当）が増加するとの見込みがあることから，遺留分権利者に損害を加えることを知らなかったとして，（特別受益に該当しない場合には）遺留分の基礎財産に算入されることを避けることができます。ただし，自社株式の贈与については特別受益の対象とされる可能性が高いと思われますので，この手法も有効ではありません。この点については**Q4－6**をご参照ください。

また，贈与は新しいもの（相続開始に近いもの）から順次減殺の対象となりますので（民1035条），重要な財産（例えば，株式）から先に生前贈与しておくことが有益です（ただし，それでも特別受益に該当する可能性が高いと思われます）。

〔4〕持戻し免除の遺言

特別受益に関しては，被相続人は持戻しの免除をすることができます（民903条3項）。特別受益はもともと被相続人の意思による財産処分行為であることから，被相続人の意思を尊重することが認められているのです。これによって，生前贈与・遺贈・「相続させる」遺言の対象となる財産を除外した残りの財産を対象として，共同相続人に遺産分割協議を行わせることが可能となります。

もっとも，遺留分制度は，相続人の生活保障などを被相続人の意思に優先

させるものですので，持戻し免除の意思表示も，遺留分との関係では無視されます（民903条3項）。

〔5〕特別受益証明書

登記実務との関係では，特定の相続人以外の相続人が「民法903条2項により相続分がない旨の証明書」(特別受益証明書・相続分不存在証明書)を作成することによって，被相続人から相続人の1人に対する不動産所有権移転登記が可能です(昭和8年11月21日民事甲1314号民事局長回答)。この証明書は，当該相続人は，相続開始前に被相続人から特別受益を受け，それが相続分の価額を超過することにより，(取得すべき)相続分がない旨を証明する趣旨です。例えば，事業用資産を後継者である長男に集中させたい場合に，他の相続人全員が上記証明書を提出することによって，遺産分割協議書によらずに，被相続人から長男1人に対する所有権移転登記が可能となります。

ただし，特別受益の有無については，遺産分割協議を経ない限り確定しません（潮見・相続法113頁参照）。相続人が，かかる証明書をよく理解せずに作成したことを理由に，後日，「本当は特別受益はなかった」として遺産分割協議を求めることがあります。相続人のこのような主張を容れ，上記証明書を作成したにもかかわらず，遺産分割協議が成立したとは認められないとした裁判例もありますが(名古屋高金沢支決平9・3・5家月49巻11号134頁，仙台高判平4・4・20家月45巻9号37頁)，逆に遺産分割協議の成立を認めた裁判例もありますので(東京高判昭59・9・25家月37巻10号83頁)，同証明書の使用は慎重にすべきです。

争いが生じた場合，特別受益についてあらためて遺産分割（家庭裁判所で扱われる）の前提問題，又は遺留分減殺請求（通常裁判所で扱われる）の前提問題として判断されます。なお，特定の財産が特別受益財産であることの確認を求める訴えは，確認の利益を欠くものとして不適法です(最判平7・3・7民集49巻3号893頁)。

〔6〕 遺留分の基礎財産の評価の基準時

(1) 財産評価の基準時

　遺留分算定の基礎財産は，相続開始時点を基準に算定すると解されています（大判大 7・12・25民録24輯2429頁，最判昭51・3・18民集30巻 2 号111頁）。詳細は**Q 4 -28**をご参照ください。

　そして，相続財産，生前贈与・遺贈の目的財産及び債務のいずれも相続開始時点を基準として評価するので，相続開始時に，遺留分の額，遺留分侵害額及び目的物の上に存する遺留分の実体的な割合も相続開始時点で確定することになります（岡部＝三谷・実務家族法講義454頁）。

(2) 株式価値の上昇と遺留分への影響

　このことが事業承継との関係では問題になります。例えば，オーナーである被相続人が，後継者に経営権を安定して承継させるために相当な持株割合に相当する株式を相続開始よりも相当期間前に生前贈与した場合を考えます。後継者の努力により経営が順調であったことから，贈与時から相続開始までに株価が非常に上昇していました。この状況で相続が開始した場合，生前に贈与された株式は特別受益として相続財産として持ち戻されますが（民903条1項），当該株式は相続開始時を基準時点として財産の評価を行うことから，後継者の貢献によって株式価値が上昇したにもかかわらず，みなし相続財産に取り込まれ，他の相続人の遺留分を増大させる結果となるのです。

　この点，贈与の目的である財産が，「受贈者の行為によって」滅失し，又はその価格の増減があったときは，相続開始時点においてなお原状のままであるものとみなして評価します（民1044条による904条の準用）。原状のままであるものとみなして評価するとは，受贈者の行為の加えられない以前の贈与当時の状態のままで存するものとみなして（有地亨・新版注釈民法(27)247頁），評価するということです。例えば，受贈者が手を加えて土地を造成し，価値が上昇したような場合，贈与当時の状態で存在しているとみなして評価するものとされています（内田・民法Ⅳ386頁）。そこで，株式の価格の増加が後継者の貢献による場合には，「受贈者の行為によって」生じたとして，贈与時の価

格のままで評価すべきであるとの主張も不可能ではないようにも思われますが（事業承継協議会・事業承継関連相続法制検討委員会・平成18年6月「中間報告」40頁参照），株式の価格の上昇には様々な要因が影響しますので「受贈者の行為によって」といえるのかは問題です。いずれにせよ，株式についての同条の適用に関しては学説上もあまり論じられておらず，上記のような主張が裁判所で通用するか（特別受益についての確定の手続については前述〔5〕参照），不透明であると言わざるをえません。

(3) 対　策

株式価値の上昇については，経営承継円滑化法に基づいて，推定相続人全員によって生前贈与時に価額を固定する旨の合意をすることが考えられます（経営承継法4条1項2号）。この合意が成立すれば，株式の価額は，被相続人（「旧経営者」）から「後継者」に対する贈与時の価額で固定されますので，「後継者」の貢献による株式価値の上昇によって他の相続人の遺留分が増加するということはありません。

また，遺留分の特例として，贈与株式自体を遺留分の基礎となる財産から除外する旨の合意をすることも考えられます（経営承継法4条1項1号）。しかし，これについては，他の相続人の納得を得ることが前提ですので，難しい場合もあると思われます。

経営承継円滑化法については，**第2章**をご参照ください。

〔南　繁樹〕

Q 4-25　負担付死因贈与

私は後継者として，被相続人である父に頼んで，私に株式を遺贈する旨の遺言を作成してもらいました。しかし，遺言は後から書き換えられてしまう可能性があります。確実に財産を承継できる方法はないでしょうか。

A

遺言に代えて，負担付死因贈与契約を作成したうえで，負担を履行することによって，死因贈与の撤回を防ぐことが考えられます。

解説

〔1〕負担付死因贈与のメリット

死因贈与とは，贈与者の死亡によって効力を生ずる贈与契約をいいます（民554条）。死因贈与については遺贈の規定が準用されることから，遺言者がいつでも遺言の撤回をすることができるのと同様に（民1022条），贈与者は，いつでも死因贈与契約を撤回することができると解されています（最判昭47・5・25民集26巻4号805頁）。

ただし，例外的に，死因贈与において受贈者（贈与を受ける者）が義務を負担する場合で（負担付死因贈与），受贈者が負担を履行したときには，負担を履行した受贈者の利益を保護すべきという観点から，死因贈与の撤回は原則として許されません（最判昭57・4・30民集36巻4号763頁。詳細は後述）。

上記の判例理論に基づいて，例えば会社のオーナーである被相続人が，後継者である長男に，「被相続人の生前は，長男がその生活の世話をし，介護を行う」という負担付きで株式を死因贈与した場合，長男が負担を履行した場合には死因贈与の撤回は許されませんので，長男への株式の贈与が確実になります。このように，被相続人が遺贈に代えて，後継者との間で負担付死

因贈与契約を締結し，かつ，後継者がその負担を履行しておけば，財産の承継が確実になります。

以下，死因贈与と，特に，負担付死因贈与契約について，説明します。

〔2〕 死因贈与とは

(1) 死因贈与と遺贈の相違

　死因贈与は，効力発生が「贈与者の死亡」という不確定期限にかからしめられている贈与契約ということができます。死因贈与と遺贈は，いずれも死後に効力を生ずる無償の財産処分である点で共通しますが，法形式上は，死因贈与が諾成・不要式の契約であるのに対し，遺贈が要式の単独行為であるという相違があります。また，死因贈与については，検認（民1004条1項）も必要とされていません。

　しかし，上記のような共通性から，死因贈与の効力については遺贈の規定が準用されています（民554条）。撤回に関しても，「死因贈与については，遺言の取消しに関する民法1022条がその方式に関する部分を除いて準用される」と解されており（最判昭47・5・25民集26巻4号805頁），死因贈与は，遺言と同様に，原則として「いつでも」撤回することができます。この場合，書面による贈与の撤回を許さない民法550条は適用されないことになります（潮見・相続法181頁）。

　同様に，遺贈に関する民法1023条も準用されるため，死因贈与契約が締結された後，これと矛盾する遺言，死因贈与又はその他の生前処分（売買，生前贈与）が行われた場合，後の行為の効力が優先し，抵触する部分について前の死因贈与は撤回されたものとみなされます。

　なお，遺言については，遺言者の死亡以前に受遺者が死亡したときは，効力を生じません（民994条1項）。この規定も死因贈与に準用されるとするのが通説ですが（我妻榮『債権各論（民法講義）中巻Ⅰ』237頁），これに反対し，無効とならず贈与の目的財産は受贈者の相続財産を形成するとする見解もあります（柚木馨＝松川正毅『新版注釈民法⒁』72頁参照）。裁判例としては，仮に死因贈与契約について原則的には民法994条が準用されるとしても，契約当事者

が別段の意思を表示し，死因贈与契約における受贈者たる地位も相続の対象となり得ることを特に契約の内容としたと解される場合には，民法994条は準用されないと判断したものがあります（大阪高判平16・2・17裁判所HP）。

(2) 死因贈与契約書の作成

死因贈与には遺贈に関する民法1006条1項の規定の準用により，執行者を指定することが可能と解されますので（東京地判平19・3・27判時1980号98頁），死因贈与契約においては，遺言の場合と同様に，執行者を指定しておいたほうがよいでしょう。死因贈与執行者は遺言執行者と同じく，相続人全員の代理人とみなされ（民1015条の準用），相続人は，相続財産の処分その他死因贈与の執行を妨げる行為をすることができません（民1013条の準用）。したがって，遺言の場合と同様に，財産の円滑な承継のために執行者を選任しておくことが賢明と思われます。

執行者が指定されている場合には，執行者は，その権限において，登記義務者として，受贈者と共同申請により所有権移転登記を申請することができます（昭和41年6月14日民一発277号民事局第一課長回答・民月21巻7号121頁）。この場合，死因贈与契約が公正証書で作成されているときは，執行者の印鑑証明書を添付すれば足りますが，公正証書でないときは，さらに贈与者の印鑑証明書又は相続人全員の承諾書（印鑑証明書付）が登記申請の添付書類として要求されます（登記研究566号131頁）。相続人全員の協力が得られるとは限りませんので，公正証書でないときは，贈与者は，死因贈与契約書に必ず実印を押なつしておくべきです。執行者の指定がない場合には，相続人全員が登記義務者となりますので，この点からも執行者の指定をしておいたほうがよいでしょう。

執行者については，遺言執行者に関する **Q 4-23** をご参照ください。

なお，死因贈与契約書を作成する際は，上記のような登記の際の便宜なども含め，信頼性が高い公正証書にすることをお勧めします。

(3) 死因贈与を原因とする仮登記

不動産について死因贈与契約を締結した場合，死因贈与を原因として仮登記をすることが可能です（東京高決平3・9・19判タ793号181頁）。この場合の仮登記とは，所有権移転請求権保全の仮登記（いわゆる2号仮登記）です（不登

105条2号）。これに対し，遺贈を原因として仮登記を行うことはできません。後継者が明確になっている場合には，負担付死因贈与契約を締結し，あらかじめ仮登記をしておけば，被相続人によって死因贈与と矛盾する処分行為がなされても，死因贈与が（負担付きであり，かつ負担が履行されたという理由で）失効しない場合には（後述〔3〕参照），後に本登記がなされた場合において，仮登記がなされた死因贈与が優先しますので（民177条。最判昭58・1・24民集37巻1号21頁），円滑な事業承継のためにも有効な手段です。ただし，仮登記された場合であっても，死因贈与自体が有効な撤回により効力を失った場合にはその仮登記は無効になります（負担付死因贈与の場合についての撤回の可否については後述〔3〕参照）。

　また，推定相続人に対する死因贈与を原因とする仮登記を行ったとしても，相続人が限定承認を行った場合には，当該不動産は民法922条の「相続によって得た財産」として相続債務の引当てになりますので，受贈者は相続債権者に弁済がなされた後でなければ贈与財産を取得することができません（東京高決平6・10・25判時1518号25頁，東京高判平8・7・9判時1572号56頁）。

　このように，死因贈与を原因とする仮登記の効力には限界があることには留意する必要があります。

〔3〕負担付死因贈与契約

　上述のとおり，死因贈与については撤回が自由であるのが原則ですが，「贈与に至る経過，それが裁判上の和解でされたという特殊な態様及び和解条項の内容等を総合」して，撤回を許さないとした判例があります（最判昭58・1・24民集37巻1号21頁）。すなわち，贈与者の最終意思を尊重することよりも，贈与者を贈与契約に拘束することが相当と考えられるときは，撤回は許されないと解されます（潮見・相続法181頁）。

　そこで，負担付死因贈与が問題となります。負担付死因贈与の負担が贈与者の生前に履行されるべきものである場合，「贈与者の最終意思を尊重するの余り受贈者の利益を犠牲にするのは相当でない」との考慮が働きます。したがって，「受贈者が負担の全部又はこれに類する程度の履行をした場合」

には,「右契約締結の動機,負担の価値と贈与財産の価値との相関関係,契約上の利害関係者間の身分関係その他の生活関係等に照らし右契約の全部又は一部を取り消すことがやむをえないと認められる特段の事情がない限り,民法1022条,1023条の各規定は準用されない」とされています(前掲最判昭57・4・30)。この事案は,昭和35年に締結した被相続人と受贈者の間の死因贈与契約により,受贈者は勤務先を退職するまでの間,年2回の定期賞与金の半額と毎月金3,000円を被相続人に送金する旨の負担を負い,実際,昭和54年に定年退職するまで負担をすべて履行してきたというものでした(死因贈与の撤回を認めた原審を破棄差戻し)。

　その他の裁判例では,母親が次男に対し,「死因贈与契約成立日から被相続人の生存中,責任をもって原告を介護すること」を負担として母親所有の不動産を死因贈与した事案で,母親による死因贈与の撤回が問題となりました。同事案では,次男夫婦(特に次男の妻)が,約5年間にわたって母親と同居して,母親を介護し,別居後も母親の世話をしていたが,その後,母親が長男夫婦の世話を受け今後もその状態が長期間にわたって続くものといえることから,「負担の全部又はそれに類する程度の履行をしたとまではいうことはできない」として,死因贈与の撤回を認めました(東京地判平7・10・25判時1576号58頁)。このように,撤回が許されないのは「受贈者が負担の全部又はこれに類する程度の履行をした場合」に限られることには留意が必要です。

〔南　　繁樹〕

Q 4-26　事業承継と遺産分割

遺産分割とはどのような手続ですか。また，事業承継に関し，どのような点に注意する必要がありますか。

A

遺産分割とは，遺産を構成している個別財産について，各共同相続人への帰属を確定する手続です。

遺産分割は，全共同相続人の合意によることが原則であることから，後継者である相続人への財産の集中は難しくなるおそれがあります。

解説

〔1〕遺産分割とは

(1) 遺産分割の意義

遺産分割とは，遺産（相続財産）を現実に共同相続人の間に分属させる手続をいいます（中川＝泉・相続法306頁）。言い換えると，一次的・暫定的な共同相続人による遺産共有の状態を解消し，遺産を構成している個別財産について，各共同相続人への帰属を確定する手続ということができます（潮見・相続法128頁）。

(2) 遺産分割の手続

遺産分割は，まず協議又は調停によって行われますが，この場合は共同相続人全員の合意が必要です（民907条1項，家審9条1項乙類10号・11条・17条以下）。共同相続人の合意が成立する限り，内容的にどのような分割を行うことも可能であり，決定相続分を基礎として算定される具体的相続分と異なる分割も有効です（内田・民法Ⅳ383頁，潮見・前掲140頁。なお，中川＝泉・前掲308頁参照）。例えば，後継者である相続人1人に相続財産のすべてを集中させ，他の相続人は事実上の相続放棄を行う遺産分割も可能です（〔5〕で後述します）。

遺産分割協議が成立しない場合には，家庭裁判所の審判によって遺産分割が行われます（民907条2項，家審9条1項乙類10号）。なお，審判の前に必ず調停を行わなければならないという調停前置主義はとられていませんが，家庭裁判所は職権で調停に付することができ（家審11条），実務上は審判が申し立てられても調停に付されるのが通常です。調停が不成立で終了した場合，調停の申立ての時に審判の申立てがあったものとみなされ，当該事件は当然に審判手続に移行します（家審26条1項）。審判に対しては告知を受けた日の翌日から2週間以内に即時抗告がなされなければ確定し（家審13条・14条），確定によって形成力及び執行力を生じますが（家審15条），既判力は否定されています（最大決昭41・3・2民集20巻3号360頁）。

管轄については，審判の申立ては，被相続人の住所地又は相続開始地（被相続人の死亡地）の家庭裁判所に（家審規99条1項），調停の申立ては，相手方の住所地の家庭裁判所又は当事者が合意で定める家庭裁判所に（家審規129条1項），それぞれ行うものとされています。

なお，相続税の申告期限内に遺産分割協議が成立しない場合の税務上の取扱いについては，**Q6-9**をご参照ください。

(3) **遺産分割の方法**

具体的な分割方法として，①現物分割，②共有，③換価分割，④代償分割（共同相続人中のある者が多めに積極財産を取得したうえで，他の相続人に対して債務を負担するという方法による分割），⑤用益権の設定，⑥全面的価格賠償が挙げられます（内田・民法Ⅳ422頁，潮見・相続法130頁）。また，一部分割も可能です（民907条3項参照）。代償分割の税務上の取扱いにいては**Q6-10**を，遺産分割のやり直しに関する税務上の取扱いについては**Q6-12**を，それぞれご参照ください。

被相続人は，遺言で遺産分割方法を指定することができます（民908条）。

〔2〕遺言と遺産分割

遺言が存在しない場合には，遺産分割協議を行う必要があり（民907条1項），その場合には法定相続分を基礎として算定された具体的相続分率に従って相

続財産（遺産）を分割することになります。しかし，上述のとおり，相続人全員が合意する限りにおいて法定相続分と異なる割合で分割を行うことも可能です。例えば，後継者である長男に被相続人が所有していた株式の全部及び事業用財産を相続させ，他の相続人は相続分ゼロの遺産分割を行うことも可能です。他の相続人が全員相続放棄を行う場合にも類似した効果が得られますが，債務が存在する場合には，債務は相続人に対して当然に法定相続分に応じて分割相続されるので，遺産分割協議で実際に財産を相続する者（この場合は長男）が他の相続人の債務を弁済すべきことを明確にしておくことが必要です（**179頁**参照）。

〔3〕 事業承継と遺産分割

事業承継との関係では，会社経営の根底をなす株式や事業用資産を，被相続人の生前における贈与・売買，又は被相続人の死亡によって効力を生じる遺言・死因贈与などによって後継者に承継した場合には，遺産分割は不要であるか，あるいは一部の財産のみの分割にすぎないこととなり，重大な意味を持ちません。しかし，これらの事前の対策を行わなかった場合には，遺産分割を行う必要があります。この意味で，遺産分割は，オーナーである被相続人による後継者への財産承継を進めていなかった場合に問題になるものということができます。

なお，生前贈与・死因贈与・遺言による後継者への財産の承継に関して他の共同相続人から遺留分減殺請求権が行使された場合，対象となった財産の分割は共有物分割（訴訟手続）となりますので，遺産分割協議（審判手続）の対象とはなりません。以上は，贈与・特定遺贈・「相続させる」遺言の対象となった個別財産に対し遺留分減殺請求権が行使された場合のみならず，全部包括遺贈の対象財産に遺留分減殺請求権が行使された場合も同様です（最判平8・1・26民集50巻1号132頁）。この点については**Q4-30**，**Q4-31**をご参照ください。もっとも，共有物分割においても，多様な分割方法が認められているため（最判平8・10・31民集50巻9号2563頁等），遺産分割協議と共有物分割では，前者が審判手続，後者が訴訟手続によることを除けば，大きな差は

ないといえます（潮見・相続法130頁参照）。

〔4〕遺産分割の問題点

(1) 全相続人の合意を要する点

　上述のとおり，遺産分割においては，必ずしも法定相続分を基礎として算定される具体的相続分率に従う必要はありませんので，後継者である相続人1人に相続財産のすべてを集中させ，他の相続人は事実上の相続放棄を行う遺産分割が成立すれば，事業承継に問題は生じません。しかし，これは相続人全員の合意が前提であり，財産を承継できない相続人に不満がある場合には，このような合意が得られるとは限りません。

　遺産分割協議が成立しない場合には，各共同相続人の申立てにより，家庭裁判所の審判によって遺産分割が行われます（民907条2項，家審9条1項乙類10号）。その場合の基準については，(ｱ)「遺産に属する物又は権利の種類及び性質」，(ｲ)「各相続人の年齢，職業，心身の状態及び生活の状況」に加え，(ｳ)「その他一切の事情」を考慮する旨が規定されています（民906条）。しかし，審判における主たる基準は相続分であり，具体的相続分に即した共同相続人間の均衡を考慮して，相続分に従った分割が行われなければならないとされています（最高裁事務総局家庭局「昭和42年3月開催家事審判官会合概要」家月21巻2号79頁）。したがって，例えば，妻と長男・次男が相続人になる場合には，妻が2分の1，長男・次男は各4分の1の相続分を有することが基本となります（民900条1号・4号）。そうすると，株式や事業用財産を後継者である長男に集中させることは困難です。

(2) 紛争が長期化するおそれ

　上記のとおり，通常は家庭裁判所における調停を経て，協議が不成立の場合に審判に付されますが，それまでの過程で多くの期日を要します。ちなみに，平成19年の全家庭裁判所における遺産分割事件（審判＋調停）の総数9,800件のうち，4,155件（42.4％）は6回以上の期日を要しています（平成19年司法統計年報3家事編63頁）。

　さらに，審判に対しては高等裁判所への即時抗告（家審13条・14条，家審規

111条)、最高裁判所への特別抗告・許可抗告の申立てができますので（民訴336条・337条）、最終的な解決まで相当の時間を要します。ちなみに、上記遺産分割事件総数9,800件のうち、1年以内に終了したものが6,583件（67.2％）と約3分の2を占めますが、1年を超えるものが3,217件（32.8％）あり、うち2年を超えるものも1,056件（10.1％）あります（平成19年司法統計年報3家事編63頁）。したがって、調停・審判に持ち込まれた場合はそれなりの期間を想定しておく必要があります。

また、遺言や生前贈与・死因贈与契約書が作成される場合、財産目録を作成することによって相続財産の範囲が確定されることになります。これに対し、これらが作成されない場合には遺産の範囲が不明確となることがあります。例えば、株式について実質と異なる名義人が形式上の所有者とされている場合（名義株）や、特定の相続人名義でなされた預金が実質は被相続人から相続人に贈与されたものとされる例（名義預金）がその例です。遺産の範囲（何が相続財産となっているか）については、審判において審理判断できますが、その判断には既判力が生じず、不服のある当事者は、通常裁判所において民事訴訟においてその点を争うことができます（最大決昭41・3・2民集20巻3号360頁）。実務上は、審判で前提問題を含めて判断することに当事者が同意し、別途の民事訴訟を提起しない旨の合意（不起訴の合意）を行ったうえで、審判を行うことがありますが（内田・民法Ⅳ429頁、東京弁護士会・相続・遺言6頁・18頁）、紛争性が強く、このような不起訴の合意ができない場合には、遺産確認の訴え（民事訴訟）を提起せざるをえません。なお、この「遺産確認の訴え」は、「当該財産が現に被相続人の遺産に属すること、換言すれば、当該財産が現に共同相続人による遺産分割前の共有関係にあることの確認を求める訴え」であり（最判昭61・3・13民集40巻2号389頁）、固有必要的共同訴訟として共同相続人全員を当事者とする必要があります（最判平元・3・28判時1313号129頁）。このような遺産の範囲が訴訟で争われる場合には紛争の長期化は免れません。

(3) **遺産評価の問題**
(a) 評価の基準時
遺産分割については、①遺産を構成する財産について具体的相続分率を算

定する段階，及び②具体的相続分率に従って実際に遺産を分割する段階の2つの段階で遺産の評価が問題となります。

　①遺産を構成する財産について具体的相続分率を算定する段階においては，遺産を構成する各相続財産，特別受益として持戻しの対象となる生前贈与・遺贈の目的財産，控除される寄与分，債務のいずれも相続開始時点を基準として評価すると解されています（内田・民法Ⅳ422頁）。なお，遺留分算定の基礎財産についても同様であり（最判昭51・3・18民集30巻2号111頁参照），相続開始時に，遺留分の額，遺留分侵害額及び目的物の上に存する遺留分の実体的な割合も相続開始時点で確定することになります（岡部＝三谷・実務家族法講義454頁）。

　次に，②具体的相続分率に従って実際に遺産を分配する段階での各相続財産の評価については，「遺産の分割は共同相続人が相続に因りその共有に帰した相続財産をその後分割の時点において相続分に応じこれを分割するのを建前としているのであるから，相続財産の評価は相続開始時の価額ではなく，分割当時のそれによるべきものと解するのが相当である」と解されています（福岡高決昭40・5・6家月17巻10号111頁。その他，名古屋高決昭45・12・9家月23巻7号44頁，大阪高決昭58・6・2判タ506号186頁）。このように分割時が基準時とされていることから，例えば，自社株式（100株）と金融資産が相続財産の大半を占め，長男と次男のみが相続人である場合において，相続開始時においては株式が総額5億円，金融資産が5億円と評価されていた場合，長男に株式を，次男に金融資産を承継させることが想定されます。しかし，遺産分割時までに相続財産である株式の総額が10億円に上昇したときは，次男に金融資産（5億円）のみならず，株式25株（2.5億円）を分割しなければならず，長男は75株（7.5億円）を取得するにとどまることになります（金融資産の運用益は捨象します）。このように遺産分割が長期化すると，遺産の評価の変動により分割の行方が不透明になりかねません。

　(b)　相続財産の評価

　相続財産については，上記のような評価の趣旨から，時価によって評価すべきと思われます。ただし，非上場株式の評価については困難な問題があり，実務上は，旧商法・会社法上の株式買取請求における価格の算定や，相続税

賦課のための税務上の評価方法を参考にしているといわれています（東京弁護士会編『遺産分割実務マニュアル』146頁）。また，中小企業庁が平成21年2月に公表した「経営承継法における非上場株式等評価ガイドライン」も参考になると思われます（**40頁**参照）。

(4) 遺産分割の困難性

以上のとおり，遺産分割は，全相続人の合意を要する点で，後継者への自社株式・事業用資産の集中が困難であり，また，最終的な解決までが長期化するおそれがあるうえ，長期化した場合に財産の価値の変動によって分割の方法の予測が困難になります。したがって，事業承継との関係では，遺産の承継について遺産分割に委ねることは適当ではなく，被相続人の生前における贈与・売買，又は被相続人の死亡によって効力を生じる遺言・死因贈与によって後継者及びその他の相続人に対して承継させる財産を明確化し，かつ，遺留分による紛争が生じないように対策を行っておくことが賢明といえます。

〔5〕特定の相続人に財産を集中させる方法

(1) 特定の相続人に財産を集中させる遺産分割

以上では，共同相続人間の合意が難しい場合を念頭に記載しましたが，全共同相続人の合意があれば，後継者である相続人1人に相続財産のすべてを集中させ，他の相続人は事実上の相続放棄を行う遺産分割をすることも可能です。具体的には，特定の相続人が全財産を取得し，他の相続人の取り分はゼロである旨の遺産分割協議書を作成することになります（これに基づく相続登記が可能です）。

上記の方法は，事実上，相続放棄とほぼ同じ効果をもたらすため，家庭裁判所の審判が不要で手続が簡単であり，熟慮期間（民915条1項）を経過してからでも利用できるという理由で，共同相続人の1人に遺産を集中させるための便法として利用されています（内田・民法Ⅳ357頁）。また，相続放棄によって次順位の相続人が相続人となる場合には，この方法を利用する積極的な理由があります。例えば，被相続人の配偶者と子が生存している場合に，配偶者に全財産を相続させたいとき，子らが全員相続放棄を行うと，（配偶者に

加えて）被相続人の直系尊属が相続人になるので（民889条1項1号），目的を達することができません。この場合，配偶者が遺産のほとんどを取得し，子らは名目的な財産のみを取得する旨の遺産分割を行う必要があります。ただし，相続債務についてだけは，共同相続人に法定相続分に応じて当然に分割承継されると解されているため，被相続人の債権者の同意がない限り，上記の方法では債務を免れることができない点には注意をする必要があります（内田・民法Ⅳ356頁）。

(2) 特別受益証明書

不動産登記との関係では，特定の相続人以外の他の相続人は，すでに被相続人から十分な生前贈与を受けているとして，「民法903条により相続分がない旨の証明書」（特別受益証明書・相続分不存在証明書）を作成し，これを添付書類として相続登記を行うことも可能です（昭和8年11月21日民事甲1314号民事局長回答）。

なお，特別受益証明書についてはQ4-24をご参照ください。

〔南　繁樹〕

【遺産分割協議書（例）】

遺産分割協議書

《被相続人の表示》
　　本籍及び最後の住所　　京都市〇〇区〇〇町1番地1
　　被相続人　甲野太郎
　　昭和〇年〇月〇日出生，平成〇年〇月〇日死亡

《相続人の表示》
　　本籍及び住所　　京都市〇〇区〇〇町1番地1
　　相続人（長男）　甲野一郎
　　昭和〇年〇月〇日出生

　　本籍及び住所　　大阪市〇〇区〇〇町1番地1
　　相続人（長女）　乙野華子
　　昭和〇年〇月〇日出生

　　本籍及び住所　　神戸市〇〇区〇〇町1番地1
　　相続人（次男の子）　甲野一雄
　　昭和〇年〇月〇日出生

　　本籍及び住所　　名古屋市〇〇区〇〇町1番地1
　　相続人（次男の子）　丙野良子
　　昭和〇年〇月〇日出生

　上記被相続人甲野太郎の死亡により開始した相続において，共同相続人間で協議した結果，被相続人の遺産を次のとおり分割することを決定した。

1　被相続人甲野太郎が有する次の不動産を長男甲野一郎が取得する。

《不動産の表示》

　所在　　　　京都市〇〇区〇〇町
　地番　　　　1番1
　地目　　　　宅地
　地積　　　　200.39㎡

　所在　　　　京都市〇〇区〇〇町1番地
　家屋番号　　1番
　種類　　　　共同住宅
　構造　　　　鉄筋コンクリート造鋼板葺2階建
　床面積　　　1階　　100.49㎡
　　　　　　　2階　　100.49㎡

2　被相続人甲野太郎が有する次の株式を長男甲野一郎が取得する。

記

　株式会社〇〇（本店　京都市〇〇区〇〇町1番地1）の株式全部

3　長女乙野華子，次男の子（代襲相続人）甲野一雄及び次男の子（代襲相続人）丙野良子はいずれも何らの遺産を取得しない。

4　本協議書に記載なき遺産及び後日判明した遺産は，長男甲野一郎がすべてこれを取得する。

以上のとおり協議が成立したので，これを証するため本書面4通を作成し，各共同相続人が次に署名押印して夫々その1通を所持する。

平成○年○月○日

　　京都市○○区○○町1番地1
　　　（長男）　　甲野一郎　㊞

　　大阪市○○区○○町1番地1
　　　（長女）　　乙野華子　㊞

　　神戸市○○区○○町1番地1
　　　（次男の子）　甲野一雄　㊞

　　名古屋市○○区○○町1番地1
　　　（次男の子）　丙野良子　㊞

Q 4-27　遺留分権利者と遺留分

遺留分とはどのようなもので，誰がどのような割合で請求できるものですか。

A

「兄弟姉妹以外の相続人」，すなわち，配偶者，子及び直系尊属は遺留分を有します。これらの者の遺留分を侵害する贈与・遺贈は遺留分減殺請求権の行使により遺留分を保全するために必要な限度で効力を失います。

遺留分の割合（遺留分率）は，①直系尊属「のみ」が相続人である場合は被相続人の財産の3分の1，②その他の場合は被相続人の財産の2分の1です。

解説

〔1〕遺留分とは

「遺留分」とは，被相続人の財産の中で，法律上その取得が一定の相続人に留保されていて，被相続人による自由な処分（生前贈与・死因贈与・遺贈・相続分の指定・「相続させる」遺言）に対して制限が加えられている持分的利益をいいます（潮見・相続法242頁参照）。

本来，被相続人は，私的自治の原則（個人意思自治の原則）に基づいて，自らの財産を自由に処分する権利を有しています。しかし，遺族の中には生活を被相続人の財産に依存している者もあり，また，夫（妻）の財産の中には妻（夫）の潜在的持分も含まれています。そこで，遺族の生活保障及び潜在的持分の清算のために，相続財産の一部を相続人に留保し，被相続人の処分の自由を制限したのが遺留分の制度です（民1028条以下）。

〔2〕 遺留分権利者

　贈与・遺贈などの際に遺留分に配慮する前提として，遺留分権利者の把握が必要です。遺留分権利者は「兄弟姉妹以外の相続人」，すなわち，**配偶者，子及び直系尊属のみ**です（民1028条）。ここで「相続人」とは，法定相続の規定に従い，子（又はその代襲者）がいる場合には直系尊属が遺留分権利者になることはなく，また，配偶者は常に遺留分権利者となります（民887条1項・889条1項1号・890条・1044条・887条2項・3項）。胎児も，生きて生まれたときは子として遺留分を有します（民886条）。

　なお，遺留分は相続人に与えられる権利ですので，相続欠格，廃除又は相続放棄により相続権を失った者は遺留分を有しません（民891条～893条・938条）。ただし，相続欠格又は廃除の場合，その者の子は代襲者として遺留分を有します（民1044条・887条2項・3号）。これに対し，遺留分権利者が相続放棄をした場合，その者の子も遺留分を有しません。

〔3〕 遺留分の範囲

(1) **総体的遺留分**

　遺留分権利者がいる場合に，遺留分の割合（遺留分率）は，①直系尊属「のみ」が相続人である場合は被相続人の財産の3分の1，②その他の場合は被相続人の財産の2分の1とされています（民1028条）。これは，相続財産全体に占める遺留分権利者に留保される割合を意味し，「総体的遺留分」又は「包括的遺留分」ということもあります（潮見・相続法251頁）。

(2) **個別的遺留分**

　各遺留分権利者の遺留分率は，総体的遺留分に，遺留分権利者全体における当該遺留分権利者の法定相続分の割合を掛けたものです（民1044条による900条・901条の準用）。例えば，妻，長男及び次男が相続人である場合，総体的遺留分は2分の1であり，妻は法定相続分が2分の1なので（民900条1号），個別的遺留分率は4分の1（＝1/2×1/2），長男及び次男はそれぞれ法定相続

分が4分の1なので（民900条2号），個別的遺留分率は8分の1（＝1/2×1/4）となります（下記b）。

これに対し，例えば被相続人の妻と弟のみが相続人である場合，総体的遺留分は2分の1ですが，遺留分権利者は妻のみなので，妻の個別的遺留分率は2分の1となります（下記d）。この点は注意を要します。

	相続人				遺留分				総体的遺留分
	配偶者	直系卑属	直系尊属	兄弟姉妹	配偶者	直系卑属	直系尊属	兄弟姉妹	
a	○				1/2	—	—	—	1/2
b	○	○			1/4	1/4	—	—	1/2
c	○		○		2/6	—	1/6	—	1/2
d	○			○	1/2	—	—	0	1/2
e		○			—	1/2	—	—	1/2
f			○		—	—	1/3	—	1/3
g				○	—	—	—	0	0

※子の代襲相続人も，被代襲者である子と同じ遺留分を有します（民1044条による887条2項・3項の準用）。
※子又は直系尊属が複数ある場合は，それぞれ均等の遺留分を有します（民1044条による900条4号の準用）。

(3) 遺留分額の算定

各人の遺留分額は，遺留分算定の基礎となる財産（基礎財産）の額に，各遺留分権利者の遺留分率（上記(2)参照）を掛けたものとなります（民1044条による903条の準用）。遺留分算定の基礎となる財産の額の具体的算定方法については，**Q4-29**をご参照ください。

> 遺留分額 ＝ 遺留分算定の基礎財産の額 × 各遺留分権利者の遺留分率

〔4〕遺留分減殺請求権の行使

　遺留分を有する者（遺留分権利者）は，受贈者（生前贈与・死因贈与を受けた者），受遺者（遺贈を受けた者），遺留分を侵害する相続分の指定を受けた相続人，又は「相続させる」遺言によって財産を取得した相続人に対して遺留分を減殺する旨の意思表示を行うことにより遺留分減殺請求権を行使します。これにより，遺留分を保全するために必要な限度で遺留分減殺の対象となった贈与，遺贈，相続分の指定（民902条1項），又は「相続させる」遺言は効力を失います（形成権説・最判昭41・7・14民集20巻6号1183頁）。その結果，取り戻された財産（取戻財産）は当然に当該遺留分権利者に帰属し（物権的効果説・最判昭51・8・30民集30巻7号768頁），相続財産には復帰しません。したがって，当該財産について共有物分割手続によって具体的な分割を行うことになり（最判平8・1・26民集50巻1号132頁，最判平8・11・26民集50巻10号2747頁），遺産分割手続の対象とはなりません。

　なお，遺留分減殺請求権は，遺留分権利者が，相続の開始及び減殺すべき贈与，遺贈，相続分の指定，又は「相続させる」遺言があったことを知った時から1年間行使しないときは，時効によって消滅します（民1042条）。相続開始の時から10年を経過したときも同様です（除斥期間）。

　以上の詳細については，**Q 4-30**をご参照ください。

　なお，遺留分減殺の税務上の取扱いについては**Q 6-11**をご参照ください。

〔南　　繁樹〕

Q 4-28 遺留分算定の基礎財産

遺留分を算定するときの基礎となる財産は，どのように算定しますか。

A

以下の算式で求められます。
遺留分算定の基礎となる財産 ＝
　相続開始時の相続財産 ＋ 贈与財産 － 相続債務

解説

〔1〕遺留分算定の基礎財産

各遺留分権利者の具体的な遺留分額は，以下の算式で算定されます（詳細はQ 4-29参照）。

> 遺留分額 ＝ 遺留分算定の基礎財産の額 × 各遺留分権利者の遺留分率

そこで，遺留分額を算定するためには，遺留分算定の基礎となる財産（基礎財産）の額を算定する必要があります。基礎財産は，以下の算式で算定されます（民1029条1項）。

> 遺留分算定の基礎となる財産 ＝
> 　相続開始時の相続財産（積極財産）
> 　＋ 贈与財産（原則として相続開始前1年間・相続人に限られない）
> 　－ 相続債務

なお，法定相続における具体的相続分を算出する際の基礎となる「みなし

相続財産」の算定方法（民903条1項・904条の2第1項。**Q 4-8～Q 4-10参照**）と比較すると，遺留分算定の基礎となる財産は，①寄与分が考慮されない点（民1044条は903条の2を準用していない），②贈与について，受贈者が共同相続人以外も含む点では範囲が拡大されつつ，時期は原則として相続開始前1年間に限定されている点（民1030条），③相続債務が控除される点が異なります（潮見・相続法257頁）。

> みなし相続財産 ＝
> 　相続開始時の相続財産（積極財産）
> 　＋ 相続人が受けた贈与財産（特別受益）
> 　－ 寄与分
> 　（債務控除なし）

〔2〕相続開始時の相続財産（積極財産）

(1) **相続開始時の相続財産**

　遺留分算定の基礎となる財産の算定の出発点となる「被相続人が相続開始の時に有した財産の価額」（相続開始時の相続財産）とは，被相続人が相続開始時に有した積極財産（すなわち，債務を控除しない）から，そもそも相続の対象とならない「被相続人の一身に専属したもの」（帰属上の一身専属権）及び祭祀財産を除外したものです（民896条但書・897条）。

(2) **条件付き権利・存続期間が不確定な権利**

　条件付きの権利又は存続期間の不確定な権利は，家庭裁判所が選任した鑑定人の評価に従って，その価格を定めます（民1029条2項）。

(3) **遺贈・「相続させる」旨の遺言の対象**

　遺贈又は相続させる旨の遺言の対象となった財産は，それが特定物である場合には死亡と同時に受遺者に移転し，「被相続人が相続開始の時に有した財産」に含まれないのではないかとの疑義も生じますが，実務・学説上は含まれると解されています（鈴木禄弥『相続法講義〔改訂版〕』153頁，潮見・相続法

258頁，岡部＝三谷・実務家族法講義453頁。なお，伊藤昌司『相続法』372頁参照）。

(4) **生命保険金**
(a) 被相続人が受取人となる場合

生命保険金については，被相続人が自らを保険金受取人に指定していた場合には，それが相続財産を構成し，遺留分算定の基礎財産に含まれる点には異論がありません（潮見・相続法258頁）。

(b) 第三者が受取人となる場合

これに対し，第三者が保険金受取人に指定されている場合，相続財産を構成しない点には異論がないものの，贈与に類似した面があることから遺留分算定の基礎財産に含まれると解するのが学説の多数説です。しかし，判例はこれを否定し，民法1030条の「贈与」にも「遺贈」にも該当しないとしています（最判平14・11・5民集56巻8号2069頁）。

(c) 共同相続人が受取人となる場合

保険金受取人として共同相続人が指定されている場合はどうでしょうか。この点，生命保険金は，原則としては特別受益には該当しないとされるものの，「保険金受取人である相続人とその他の共同相続人との間に生じる不公平」が「903条の趣旨に照らし到底是認することができないほどに著しいものであると評価すべき特段の事情がある場合」には，同条の類推適用により特別受益に準じて持戻しの対象として相続財産に含まれると解されています（最決平16・10・29民集58巻7号1979頁）。このような場合に該当する生命保険金は，遺留分算定の基礎財産にも含まれます（民1044条による民903条の準用。潮見・相続法262頁・282頁。その結果，他の相続人の遺留分額を増加させることになります）。さらに，最高裁は，民法903条1項の定める相続人に対する贈与は，原則として，民法1030条の定める要件（すなわち，相続開始前1年間の贈与）を満たさないものであっても，遺留分減殺の対象となる旨を判示しています（最判平10・3・24民集52巻2号433頁）。まとめると，特定の相続人のみが高額の生命保険金の受取人とされ，他の共同相続人との間で著しく不公平になるような場合に限り，民法903条の類推適用により，その保険金はみなし相続財産に含まれ，遺留分算定の基礎財産に含まれるとともに，原則として，遺留分減殺の対象とされることになります。したがって，被相続人の立場からすれ

ば，特定の相続人を生命保険金の受取人とすることで，その相続人を優遇することは可能ですが，行き過ぎると遺留分減殺の対象となってしまうことになります。以上について，**Q 4 -3**，**Q 4 -20**もご参照ください。

(5) 死亡退職金

死亡退職金については，多くの場合において相続財産を構成しませんが（Q 4 -3参照），支給を受ける遺族の生活保障を目的としたものであるゆえに，遺留分算定の基礎財産にも含めないことが相当と解されます（潮見・相続法259頁）。

〔3〕贈与財産の加算

遺留分算定の基礎となる財産（基礎財産）には，相続開始前1年間に贈与された財産を含みます。例外的に，相続開始の1年前の日より前に贈与された財産であっても，当事者双方が遺留分権利者に損害を加えることを知って贈与をしたときは，基礎財産に含まれます（民1030条）。以下，詳述します。

(1) 「贈与」の意義

民法1030条にいう「贈与」は，民法549条以下に規定されている贈与に限らず，すべての無償処分を意味します。したがって，寄附行為（民41条）や，無償で行われた信託受益権の設定，債務免除及び担保提供などが「贈与」に該当し，遺留分算定の基礎財産に含まれます。

(2) 相続開始前1年間にされた贈与の算入

遺留分算定の基礎財産に含まれるのは，原則として，相続開始前1年間に贈与された財産に限られます（民1030条前段）。基礎財産に贈与を含めないと，被相続人の生前贈与によって遺留分が確保されなくなるおそれがありますが，他方で受贈者の立場を考慮し，時期を限定したものです。民法1030条の「相続開始前の1年間にした」とは，贈与契約が相続開始前の1年間に締結されたことを意味し，1年以上前に「締結」された贈与契約が相続開始前の1年間に「履行」されたに過ぎない場合は，これに該当しません（内田・民法Ⅳ506頁）。

(3) 遺留分権利者に損害を加えることを知ってされた贈与の算入

相続開始1年前の日より前にした贈与であっても，「当事者双方」が「遺留分権利者に損害を加えることを知って」されたものである場合には，遺留分算定の基礎財産に含まれ，遺留分減殺の対象となります（民1030条後段）。「損害を加えることを知って」いたといえるためには，遺留分を侵害する事実関係を知っているだけではなく，将来において被相続人の財産が増加することはないとの認識をもっている必要があります（予見必要説・大判昭11・6・17民集15巻1246頁）。この点に関し，贈与から相続開始までに長期間が経過しているという事実は，将来において財産が増加することはないとの認識をもっていなかったと評価する材料となりますが（前掲大判昭11・6・17），高齢又は病気などで被相続人の活動力が低下しており，将来財産が増加する見込みがない場合は，損害の認識があったと認められやすくなります（大判昭19・7・31民集23巻422頁）。

以上を踏まえると，被相続人が健康なうちに贈与をしておくことが，相続人間の紛争を未然に防止するためには有効といえそうですが，下記(4)の特別受益に該当する限りは，原則として，遺留分算定の基礎財産とされてしまいます。

(4) 特別受益の算入

(a) 特別受益の意義

共同相続人の1人に対し，婚姻もしくは養子縁組のため，又は生計の資本としてされた贈与，すなわち特別受益である生前贈与は，相続開始前1年間であるか否かを問わず，また，損害を加えることを知っていたか否かを問わず，遺留分算定の基礎財産に算入されます（民1044条による903条の準用）。これらが相続財産の前渡しであることから，共同相続人相互の公平をはかるためです（最判昭51・3・18民集30巻2号111頁）。

(b) 特別受益と遺留分

そして，遺留分算定の基礎財産に算入される贈与は，遺留分減殺の対象ともされるのが原則です。ただし，生前贈与が相続開始より相当以前になされたもので，その後の社会経済事情や，相続人など関係人の個人的事情の変化をも考慮すると，減殺請求を認めることが生前贈与を受けた相続人にとって

酷であるなどの「特段の事情」がある場合には，遺留分減殺の対象にはなりません（最判平10・3・24民集52巻2号433頁）。

　もっとも，特別受益は「共同相続人」に対する贈与であることが前提ですので，贈与を受けた者が相続放棄をした場合には，「特別受益として」遺留分算定の基礎財産に算入することはできません。この場合，贈与を受けた者は，受贈者としての地位に基づいて，上記(2)及び(3)に該当する財産に限り，民法1033条・1035条の規定する順序に従い，遺留分減殺を受けることになります（民1031条）。したがってその贈与が，相続開始1年前の日より前になされた場合には，遺留分権利者に損害を加えることを知ってされたものでない限り，遺留分算定の基礎財産に算入されないことになります。

(c)　特別受益の持戻し免除の意思表示と遺留分

　また，被相続人が共同相続人に対する特別受益につき持戻し免除の意思表示（Q4-6参照）をしている場合であっても，遺留分算定の基礎財産に関しては，持戻し免除の意思表示は民法903条3項に照らして無効であり，すべてが遺留分算定の基礎財産に算入され，遺留分減殺請求の対象ともなります（最判平10・3・24民集52巻2号433頁）。

(5)　**不相当な対価による有償行為の算入**

　不相当な対価をもってした有償行為は，当事者双方が遺留分権利者に損害を加えることを知ってしたものに限り，贈与とみなされます（民1039条前段）。この場合，正当な価額との差額が贈与財産として遺留分算定の基礎財産に含まれます。これに対し，遺留分減殺の対象とするときは，負担付贈与とは異なり，全額が減殺の対象となる代わりに，その対価を償還しなければなりません（民1039条後段。髙木多喜男・新版注釈民法(28)509頁）。

〔4〕相続債務の控除

　遺留分算定の基礎財産の確定においては，相続債務を控除します。これは，「みなし相続財産」（民903条）の確定の場合と異なります。その理由は，遺留分制度は，債務を控除した純額としての「相続人が現実に取得すべき価額」を基礎として遺留分権利者に一定割合を留保する制度であると理解されるか

らです（潮見・相続法108頁）。**Q 4 -29**もご参照ください。

なお，遺贈債務の額は含まれません。

〔5〕 基礎財産の評価

(1) 基礎財産の評価の基準時

遺留分算定の基礎財産は，相続開始時点を基準に算定すると解されています（大判大 7・12・25民録24輯2429頁，最判昭51・3・18民集30巻 2 号111頁）。学説も同様の見解が通説です（中川＝泉・相続法656頁，内田・民法Ⅳ507頁，潮見・相続法264頁）。これに対し，相続開始以降に目的物の価格が変動している場合には，実質的公平の観点から，減殺請求時又は現実弁償時と解する余地もあります（埼玉弁護士会編『遺留分の法律と実務』88頁）。なお，価額弁償（民1041条）の場合の目的物評価の基準時は現実弁償時（事実審の口頭弁論終結時）ですが（最判昭51・8・30民集30巻 7 号768頁），これは基礎財産の評価の基準時とは別の問題であり，昭和51年最判も，「民法1029条，1044条，904条は，要するに，遺留分を算定し，又は遺留分を侵害する範囲を確定するについての基準時を規定するものであるにすぎず，侵害された遺留分の減殺請求について価額弁償がされるときの価額算定の基準時を定めたものではない」として，両者を区別しています。この点については**Q 4 -32**をご参照ください。

上記の判例に従う限り，相続財産，贈与・遺贈の目的財産及び債務のいずれも相続開始時点を基準として評価するので，相続開始時に，遺留分の額，遺留分侵害額及び目的物の上に存する遺留分の実体的な割合も相続開始時点で確定することになります（岡部＝三谷・実務家族法講義454頁）。

贈与の目的である財産が，受贈者の行為により滅失し，又はその価格の増減があったときも，相続開始時点においてなお原状のままであるものとみなして評価します（民1044条による904条の準用）。

贈与の目的物が金銭の場合も，相続開始時の貨幣価値に換算して評価します（最判昭51・3・18民集30巻 2 号111頁〔特別受益としての贈与に関するものですが，その趣旨は贈与一般に及ぶものと解されます〕）。換算に関し，審判例においては，総務省統計局編『家計調査年報』，「消費者物価指数報告」掲載の消費者物価

指数，日本銀行統計局編『経済統計年報』，「東京物価小売指数年報」掲載の物価指数などが使用されるようです（最判解説民事篇昭51年度55頁）。

　債権については，名目額（額面額）によらず，債務者の資力や担保の有無を考慮して，その取引価額によって評価すべきと解されています（中川＝泉・相続法656頁）。オーナーである被相続人の会社に対する無担保貸付で期限の定めがなく，事実上当面の返還が期待されないような場合には，相応の減額を行うことが合理的と思われます。

(2) 債務超過となった場合の処理

　相続債務の価額が，被相続人が相続開始の時において有した積極財産の価額及び贈与財産の価額と同じか，これを上回る場合には，大別して，以下の２つの考え方があります。まず，①遺留分はゼロであり，遺留分減殺請求権は認められないとする考え方があります。これは，民法1029条に忠実であり，遺言自由の原則を含む被相続人の処分権を重視する考え方です。これに対し，②相続債務があったのだから，被相続人は自由に生前贈与・遺贈などにより処分できる財産を有しなかったとして，遺留分減殺を認める考え方があります。これは，相続人の利益を重視する考え方です（以上につき，埼玉弁護士会・前掲90頁，潮見・相続法265頁）。

〔南　繁樹〕

Q 4-29　遺留分の算定と債務

(1) 遺留分の具体的な計算方法を教えてください。特に，被相続人が債務を負っている場合について教えてください。
(2) 被相続人が特定の相続人1人にすべての財産を相続させる旨の遺言をした場合，相続債務は各共同相続人が負担するものとして，遺留分を計算するのですか。
(3) 被相続人が保証債務を負っている場合の遺留分の算定方法について教えてください。

A

(1) 遺留分の侵害額は，遺留分権利者の遺留分の額から，当該遺留分権利者が相続によって得た財産の額を控除し，負担すべき相続債務の額を加算して算定します。したがって，相続債務のうち当該遺留分権利者の法定相続分に応じた部分を，加算します。
(2) 財産全部を「相続させる」遺言がある場合は，遺留分権利者の法定相続分に応じた相続債務の額を遺留分の額に加算することは許されません。
(3) 保証債務については，①主債務者が弁済不能の状態にあり，かつ，②主債務者に対する求償の見込みがないような場合でない限り，遺留分算定の基礎財産を算定するための債務に含めず，また，各遺留分権利者の遺留分算定のために加算しないと解されています。

解説

〔1〕遺留分減殺の額の算定方法

(1) 遺留分算定の基礎財産の額，遺留分の額，遺留分侵害額

被相続人が相続開始の時に債務を有していた場合の遺留分の額について，

判例は，以下のように判示しています（最判平 8・11・26民集50巻10号2747頁。なお，各項目の整理については最判解説民事篇平成10年度198頁に従いました）。

　第 1 に，**遺留分算定の基礎財産の額**につき，「被相続人が相続開始の時に有していた財産全体の価額」に「その贈与した財産の価額」を加え，「その中から債務の全額を控除」することによって確定します（**Q 4 -28**参照）。なお，上記「相続開始の時に有していた財産」には，遺贈・相続させる遺言の目的である財産を含みます。また，具体的相続分（率）の算定の際と異なり，債務を控除します。

　第 2 に，**遺留分の額**は，上記の遺留分算定の基礎財産の額に「［民法1028条所定の］遺留分の割合を乗じ，複数の遺留分権利者がいる場合は更に遺留分権利者それぞれの法定相続分の割合を乗じ」て算出します（**Q 4 -27**参照）。

　第 3 に，**遺留分の侵害額**は，上記のようにして算定した「遺留分の額」から，「遺留分権利者がいわゆる特別受益財産を得ているときはその価額を控除」し，「遺留分権利者が相続によって得た財産がある場合はその額を控除」し，「同人が負担すべき相続債務がある場合はその額を加算」して算定します。なお，ここでの「相続によって得た財産」は，特定物遺贈及び「相続させる」遺言により取得した財産，並びに相続開始時の被相続人の財産から取得し得る財産を含む意味で用いています（上記最判解説参照）。

　以上を数式化すると，以下のとおりです。

遺留分算定の基礎財産の額
　＝ 相続財産の価額 ＋ 贈与財産価額 － **相続債務**

遺留分の額
　＝ 遺留分算定の基礎財産の額 × 遺留分の割合（総体的遺留分）× 法定相続分率
　　　　　　　　　　　　　　　　　　　　　　　　遺留分率

遺留分の侵害額
　＝ 遺留分の額 － 特別受益 － 相続によって得た財産 ＋ **負担すべき相続債務**

　なお，減殺の対象となる遺贈や贈与は，その価額が遺留分を超過するものに限ります。したがって，遺留分を下回る額の遺贈，贈与しか受けていない

共同相続人は遺留分減殺の対象となりません（最判平10・2・26民集52巻1号274頁）。したがって，複数の遺贈が減殺の対象となる場合の民法1034条にいう目的の価額は遺留分額を超過する額のみとなります。

(2) 具体的相続分の計算例

以上に基づいて，設例に関し，各相続人の具体的相続分を計算します。

【設例】

平成11年1月31日，H（被相続人）が死亡し，相続人は，妻W，子A・B・Cです。

遺産は，土地（相続開始時の時価8,000万円），建物（同4,000万円），マンション（同4,000万円），絵画（同4,000万円）及び現金2,000万円の合計2億2,000万円です。被相続人は，土地・建物をAに相続させる旨，マンションをWに相続させる旨，現金をCに相続させる旨，及び絵画を第三者Xに遺贈する旨の遺言を遺しています。なお，被相続人は平成10年2月1日，Bに対し，株式100株（贈与時の価額4,000万円，相続開始時の評価8,000万円）を贈与しました。また，被相続人は，6,000万円の債務を負っていました。

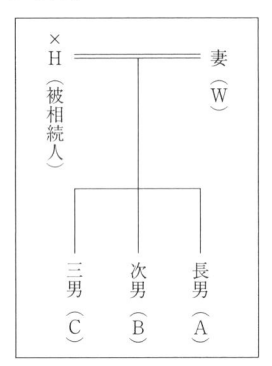

```
      X
      H ══════════ 妻
    （被           （W）
      相
      続
      人）
      │
   ┌──┼──┐
   │  │  │
  三  次  長
  男  男  男
  (C) (B) (A)
```

(a) **遺留分算定の基礎財産**

(ア) 相続開始時に有した財産（評価基準時は相続開始時）

　　総額2億2,000万円

　　［Wが相続した財産の価額］

　　　　マンション　　　　　　4,000万円　………①

［Ａが相続した財産の価額］

　　　　　　　　　　　　　　12,000万円　………②

　（内訳）

　　土地　　　8,000万円

　　建物　　　4,000万円

［Ｂが相続した財産の価額］

　　　　　　　　　　　　　　　ゼロ　………③

［Ｃが相続した財産の価額］

　　現金　　　　　　　　　　2,000万円　………④

［Ｘが遺贈によって取得した財産の価額］

　　絵画　　　　　　　　　　4,000万円　………⑤

　合計　　　　　　　　　　22,000万円　………⑥

(ｲ) 加算される生前贈与（民1030条。評価基準時は相続開始時）

　　Ｂに贈与された株式　　　8,000万円　………⑦

(ｳ) 控除される債務額

　　相続債務　　　　　　　　6,000万円　………⑧

(ｴ) 遺留分算定の基礎財産

　　⑥＋⑦－⑧＝24,000万円　……………………⑨

(b) 遺　留　分

(ｱ) 抽象的遺留分

　　［抽象的遺留分率＝遺留分の割合（民1028条）×法定相続分率（民900条）］

　　　　Ｗ：1/2×1/2＝1/4　　　………（あ）

　　　　Ａ：1/2×1/2×1/3＝1/12　………（い）

　　　　Ｂ：1/2×1/2×1/3＝1/12　………（う）

　　　　Ｃ：1/2×1/2×1/3＝1/12　………（え）

(ｲ) 具体的遺留分

　　［具体的遺留分＝遺留分算定の基礎財産×抽象的遺留分率］

　　　　遺留分算定の基礎財産（⑨）　24,000万円

　　　　Ｗ：24,000×1/4（あ）＝6,000　………（ア）

270 第4章　事業承継のための相続法の基礎知識

A：24,000×1/12（い）＝2,000　………（イ）
B：24,000×1/12（う）＝2,000　………（ウ）
C：24,000×1/12（え）＝2,000　………（エ）

(c)　**遺留分の侵害額**

各遺留分権利者につき，具体的遺留分の額から，生前贈与又は特定物遺贈・「相続させる」遺言により取得した財産の額を控除し，負担すべき債務の額を加算します。

各遺留分権利者が負担すべき債務の額［原則として，法定相続分率（民900条）に従う］
相続債務　6,000万円（⑧）
W：6,000×1/2＝3,000　………（ⅰ）
A：6,000×1/6＝1,000　………（ⅱ）
B：6,000×1/6＝1,000　………（ⅲ）
C：6,000×1/6＝1,000　………（ⅳ）

遺留分の侵害額
＝ 遺留分の額 － 特別受益 － 相続によって得た財産 ＋ 負担すべき相続債務

［遺留分侵害額（遺留分超過額）］
W：6,000（ア）－4,000（①）＋3,000（ⅰ）
　＝5,000（遺留分侵害額）………………………………（O）
A：2,000（イ）－12,000（②）＋1,000（ⅱ）
　＝－9,000（遺留分超過額）……………………………（P）
B：2,000（ウ）－8,000（⑦）＋1,000（ⅲ）
　＝－5,000（遺留分超過額）……………………………（Q）
C：2,000（エ）－2,000（④）＋1,000（ⅳ）
　＝1,000（遺留分侵害額）………………………………（R）

なお，X：−4,000（⑤）（遺留分超過額）……………………（S）

　W及びCは，遺留分侵害額があるので，遺留分減殺請求権の行使が可能です。これに対し，遺留分を上回る額の贈与・遺贈・相続させる遺言による取得財産があるA，B及びXが，W及びCの遺留分減殺請求の相手方として考えられます。減殺対象が複数あるときは，まず遺贈，次いで贈与が減殺されるところ（民1033条），本件ではAへの「相続させる」遺言とXへの「遺贈」の遺留分超過額の合計（P＋S＝9,000＋4,000＝13,000）が，WとCの遺留分侵害額の合計（O＋R＝5,000＋1,000＝6,000）を上回るので，Bへの「贈与」に対する減殺請求は許されません。なお，①遺贈，②特定の遺産を特定の相続人に「相続させる」遺言，③死因贈与，及び④生前贈与が同時に存在する場合につき，減殺順序を①＝②＞③＞④と解する裁判例があります（東京高判平12・3・8判夕1039号294頁）。

(d) 減殺すべき額と相手方

　遺留分権利者（W，C）は，それぞれの遺留分の侵害額（O，R）について，その割合に応じて，また，遺留分を上回る額の遺贈を受けた相続人・受遺者（A，X）に対し，それぞれの遺留分超過額（P，S）に応じて（比例的に按分して），各相続取得財産から減殺すると解されています（内田・民法Ⅳ512頁以下）。

　(ア) Wの遺留分の侵害額について

　　［Aの取得財産（土地，建物）に対する減殺］

　　　5,000（O）× 9,000（P）／（9,000（P）＋4,000（S））

　　　＝5,000×9/13（a）

　Wは，Aの取得財産（土地，建物）について，それぞれ5,000×9/13（a）／12,000（②）（＝15/52）の持分を取得します。

　　［Xの取得財産（絵画）に対する減殺］

　　　5,000（O）× 4,000（S）／（9,000（P）＋4,000（S））

　　　＝5,000×4/13（β）

　Wは，Xの取得財産（絵画）について，5,000×4/13（β）／4,000（⑤）（＝5/13）の持分を取得します。

(イ) Cの遺留分の侵害額について
[Aの取得財産（土地，建物）に対する減殺]
　1,000（R）× 9,000（P）/(9,000（P）+ 4,000（S））
　= 1,000 × 9/13（γ）
Cは，Aの取得財産（土地，建物）について，それぞれ1,000 × 9/13（γ）/12,000（②）（= 3/52）の持分を取得します。
[Xの取得財産（絵画）に対する減殺]
　1,000（R）× 4,000（S）/(9,000（P）+ 4,000（S））
　= 1,000 × 4/13（δ）
Cは，Xの取得財産（絵画）について，1,000 × 4/13（δ）/4,000（⑤）（= 1/13）の持分を取得します。

〔2〕財産全部を「相続させる」旨の遺言の場合

　以上のとおり，遺留分侵害額の算定のためには，各遺留分権利者が負担する相続債務の額を加算します。相続債務は原則として法定相続分に従い分割されますが（**169頁**参照），財産全部を「相続させる」場合，積極財産を承継しない相続人についても，債務を負担するものとして，法定相続分に相当する債務の額を加算すべきでしょうか。この点，最判平成21年3月24日判時2041号45頁は，以下のとおり判示し，債務の額の加算を否定しました。
　すなわち，このような場合は，「遺言の趣旨等から相続債務については当該相続人にすべてを相続させる意思のないことが明らかであるなどの特段の事情のない限り，当該相続人に相続債務もすべて相続させる旨の意思が表示されたものと解すべき」であるから，「これにより，相続人間においては，当該相続人が指定相続分の割合に応じて相続債務をすべて承継することになる」。すなわち，財産全部を特定の相続人に「相続させる」遺言がある場合，原則として，相続人間においては，当該相続人が，積極財産のみならず，債務についても，その全部を承継するものと解します。
　したがって，「遺留分の侵害額の算定においては，遺留分権利者の法定相続分に応じた相続債務の額を遺留分の額に加算することは許されない」。そ

して,「遺留分権利者が相続債権者から相続債務について法定相続分に応じた履行を求められ,これに応じた場合」であっても,「履行した相続債務の額を遺留分の額に加算することはできず,相続債務をすべて承継した相続人に対して求償し得るにとどまる」としています。

したがって,遺留分との関係では,各遺留分権利者に対し,法定相続分相当分の債務を加算するのではなく,財産全部を相続する相続人が当該債務の全部を負担するものとして計算します。なお,この場合の遺言の効果につき,**210頁**をご参照ください。

〔3〕保証債務の場合

被相続人がオーナー会社の債務を保証する場合,遺留分との関係でどのように評価するかが問題となります。この点,保証債務(連帯保証債務についても同様です)は,保証人において将来現実にその債務を履行するか否か不確実です。また,保証人が複数存在する場合もあり,その場合は履行の額も主たる債務の額と同額であるとは限りません。さらに,仮に将来その債務を履行した場合であっても,その履行による出捐は,法律上は主たる債務者に対する求償権の行使によって返還を受けることになります。

以上のような性質から,①「主たる債務者が弁済不能の状態にあるため保証人がその債務を履行しなければならず」,かつ,②「その履行による出捐を主たる債務者に求償しても返還を受けられる見込みがないような特段の事情が存在する場合」でない限り,民法1029条の「債務」に含まれず,控除の対象としないと解されています(東京高判平8・11・7判時1637号31頁)。

なお,上記①及び②を充足せず,債務を遺留分減殺の基礎財産から控除しない場合には,各遺留分権利者の遺留分を算定する際の相続債務の分担額としても,加算すべきではないものと思われます。

保証債務の相続については,**Q 4 -12**もご参照ください。

〔南　繁樹〕

Q 4-30　遺留分減殺請求権が行使された場合の効果

遺留分減殺請求権が行使された場合，それによる効果はどうなりますか。

A

遺留分減殺請求権は，受贈者・受遺者・「相続させる」遺言などによって財産を承継した者又はその相続人・悪意の譲受人に対する意思表示により行使します。行使の効果として，贈与・遺贈・「相続させる」遺言などは効力を失い（形成権説），取戻財産は遺留分権利者に帰属し（物権的効果説），減殺者の固有財産となります（固有財産説）。

解説

〔1〕遺留分減殺請求権の行使

　遺留分を有する者（遺留分権利者）は，受贈者（生前贈与・死因贈与を受けた者），受遺者（遺贈を受けた者），遺留分を侵害する相続分の指定を受けた相続人，又は「相続させる」遺言によって財産を承継した者に対して遺留分を減殺する旨の意思表示を行うことにより遺留分減殺請求権を行使します。意思表示の相手方としては，受贈者，受遺者又は承継相続人に相続が生じ又はこれらの者が目的物を譲渡した場合には，これらの者の相続人又は悪意の譲受人（民1040条1項但書）も含まれます。実務上は，遺留分減殺請求権の行使に際しては，証拠を残すために内容証明郵便を送付します。特に，遺留分減殺請求権は，遺留分権利者が，相続の開始及び減殺すべき贈与又は遺贈などがあったことを知った時から1年間の短期消滅時効に服しますので（民1042条），受任後すみやかに内容証明郵便を送付し，期限徒過にならないようにする必要があります。

　この関係で，遺留分を侵害された相続人が，遺産分割協議の申入れや，家

庭裁判所における遺産分割調停又は審判の申立て（民907条2項，家審9条1項乙類10号・17条）を行った場合に，遺留分減殺請求権の意思表示が含まれていると解されるか否かが問題となります。学説上はこれを否定する見解が有力です（潮見・相続法272頁）。裁判例には，遺留分を侵害するような処分行為があるのに対し，本来の相続分での遺産分割を求めているときには，減殺請求の意思表示があったものと推認しうる旨を判示したものがありますが（大阪高決昭46・3・15家月23巻11＝12号63頁），生前贈与や遺贈の効力を争いながら，遺産分割協議の申入れをするのは，遺留分減殺の意思表示が含まれているとはいえないと判示した裁判例もあります（東京高判平4・7・20判時1432号73頁）。ただし，被相続人が全部包括遺贈を行った場合，遺留分減殺がなくしては遺産分割協議の余地もありません。このため，遺留分減殺請求権を有する相続人が全部包括遺贈の効力を争うことなく遺産分割協議の申入れをしたときには，特段の事情がない限り，その申入れには遺留分減殺の意思表示が含まれると解されます（最判平10・6・11民集52巻4号1034頁）。いずれにせよ，実務上は，どのような争い方をする場合であっても，上記期間内に明確に遺留分減殺請求の通知を行っておくべきです。

〔2〕遺留分減殺請求権行使の効果

遺留分減殺請求権の行使により，遺留分を保全するために必要な限度で遺留分減殺の対象となった贈与契約，遺贈又は「相続させる」遺言は効力を失います（**形成権説**・最判昭41・7・14民集20巻6号1183頁）。その結果，取り戻された財産（取戻財産）は当然に当該遺留分権利者に帰属し（**物権的効果説**・最判昭51・8・30民集30巻7号768頁），相続財産には復帰せず，減殺者の固有財産となります（**固有財産説**）。したがって，当該財産について共有物分割手続によって具体的な分割を行うことになります（**訴訟説**・最判平8・11・26民集50巻10号2747頁）。したがって，遺産分割手続（調停・審判）の対象とはなりません。上記昭和51年最判は，特定遺贈に関するものですが，贈与や，特定の遺産を特定の相続人に「相続させる」遺言についても，同様と考えられます（最判平3・4・19民集45巻4号477頁，最判平10・2・26民集52巻1号274頁参照）。

さらに，全部包括遺贈についても，最判平成8年1月26日民集50巻1号132頁は，「特定遺贈に対して遺留分権利者が減殺請求権を行使した場合に遺留分権利者に帰属する権利は，遺産分割の対象となる相続財産としての性質を有しないと解される。そして，遺言者の財産全部についての包括遺贈は，遺贈の対象となる財産を個々的に掲記する代わりにこれを包括的に表示する実質を有するもので，その限りで特定遺贈とその性質を異にするものではない」と判示しています。

　したがって，以上の考え方は，贈与・特定遺贈・特定の遺産を特定の相続人に「相続させる」遺言及び全部包括遺贈の場合のいずれについても妥当することになります。

　そして，具体的には，訴訟においては，遺留分減殺請求権行使の結果生じた物権的権利又は債権的権利が訴訟物となり，所有権（共有持分権）移転登記手続請求，所有権（共有持分権）確認請求，不動産・動産引渡請求などを求めることになります。共有関係の解消は，共有物分割訴訟（民258条）によることになります。

　登記実務においても，遺留分減殺を登記原因として受遺者から減殺者に対して移転登記手続を行う取扱いとされており（昭和30年5月23日民事甲973号民事局長回答），以上の考え方に沿うものと考えられます。

　ただし，相続分指定に対して遺留分減殺請求権が行使された場合（民902条）には，取戻財産は相続財産に復帰し，遺産分割の対象として審判事項になる（**審判説**）と解されます（内田・民法Ⅳ523頁，潮見・相続法270頁，埼玉弁護士会編『遺留分の法律と実務』158頁）。割合的包括遺贈に対して遺留分減殺請求権が行使された場合は，共有物分割訴訟によるべきとする考え方（埼玉弁護士会編・前掲153頁）と遺産分割審判によるべきとする考え方があります（潮見・相続法270頁参照）。

　以上の考え方に沿って，具体的にどのような手続を取るべきかについては，**Q 4 -31**をご参照ください。

〔南　　繁樹〕

Q 4-31　遺留分減殺請求権が行使された後の手続

　遺留分減殺請求権が行使された後，どのような手続を取る必要がありますか。

A

　訴訟においては，遺留分減殺請求権行使の結果生じた物権的権利又は債権的権利が訴訟物となり，所有権（共有持分権）移転登記手続請求，所有権（共有持分権）確認請求，不動産・動産引渡請求などを求めることになります。

解説

〔1〕遺留分減殺請求権の行使

　遺留分減殺請求権の行使により，遺留分を保全するために必要な限度で遺留分減殺の対象となった贈与契約，遺贈又は「相続させる」遺言は効力を失います（**形成権説**）。その結果，取り戻された財産（**取戻財産**）は当然に当該遺留分権利者に帰属し（**物権的効果説**），相続財産には復帰せず，減殺者の固有財産となります（**固有財産説**）。したがって，当該財産については共有物分割手続によって具体的な分割を行うことになり，遺産分割手続（調停・審判）の対象とはなりません（**訴訟説**）。以上は，贈与・特定遺贈・特定の遺産を特定の相続人に「相続させる」遺言及び全部包括遺贈の場合のいずれについても妥当します。

　ただし，①割合的包括遺贈の場合と，②相続分指定の場合には，遺産分割の対象として審判事項になる（**審判説**）と解する余地があります。以上については，**Q 4-30**をご参照ください。

〔2〕具体的な手続

　以上を前提として，具体的にはどのような手続を取るべきでしょうか。遺留分減殺請求権の行使の相手方が相続人である場合には，遺産分割協議との関係を考慮する必要があるのに対し，第三者との関係ではその必要がないため，以下区別して説明します。

(1) 「第三者」に対して遺留分減殺請求権を行使する場合

　相続人以外の第三者に対して特定遺贈・贈与がなされ，この第三者に対し遺留分減殺請求権を行使した場合，どのような手続が必要となるでしょうか（なお，第三者に対して包括遺贈がなされた場合，包括受遺者は相続人と同一の権利義務を有するので（民990条），下記(2)と同様になります）。

　(a) 目的物の全部が減殺の対象となるとき

　減殺者は目的物全部の所有権を取得するので，所有権に基づき目的物の引渡し・登記移転請求又は所有権の確認請求を行うことになります。

　(b) 目的物の一部のみが減殺の対象となるとき

　減殺者と受遺者・受贈者との間で共有関係が生じますので，所有権（共有持分権）に基づき目的物の登記移転請求又は所有権（共有持分権）の確認請求を行うことになります。さらに，共有関係を解消するためには，共有物分割訴訟（民258条）を提起することになります。

(2) 「相続人」に対して遺留分減殺請求権を行使する場合

　相続人に対して特定遺贈・包括遺贈・贈与・「相続させる」遺言がなされ，この相続人に対し遺留分減殺請求権を行使した場合，どのような手続が必要となるでしょうか。

　(a) 目的物の全部が減殺の対象となるとき

　減殺者は目的物全部の所有権を取得するので，所有権に基づき目的物の引渡し・登記移転請求又は所有権の確認請求を行うことになります。

　これとは別に未分割の遺産がある場合には，共同相続人全員による遺産分割協議を行うことになります。

　(b) 目的物の一部のみが減殺の対象となるとき

減殺者と遺留分減殺請求権の行使を受けた相続人との間で共有関係が生じますので，所有権（共有持分権）に基づき目的物の登記移転請求又は所有権（共有持分権）の確認請求を行うことになります。この場合，取戻財産は相続財産には復帰せず，減殺者の固有財産ですので（固有財産説），遺産分割協議の対象とはなりません（訴訟説・最判平8・11・26民集50巻10号2747頁）。この共有関係は相続人の間に生ずる共有であっても遺産共有ではなく，物権法上の共有ですので，共有関係を解消するためには，共有物分割訴訟を提起することになります。

これとは別に未分割の遺産がある場合には，当該遺産について共同相続人全員による遺産分割協議を行うべきことは，(a)の場合と同様です。そうすると，減殺の対象になった財産とそうでない財産について，それぞれ共有物分割と遺産分割の2つの手続が併存することにならざるをえません。この点，生前贈与を遺留分減殺したことにより物権法上の共有となった土地の共有物分割と，遺産の分割とを併せて行うことは，当事者全員の合意がない限り許されないとした裁判例があります（東京高決平5・3・30判時1459号130頁）。また，一括処理をするのが相当でない場合もあると思われることから，一括処理をするためには，当事者全員の合意に加え，取戻財産と遺産との間に一括処理を相当とするだけの関連性が認められることを要求する見解もあります（星野雅紀編『遺留分をめぐる紛争事例解説集』285頁）。

(c) 相続分の指定の場合

共同相続人の1人に対し，相続分の指定（民902条）があり，これに対して遺留分減殺請求権を行使した場合，減殺者は遺留分の限度で割合的権利を取得するに過ぎず，直ちに個別財産に対する具体的な権利を取得するわけではありません。したがって，この場合は遺産分割協議・審判を行うべきことになります（埼玉弁護士会編『遺留分の法律と実務』158頁）。

(d) 割合的包括遺贈の場合

割合的包括遺贈の場合，共有物分割訴訟によるべきとする考え方（埼玉弁護士会編・前掲153頁）と遺産分割審判によるべきとする考え方があります（潮見・相続法270頁参照）。

〔南　繁樹〕

Q 4-32　遺留分減殺請求権に対する価額弁償

　長男である私は，遺言によって父（被相続人）が所有していた株式の全部を相続しましたが，次男がこれに対して遺留分減殺請求権を行使しました。事業を承継するのは私ですので，次男に株式を渡したくありません。金銭で解決することはできますか。

A

　価額弁償が可能です。

解説

〔1〕減殺の相手方からの価額賠償権（価額弁償の抗弁）

　遺留分減殺請求権が行使された場合，目的物が非上場会社の株式や不動産のような特定物である場合，現物返還が原則となります（民1036条参照）。しかし，民法は受贈者・受遺者に目的物を帰属させるという被相続人の意思を尊重するため，受贈者・受遺者が「贈与又は遺贈の目的の価額を遺留分権利者に弁償して返還の義務を免れることができる」と規定しています（民1041条1項）。価額弁償の抗弁ともいいます。すなわち，受贈者・受遺者は，目的物を返還するか，又は価額を金銭賠償するかの選択権を与えられていることになります。ただし，遺留分権利者の地位を保護するために，「受遺者が返還の義務を免れる効果を生ずるためには，受遺者において遺留分権利者に対し価額の弁償を現実に履行し又は価額の弁償のための弁済の提供をしなければならず，単に価額の弁償をすべき旨の意思表示をしただけでは足りない」と解されています（最判昭54・7・10民集33巻5号562頁）。なお，「相続させる」遺言によって財産を承継した者も，受遺者と同様に考えられます（最判平3・4・19民集45巻4号477頁，最判平10・2・26民集52巻1号274頁参照）。

　もっとも，具体的な弁償額を算定するのは困難であるため，「単に価額弁

償の意思表示をしたにとどまらず，進んで，裁判所に対し，遺留分権利者に対して弁償をなすべき額が判決によって確定されたときは速やかにこれを支払う意思がある旨を表明して，弁償すべき額の確定を求める旨申し立てたとき」は，これを適法な価額弁償の抗弁として取り扱うとされています（最判平9・2・25民集51巻2号448頁）。この場合の判決主文は後述〔3〕のとおりとなります。

〔2〕価額評価の基準時

目的物の価額を弁償する場合，目的物価額の評価の基準時が問題となります。判例は「価額弁償における価額算定の基準時は，現実に弁償がなされる時であり，遺留分権利者において当該価額弁償を請求する訴訟にあっては現実に弁償がされる時に最も接着した時点としての事実審口頭弁論終結の時である」としています（最判昭51・8・30民集30巻7号768頁）。上述のとおり，遺留分権利者の目的物返還請求権は，受贈者・受遺者が価額弁償の現実の履行又は弁済の提供を行うまでは消滅しないものですから，この物権的な目的物返還請求権の消滅時である現実弁償時の価額を基準とするのが整合的であると考えられます。

〔3〕価額弁償の判決主文

遺留分減殺請求訴訟において，遺留分権利者が所有権（共有持分権）に基づく引渡し・移転登記・所有権確認などの目的物返還請求を行った場合において，受贈者・受遺者が価額弁償を行う旨の意思表示（価額弁償の抗弁）を行ったとき，裁判所は，事実審口頭弁論終結時を算定の基準時として弁償すべき額を定めた上，受贈者・受遺者がその額を支払わなかったことを条件として，遺留分権利者の目的物返還請求を認容すべきであるとしています（前掲最判平9・2・25）。すなわち，この場合の判決主文は以下のようになります。

「被告は，原告に対し，被告が原告に対して○円を支払わなかったときは，

別紙物件目録記載の土地の持分○分の○について，○年○月○日遺留分減殺を原因とする所有権移転登記手続をせよ。」

　このような判決が確定した場合，受贈者・受遺者は価額弁償の事実を証明して，移転登記を阻止することができます（民執174条3項）。すなわち，遺留分権利者が確定判決を債務名義として執行文付与申立てをした場合，裁判所書記官は受贈者・受遺者に対し，期間を定めて弁償額支払又はその提供の事実を証明する文書の提出を催告します。これに対し，受贈者・受遺者が遺留分権利者の領収書，遺留分権利者の銀行口座宛の振込証書又は供託書を提出したときは，執行文が付与されません。同期間内にかかる文書が提出されないときは執行文が付与され，その時に登記申請の意思表示があったとみなされ（民執174条1項但書），遺留分権利者が単独で移転登記を申請することが可能となります（不登63条1項，不登令7条1項5号ロ(1)）。

〔4〕事業承継と価額弁償

　非上場会社の株式や事業用の資産（会社の建物や工場の敷地など）が相続の対象となる場合，これが相続人の間に分割して相続されると，会社の支配権が分散し，また不動産が共有になることによって，事業が不安定になるおそれがあります。そこで，事業を承継する後継者である相続人は上述のように価額弁償を行うことによって，現物返還を免れ，株式や事業用資産の所有権を安定的に確保することが可能となります。もっとも，価額弁償に際しては株式や不動産の評価が問題になることが珍しくありません。後継者としては株式については公認会計士・税理士，不動産の場合には不動産鑑定士を専門家としてそれぞれ起用し，株価算定書・不動産鑑定評価書を作成し，遺留分権利者に対して合理的な評価額であることを説明する必要があります。もっとも，鑑定評価の結果には相当の幅があることが多く，遺留分権利者の側でも株価算定書・不動産鑑定評価書を取得した場合には，双方の開きが大きく，解決が困難になる場合もあります。

　また，後継者の立場からすれば，価額弁償のための資金調達が必要です。

この資金を会社から借り入れることは利益相反取引として株主総会（取締役会設置会社においては取締役会）の承認が必要であるうえ（会356条1項2号・365条），公私混同として好ましいこととはいえません。相続した株式や事業用資産を担保として金融機関から借入れを行うことも考えられますが，担保評価はかなり控えめなものになることが想像されます。また，会社に対して利息を支払わない場合には，税務上給与として取り扱われ，取締役に利息相当額の所得が認定される可能性があります。

　相続開始後に紛争化するのを防ぐためには，被相続人の立場からすれば，後継者でない相続人に対し，少なくとも遺留分に見合う程度の金銭を相続させることによって遺留分減殺請求権が認められないようにすることが考えられます（**Q 4 -20**参照）。このようなケースに対処するため，経営承継円滑化法12条以下の規定による金融支援措置（経営承継規6条1項6号ロ）が設けられています。「**Q 2 - 6 金融支援措置**」をご参照ください。

〔南　　繁樹〕

Q 4-33　遺留分減殺請求権に対する対策

　私の父が創業した会社を，私が承継することになっています。この度，父が，会社の株式をすべて私に相続させるという遺言を書いてくれました。弟や妹は会社経営に全く関わっていないにもかかわらず，財産には関心があるようです。弟や妹が遺留分減殺請求権を行使するのではないかが心配ですが，どのような対策があるでしょうか。

A

　被相続人の生前には，経営承継円滑化法に基づく合意や遺留分の放棄をさせておくことが有効です。そのほか，価額弁償に備えて弁償金を準備しておくことも考えられます。推定相続人の行状によっては，相続人の廃除も検討すべきでしょう。

解説

〔1〕事業承継と遺留分

　被相続人の財産につき，一定の相続人は遺留分を有し，被相続人による自由な処分に対して制限が加えられています。このため，被相続人による生前贈与や遺言などは，遺留分権利者の遺留分を保全するために必要な限度で効力を否定されます。遺留分権利者は「兄弟姉妹以外の相続人」，すなわち，配偶者，子及び直系尊属のみです（民1028条）。

　このため，中小企業のオーナー（被相続人）がすべての株式を特定の承継者（例えば，長男）に遺贈したとしても，他の相続人（例えば，妻，次男及び長女とします）が遺留分減殺請求権を行使した場合，妻が4分の1，次男・長女がそれぞれ12分の1の遺留分を有するので（民1028条・887条1項・890条），長男に残るのは12分の7となります（株式以外の相続財産はないものとします）。そ

うすると，長男は議決権の過半数を維持して株主総会及び取締役会を支配し（会329条1項・341条），社長（代表取締役）の座に留まることはできるものの（会349条3項・362条3項），親族間に仲違いが生じたような場合には少数株主による株主権の行使がありうるので，経営の不安定要因を抱えることになります。さらに，次男に相続が生じ，その株式が次男の妻に相続された場合，親族とはいえ血のつながりはないので，その懸念は大きくなります。

そこで，会社経営の中核となる株式については特定の承継者に相続させつつ，その他の相続人にも適切な財産を生前贈与・遺贈等により承継させることにより，遺留分減殺請求権の行使なく望ましい相続を実現することが，事業承継のポイントとなります。

遺留分権利者，遺留分の基礎となる財産については**Q 4 -27**，**Q 4 -28**をご参照ください。

〔2〕遺留分に対する対策

前述のように，遺留分権利者の遺留分減殺請求権の行使によって会社経営が不安定化するのを防止するためには，以下のような対策が考えられます。

まず，設問において，質問者が父（オーナー）から自社株式の生前贈与を受けたうえで，経営承継円滑化法に基づく民法特例により，推定相続人全員によって，生前贈与された自社株式を遺留分算定の基礎財産から除外する旨の合意（除外の合意）を行うことが考えられます（経営承継法4条1項1号）。ただし，かかる民法特例は「贈与」の場合に限られ，設問のように遺言を作成したに過ぎない場合（遺贈）には利用できませんので，遺留分の放棄などを検討する必要があります（**Q 4 -34**参照）。なお，経営承継円滑化法に基づく民法特例については**第2章**をご参照ください。

また，推定相続人に対しあらかじめ生前贈与を行うことにより遺留分を放棄させることも考えられます。これによって，相続開始前に各相続人が承継する財産があらかじめ決定し，相続開始後の紛争を避けることができます。以上については**Q 4 -34**，**Q 4 -35**をご参照ください。

経営承継円滑化法に基づく合意や推定相続人からの遺留分放棄を得られな

い場合，相続財産の多くを承継する相続人としては，他の相続人による遺留分減殺請求権の行使を予想する必要があります。株式や事業用資産に対する遺留分減殺請求権の行使がなされた場合，原則として受遺者と遺留分権利者の共有になりますが，目的物の価額を弁償することによって，これを避けることができます。したがって，相続の対象となる株式や事業用資産の評価を行い，価額弁償が可能となるように資金調達の目処をつけておくことが有用です。以上については Q 4 -32 をご参照ください。その他遺言による対策などについては Q 4 -20 をご参照ください。

〔3〕相続人の廃除

　相続人の行状によっては，相続欠格や相続人の廃除も考えられます。相続欠格というのは，相続人たるべき者が一定の非行をしたために当然に相続人の資格を失う場合です（民891条）。詐欺もしくは強迫によって，被相続人の遺言を妨げ又は遺言をさせた場合や，遺言書を偽造・変造・破棄・隠匿した場合が含まれます。

　相続欠格とするには至らないものの，被相続人の立場からみて相続させたくないと思われるような著しい非行がある場合には被相続人の意思に基づき，家庭裁判所の審判によって，相続権を奪うことができます。これを推定相続人の廃除といいます（民892条）。遺留分を有する推定相続人が，被相続人に対して虐待をし，もしくは重大な侮辱を加えたとき，又はその他に著しい非行があるときがこれに該当します。

〔南　　繁樹〕

Q 4-34　遺留分放棄許可の申立て

　私の父が創業した会社を，私が承継することになっています。この度，父が，会社の株式をすべて私に相続させるという遺言を書いてくれました。弟や妹の遺留分が心配ですが，これについても，父が弟たちを説得してくれて，遺留分を放棄してもらえることになっています。遺留分を放棄してもらう際に，具体的にどのような手続をとればよいのでしょうか。

A

(1)　相続開始前の遺留分の放棄は，家庭裁判所の許可を得る必要があります。
(2)　放棄をする本人が，家庭裁判所に申立てをします。
(3)　本人の自由意思に基づくこと及び放棄の理由に合理性・必要性があることが，許可の要件です。

解説

〔1〕事業承継と遺留分の放棄

　相続人の1人に株式や事業用資産を集中させる遺贈，贈与又は「相続させる」遺言を行う場合に，その他の推定相続人が遺留分の放棄を行っておけば，上記遺贈・贈与・「相続させる」遺言の効力が遺留分減殺請求権の行使によって覆されるのを防ぐことができます。
　この点，設問において，質問者がオーナーである父から自社株式の「生前贈与」を受けた場合であれば，経営承継円滑化法に基づく民法特例により，推定相続人全員によって当該自社株式を遺留分の基礎財産から除外する合意（除外の合意）を行うことが考えられます（経営承継法4条1項1号）。かかる合意が成立した場合，「後継者」（質問者）以外の者による遺留分減殺請求権の

行使を防止することが可能となります。しかし，かかる民法特例は，「旧代表者」（父）による生前贈与が行われた場合に限られています（経営承継法3条2項・3項・4条1項1号。**Q2-1**参照）。したがって，設問の父が「遺言」を作成したに過ぎない場合には利用できません（なお，経営承継法3条3項の「後継者」には，贈与を受けた推定相続人から，さらに「相続，遺贈若しくは贈与」により取得した者を含みますが，推定相続人が「旧代表者」から「贈与を受けた」ことが前提です）。したがって，このような場合には，遺留分の放棄などを検討すべきことになります。なお，同法に基づく民法特例については**第2章**をご参照ください。

〔2〕遺留分放棄の効果

　遺留分の放棄がなされても，他の各共同相続人の遺留分が増加するのではなく（民1043条2項），放棄の範囲内で被相続人の自由処分の可能な範囲が増加するに過ぎません。その範囲内における被相続人の遺贈・贈与・相続分の指定・「相続させる」遺言は遺留分減殺請求権によって効果を覆されない安定的なものとなります。

　遺留分を放棄した相続人も相続権を喪失するわけではないので，遺産分割協議の当事者となるほか，相続開始後に相続放棄又は限定承認の申述を行わない限り（民924条・948条），債務は当然に（分割）相続します（**169頁**参照）。このため，積極財産を相続しないにもかかわらず，債務のみを相続するということが起こりうるので，注意が必要です（東京弁護士会法友全期会相続実務研究会編『改訂遺産分割実務マニュアル』217頁）。なお，遺留分を放棄した者に代襲相続が発生しても（民887条2項），代襲相続人は遺留分のない相続権を代襲するに過ぎず，遺留分減殺請求権を有しないとする説が有力です（高木多喜男・新版注釈民法(28)536頁）。これに対し，遺留分放棄の効果をそこまで拡げるべきではないとする反対説もあります（我妻榮＝唄孝一『判例コンメンタールⅧ相続法』336頁）。

〔3〕家庭裁判所の許可

　相続開始前に遺留分を放棄するには，家庭裁判所の許可を得る必要があります（民1043条）。家庭裁判所の許可を要求したのは，相続開始前の遺留分の放棄を無制限に認めると，遺留分権利者が，被相続人等から強要されて，自らの意思に基づかずに放棄してしまうような事態が生じやすくなるためです。家庭裁判所の許可なしに遺留分権利者と被相続人その他の利害関係人との間の合意のみによって，相続開始前に遺留分権利者の遺留分を消滅させることは，現行法上認められていません（東京地判平15・6・27金法1695号110頁）。

　もっとも，家庭裁判所の関与のない場合について，父親の相続において，ある相続人が将来の母親の相続における相続分を含めて取得し，その際に将来遺留分を請求しない旨を合意していた場合に，後の母親の相続において遺留分放棄の合意が無効であるとして遺留分減殺請求権を行使することは信義則に反し許されないとした裁判例（東京地判平11・8・27判タ1030号242頁）や，被相続人と同居し，扶養，看護を行った相続人が自宅の敷地を単独相続し，他の相続人も被相続人の生前にはそれに賛成していた事案において，遺留分減殺請求権の行使が信義誠実の原則に反し，権利の濫用に当たるとした裁判例（東京高判平4・2・24判時1418号81頁）があります。

　平成19年に家庭裁判所に申し立てられた遺留分の放棄の許可件数は1,093件です（司法統計年報3家事編平成19年22頁）。なお，相続開始後の遺留分の放棄は自由と解されています。すでに自分に帰属した権利の処分であるから，一般原則どおり処分できるからです（内田・民法Ⅳ526頁）。

〔4〕許可の申立て

(1) 許可の要件
　家庭裁判所が遺留分の放棄を許可するには，次の2つの要件が必要とされています。
　①　放棄が申立人本人の自由な意思に基づくこと

②　放棄の理由に合理性・必要性のあること

　①のみでなく②が要求されるのは，家庭裁判所に後見的な役割が期待されているからでしょう。そのため，本人が納得していても，個別の事情によっては，申立てが却下されることもあり得るわけです。家庭裁判所の許可は，審判事項とされています（家審9条1項甲類39号）。

(2)　許可の申立て

　遺留分を放棄しようとする者は，許可を得るため家庭裁判所に申立てをすることになります。遺留分の放棄の申立てができるのは，遺留分を有する推定相続人，すなわち，被相続人の配偶者と第1順位の相続人です（民1028条・887条1項・889条1項1号・890条）。第1順位の相続人としては，直系卑属が存在する場合には直系卑属，直系卑属が存在しないときは，直系尊属です。代襲も認められます（民1044条による887条2項・3項の準用）。被相続人の兄弟又はその代襲相続人は，そもそも遺留分がありませんので，放棄の申立てをすることもできません（**Q 4-27**参照）。このように申立てを行うのは遺留分の放棄によって利益を受ける後継者ではなく，むしろ権利を失う後継者以外の推定相続人であることが手続を進めるうえでの難点でもあります。

　申立先は，被相続人の住所地の家庭裁判所です（家審規99条1項）。

　申立てに必要な費用として，収入印紙，連絡用の郵便切手が必要です。これらの額については，申立てを行う家庭裁判所へ確認してください。

　申立てに必要な書類としては，以下のものがあります。

・申立書1通
・申立人の戸籍謄本1通
・被相続人の戸籍謄本1通
・財産目録1通

　申立書には，後述する内容を必要な限度で記載したほうが裁判官の理解を得やすくなります。特に，放棄しようとする者が生前贈与を受けているかがポイントです。事案によっては，事情を説明する具体的な資料を提出したほうがよいでしょう。

　申立てをすると，家庭裁判所から，申立人と被相続人のそれぞれに，照会書が送付されてきます。家庭裁判所ごとに照会書の内容は異なりますが，申

立人に対する照会書で，一般的に質問される内容は以下のとおりです。
- 申立人の名前で，遺留分放棄の許可の申立てがなされていることを知っているか。
- 遺留分放棄の手続がどのようなものかを理解しているか。
- どういう理由で放棄をするのか。
- 申立人が被相続人から生前贈与を受けているか。
- 被相続人の財産の内容は。
- 遺留分放棄の許可の申立ては，申立人の真意に基づくものか。

照会書を返送すると，間もなく審判が出ることが多いようですが，裁判所によっては，その前に，申立人本人を呼び出して，審尋することもあるようです。

裁判所は，前述の要件の有無を審理した上で，申立てを許可し，あるいは却下する旨の審判を下します。却下の審判に対しては，申立人又は利害関係人は即時抗告が可能です（高木多喜男・新版注釈民法(28)535頁）。

〔5〕生前贈与の必要性

前述〔4〕(1)のとおり，家庭裁判所が遺留分の放棄を許可するにあたっては，①申立てが申立人の真意に基づくか否かのほか，②申立人が放棄する理由の合理性・必要性をも判断します。

その際，放棄に代償性があるか，すなわち放棄しようとする者が生前贈与を受けているか否かが重要な判断の要素となるようです。

そのため，放棄を許可してもらうためには生前贈与が必須なのか，実務上気になるところです。

この点，家庭裁判所が，申立人が遺留分放棄を相当とする合理的代償を受けていないことを理由に，遺留分放棄許可の申立てを却下したのに対して，その即時抗告審では，他に実質的な利益があること等を理由として，原審判を取り消し，申立てを許可した例もあります（東京高決平15・7・2家月56巻2号136頁）。この事案では，両親の離婚後交流のなかった父親を被相続人とす

る相続につき，長男が遺留分を放棄することの許可を求めた申立てですが，これに先立ち，父親と母親の間の死亡した次男の名義の株式等が母親に帰属することの確認を求める旨の調停が行われていました。東京高裁は，以下のように判示しています。

> 「抗告人と［父親］とは，父子としての交流がないことから互いに他方の相続について遺留分を放棄することとしたものである上，抗告人が［父親］に係る相続の遺留分を放棄することが，抗告人の［母親］と［父親］との間の上記の株式等の帰属の問題について調停による迅速な解決を導く一因となったのであるから，実質的な利益の観点からみても，抗告人の遺留分放棄は，不合理なものとはいえない。」

上記案件では，推定相続人である長男は父親の相続に関する遺留分に代わるような代償利益を直接得ているとはいえませんが，母親の財産の帰属が確定することで，母親と共に生活している長男にも利益が及ぶと考えたものと思われます。したがって，生前贈与は必須とはいえないまでも，それがない場合には，推定相続人にどのような利益があるかを説明できるようにしておいたほうがよいと思われます。

〔6〕遺留分放棄が不許可となった審判例

これに対し，家庭裁判所において遺留分放棄が許可されなかった例として，以下のようなものがあります。
① 妻が被相続人である夫の相続に関する遺留分について放棄許可を求めた事案において，申立てが夫の意思によるものであり，配偶者相続権確立の理念に反するとしたもの（東京家審昭35・10・4家月13巻1号149頁）
② 被相続人の非嫡出子が5年後に被相続人から300万円の贈与を受けることを約束されて放棄許可を求めた事案において，当該贈与は現実に履行されるか否かをたやすく予断できないとして，思わざる損害を惹起するおそれがあるとしたもの（神戸家審昭40・10・26家月18巻4号112頁）

③　両親に結婚を反対された子供が，第三者を交えた結婚問題の話合いを経ても翻意しなかった後に，両親が用意した放棄申立書に署名捺印したという事案において，当該放棄の申立ては結婚問題に関する両親のかなりの強度の干渉の結果であると言わざるを得ず，憲法24条1項の趣旨に照らし，これを許可するに足る合理的理由がないとしたもの（大阪家審昭46・7・31家月24巻11号68頁）

④　自己の結婚について父母の了解を得たいとの一心から遺留分放棄の許可申立てをした事案につき，申立人の全くの自由意思によって申立てがされたものであるか疑問があるとして，申立てを却下したもの（和歌山家審昭60・11・14家月38巻5号86頁）

〔7〕実務的対応

　このように考えると，実務においては，遺留分放棄許可の申立てが却下される可能性を排除するため，生前贈与をしたうえで，当該相続人の納得のうえで遺留分の放棄をしてもらうのが無難です。特に，複数の推定相続人が同時に遺留分の放棄を申し立てるような場合は，一部についてのみ却下されると，放棄が認められた者はもはや遺留分減殺請求権が行使できないにもかかわらず，却下された者については遺留分減殺請求権を行使する余地が残り，放棄した者にも不満が残るなど厄介なことになりますので，より慎重になるべきでしょう。

〔間瀬　まゆ子〕

Q 4-35　遺留分放棄の取消し

事業を行っていた父が死亡しました。相続人である母と長男である私と次男である弟が協議し，将来の母の相続のことも考え，母が株式全部（評価1億円）を相続し，母の相続の際には，長男である私が全部株式を相続する代わりに，今回の父の相続では私は一切財産を取得せず，預貯金（1億円）は弟が相続することとし，弟は母の相続に関し遺留分を放棄しました。ところが，数年経ち，事業が順調であることから，株式の評価が10億円になりました。弟は遺留分の放棄を撤回したいといっていますが，認められるでしょうか。

A

事情が変化し，遺留分放棄が不合理，不相当となった場合には，遺留分放棄の許可が取り消されることがあります。

解説

〔1〕遺留分放棄の許可の取消し

遺留分放棄については家庭裁判所の許可が必要です（民1043条1項）。その許可の審判に対する即時抗告は許されませんが，許可の不当を理由にその取消しを求めることができます（家審7条，非訟19条）。

では，遺留分放棄の許可審判後に生じた事情の変更を理由として，当該許可の取消しを求めることができるでしょうか。審判例は，これを肯定しつつ，判断基準について，取消し又は変更は「遺留分放棄の合理性，相当性を裏づけていた事情が変化し，これにより遺留分放棄の状態を存続させることが客観的にみて不合理，不相当と認められるに至つた場合」であることを要するとしています（東京高決昭58・9・5家月36巻8号104頁）。遺留分放棄者の恣意による取消しや変更を許すべきではないからです。

許可の取消しの申立てを却下する審判に対しては，不服申立てはできないと解されています（東京高決昭60・8・14家月38巻1号143頁）。

〔2〕相続開始後の遺留分放棄の許可の取消し

相続開始後に遺留分放棄許可審判の取消しができるかについては肯定説（東京家審平2・2・13家月42巻6号55頁，仙台高決昭56・8・10家月34巻12号41頁）と否定説（松江家審昭47・7・24家月25巻6号153頁）があります。肯定説であっても，相続開始後の許可の取消しについては，相続関係を混乱させないため特に慎重な配慮が必要とされると解しています（前掲東京家審平2・2・13）。

〔3〕相続財産の価額の変化と遺留分放棄の許可の取消し

問題となるのは，相続財産の価額の変化（不動産や株式の価値の上昇など）や，相続財産の増加・減少を理由として，遺留分の放棄の取消しを求めることができるか否かです。この点に関し，昭和45年に現金300万円（相続開始時の物価指数換算で約840万円）を受領して遺留分を放棄した申立人が，被相続人の遺産である土地が，相続開始時（昭和63年）には少なくとも10倍を超える騰貴があり，被相続人の財産の価額が2億円程度に達する可能性もあった（その価額を前提とすると放棄者の遺留分相当額は5,000万円になる）という事案があります。放棄を行った相続人が，上記300万円の生前贈与は著しく低額になったことを理由として遺留分放棄の許可審判の取消しを求めたのに対し，東京家裁は「遺留分放棄の前提になつた事情には，基本的には変化なく，事情の変更としては地価の高騰が主なものである。そして，遺留分放棄後財産が増減したり，価額が変動することは当然あり得ることであり，その後の地価の高騰というような社会一般の変動は，これを考慮しないことが著しく不当，不正義な結果をもたらすような特別な事由がない限り，直ちに取り消しの事由とはならないというべきである」として，遺留分放棄の許可の取消しを認めませんでした（前掲東京家審平2・2・13）。

このほか，推定相続人が連帯保証債務を負ったことに伴い，将来被相続人

の相続財産につき債権者から強制執行を受けることがあり得るという不安から遺留分を放棄した事案において（なお，現在では，原則として，遺留分減殺請求権の代位行使は否定されています。最判平13・11・22民集55巻6号1033頁），主債務が完済されたことを理由に遺留分放棄の許可の取消しを求めた事案においても，許可の取消しが認められませんでした（東京高決昭58・9・5家月36巻8号104頁）。

〔4〕許可の取消しが認められた事案

　遺留分放棄の許可の取消しが認められた事案がないわけではありません。
　山林事業を営んでいた被相続人が，自己の死後，その所有する山林，その他の財産が分散することを嫌い，これを長男に単独取得させることを希望し，それ以外の推定相続人に遺留分を放棄させた事案において，遺留分放棄の許可審判において，遺留分放棄の理由が合理性もしくは妥当性ないし代償性を具備しているものか否かが必ずしも充分に考慮されたものとはいえないとして，許可が取り消された事案があります（東京家審昭54・3・28家月31巻10号86頁）。また，被相続人の子（前妻との子）が，被相続人の後妻と養子縁組をしたため，後妻の相続について相続権を有することを前提として遺留分を放棄したが，その後，財産の分配を受けることなく，協議離縁した事案や（東京家審昭44・10・23家月22巻6号98頁），農業を営んでいた被相続人について，推定相続人である長男が家を出て，その妹が婿をとって家業の農業を引き継ぐことを前提に，長男が遺留分放棄をしたが，結局，妹は家を出て嫁に行き，長男は被相続人と同居していたという事案（松江家審昭47・7・24家月25巻6号153頁）で，いずれも取消しが認められています。

〔5〕実務上の留意点

　上記の裁判例をみると，相続財産の価額の変化による放棄の取消しは原則として認められないものと思われます。他方で，放棄を行った者が十分に放棄の意味を理解していない場合や，放棄の前提となっていた相続関係自体に変更が生じた場合には，取消しが認められるといえます。

したがって，他の相続人に対し遺留分の放棄を求める際には，相続財産について合理的な情報を提供したうえで，遺留分放棄の理由が合理性もしくは妥当性ないし代償性を具備していることと，それに放棄者が同意していることを書面化しておくことによって，将来の紛争が生じる可能性を低くすることができます。特に，主要な相続財産が株式や不動産である場合には，合理的な限度でその価額についても説明したうえで，代償措置についての十分な納得を得ておくことが望ましいと考えられます。

〔南　繁樹〕

第5章

新事業承継税制

Q 5-1　新事業承継税制の概要

事業承継の一環として，父から自社株式の贈与を受けることを検討しています。新事業承継税制により贈与税がかからないと聞いていますが，どのような制度なのでしょうか。

A

(1) 新事業承継税制は，贈与税や相続税の納税を猶予する制度です。
(2) 事業承継税制の適用対象となる株式について贈与税の全額，相続税の80%が猶予されます。
(3) 新事業承継税制の適用後に一定の要件を満たせなくなれば，納税猶予税額と利子税を納付しなくてはなりません。

解説

　自社株式の承継は，事業承継の主要なテーマといってよいでしょう。親族内承継では，**贈与**又は**相続**により自社株式を移動させることが一般的です。**譲渡**による移動は，あまり行われません。後継者が譲渡代金を工面しなければなりませんし，先代経営者が受け取った譲渡代金は，将来の相続税の対象となってしまい税金面で不利だからです（**Q 4-20**参照）。

【株式の移動手段と税金】

> **贈与**→後継者が贈与税を支払います。
> **相続**→後継者が相続税を支払います。
> **譲渡**→先代経営者が所得税（譲渡所得）を支払います。先代経営者が後継者から受け取った譲渡代金（現金等）を使い切ることなく亡くなった場合，後継者はもともと自分の財産であった現金等について相続税を支払うことになります。

　贈与や**相続**により自社株式を移動したとしても，内部留保の厚い会社であれば，贈与税・相続税の負担は相当なものになります。

承継する自社株式は，容易に換金できるものではありませんし，会社支配権を維持するため，一定割合を保有している必要があります。事業承継する後継者に対し，自社株式を現金と同等の財産として評価し，課税するのは酷といえます。

そこで，自社株式の贈与税・相続税の納税を猶予する制度として新事業承継税制が導入されました。新事業承継税制は，下記を条件に適用することができます。

【条件】

> ① 贈与・相続による自社株式の移動に伴い，業務執行権（代表者の地位）と会社支配権（支配株主の地位）を先代経営者から後継者に承継する。
> ② 承継後5年間は，後継者が会社の代表者として，贈与・相続時の雇用を確保できる事業規模を維持する。
> ③ その後は，雇用の確保までは求められないものの，事業会社としての実態を維持するとともに（資産管理会社やペーパーカンパニーとすることは，原則，認められません），株式を継続保有する。

新事業承継税制は，贈与税の納税猶予と相続税の納税猶予の2つに大きく分かれます。贈与税の納税猶予では，適用対象となる株式の贈与税の全額が猶予されます。相続税の納税猶予では，適用対象となる株式の相続税の80％が猶予されます。

承継する自社株式のすべてを納税猶予の対象とできるわけではなく，「発行済議決権株式総数の2/3に達するまでの部分」という制限があります（Q5-4参照）。その範囲内で申告書に適用を受ける旨の記載をした部分のみが適用対象株式となります（措置通70の7-2注3）。ただし，議決権の一部又は全部に制限のある株式は適用対象株式に含まれません（措置70条の7第1項，措置通70の7-1）。また，相続開始前3年以内に贈与された株式や相続時精算課税の適用を受けた株式など，相続税の課税価格に加算される株式は，相続税の納税猶予の適用対象株式に含まれません（措置通70の7の2-3）。

なお，代償分割により後継者が代償財産（244頁参照）として受け取る自社株式も先代経営者から直接承継した株式とはいえないことから，適用対象株式に含まれません（措置通70の7の2-4）。

新事業承継税制の適用を受けるには，次の5つの手続が要求されます。

確認 ⇨ 認定 ⇨ 申告 ⇨ 報告 ⇨ 免除

このような面倒な手続となっているのは，新事業承継税制が免税の制度ではなく，納税猶予制度であるからです。適用時（贈与・相続時）に適用要件を満たすだけでは足りず，適用後も納税猶予要件を満たし続けていく必要があります。納税猶予要件が満たせなくなった（＝取消事由に該当した）時点で，納税猶予は打ち切られ，納税猶予税額と利子税を納付しなければなりません。各手続を踏むことによって適用要件や納税猶予要件を満たしていることを証明していくことになります。

そして，面倒な手続と重い要件が課せられているということが，新事業承継税制の利用価値を判断する重要ポイントであるといえるでしょう。納税猶予要件を満たし続けていかなければならないことが，将来の会社経営の自由度を奪う足かせだと捉えることもできます。新事業承継税制の適用後は，次世代への事業承継を行うにも，M&A等により経営から手を引くにも，企業グループ内で組織再編するにも（Q3-4，Q3-10参照），常に納税猶予が打ち切られてしまうのか，その場合の納税額はいくらになるのかと考えなければなりません。

その一方で，納税猶予制度は，自由度のある延納制度（Q8-2参照）であると評価することもできるでしょう。本来は贈与・相続の時点で納税しなければならなかった贈与税・相続税を猶予してもらったに過ぎません。後継者が納税したいときに納税猶予を自由に打ち切ることができ，その際の追加コストは利子税のみに過ぎないと捉えることもできるからです。

【面倒な手続と制度の利用価値】

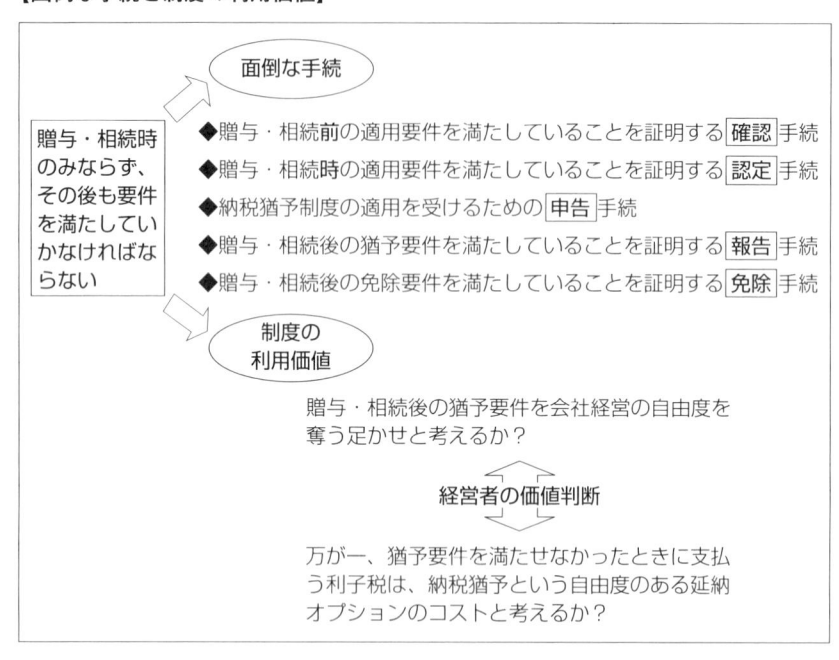

贈与・相続時のみならず、その後も要件を満たしていかなければならない

面倒な手続
- ◆贈与・相続前の適用要件を満たしていることを証明する 確認 手続
- ◆贈与・相続時の適用要件を満たしていることを証明する 認定 手続
- ◆納税猶予制度の適用を受けるための 申告 手続
- ◆贈与・相続後の猶予要件を満たしていることを証明する 報告 手続
- ◆贈与・相続後の免除要件を満たしていることを証明する 免除 手続

制度の利用価値

贈与・相続後の猶予要件を会社経営の自由度を奪う足かせと考えるか？

経営者の価値判断

万が一、猶予要件を満たせなかったときに支払う利子税は、納税猶予という自由度のある延納オプションのコストと考えるか？

　さて、贈与税の納税猶予には、面倒な手続と重い要件という納税猶予制度の特徴に加えて、2つの特徴があります。1つは、適用対象株式を**贈与時の**株価（相続税評価額）で相続したものとみなして、相続税の課税対象にするということです（措置70条の7の3第1項）。もう1つは、先代経営者の死亡時に相続税の納税猶予に切り替えるオプションが付いているということです（措置70条の7の4）。オプションですから、相続税の納税猶予の適用を受けずに相続税を納付して、面倒な手続と重い要件から開放されるという選択も可能です。

　このような特徴から、贈与税の納税猶予を検討する際には、相続時精算課税（Q6-5参照）との有利不利を比較することになるでしょう。贈与時の株価（相続税評価額）をもって相続税の課税対象とする点は、どちらも同じだからです。贈与時点の株価で相続税の課税対象額を固定したいものの、経営の委譲までは現段階では考えていないという場合には、経営の委譲を要件とし

て求めていない相続時精算課税を選択することになるでしょう。後継者に経営を任せて先代経営者は引退してもよいというのであれば、相続時精算課税と贈与税の納税猶予を比較検討することになります。

【新事業承継税制の概要】

	贈与税の納税猶予	相続税の納税猶予
適用時期	平成21年4月1日以後の贈与から適用（措置附則63条1項）	平成20年10月1日以後の相続から適用（措置附則63条2項）
適用対象	先代経営者から後継者が贈与・相続により取得した自社の議決権株式のうち、発行済議決権株式総数の2/3に達するまで	
納税猶予額	適用対象株式に係る贈与税の全額	適用対象株式に係る相続税の8割相当額（Q5-4参照）
担保の提供	贈与税・相続税申告書の提出期限までに提供する必要あり	
納税猶予の打切り	納税猶予額の全部又は一部＋利子税を納付	
納税免除要件	①先代経営者の死亡、②先代経営者死亡前の後継者の死亡	①後継者の死亡、②次の後継者への株式贈与に伴う業務執行権及び会社支配権の移動

〔有田　賢臣〕

※新事業承継税制の解説にて示す根拠条文について

　贈与税の納税猶予と相続税の納税猶予は同じ骨格が採用されており，肉付きを微妙に変えているに過ぎません。
　そのため本書では，「新事業承継税制」としてまとめて解説するスタイルとし，適宜，贈与税の納税猶予と相続税の納税猶予の相違について説明を加えています。
　また，根拠条文については，贈与税の納税猶予（措置70条の7）を中心に示しています。相続税の納税猶予等の根拠条文を確認される場合には，**次頁**の条文対応表と照らし合わせて，ご確認ください。
　なお，各条文の位置づけは次のとおりです。

---

(1)　**措置70条の7**（贈与税の納税猶予）
　　　適用対象株式の贈与者が死亡した場合に，
　　　①**措置70条の7の3**
　　　　⇒適用対象株式を相続税の課税対象とする規定
　　　②**措置70条の7の4**
　　　　⇒①により適用対象株式が相続税の課税対象となることを前提に，贈与税の納税猶予から相続税の納税猶予に切り替えることを可能とする規定
(2)　**措置70条の7の2**（相続税の納税猶予）

Q5-1 新事業承継税制の概要

【条文対応表】

措置70条の7：非上場株式等についての贈与税の納税猶予
措置70条の7の2：非上場株式等についての相続税の納税猶予
措置70条の7の3：非上場株式等の贈与者が死亡した場合の相続税の課税の特例
措置70条の7の4：非上場株式等の贈与者が死亡した場合の相続税の納税猶予
※措置70条の7の3は，他の条文との対応関係はありません。

租税特別措置法			
	70条の7	70条の7の2	70条の7の4
納税猶予制度	1項	1項	1項
用語の定義（適用要件）	2項	2項	2項
相続時精算課税適用者の扱い	3項	—	—
経営承継期間内の納税猶予要件	4項	3項	3項
適格合併等交付金に係る納税猶予取消し額	5項	4項	3項
経営承継期間経過後の納税猶予要件と取消し額	6項	5項	3項
適用対象株式のすべてを担保提供する場合	7項	6項	4項
納税猶予制度の不適用—未分割の場合	—	7項	—
納税猶予制度の不適用—既に適用を受けている場合	8項	8項	5項
納税猶予制度の不適用—先々代から相続した株式	—	—	6項
申告書記載要件及び添付書類	9項	9項	7項
継続届出書の提出義務	10項	10項	8項
贈与税等に係る徴収権の時効	11項	11項	9項
継続届出書が提出されない場合の納税猶予取消し	12項	12項	9項
税務署長による納税猶予の取消し	13項	13項	10項
国税通則法・国税徴収法・相続税法の適用	14項	14項	11項
行為計算の否認による納税猶予取消し	15項	15項	11項
免除届出書の提出義務	16項	16項	12項
免除申請書の提出	17項	17項	12項
免除申請の受理又は却下	18項	18項	12項
免除申請に係る贈与税の徴収猶予	19項	19項	12項
免除されない贈与税額に係る延滞税の免除	20項	20項	12項
免除申請に関する政令委任	21項	21項	12項
継続届出書・免除届出書に係る宥恕規定	22項	22項	13項
納税猶予取消し額に係る利子税	23項	23項	14項
納税猶予制度の不適用—現物出資をしている場合	24項	24項	—
経済産業大臣の税務署長への通知義務	25項	25項	15項
税務署長の経済産業省への通知義務	26項	26項	16項
その他の政令委任	27項	27項	17項

第5章 新事業承継税制

【政省令対応表】

措置70条の7		措置令40条の8	措置規23条の9
1項	柱書	1項～4項	1項～2項
2項	1号	5項～7項	3項～5項
	2号		6項、7項
	3号	8項、9項	8項、10項、11項
	4号		12項
	5号	10項～13項	9項
	7号	14項、15項	13項
	8号	9項、16項～18項	14項
	9号	19項	
4項	柱書		9項
	1号		15項
	2号	20項	4項、16項
	9号	21項	5項
	11号		17項
	13号		18項
	14号		19項
	16号	22項	
	17号	23項	
5項		24項	
6項	2号	25項、41項、42項	
	3号	26項	
	4号	27項	
	5号	28項	
	6号	29項	
7項		30項～32項	20項、21項
9項			22項
10項		33項	23項～25項
14項	2号		26項
15項		17項、43項	
16項		34項	27項～29項
17項	柱書		30項、31項
	1号	17項、35項、36項	32項、33項
	2号	36項	
	3号	17項、36項	33項
	4号	36項～39項	33項
22項		40項	
24項		17項	
25項			34項
26項			35項

措置70条の7の3			措置規23条の11
1項		―	本文

措置70条の7の2		措置令40条の8の2	措置規23条の10
1項		1項～6項	1項～4項
2項	1号	7項～9項	5項～7項
	3号	10項、11項	8項、9項
	4号		11項
	5号	12項～19項	10項
	7号	20項、21項	12項
	8号	22項～24項	13項
	9号	22項、25項	13項、14項
3項	柱書		10項
	1号		14項
	2号	26項	15項
	3号	27項	
	9号	28項	7項
	11号		16項
	13号		17項
	14号		18項
	16号	29項	
	17号	30項	
4項		31項	
5項	2号	32項	
	3号	33項、49項、50項	
	4号	34項	
	5号	35項	
	6号	36項	
6項		37項～39項	19項、20項
9項			21項
10項		40項	22項～24項
14項	2号		25項
15項		27項、51項	
16項	柱書	41項	26項～28項
	2号	42項	
17項	柱書		29項、30項
	1号	27項、43項、44項	31項、32項
	2号	44項	
	3号	27項、44項	32項
	4号	27項、44項～47項	32項
22項		48項	
24項		27項	
25項			33項
26項			33項

措置70条の7の4		措置令40条の8の3	措置規23条の12
1項		1項、2項	1項
2項	1号	3項～5項、11項～13項	3項
	3号	6項	
	4号	7項	
	6号	9項、21項	
3項		8項、10項、17項	4項
4項		14項	2項
7項	1号		5項
	2号		6項
	3号		7項、8項
8項		10項	9項
9項		10項	
10項		10項	
11項	2号	18項	9項
12項		10項、15項、16項	9項
14項		10項	

Q 5-1 新事業承継税制の概要

【通達対応表】

```
措置70条の7：非上場株式等についての贈与税の納税猶予
措置70条の7の2：非上場株式等についての相続税の納税猶予
措置70条の7の3：非上場株式等の贈与者が死亡した場合の相続税の課税の特例
措置70条の7の4：非上場株式等の贈与者が死亡した場合の相続税の納税猶予
  ※措置70条の7の3は、他の条文との対応関係はありません。
```

租税特別措置法関係通達			
70条の7関係		70条の7の2関係	70条の7の4関係
贈与税の納税猶予の対象となる非上場株式等の意義	－1	－1 ＊	
特例受贈非上場株式等の意義等	－2	－2	－1
相続税の納税猶予の対象とならない非上場株式等		－3	
代償分割により取得した非上場株式等についての相続税の納税猶予の不適用		－4	
特例対象贈与に係る贈与者が贈与税の申告期限前に死亡した場合	－3	－5	－2
特例対象贈与に係る受贈者が贈与税の申告期限前に死亡した場合	－4	－6	
申告期限前に全部確定事由が生じた場合	－5	－7	－11 ＊
相次相続控除の算式		－8	－11 ＊
修正申告等に係る贈与税額の納税猶予	－6	－9 ＊	－3
担保の提供等	－7	－10	－11
贈与税の額に相当する担保	－8	－11	－11
持分会社の持分が担保提供された場合	－9	－12	－11
常時使用従業員の意義	－10	－13 ＊	－11
特例の対象とならない資産保有型会社又は資産運用型会社の意義	－11	－14	－4
経営承継受贈者を判定する場合等の議決権の数の意義	－12	－15 ＊	－5
役員である期間の意義	－13		
贈与者又は認定会社が2以上ある場合の納税猶予分の贈与税額の計算	－14	－16	－6
相続時精算課税適用者等に係る贈与税の納税猶予	－15		
代表権を有しないこととなった場合の意義	－16	－17 ＊	－11
特例受贈非上場株式等の譲渡等の判定	－17	－18	－11
譲渡等をした日の意義	－18	－19 ＊	－11
経営相続承継期間の意義			－7
解散等をした場合等の意義	－19	－20 ＊	－11
確定事由となる資産保有型会社又は資産運用型会社の意義	－20	－21 ＊	－8
資本金等の額の減少の効力を生じた日の意義	－21	－22 ＊	－11
経営承継受贈者が納税猶予の適用を取りやめる場合の期限	－22	－23 ＊	－11
合併がその効力を生じた日の意義	－23	－24 ＊	－11
株式交換等がその効力を生じた日の意義	－24	－25 ＊	－11
非上場株式等に該当しないこととなった場合等の意義	－25	－26 ＊	－11
風俗営業会社に該当することとなった日の意義等	－26	－27 ＊	－11
会社分割をした場合等の意義	－27	－28 ＊	－11
組織変更をした場合等の意義	－28	－29 ＊	－11
納税猶予税額の一部について納税猶予の期限が確定する場合の贈与税額	－29	－30	－11
みなす充足に該当しないこととなる事由	－30	－31	－11
担保財産の変更等が行われた場合のみなす充足	－31	－32	－11
譲渡制限株式の担保の取扱い	－32	－33	－11
特定事由	－33	－34	－11
既に相続税の納税猶予の特例等の適用を受けている他の者がいる場合等	－34	－35	－9
継続届出書の提出期間	－35	－36	－10
増担保命令等に応じない場合の納税猶予の期限の繰上げ	－36	－37	－11
持分会社の出資の持分等を担保提供できる場合	－37	－38	－11
延納申請を行う場合の不動産等の割合の計算における端数処理		－39	－11
措置法第70条の7の2第16項に規定する免除届出期限		－40	－11
措置法第70条の7第1項の適用に係る贈与をした場合の免除税額等		－41	－11
破産免除等の申請書が申請期限までに提出されない場合等	－38	－42 ＊	－11
措置法第70条の7第17項第1号の規定の適用を受けるための譲渡等	－39	－43	－11
特例受贈非上場株式等の時価に相当する金額の意義	－40	－44 ＊	－11
免除申請があった場合の延滞税の計算	－41	－45	－11
免除申請があった場合の利子税の計算	－42	－46	－11
免除申請に伴い担保解除を行う場合に納付すべき贈与税	－43	－47	－11
2以上の認定贈与承継会社がある場合等の担保の取扱い	－44	－48	－11 ＊
措置法第70条の7第24項各号の価額の意義	－45	－49 ＊	

＊：対応する通達を準用しています。

Q 5-2 新事業承継税制が使える最低条件

承継する自社株式の相続税の試算額の大きさに愕然としていたのですが，最近の株式市場の低迷で類似業種比準方式で算定する自社の株価も下がっています。これを機に，贈与税の納税猶予を適用した自社株式の贈与を検討したいのですが，クリアしなければならない条件を教えてください。

A

(1) 自社が経営承継円滑化法に定める中小企業者に該当し，かつ，事業会社である（資産管理会社やペーパーカンパニーでない）必要があります。

(2) 先代経営者は役員を退任し，原則として，保有する自社株式のすべてを後継者に贈与する必要があります。

(3) 後継者は，贈与日において20歳以上で，3年以上にわたり継続して役員に就任しており，贈与直後において支配株主である必要があります。

解説

内部留保の厚い会社では，多くの後継者が，将来の相続税負担を懸念しています。自社株式の相続税評価額の算定方法の1つである類似業種比準方式では，自社と事業内容が類似する上場会社の平均株価に比準して自社株式の相続税評価額を算定しますので（Q7-3参照），株式市場が低迷すれば，自社株式の相続税評価額も下がる傾向にあります。株式市場の低迷を機に，自社株式の贈与を受け，将来の相続税の問題を解決したいと考える後継者は多いはずです。

贈与税の課税制度には暦年課税（Q6-3，Q6-4参照）と相続時精算課税（Q6-5参照）の2つがあり，さらに，事業承継の場面では贈与税の納税猶予（Q5-1参照）があります。

暦年課税を適用すれば，他の制度と比べて贈与税が多額となるものの，相

続開始前3年以内の贈与を除けば、贈与を受けた株式は相続税の対象とならず、その意味で将来の相続税の問題は片付いてしまいます。相続時精算課税と贈与税の納税猶予については、適用対象となる株式が相続税の対象になってしまうものの、贈与時の相続税評価額で相続税が計算されるため、これらを利用して贈与を行うことにより、将来の相続税額をある程度固定できます。
このように3つの選択肢が用意されていますが、贈与税の納税猶予が選択できるのかどうか、新事業承継税制の適用を受けるための最低条件を確認します。

〔1〕会社の条件

　新事業承継税制の適用を受けるためには、経営承継円滑化法に定める中小企業者に該当する必要があります。資本金基準・従業員数基準のいずれかを満たさなければなりません（Q2-1参照）。上場企業や性風俗営業会社に該当してもいけません。
　また、事業会社としての実態を備えている必要があり、資産管理会社や従業員が1人もいないペーパーカンパニーは適用を受けられません。資産管理会社とは、特定資産が総資産の70％以上を占める会社（資産保有型会社）や、特定資産の運用収入が総収入の75％以上を占める会社（資産運用型会社）をいいます。

【会社の条件】

☐	中小企業者に該当すること（経営承継法2条、経営承継令、措置令40条の8第7項3号）
☐	上場会社等に該当しないこと（経営承継規6条1項7号イ、措置70条の7第2項1号ハ、措置令40条の8第6項）
☐	性風俗営業会社に該当しないこと（経営承継規6条1項7号イ、措置70条の7第2項1号ニ）
☐	資産保有型会社に該当しないこと（経営承継規1条12項、経営承継規6条

1項7号ロ，措置70条の7第2項1号ロ・8号，措置令40条の8第16項～18項，措置規23条の9第14項）

※資産保有型会社とは，直前事業年度開始日以降のいずれかの日において，特定資産の帳簿価額÷総資産の帳簿価額≧0.7　に該当する会社です。

　なお，贈与日（相続開始日）以降，過去5年間に後継者グループに対して支払われた配当金や過大給与の金額を，特定資産の帳簿価額（分子）と総資産の帳簿価額（分母）の両方に含めて，資産保有型会社に該当するか否かを判定します。

※特定資産とは，以下の資産をいいます。
① 　有価証券（資産保有型子会社・資産運用型子会社に該当しない特別子会社の株式を除く）⇒**事業会社としての実態を備えている子会社の株式が除かれているため（経営承継規1条12項，措置規23条の9第14項），持株会社でも資産保有型会社に該当しない場合があります。**
② 　自社使用でない貸付不動産（従業員社宅は自社使用，役員住宅は第三者使用とされる）・遊休不動産
③ 　ゴルフ会員権，スポーツクラブ会員権，リゾート会員権
④ 　絵画・彫刻・工芸品その他・貴金属・宝石
⑤ 　現預金（後継者グループへの貸付金・未収金・売掛債権を含む）

※特別子会社とは，当社並びに後継者グループに議決権の過半数を保有される会社です（経営承継規1条10項，措置令40条の8第6項，措置通70の7-12注2）。

※後継者グループとは，後継者と後継者の特別関係者（親族，同族会社等）で構成されるグループです。特別関係者の範囲は詳細に規定されていますので注意して判断する必要があります（措置令40条の8第9項，措置通70の7-12注2）。

- [ ] 資産運用型会社に該当しないこと（経営承継規1条13項・6条1項7号ハ，措置70条の7第2項1号ロ・9号，措置令40条の8第19項，措置通70の7-11）

　※資産運用型会社とは，直前事業年度以降の各事業年度において，特定資産の運用収入÷総収入≧0.75　に該当する会社です。

　※資産の譲渡の場合には，譲渡価額そのものが収入額となります。

- [ ] 直前事業年度以降の各事業年度の総収入金額がゼロ超であること（経営承継規6条1項7号ニ，措置令40条の8第7項1号）

- [ ] 常時使用する従業員が1人以上いること（経営承継規6条1項7号ホ，措置70条の7第2項1号イ，措置規23条の9第4項）

　※常時使用する従業員とは，健康保険・厚生年金等の被保険者，会社と2ヵ月超

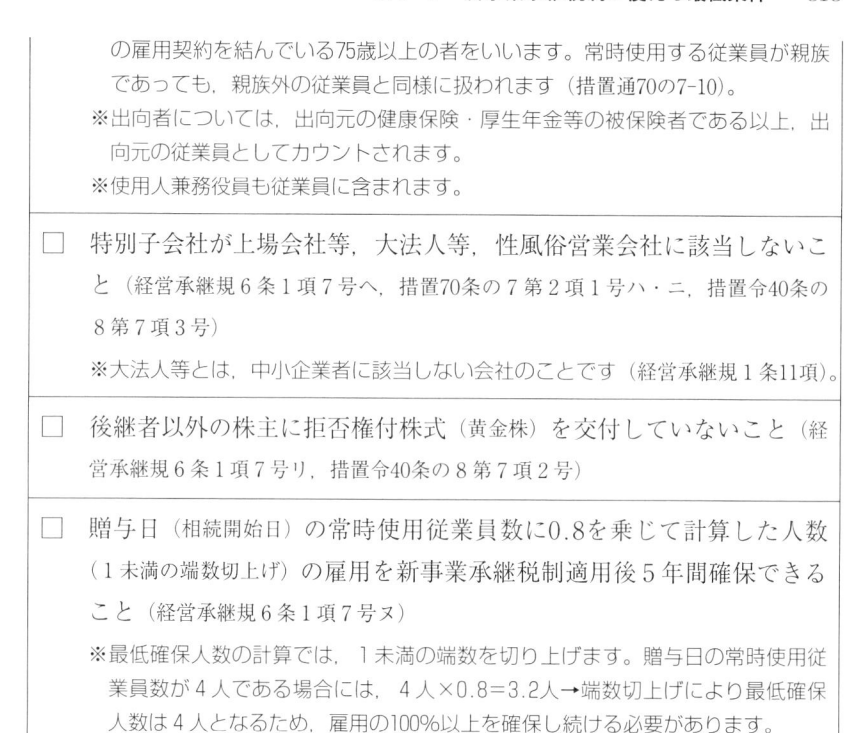

	の雇用契約を結んでいる75歳以上の者をいいます。常時使用する従業員が親族であっても，親族外の従業員と同様に扱われます（措置通70の7-10）。 ※出向者については，出向元の健康保険・厚生年金等の被保険者である以上，出向元の従業員としてカウントされます。 ※使用人兼務役員も従業員に含まれます。
□	特別子会社が上場会社等，大法人等，性風俗営業会社に該当しないこと（経営承継規6条1項7号へ，措置70条の7第2項1号ハ・ニ，措置令40条の8第7項3号） ※大法人等とは，中小企業者に該当しない会社のことです（経営承継規1条11項）。
□	後継者以外の株主に拒否権付株式（黄金株）を交付していないこと（経営承継規6条1項7号リ，措置令40条の8第7項2号）
□	贈与日（相続開始日）の常時使用従業員数に0.8を乗じて計算した人数（1未満の端数切上げ）の雇用を新事業承継税制適用後5年間確保できること（経営承継規6条1項7号ヌ） ※最低確保人数の計算では，1未満の端数を切り上げます。贈与日の常時使用従業員数が4人である場合には，4人×0.8＝3.2人→端数切上げにより最低確保人数は4人となるため，雇用の100％以上を確保し続ける必要があります。

　資産保有型会社の判定には，いくつか留意すべき点があります。
　① 事業会社としての実態を備えている子会社の株式は特定資産に該当せず，事業用資産とされること
　純粋持株会社であっても，その子会社が事業会社としての実態を備えていれば，資産保有型会社に該当するとは限りません。一方で，中小企業者に該当しない子会社を持つ親会社の株式には，新事業承継税制を適用できないものとされています。これは，中小企業者に該当しない事業会社でも，株式移転などで中小企業者に該当する純粋持株会社を作れば，実質的に新事業承継税制が適用できてしまうことを防ぐためです。このような会社に新事業承継税制を適用したいのであれば，当該事業会社の資本金の額を減少するなどして，中小企業者に該当させておく必要があるでしょう。

② 資産保有型会社の判定は帳簿価額基準で行われること

帳簿価額基準で判定する結果，持株会社が資産保有型会社に該当してしまうという場合が想定できます。

例えば，対象会社の資産のうち，子会社株式の帳簿価額は50年前の出資額であるのに対し，賃貸不動産の帳簿価額はバブル時の購入額であるようなケースです。特定資産に該当しない子会社株式の時価のほうが，特定資産に該当する賃貸不動産の時価を上回っていたとしても，帳簿価額基準で判定されることにより，資産保有型会社に該当してしまう可能性があります。

なお，資産保有会社の判定において，経営承継円滑化法における帳簿価額は一般に公正妥当と認められる会計基準に基づく金額であり，租税特別措置法における帳簿価額は税務上の金額である点に注意が必要です。

③ 対象会社が事業会社である子会社に賃貸している不動産は，特定資産に該当すること

賃貸不動産が子会社の事業に供されていたとしても，対象会社自身が使用している不動産でない限り，特定資産に該当してしまいます。その不動産を子会社に現物出資して，総資産に占める特定資産の割合を低下させるとともに，特定資産の運用収入を減らすことにより，対象会社が資産保有型会社・資産運用型会社に該当しないようにしておくことも検討すべきです。

ただし，対象会社が資産保有型会社に該当しても，資産を保有するだけのペーパーカンパニーではなく，常時従業員を雇用し，会社としての実態を有していれば，資産保有型会社・資産運用型会社には該当しない会社とみなされます。具体的には，以下のすべての条件を満たす必要があります。

【資産保有・運用型会社に該当しないものとみなされる条件】

☐	常時使用従業員が勤務する事業所等の施設を所有又は賃借していること（経営承継規6条2項2号，措置令40条の8第5項2号ハ）
☐	常時使用従業員数が5人以上であること（経営承継規6条2項1号，措置令40条の8第5項2号ロ）

- [ ] 贈与・相続時において、3年以上継続して自己の名義・計算において商品の販売その他の業務を行っていること（経営承継規6条2項3号、措置令40条の8第5項2号イ、措置規23条の9第5項）

〔2〕先代経営者と後継者の条件

　後継者は、先代経営者の親族（民725条）である必要があります。配偶者・娘婿・甥・姪を後継者にすることも可能ですし、養子縁組により要件を満たすことも可能です。

　代表者の地位は、納税猶予制度の適用を受ける贈与・相続の段階で、後継者に譲る必要があります。相続税の納税猶予では、後継者が相続直前にすでに役員であり、相続開始日から5ヵ月以内に代表者となればよいのに対し、贈与税の納税猶予では、贈与時までに先代経営者が役員を退任する必要があるほか（退任後、名誉会長など会社法上の役員でない地位に就くことで、先代経営者に給与を支払うことは可能です）、贈与時点で後継者が20歳以上の代表者であり、かつ、3年以上にわたり継続して役員である必要があります。

　支配株主グループ内の筆頭株主という地位についても、納税猶予の適用を受ける贈与・相続直後までに、後継者に譲る必要があります。

　筆頭株主要件の判定に際し、名義株主の存在を確認するほか（Q3-12、375頁参照）、要件を満たしていない場合には、株式売買や自己株式取得（Q3-9、Q9-8参照）等を検討します。

　さらに、贈与税の納税猶予では、先代経営者が保有する自社株式のすべて（贈与後の後継者の議決権割合が2/3以上になる場合には、その範囲内で贈与株式数を抑えることも可）を後継者に贈与すること（一括贈与）が求められています（措置通70の7-2）。

【先代経営者と後継者の条件】

先代経営者
- [ ] 会社の代表者である（であった）こと（経営承継規6条1項7号ト(6)、措置

70条の7第1項柱書）

※代表権に制限のない代表者である必要があります。定款に共同して会社を代表する旨の記載があるなど代表権に制限がある場合には要件を満たしません。

☐ 贈与・相続直前まで，先代経営者グループで過半数の議決権を有し，先代経営者グループの中で後継者を除いて筆頭株主であること（経営承継規6条1項7号ト(7)，措置令40条の8第1項1号・2号，措置通70の7-12注2）

※過半数の判定については，議決権の一部に制限のある株式も含めて行います。

☐ 〈贈与税の納税猶予における追加条件〉
・贈与時までに役員を退任すること（経営承継規6条1項7号ト(8)，措置令40条の8第1項3号）
・保有する自社株式を一括贈与すること（経営承継規6条1項7号チ，措置70条の7第1項各号）

後 継 者

☐ 先代経営者の親族であること（経営承継規6条1項7号ト(2)，措置70条の7第2項3号イ）

☐ 贈与・相続直後に後継者グループで過半数の議決権を有しており，後継者グループの中で筆頭株主であること（経営承継規6条1項7号ト(1)，措置70条の7第2項3号ハ・ニ，措置通70の7-12）

※過半数の判定については，議決権の一部に制限のある株式も含めて行います。

☐ 贈与時（相続時から5ヵ月経過する日）において，会社の代表者であること（経営承継規6条1項7号柱書，措置70条の7第2項3号ロ）

☐ 贈与・相続後，申告期限までに適用対象株式を1株も譲渡せず継続して保有していること（経営承継規6条1項7号ト(5)，措置70条の7第2項3号ホ）

☐ 〈贈与税の納税猶予における追加条件〉
・贈与時に20歳以上かつ3年以上にわたり継続して役員であること

(経営承継規 6 条 1 項 7 号ト(3)(4)，措置70条の 7 第 2 項 3 号イ・ヘ，措置規23条の 9 第10項，措置通70の7-13)

□ 〈相続税の納税猶予における追加条件〉
・相続直前に役員であること（経営承継規 6 条 1 項 8 号ト(3)，措置規23条の10第 9 項）

　先代経営者が，贈与・相続時において後継者に次ぐ第 2 順位の株主であっても，後継者を除いて筆頭株主を判定することから，筆頭株主要件を満たします。積極的に後継者への生前贈与を進めていた結果，先代経営者の配偶者や別の同族会社が後継者に次いで第 2 順位の株主になっている場合には，筆頭株主要件を満たしません。

　また，贈与税の納税猶予を受ける際には先代経営者の役員退任要件があるため役員退任に伴う退職金が問題になり，相続税の納税猶予を受ける際には死亡退職金（Q 4 - 3，Q 4 -28参照）が問題になります。多額の退職金の計上に伴う当期利益への影響や損金算入時期，否認されないための適正額など検討が必要です（Q 9 - 5 参照）。

　先代経営者が現役の場合には，後継者が現時点で贈与税の納税猶予の適用を望んでも，それは同時に先代経営者に引退をお願いしなければならないことを意味し，難しいことが多いと思います。一方，先代経営者からすれば，後継者の孫の顔も見ぬうちから自社株式を移動させることに不安を持つのが一般的ではないでしょうか。例えば，自社株式を譲った直後に後継者が亡くなってしまい，その自社株式の多くが残された後継者の配偶者に相続されたとしたら，その後の会社の運営に支障をきたさないとは言い切れません。

　先代経営者と後継者のそれぞれの思い・望みを考慮した場合，種類株式（Q 3 - 7，Q 3 - 8，Q 7 - 4 参照）や信託（Q 3 -14，Q 9 - 9 参照）の活用も検討する必要があるでしょう。ただし，種類株式や信託の活用は，事例や税務上の指針が少なく，慎重な検討と今後の制度の動向への注意が必要です。

〔有田　賢臣〕

コラム　贈与税の納税猶予と遺留分の特例

　遺留分の特例を利用するためには，相続人全員で除外合意・固定合意を行うまでに，後継者が単独で，自社の議決権の過半数を有している必要があります（**Q2－1**参照）。後継者の議決権保有割合が低ければ，この要件を満たすために自社株式の生前贈与を行わなければなりません。

　生前贈与をすれば，贈与税の課税対象となります。同じ価値の財産を取得するのであれば，贈与税の税率のほうが相続税の税率よりも高くなります。そのため，多額の贈与税を払ってまで遺留分の特例を利用する人は少ないのではないかと指摘されていました。自社株式の相続税の納税猶予が導入されるのであれば，なおさらです。

　平成21年度税制改正により，1年前から導入が予定されていた自社株式の相続税の納税猶予に加えて，自社株式の贈与税の納税猶予が創設されたことは，遺留分の特例を利用したいと考える後継者にとっては追い風になったといえるでしょう。

　また，遺留分の特例を受けずに行った後継者への生前贈与について，先代経営者の相続が生じた時点で遺留分減殺請求を受け，自社株式を現物返還した場合，一括贈与要件を満たしていないとして，過去に適用を受けた贈与税の納税猶予が取り消される可能性があるといわれています。このようなリスクを回避する手段として，贈与税の納税猶予と遺留分の特例を組み合わせて利用することを検討する必要もあるでしょう。

　なお，相続時に遺産分割争いが想定される場合には，相続税の納税猶予の適用も困難となります。未分割の自社株式には，相続税の納税猶予の適用ができないからです（**Q6－9**参照）。このような場合にも，遺留分の特例を利用して，先代経営者の目が黒いうちに遺産分割を済ませてしまうほうが得策かもしれません。

◇有田　賢臣◇

Q5-3 新事業承継税制が使えない場合

父に代わり私が代表取締役に就任するのに併せ、贈与税の納税猶予を利用した自社株式の贈与を検討しています。新事業承継税制の適用を受けるための最低条件はクリアしていると思うのですが、何か落とし穴はありませんか。

A

(1) 未分割の自社株式については、相続税の納税猶予を適用できません。
(2) すでに他の者が新事業承継税制の適用を受けている自社株式については、新事業承継税制を適用できません。
(3) 贈与・相続前3年以内において、自社に対して一定規模以上の現物出資等を行っている場合には、新事業承継税制を適用できません。

解説

新事業承継税制の適用を受けるための最低条件（Q5-2参照）をクリアしていたとしても、以下の場合には、新事業承継税制が適用できません。

贈与税の納税猶予 （措置70条の7）	相続税の納税猶予 （措置70条の7の2）
―	相続税の申告書の提出期限までに、納税猶予の適用を受けようとする自社株式について未分割のケース（7項）
自社株式について、すでに他の者が後継者として新事業承継税制の適用を受けているケース（8項、措置通70の7-34）	
後継者及び後継者の同族関係者が、贈与・相続前3年以内に、自社に対して一定規模以上の現物出資又は贈与を行っているケース（24項）	

　先代経営者の相続税申告書の提出期限までに、相続財産である自社株式の全部又は一部が未分割である場合（Q4-26参照）、未分割の自社株式について、相続税の納税猶予の適用を受けることはできません。他の特例と異なり、申

告期限までに一定の手続を踏めば，遺産分割協議が成立した後に納税猶予の適用を受けられるというような規定はありませんので注意が必要です（Q6-9参照）。

　また，自社株式について，すでに他の者が後継者として新事業承継税制の適用を受けている場合には，新事業承継税制の適用を受けることはできません。

　さらに，後継者及び後継者の同族関係者が，贈与・相続前3年以内に，自社に対して一定規模以上の現物出資又は贈与を行っている場合にも新事業承継税制の適用を受けることができません。一定規模以上の現物出資又は贈与とは，贈与時（相続開始時）において，相続税評価基準で，現物出資財産の総資産に占める割合が70％以上となる現物出資又は贈与をいいます。贈与時（相続開始時）までに，現物出資により受け入れた財産を売却している場合でも，保有しているものとして割合を計算します（措置70条の7第24項2号括弧書，措置通70の7-45）。

　後継者及び後継者の同族関係者が現物出資等をした場合がこの規制の対象ですが，後継者が自己の財産を現物出資して，これから贈与・相続を受ける株式の価値をわざわざ高めるというようなことは通常考えられません。父母又は祖父母の財産のうち後継者が相続することになるであろう財産の現物出資が，一般的に想定できるケースではないかと思います。

　例えば，先代経営者である父が後継者である息子に対し，自社株式と上場株式を相続させる予定であったとします。後継者が上場株式を直接相続すると相続時の市場価格等に基づいて，相続税が課されます。しかし，この上場株式を父が生前に会社に現物出資すると，自社株式の価値はその分高くなるものの，相続税の納税猶予を受ければ，納税猶予額が大きくなり，結果として納税する相続税額が少なくなるわけです。もちろん，このようなことを意図していなくても，「3年以内」「70％以上」という基準に抵触すれば，新事業承継税制の適用が受けられなくなりますので注意が必要です。

〔有田　賢臣〕

Q5-4　納税猶予額の計算方法

新事業承継税制の適用を受けるための最低条件はクリアできそうです。念のため，納税猶予要件を満たせなくなった場合に納付すべき贈与税額を把握しておきたいのですが，どのように計算するのでしょうか。

A

(1) 贈与税の納税猶予額は，暦年課税を適用した贈与税額です。
(2) 相続税の納税猶予額は，後継者が適用対象株式のみを相続したと仮定して計算した後継者の相続税額と，後継者が適用対象株式の20%のみを相続したと仮定して計算した後継者の相続税額の差額となります。
(3) 相続税の納税猶予額は，適用対象株式以外の相続財産の評価額や遺産分割の内容によって変わるため，正確に試算することは困難です。

解説

新事業承継税制の適用後に納税猶予要件を満たせなくなれば（取消事由に該当すれば），今まで猶予されてきた贈与税・相続税（納税猶予額）に併せて利子税を納付しなければなりません。そのリスクの大きさとして納税猶予額を事前に把握しておく必要があります。

〔1〕贈与税の納税猶予額

贈与税の納税猶予額は，適用対象株式に係る贈与税の全額です（措置70条の7第2項5号，措置令40条の8第10項～12項）。納税猶予の適用対象株式の数は，発行済議決権株式総数の2/3に相当する数（端数は切上げ）から，後継者が贈与前から保有している議決権株式の数を控除した残数です（措置70条の7第1項，措置令40条の8第2項）。適用対象株式に係る贈与税の納税猶予額は，暦年課税（Q6-4参照）を適用して計算されます。

ここで，贈与税の納税猶予の適用を受ける前に，すでに後継者が先代経営者からの贈与について相続時精算課税（Q6-5参照）を選択していた場合には，贈与税の納税猶予額をどのように計算するのかという疑問が生じます。
　なぜなら，相続時精算課税は一度選択してしまうと，その贈与者からのその後の贈与については，必ず相続時精算課税を適用しなければならないという取扱いであるからです。この点につき，すでに相続時精算課税を選択していたとしても，贈与税の納税猶予の適用対象株式については，相続時精算課税の適用対象にならないとされており，納税猶予額も暦年課税により計算します（措置70条の7第3項，措置通70の7-15）。

〔２〕相続税の納税猶予額

　相続税の納税猶予額は，後継者が適用対象株式のみを相続したと仮定して計算した後継者の相続税額と，後継者が適用対象株式の20％のみを相続したと仮定して計算した後継者の相続税額の差額です。ただし，納税猶予の適用対象株式の数は，発行済議決権株式総数の2/3に相当する数（端数は切上げ）から，相続開始前から後継者が保有している議決権株式の数を控除した残数です（措置70条の7の2第1項，措置令40条の8の2第4項）。
　相続税の納税猶予額の計算方法の概略は，以下のとおりです。実際には，適用対象株式の価額から後継者が負担する債務額を控除し，後継者の税額控除額が大きい場合には調整計算をするなどもう少し複雑な計算が要求されます（措置70条の7の2第2項5号，措置令40条の8の2第12項～18項）。

【相続税の納税猶予額の計算方法】

　相続人は後継者（兄）と非後継者（弟）の2人
　遺産総額6億円（現金3億5,000万円，自社株式2億5,000万円）
　　うち，兄の相続財産：自社株式250株（1株100万円），現金5,000万円
　　　　　弟の相続財産：現金3億円
　発行済議決権株式総数　300株
　兄が相続開始前に保有していた議決権株式数　50株

[STEP1]

適用対象株式の上限株式数を計算します。

300株×2/3－50株＝(相続する250株のうち) 150株

※以下，150株すべてについて適用対象株式にしたと仮定します。

[STEP2]

非後継者(弟)が相続する現金3億円のすべてが相続税額の算定要素となるのに対し，後継者(兄)については適用対象株式150株のみを相続したと仮定して，後継者の相続税額を計算します。

(課税価格の合計額)

課税価格の合計額＝現金3億円＋自社株式150株×@100万円＝4億5千万円

(課税遺産総額)

課税遺産総額＝課税価格の合計額4億5千万円－基礎控除7千万円＝3億8千万円

(法定相続人ごとの取得金額)

法定相続人としての兄の取得金額＝3億8千万円×法定相続分1/2＝1億9千万円

法定相続人としての弟の取得金額＝3億8千万円×法定相続分1/2＝1億9千万円

(相続税の総額)

兄・弟の仮の相続税額＝1億9千万円×税率40％－控除額1,700万円＝5,900万円

相続税の総額＝兄5,900万円＋弟5,900万円＝1億1,800万円

(後継者である兄の相続税額の算定)

兄の按分額＝相続税の総額1億1,800万円×課税価格1億5千万円(適用対

象株式150株分)÷課税価格合計 4 億 5 千万円＝約3,933万円

[STEP3]
　非後継者（弟）が相続する現金 3 億円のすべてが相続税額の算定要素となるのは[STEP2]と同じですが，後継者（兄）については適用対象株式 3 千万円相当（150株×@100万円×20％）のみを相続したと仮定して，後継者の相続税額を計算します。

(課税価格の合計額)
　課税価格の合計額＝現金 3 億円＋自社株式 3 千万円＝ 3 億 3 千万円

(課税遺産総額)
　課税遺産総額＝課税価格の合計額 3 億 3 千万円－基礎控除 7 千万円＝ 2 億 6 千万円

(法定相続人ごとの取得金額)
　法定相続人としての兄の取得金額＝ 2 億 6 千万円×法定相続分1/2＝ 1 億 3 千万円
　法定相続人としての弟の取得金額＝ 2 億 6 千万円×法定相続分1/2＝ 1 億 3 千万円

(相続税の総額)
　兄・弟の仮の相続税額＝ 1 億 3 千万円×税率40％－控除額1,700万円＝3,500万円
　相続税の総額＝兄3,500万円＋弟3,500万円＝ 7 千万円

(後継者である兄の相続税額の算定)
　兄の按分額＝相続税の総額 7 千万円×課税価格 3 千万円（自社株式30株分）÷課税価格合計 3 億 3 千万円＝約636万円

> [STEP4]
> 納税猶予額の算定
> 納税猶予額＝3,933万円－636万円＝約3,297万円
> ※本問の末尾に**申告書記載例**を掲載しています。

　相続税の納税猶予額の算定では，後継者以外の相続人の相続財産のすべてが納税猶予額の算定要素となるのに対し，後継者の相続財産は基本的に適用対象株式のみが納税猶予額の算定要素となります。

　このように，相続税の納税猶予額は遺産分割の内容に影響を受けます。想定していた遺産分割と実際の遺産分割の内容が大きく異なってしまうと，試算した納税猶予の額と実際の納税猶予額も大きく異なることとなります。

〔3〕贈与税・相続税の納付税額

(1) 後継者
　贈与・相続で取得した株式数が適用対象株式の上限を超える場合には，超える部分について贈与税・相続税の課税対象となります。相続税の納税猶予では，適用対象株式の一部（20％部分）も相続税の課税対象となります。
　その納税額は，納税猶予の対象とならない部分のみを課税標準として計算するのではなく，納税猶予の適用を受けなかった場合の贈与税・相続税の額から納税猶予額を控除した額です。

(2) 後継者以外の相続人
　後継者が相続税の納税猶予の適用を受けるか否かにより，後継者以外の相続人の相続税額が影響を受けることは原則としてありません。自社株式の相続に係る特定事業用資産の10％評価減額特例から納税猶予に切り替えると，後継者以外の相続人の相続税額にも影響を及ぼします。

〔有田　賢臣〕

【申告書記載例】

相続税の申告書

税務署長殿 ___年___月___日提出

相続開始年月日 ___年___月___日
※申告期限延長日 ___年___月___日

FD3525

第1表（平成21年4月分以降用）

		各人の合計（被相続人）	財産を取得した人
フリガナ			
氏 名		先代経営者（父）	後継者（兄）㊞
生年月日		年 月 日（年齢　歳）	年 月 日（年齢　歳）
住 所（電話番号）			〒（　－　）
被相続人との続柄	職業	○○商事㈱ 代表取締役	長男 ○○商事㈱ 代表取締役
取得原因		該当する取得原因を○で囲みます。	相続・遺贈・相続時精算課税に係る贈与
※整理番号			

課税価格の計算

① 取得財産の価額（第11表③）	600000000 円	300000000 円
② 相続時精算課税適用財産の価額（第11の2表①）		
③ 債務及び葬式費用の金額（第13表3⑦）		
④ 純資産価額（①+②-③）（赤字のときは0）	600000000	
⑤ 純資産価額に加算される暦年課税分の贈与財産価額（第14表①）		
⑥ 課税価格（④+⑤）（1,000円未満切捨て）	600000000 Ⓐ	300000000

各人の算出税額の計算

⑦ 法定相続人の数及び遺産に係る基礎控除額	2 （人） 70000000 Ⓑ	左の欄には、第2表の②欄の⑤の人数及び④の金額を記入します。
⑧ 相続税の総額	178000000	左の欄には、第2表の⑧欄の金額を記入します。
一般の場合	あん分割合（各人の⑥／Ⓐ） 1.00	0.50
算出税額（⑧×各人の⑨）	178000000	89000000
相続税額の2割加算が行われる場合の加算金額（第4表⑦）		

各人の納付・還付税額の計算

⑫ 暦年課税分の贈与税額控除額（第4表の2⑥）		
⑬ 配偶者の税額軽減額（第5表⑤又は⑥）		
⑭ 未成年者控除額（第6表1②、③又は⑥）		
⑮ 障害者控除額（第6表2②、③又は⑥）		
⑯ 相次相続控除額（第7表⑬又は⑱）		
⑰ 外国税額控除額（第8表1⑧）		
⑱ 計		
差引税額（⑨+⑪-⑱）又は（⑩+⑪-⑱）（赤字のときは0）	178000000	89000000
⑳ 相続時精算課税分の贈与税額控除額（第11の2表⑧）		
㉑ 小計（⑲-⑳）（黒字のときは100円未満切捨て）	178000000	89000000
㉒ 農地等納税猶予税額（第8表2⑦）		
㉓ 株式等納税猶予税額（第8の2表2⑧）	32960000	32960000
㉔ 申告納税額 申告期限までに納付すべき税額	14503400	56030400
㉕ 還付される税額	△	

※の項目は記入する必要がありません。

第1表（平21.4）　（資4-20-1-1-A4統一）

Q5-4 納税猶予額の計算方法　327

株式等納税猶予税額の計算書

被相続人	先代経営者（父）
経営承継人（経営承継相続人等・経営承継受贈者）	後継者（兄）

第8の2表（平成21年4月分以降用）

この計算書は、経営承継相続人等又は経営承継受贈者に該当する人が非上場株式等についての納税猶予税額（株式等納税猶予税額）を算出するために使用します。
(注) 経営承継相続人等及び経営承継受贈者に該当する人を、以下の第8の2表において「経営承継人」と表記しています。

私は、第8の2表の付表1・付表2の「2 特例非上場株式等の明細」又は第8の2表の付表3の「2 特例相続非上場株式等の明細」に記載された会社の株式（出資）のうち各明細の③欄の株式等の数等について非上場株式等についての納税猶予の特例（租税特別措置法第70条の7の2第1項、同法第70条の7の4第1項、所得税法等の一部を改正する法律（平成21年法律第13号）附則第64条第2項又は第7項）の適用を受けます。

1 株式等納税猶予税額の基となる相続税の総額の計算

(1) 「特定価額に基づく課税遺産総額」等の計算

①	この計算書の経営承継人の第8の2表の付表1・付表2・付表3のA欄の合計額	150,000,000 円
②	この計算書の経営承継人に係る債務及び葬式費用の金額（第1表・第1表（続）のその人の③欄の金額）	0
③	特定価額（①－②）（1,000円未満切捨て）（赤字の場合は0）	150,000,000
④	特定価額の20%に相当する金額（③×20%）（1,000円未満切捨て）	30,000,000
⑤	この計算書の経営承継人以外の相続人等の課税価格の合計額（この計算書の経営承継人以外の者の第1表・第1表（続）の⑥欄（又は第3表の⑥欄）の金額の合計）	300,000,000
⑥	基礎控除額（第2表の②欄の金額）	70,000,000
⑦	特定価額に基づく課税遺産総額（③＋⑤－⑥）	380,000,000
⑧	特定価額の20%に相当する金額に基づく課税遺産総額（④＋⑤－⑥）	260,000,000

(2) 「特定価額に基づく相続税の総額」等の計算

⑨法定相続人の氏名	⑩法定相続分	特定価額に基づく相続税の総額の計算		特定価額の20%に相当する金額に基づく相続税の総額の計算	
		⑪法定相続分に応ずる取得金額（⑦×⑩）	⑫相続税の総額の基となる税額（第2表の「速算表」で計算します。）	⑬法定相続分に応ずる取得金額（⑧×⑩）	⑭相続税の総額の基となる税額（第2表の「速算表」で計算します。）
		円	円	円	円
後継者（兄）	1/2	190,000,000	59,000,000	130,000,000	35,000,000
非後継者（弟）	1/2	190,000,000	59,000,000	130,000,000	35,000,000
		,000		,000	
		,000		,000	
		,000		,000	
法定相続分の合計	1	⑮相続税の総額（⑫の合計額） 118,000,000		⑯相続税の総額（⑭の合計額） 70,000,000	

(注) 1 ⑤欄の「第1表・第1表（続）の⑥欄の金額」は、相続又は遺贈により財産を取得した者のうちに租税特別措置法第70条の6第1項の規定による農地等についての納税猶予の特例の適用を受ける者がいる場合は、「第3表の⑥欄の金額」となります。
2 ⑨及び⑩欄は第2表の「④法定相続人」の「氏名」欄及び「⑤左の法定相続人に応じた法定相続分」欄からそれぞれ移記します。

2 株式等納税猶予税額の計算

①	（経営承継人の第1表・第1表（続）の（⑬＋⑭－⑫））の金額	0 円
②	特定価額に基づく経営承継人の算出税額（⑮の③×③／①の（③＋⑤））	39,333,333
③	特定価額に基づく相続税額の2割加算が行われる場合の加算金額（②×20%）	0
a	（②＋③－経営承継人の第1表・第1表（続）の⑫の金額）（赤字の場合は0）	39,333,333
④	特定価額の20%に相当する金額に基づく経営承継人の算出税額（⑯の①×①の④／①の（④＋⑤））	6,363,636
⑤	特定価額の20%に相当する金額に基づく相続税額の2割加算が行われる場合の加算金額（④×20%）	
b	（④＋⑤－経営承継人の第1表・第1表（続）の⑫の金額）（赤字の場合は0）	6,363,636
⑥	経営承継人の第1表・第1表（続）の⑫欄の金額に基づく算出税額（その人の第1表・第1表（続）の（⑨又は⑩）＋⑪－⑫））（赤字の場合は0）	89,000,000
⑦	（①＋a－b－⑥）の金額（赤字の場合は0）	0
⑧	（a－b－⑦）の金額（赤字の場合は0）	32,969,697
⑨	特例非上場株式等又は特例相続非上場株式等に係る会社が2社以上ある場合の会社ごとの株式等納税猶予税額（注2参照）	
イ	（会社名）　に係る株式等納税猶予税額（⑧×イの株式等に係る価額／①の①）（100円未満切捨て）	00
ロ	（会社名）　に係る株式等納税猶予税額（⑧×ロの株式等に係る価額／①の①）（100円未満切捨て）	00
ハ	（会社名）　に係る株式等納税猶予税額（⑧×ハの株式等に係る価額／①の①）（100円未満切捨て）	00
⑩	株式等納税猶予税額（イ＋ロ＋ハ）（注3参照）	32,969,600

※の項目は記入する必要がありません。

(注) 1 ⑥欄の式中の「第1表・第1表（続）の⑨」の金額について、経営承継人が農地等についての納税猶予の特例の適用を受ける場合は、「第1表・第1表（続）の⑩」の金額とします。
2 特例非上場株式等又は特例相続非上場株式等に係る会社が1社のみの場合は、⑨欄の記入は行わず、⑧欄の金額を⑩欄に記入します（100円未満切捨て）。なお、イからハまでの各算式中の「株式等に係る価額」とは第8の2表の付表1及び付表2の「2 特例非上場株式等の明細」並びに第8の2表の付表3の「2 特例相続非上場株式等の明細」の③欄の金額をいいます。また、会社が4社以上ある場合は、適宜の用紙に会社ごとの株式等納税猶予税額の明細を記載し算出してください。
3 ⑩欄の金額を経営承継人の第1表・第1表（続）の「株式等納税猶予税額⑰」欄に移記します。なお、⑩欄の金額が農地等についての納税猶予の特例の適用を受ける場合は、⑩欄の金額によらず、第8の3表の②又は⑥欄の金額を経営承継人の第1表・第1表（続）の「株式等納税猶予税額⑰」欄に移記します。

※税務署整理欄	入力		確認	

第8表の2表（平21.4）　　　　　　　　　　　　　　　　　　　　　　　（資4-20-9-2-A4統一）

非上場株式等についての納税猶予の特例の適用を受ける特例非上場株式等の明細書

被相続人	先代経営者（父）
経営承継相続人等	後継者（兄）

第8の2表の付表1（平成21年4月分以降用）

この明細書は、非上場株式等についての納税猶予の特例の適用を受ける特例非上場株式等について、その明細を記入します。なお、経営承継相続人等が被相続人から贈与により当該特例非上場株式等に係る会社の株式等を取得している場合で、当該株式等の贈与に係る贈与税の申告において所得税法等の一部を改正する法律（平成21年法律第13号）による改正前の租税特別措置法第69条の5、同法第70条の3の3又は第70条の3の4の規定の適用を受けているときはこの明細書によらず第8の2表の付表2を使用してください。

1 特例非上場株式等に係る会社

① 会社名	○○商事㈱	⑥ 相続開始の時における従業員数	人
② 会社の整理番号（会社の所轄税務署名）	（　　署）	⑦ 相続開始の日から5か月後における経営承継相続人等の役職名	代表取締役
③ 事業種目			
④ 相続開始の時における資本金の額	円	⑧ 経済産業大臣の認定の状況	認定年月日	平成　年　月　日
⑤ 相続開始の時における資本準備金の額	円		認定番号	

（注） 1 ⑦欄は、具体的にその役職を、例えば、「代表取締役」と記入します。なお、代表権に制限のある代表者については、この特例の適用を受けることはできません。
2 ⑧欄は、中小企業における経営の承継の円滑化に関する法律施行規則第6条第1項第8号に掲げる事由に該当するものとして経済産業大臣の認定を受けた年月日及び認定番号をそれぞれ記入します。

2 特例非上場株式等の明細

① 相続開始の時における発行済株式等の総数等	② 被相続人から相続又は遺贈により取得した株式等の数等	③ ②のうち、特例の適用を受ける株式等の数等	④ 1株（口・円）当たりの価額	⑤ 価　額（③×④）
300 株・口・円	250 株・口・円	150 株・口・円	1,000,000 円	A 150,000,000 円

（注） 1 ①から④欄までの「転数等」及び「数等」には、議決権に制限のある株式等の数等は含まれません。
2 ③欄の数等は、「3 納税猶予の特例の適用を受ける株式等の数等の限度額（限度額）の計算」の④欄の数等が限度となります。
3 ④欄の金額は、相続開始の時における価額を記入します。
4 A欄の金額（⑤欄の金額）を第8の2表の「1 株式等納税猶予税額の基となる相続税の計算」の①欄に移記します。なお、この明細書以外に第8の2表の付表1・付表2・付表3の作成がある場合には、各付表のA欄の金額の合計額を第8の2表の「1 株式等納税猶予税額の基となる相続税の総額の計算」の①欄に移記します。

3 納税猶予の特例の適用を受ける株式等の数等の限度額（限度額）の計算

この欄は、「2 特例非上場株式等の明細」の③欄に記載することができる株式等の数等の限度額（限度額）の計算をします。

① 発行済株式等の総数等の3分の2に相当する数等（②の①×2/3）（1株・口・円未満の端数切上げ）	② 経営承継相続人等が相続開始前から保有する数等	③ （①－②）の数等（赤字の場合は0）	④ 2の③欄の限度となる数等（③欄の数等と2の②欄の数等のいずれか少ない方の数等）
200 株・口・円	50 株・口・円	150 株・口・円	150 株・口・円

4 会社が現物出資又は贈与により取得した資産の明細書

この明細書は、租税特別措置法施行規則第23条の10第21項第11号の規定に基づき、会社が相続開始前3年以内に経営承継相続人等及び経営承継相続人等の同族関係者（注1）から現物出資又は贈与により取得した資産の価額（注2）等について記入します。なお、この明細書によらず会社が別途作成しその内容を証明する書類を添付しても差し支えありません。

取得年月日	種類	細目	利用区分	所在場所等	数量	① 価　額	出資者・贈与者の氏名・名称
・　・						円	
・　・							
② 現物出資又は贈与により取得した資産の価額の合計額（①の合計額）							
③ 会社のすべての資産の価額の合計額（②の金額を含みます。）							
④ 現物出資等資産の保有割合（②/③）						％	

上記の明細の内容に相違ありません。　　　　　　　平成　年　月　日

所在地　　　　　　　　　　　　　　　
会社名　　　　　　　　　　　　　　　
代表者氏名　　　　　　　　　　　　　印

（注） 1 経営承継相続人等の同族関係者とは、経営承継相続人等の親族及びその他経営承継相続人等と租税特別措置法施行令第40条の8の2第11項に定める特別の関係のある者をいいます。
2 ①欄の金額は、相続開始の時における価額を記入します。なお、会社が相続開始の時において現物出資又は贈与により取得した資産を既に有していない場合は、その相続開始の時に有していたものとしたときにおける価額を記入します。
3 ③欄の金額は会社のすべての資産の相続開始の時における価額の合計額を記入します。
4 ④欄の保有割合が70％以上の場合は、この特例の適用を受けることはできません。
5 上欄に記入しきれないときは、適宜の用紙に現物出資又は贈与により取得した資産の明細を記載し添付してください。

※の項目は記入する必要がありません。

※税務署整理欄	法人番号番号	－	入力	確認	

第8の2表の付表1　(平21.4)　　　　　　　　　　　　　　　　　　　　　　　　(資4-20-9-3-A4統一)

Q 5-5　新事業承継税制の手続

検討の結果，自社株式の贈与を実行するにあたり，贈与税の納税猶予を適用することに決めました。贈与税の納税猶予を適用するための手続は，どのようになりますか。

A

(1)　確認・認定・申告・報告・免除の5つの手続があります。
(2)　確認・認定は適用要件を満たしていることを証明するための手続です。
(3)　申告は新事業承継税制の適用を受ける意思表示のための手続です。
(4)　報告は納税猶予要件を満たしていることを証明するための手続です。
(5)　免除は免除要件を満たしていることを証明するための手続です。

解説

新事業承継税制の適用を受けるには，次の5つの手続が要求されます。贈与税の納税猶予と相続税の納税猶予の手続の流れは，ほぼ同じです。

確認 ⇒ 認定 ⇒ 申告 ⇒ 報告 ⇒ 免除

これらの手続は，申請書等に必要事項を記入し，所定の資料を添付して提出することにより行います。書類の提出は郵送や電子申請でも行えます。
各手続を簡単に説明します。
事業承継では，遺産分割や後継者の育成など，税金以外に解決すべき問題もありますが，そのような問題を解決するために経済産業省では計画的な事業承継を奨励しており，その一環として確認があります。誰を後継者とし，自社株式及び事業用財産をどのタイミングで後継者に承継するかなどを記載した事業承継計画書を確認申請書に添付して提出します（Q 5-6参照）。

|認定|は，贈与・相続時において，新事業承継税制の適用要件を満たしていることを証明する手続です。|確認|と|認定|はどちらも経済産業省が提出先です（Q5-7参照）。

|申告|は，新事業承継税制の適用を受ける意思表示のための手続です。税務署が提出先です。贈与税・相続税申告書を提出期限までに提出するとともに，提出期限までに担保を提供する必要があります（Q5-8参照）。

|報告|は，新事業承継税制の適用を受けた後に，納税猶予要件を満たしていること（取消事由に該当しないこと）を証明する手続です。経営承継期間内（申告後5年間）と経営承継期間経過後で手続が異なります。経営承継期間内は，毎年1回，経済産業省と税務署の両方に報告を行う必要があります。

経営承継期間経過後は，納税猶予の全額が打ち切られるまで，もしくは免除要件を満たすまでの間，税務署に3年ごとに報告を行う必要があります（Q5-9，Q5-10参照）。

|免除|は，免除要件を満たしていることを証明する手続です。税務署が提出先です。免除要件を満たしたことを届け出る手続と，納税猶予が打ち切られたことにより納税しなければならない税額の一部を免除してもらえるよう申請する手続の2つに区別されます（Q5-11参照）。

なお，経済産業省に提出する申請書の様式や記載要領，添付書類など実際に手続を行う際に必要な情報は，中小企業庁が「中小企業経営承継円滑化法申請マニュアル」にて公表しています。

※「中小企業経営承継円滑化法申請マニュアル」は，中小企業庁HP（http://www.chusho.meti.go.jp/zaimu/shoukei/2008/080917shokei_manual.htm）にて入手可能です。

また，贈与税の納税猶予から相続税の納税猶予への切替えに関する手続は，次のとおりです（Q5-1参照）。

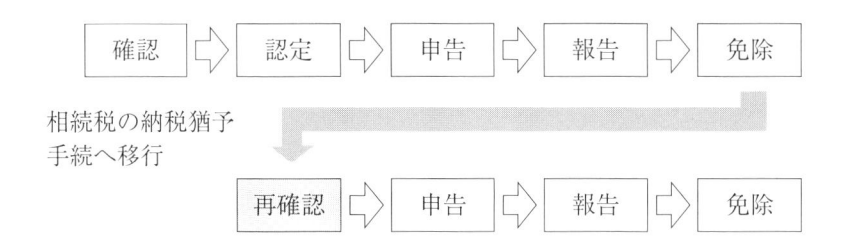

```
確認 ⇒ 認定 ⇒ 申告 ⇒ 報告 ⇒ 免除
                                    ↓
相続税の納税猶予
手続へ移行
         再確認 ⇒ 申告 ⇒ 報告 ⇒ 免除
```

　再確認は，先代経営者（贈与者）の相続が開始し，贈与税の納税猶予から相続税の納税猶予へ切り替えることを選択した際に，相続税の納税猶予の適用要件を満たしていることを証明する手続です。経済産業省が提出先です。
　なお，切替え時には，以下について注意が必要です。
① 贈与税は全額猶予であるのに対し，相続税は80％猶予であることから，一定の相続税が発生すること。
② 自社株式のうち贈与税の納税猶予の適用対象としなかった部分を相続により取得したとしても，その自社株式について相続税の納税猶予の適用は受けられないこと（措置70条の7の2第1項）。
③ 発行済議決権株式総数の2／3という適用対象株式数の上限は，切替え時に再度判定し直さなければならないこと。
　相続税の納税猶予に切り替えた後の報告については，贈与税の納税猶予における報告が継続されます（5年間の経営承継期間が通算されます）。なお，贈与税の納税猶予に関する認定の有効期限内に先代経営者（贈与者）の相続が開始した場合には，相続開始日から4ヵ月以内に，経済産業省へ臨時報告を行わなければなりません（経営承継規12条11項）。

〔有田　賢臣〕

Q 5-6　確認手続

贈与税の納税猶予を適用するには，自社株式の贈与を実行する前に，経済産業大臣から確認を受ける必要があると聞いていますが，その確認手続について教えてください。

A

(1) 贈与税の納税猶予を受ける場合，相続税の納税猶予と異なり，必ず確認を受ける必要があります。
(2) 確認の段階で会社・先代経営者・後継者が満たしておくべき要件は，それほど厳しくありません。
(3) 確認申請書に定款の写し・事業承継計画書等を添付して，経済産業省に提出します。要件を満たしていることが確認されれば，確認書が交付されます。

解説

新事業承継税制の5つの手続のうち，新事業承継税制の適用を受けるため，贈与・相続の前に行う最初の手続が確認手続です。

　確認　⇒　認定　⇒　申告　⇒　報告　⇒　免除

〔1〕確認を受ける必要がない場合

経済産業大臣の確認を受けないと，原則として，次の認定の手続へ進むことができません（経営承継規6条1項7号ト(4)）。
贈与税の納税猶予を受ける場合，必ず確認を受ける必要があります。一方，相続税の納税猶予を受ける場合に，次のいずれかに該当するときは，確認を受ける必要がありません（経営承継規6条1項8号ト(3)）。

□	先代経営者が60歳未満で死亡したこと
□	・相続開始直前において後継者が役員であること ・後継者が公正証書遺言により取得する自社株式の議決権数とすでに保有している自社株式に係る議決権数の合計が総議決権数の過半数であること 　※すでに過半数を保有していた場合には，公正証書遺言により取得する自社株式がない場合もこの要件を満たします。

　なお，平成20年10月1日から平成22年3月31日までに先代経営者の相続が開始した場合，以下のいずれかに該当する旨を証する書面を経済産業省に提出することにより，確認に代えることができます（経営承継規附則2条1項）。

□	先代経営者の相続開始直前において，後継者が役員に就任していること
□	後継者が先代経営者から自社株式又は事業用資産の生前贈与を受けていること
□	計画的承継に係る取組が行われていたと認められること（例：公正証書遺言により後継者が自社株式を取得した場合）

〔2〕確認を受けるための要件

　確認の段階で会社・先代経営者・後継者が満たしておくべき要件は，それほど厳しくありません。会社については，中小企業者に該当し，かつ，上場会社等又は性風俗営業会社に該当しないことが要件となっています。確認の時点では，事業会社としての実態を備えていなくても確認を受けることができます。確認に有効期限はありませんので，早い段階で確認を受け，その後，認定を受けるまでに事業会社としての実態を整えることも可能です。

先代経営者については，会社の代表者である（であった）ことに加え，先代経営者グループで過半数の議決権を有し，先代経営者グループの中で筆頭株主である必要があります。なお，先代経営者が複数いる場合，確認申請できる先代経営者は1人に限られます。申請する先代経営者を変更する場合には，確認の取消申請を行ったうえで（経営承継規18条2項），再度，確認申請を行う必要があります。

後継者については，確認の時点で代表者である必要はなく代表候補者であれば足ります。なお，後継者が複数いる場合，確認申請できる後継者は1人に限られます。申請する後継者を変更する場合には，確認の変更申請を行う必要があります（経営承継規17条）。

また，先代経営者が保有する自社株式及び事業用資産を後継者に承継させる時期等について，事業承継計画書にまとめる必要があります。確認の時点における見込みであるため，実際の承継と異なっても問題はありません。

【確認を受けるための要件】

会　　社
□　中小企業者に該当すること（経営承継規15条1号）
□　上場会社等又は性風俗営業会社に該当しないこと（経営承継規15条2号）
先代経営者
□　会社の代表者である（であった）こと（経営承継規15条4号）
□　先代経営者グループで過半数の議決権を有し，代表者であるときに先代経営者グループの中で筆頭株主だったことがあり，確認申請時においても先代経営者グループの中で後継者を除いて筆頭株主であること（経営承継規15条4号） ※過去に，後継者を含めて判断したとしても先代経営者が筆頭株主であった時期があることが必要です。確認申請時は，事業承継を進めた結果，後継者が筆頭株主であり先代経営者が第2順位の株主である場合も認められます。
後　継　者

☐	先代経営者の親族であること（経営承継規15条4号）
☐	会社の代表者又は代表候補者であり，先代経営者から自社株式を取得することが見込まれるもの（経営承継規15条3号）
その他	
☐	事業承継計画を有していること（経営承継規15条5号）

〔3〕 確認の申請

　申請書に定款の写し・事業承継計画書等を添付して経済産業省（地方経済産業局。**49頁**参照）に提出します（経営承継規16条2項・19条2項）。
　申請書類により要件を満たしていることが確認されれば，確認書が交付されます（経営承継規16条3項）。

〔4〕 確認の変更申請

　確認を受けた後に，申請した後継者を変更する場合には，確認の変更申請を行う必要があります（経営承継規17条1項）。ただし，申請した先代経営者の相続開始以後は，確認の変更申請は行えません（経営承継規17条1項但書）。
　事業承継計画書の内容を変更する場合にも，確認の変更申請を行えますが，後継者を変更する場合と異なり任意の手続ですので，必須ではありません（経営承継規17条2項）。

〔5〕 確認の取消し

　申請した後継者の相続が開始した場合や申請内容に不正があった場合などは，経済産業大臣により確認が取り消されます（経営承継規18条1項・2項）。一方，自らの意思で確認の取消申請を行うことも可能です（経営承継規18条3

項)。

〔有田　賢臣〕

Q5-7 認定手続

父から自社株式の贈与を受けました。贈与税の納税猶予の適用を予定しており，経済産業大臣から確認書の交付も受けています。贈与税の申告前に，経済産業大臣から認定を受ける必要があると聞いていますが，その認定手続について教えてください。

A

(1) 認定を受けるための要件を贈与・相続後に検討しても間に合いませんので，事前の対策が必要です。
(2) 申請書類に添付する資料の中には，あらかじめ用意すべき資料も含まれますので，事前の準備が必要です。

解説

新事業承継税制の5つの手続のうち，実行した贈与・相続につき新事業承継税制の適用要件を満たしていることを証明する手続が認定手続です。

確認 ⇨ 認定 ⇨ 申告 ⇨ 報告 ⇨ 免除

〔1〕認定を受けるための要件

経済産業大臣の認定を受けていることが，新事業承継税制の適用を受けるための要件となっています（措置70条の7第1項・2項1号）。贈与・相続が実行された後に認定手続を行いますが，この段階で適用要件を検討していては間に合いません。**Q5-2**，**Q5-3**で説明した条件をクリアできるよう事前の対策が必要です。

認定の段階で会社・先代経営者・後継者が満たしておくべき要件は，以下のとおりです。各要件の詳細は，**Q5-2**を参照ください。

【認定を受けるための要件】

会　　社
☐　中小企業者に該当すること
☐　上場会社等又は性風俗営業会社に該当しないこと
☐　資産保有型会社・資産運用型会社に該当しないこと
☐　直近事業年度以降の各事業年度の総収入金額がゼロ超であること
☐　常時使用する従業員が1人以上いること
☐　特別子会社が上場会社等，大法人等又は性風俗営業会社に該当しないこと
☐　後継者以外の株主に拒否権付株式（黄金株）を交付していないこと
☐　認定申請基準日の常時使用従業員数が，贈与日（相続開始日）の常時使用従業員数に0.8を乗じて計算した人数を下回らないこと
先代経営者
☐　会社の代表者である（あった）こと
☐　贈与・相続直前まで，先代経営者グループで過半数の議決権を有し，先代経営者グループの中で後継者を除いて筆頭株主であること
☐　〈**贈与税の納税猶予における追加条件**〉 　・贈与時までに役員を退任すること 　・贈与時に保有する自社株式を一括贈与すること
後　継　者
☐　先代経営者の親族であること
☐　贈与・相続直後に後継者グループで過半数の議決権を有しており，後継者グループの中で筆頭株主であること

☐	贈与時（相続時から5ヵ月経過する日）において，会社の代表者であること
☐	贈与・相続後，経済産業大臣の認定を受けるまでに適用対象株式を1株も譲渡せず，継続して保有していること
☐	〈贈与税の納税猶予における追加条件〉 贈与時に20歳以上かつ3年以上にわたり継続して役員であること
☐	〈相続税の納税猶予における追加条件〉 相続直前に役員であること

〔2〕認定の申請

申請書に定款の写しや従業員数証明書，経済産業大臣から交付を受けた確認書などを添付して経済産業省に提出します（経営承継規7条2項・3項）。申請書類の提出期限は以下のとおりです。

【申請書類の提出期限】

贈与税の納税猶予	贈与を受けた年の10月15日以降，翌年の1月15日まで（経営承継規6条1項7号・7条2項1号）
相続税の納税猶予	先代経営者の相続開始日から5ヵ月を経過する日以降，8ヵ月を経過する日まで（経営承継規6条1項8号・7条3項1号）

添付資料には，「贈与税（相続税）の見込額を記載した書類」や「事業報告書」なども含まれます。財務諸表（事業報告書を含む）の提出は，申請会社だけでなく特別子会社についても必要です。資産保有型会社・資産運用型会社に該当しないものとみなされる場合には（経営承継規6条2項），直前3事業年度の財務諸表の提出が必要となります。

「相続税の見込額を記載した書類」には，相続した自社株式に係る相続税の見込額を記載する必要があります。相続税額はすべての遺産とその分割内

容が分からないと厳密には計算できません。どこまで厳密な計算が求められるのか執筆時点では不明ですが，申請書の提出期限を意識した上で相続税の申告作業も進めていく必要があります。また，中小企業における「事業報告書」の整備状況はよいものではないと思いますが，新事業承継税制を適用する予定であれば，毎期の決算にて事業報告書を作成しておく必要があります。

　申請書類により要件を満たしていることが認定されれば，認定書が交付されます（経営承継規7条4項）。認定の有効期限は，新事業承継税制の適用を受けた贈与税申告書（相続税申告書）に係る提出期限の翌日から5年を経過する日となります（経営承継規8条2項）。

〔有田　賢臣〕

Q5-8　申告手続と担保の提供

　父から自社株式の贈与を受けました。贈与税の納税猶予の適用を予定しており，経済産業大臣から認定書の交付も受けています。贈与税の納税猶予の適用を受けるには，贈与税申告書を提出する必要があると聞いていますが，その申告手続について教えてください。

A

(1)　贈与税申告書に新事業承継税制の適用を受けようとする旨を記載した一定の書類を添付して，申告期限内に提出する必要があります。

(2)　贈与税申告書の提出期限までに，納税猶予額に相当する担保を提供する必要があります。

解説

　新事業承継税制の5つの手続のうち，贈与・相続について新事業承継税制の適用を受けようとする意思表示のための手続が申告手続です。

確認 ⇒ 認定 ⇒ 申告 ⇒ 報告 ⇒ 免除

〔1〕申告書の提出

　新事業承継税制の適用を受けるためには，新事業承継税制の適用を受けようとする旨を記載した贈与税申告書（相続税申告書）を，申告期限内に提出する必要があります（措置70条の7第1項）。また，当該申告書に当社及び特別子会社の定款の写しや従業員数証明書，経済産業大臣から交付を受けた認定書などを添付する必要があります（措置70条の7第9項，措置規23条の9第22項）。申告書の提出期限・提出先については，Q6-1，Q6-3を参照ください。

〔2〕担保の提供

　新事業承継税制の適用を受けるためには，贈与税申告書（相続税申告書）などの書類の提出だけでは足りず，当該申告書の提出期限までに納税猶予額に相当する担保を提供する必要があります（措置70条の7第1項）。
　担保の提供については，新事業承継税制の適用対象株式すべてを担保に提供する場合とそれ以外の場合に大きく分けることができます。

(1) **新事業承継税制の適用対象株式すべてを担保に提供する場合**
　この場合には，適用対象株式の時価総額が納税猶予額に満たなくても，納税猶予額に相当する担保が提供されたものとみなされます（措置70条の7第7項）。また，担保提供後に適用対象株式の価値が下がっても担保の追加提供を要求されることはありません（措置70条の7第14項2号）。
　ただし，適用対象株式の全部又は一部について変更が生じた場合や株券を不発行とする定款変更をした場合には，(2)と同様の扱いとなります（措置令40条の8第30項）。
　この「適用対象株式の全部又は一部について変更が生じた場合」には，会社が合併で消滅したこと，株式交換・移転により完全子会社となったことなどが該当し，さらに適用対象株式について株式併合・株式分割したことや，商号変更したことさえも含まれます（措置通70の7-30）。その場合でも，後継者の申請に基づいて，これらの事由が生じた日から2ヵ月以内に適用対象株式に代えて新たに取得した株式を再び担保に提供することが確実と見込まれるときは，担保の解除はなかったものとみなされます（措置令40条の8第31項，措置通70の7-31・33・37）。
　なお，適用対象株式以外に担保とすべき適当な財産がないという条件を満たす必要はありませんが，株券を発行し，かつ，適用対象株式について担保の設定・処分の制限がされていないという条件を満たす必要があります（措置規23条の9第26項）。この処分制限の点につき，譲渡制限付株式については担保提供できないのか疑義が生じますが，適用対象株式のすべてを担保に提供する場合に限り，譲渡制限付株式についても担保提供が可能とされていま

す（措置通70の7-32）。

　具体的には，①供託書を2通作成して法務局（供託所）に提出し，供託書正本と供託有価証券寄託書の交付を受けます。②供託所から交付された供託書正本と供託有価証券寄託書及び供託する株券を日本銀行に提出し，当該有価証券が納入された旨が記載された供託書正本の交付を受けます。③税務署に，担保提供書・担保目録・日本銀行から交付された供託書正本・株券の写しを提出します。

　新事業承継税制の適用を受けた持分会社の持分を担保提供する場合の手続は，国税庁HP「非上場株式等についての相続税・贈与税の納税猶予～担保の提供に関するＱ＆Ａ～」の問5をご覧ください。

　適用対象株式を担保に提供することにより，国が質権者となります。登録質であれば，国が配当を受け取り，議決権についても国が行使することになります。しかし，略式質とされ（株主名簿の書換えまでは要求されず），配当の受取り・議決権の行使ともに後継者が行えるものと考えます。一方，持株会社の持分の場合，登録質として整理されるものの，配当は受け取らないとされています（措置通70の7-9の解説参照）。

(2)　それ以外の場合

　後継者の所有不動産を担保に提供するなど，(1)以外の方法で担保を提供する場合には，納税猶予額と利子税の合計額に相当する担保を提供する必要があります（措置通70の7-8）。当初申告における納税猶予額が過大だったため，修正申告をした場合には，修正申告書提出日の翌日から起算して1ヵ月を経過する日までに担保を追加提供しなくてはなりません（措置通70の7-6）。また，担保に提供した財産の価額が減少した場合，担保の変更や担保の追加提供が要求されます（国通51条1項）。

　担保に提供する財産に応じて具体的な手続は異なります。不動産の場合には，担保提供書・担保目録・登記事項証明書・固定資産税評価証明書などを税務署に提出することにより，税務署側で抵当権の設定手続を行います。

〔有田　賢臣〕

Q 5-9　報告手続

贈与税の納税猶予の適用を受けることができました。今後，定期的に経済産業省と税務署に報告をしなければならないと聞いていますが，その報告手続について教えてください。

A

(1) 経済産業省に対し，経営承継期間（納税猶予の適用を受けた申告書の申告期限後5年間）の間，毎年1回，報告書を提出する必要があります。
(2) 税務署に対し，経営承継期間中は毎年1回，経営承継期間経過後は3年に1回，継続届出書を提出する必要があります。

解説

新事業承継税制の5つの手続のうち，適用を受けた新事業承継税制の納税猶予要件を満たしていることを証明する手続が報告手続です。

確認 ⇒ 認定 ⇒ 申告 ⇒ 報告 ⇒ 免除

〔1〕経済産業省への報告

経済産業大臣の認定を受けた会社は，経営承継期間（納税猶予の適用を受けた贈与税申告書・相続税申告書の申告期限後5年間）の間，毎年1回，報告書に定款の写し・従業員数証明書等を添付して経済産業省に提出しなければなりません。報告書類の提出期限は，報告基準日の翌日から3ヵ月以内です。報告基準日は，申告書に係る申告期限の翌日から起算して1年を経過するごとの日となります（経営承継規12条1項～4項）。

納税猶予要件を満たさないこと（取消事由に該当すること）が判明した場合，認定が取り消されます。報告書類を提出しないことも取消事由とされていま

す（経営承継規9条2項・3項）。取消事由（Q5-10参照）に該当した場合には，該当した日の翌日から1ヵ月以内にその旨を報告する必要があります（経営承継規12条5項～8項）。

報告書類により取消事由に該当していないことが確認された場合には，確認書が交付されます（経営承継規12条13項）。

〔2〕税務署への報告

納税猶予の適用を受けた後継者は，経営承継期間中は毎年1回，経営承継期間経過後は3年に1回，継続届出書に定款の写し・従業員数証明書，経済産業大臣への報告手続により交付を受けた確認書等を添付して税務署に提出しなければなりません（措置規23条の9第24項6号）。経営承継期間経過後も，納税猶予額がゼロとなるなど免除要件を満たすまで，税務署への報告を続けていく必要があります。継続届出書の提出期限は，経営承継期間中は報告基準日の翌日から5ヵ月以内，経営承継期間経過後は報告基準日の翌日から3ヵ月以内です（措置70条の7第10項，措置通70の7-35）。報告基準日は，経営承継期間中は申告書に係る提出期限の翌日から1年を経過するごとの日，経営承継期間経過後は経営承継期間の末日の翌日から3年を経過するごとの日となります（措置70条の7第2項7号）。

取消事由に該当することが判明した場合，納税猶予が取り消されます。継続届出書を提出しないことも取消事由とされています。

【報告書類及び継続届出書の提出期限】

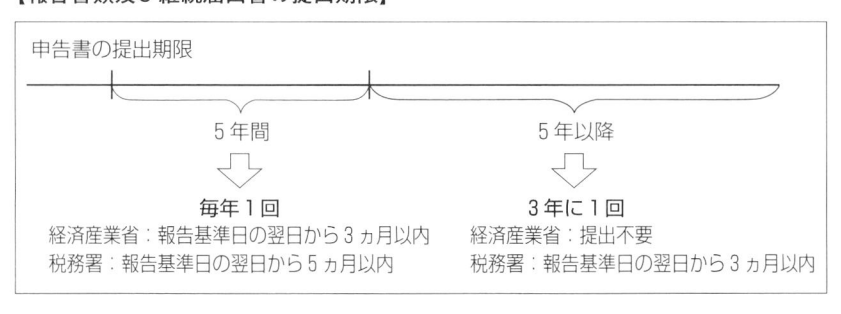

申告書の提出期限	
5年間	5年以降
⇩	⇩
毎年1回	3年に1回
経済産業省：報告基準日の翌日から3ヵ月以内 税務署：報告基準日の翌日から5ヵ月以内	経済産業省：提出不要 税務署：報告基準日の翌日から3ヵ月以内

〔有田　賢臣〕

Q 5-10　取消事由

贈与税の納税猶予の適用を受けることができました。今後どのような事由に該当すると，経済産業省の認定や贈与税の納税猶予が取り消されてしまうのでしょうか。取り消された場合の影響も併せて教えてください。

A

(1)　適用対象株式を譲渡するなど，取消事由に該当した場合には，納税猶予額の全部又は一部について利子税と併せて納付しなければなりません。

(2)　取消事由を正しく理解し，意図せずして取消事由に該当してしまうことのないようにする必要があります。

解説

適用対象株式を譲渡するなど，取消事由に該当した場合，納税猶予が打ち切られ，納税猶予額の全部又は一部について利子税と併せて納付しなければなりません（措置70条の7第4項～6項・12項・13項・15項・70条の7の2第3項～5項・12項・13項・15項）。なお，利子税は，年2.2%（前年11月末の基準割引率が0.5%の場合(注)）で単利計算をします。

　(注)　3.6%×(0.5%＋4%)÷7.3%＝2.21%→2.2%（措置70条の7第23項・93条1項・4項）

取消事由には，認定の取消事由と納税猶予の取消事由があります。内容は重複しており，納税猶予の取消事由に該当しないよう管理していけば，認定の取消事由に該当することはないと考えてよいでしょう。

個々の取消事由を正しく理解し，意図せずして取消事由に該当してしまうことのないようにする必要があります。

【取消事由】

No.	取消事由	期間中	経過後
会　社			
①	上場会社等又は性風俗営業会社に該当したこと（経営承継規9条2項11号，措置70条の7第4項15号・16号，措置通70の7-25・26） ※適用要件である「中小企業者に該当すること」は，取消事由にはなっていません。ただし，贈与税の納税猶予から相続税の納税猶予への切替えを行う際は，中小企業者である必要があります。 ※経営承継期間後に上場しても取消事由になりませんが，上場の際の売出しを行った場合には，取消事由⑮に該当することになります。	○	×
②	資産保有型会社に該当したこと（経営承継規9条2項12号，措置70条の7第4項9号，措置令40条の8第21項，措置通70の7-20）（措置70条の7第6項1号） ※経営承継期間経過後は，経営規模は問われないまでも，事業の永続が求められています。 ※資産保有型会社に該当するか否かは事業年度末で判断するのではなく，納税猶予期間中のいずれかの日において該当した時点で納税猶予が取り消されます。なお，経営承継期間経過後に取消事由に該当した場合でも，納税猶予額の全額を納付しなければなりません。	○	○
③	資産運用型会社に該当したこと（経営承継規9条2項13号，措置70条の7第4項9号，措置令40条の8第21項，措置通70の7-20）（措置70条の7第6項1号）	○	○
④	事業年度の総収入金額がゼロとなったこと（経営承継規9条2項14号，措置70条の7第4項10号）（措置70条の7第6項1号） ※後日，過去の事業年度において総収入金額がゼロとなった	○	○

	ことが明らかになった場合にも取消事由に該当することになります。なお，経営承継期間経過後に取消事由に該当した場合でも，納税猶予額の全額を納付しなければなりません。		
⑤	報告基準日の常時使用従業員数が，贈与日（相続開始日）の常時使用従業員数に0.8を乗じて計算した人数を下回らないこと（経営承継規9条2項3号，措置70条の7第4項2号，措置令40条の8第20項，措置規23条の9第4項・16項） ※報告基準日以外の日の常時使用従業員数が要件を下回る人数になってしまったとしても，報告基準日に要件を満たす人数を確保できていれば，問題ありません。	○	×
⑥	**特別子会社**が，性風俗営業会社に該当したこと（経営承継規9条2項15号，措置70条の7第4項16号） ※適用要件である「特別子会社が上場会社等・大法人等に該当しないこと」は，取消事由にはなっていません。	○	×
⑦	後継者以外の株主に拒否権付株式（黄金株）を交付したこと（経営承継規9条2項9号，措置70条の7第4項17号，措置令40条の8第23項1号）	○	×
⑧	後継者が贈与・相続により取得した自社株式の議決権に制限を加えたこと（経営承継規9条2項6号・7号，措置70条の7第4項17号，措置令40条の8第23項2号・3号）	○	×
⑨	解散（合併による消滅を除く）・組織変更による金銭等の交付・非適格合併による消滅・分割型分割（当社が分割会社となる場合に限る）・非適格株式交換等による完全子会社化・適格合併や適格株式交換等にて金銭等の交付をしたこと（経営承継規9条2項10号・20号，措置70条の7第4項7号・8号・13号・14号，措置70条の7	○	○

第5項，措置令40条の8第18項・19項・24項，措置通70の7-19・23・24）（措置70条の7第6項1号・3号～6号，措置令40条の8第26項～29項，措置通70の7-19・23・24・27・28）

※合併による消滅と株式交換及び株式移転による完全子会社化については，合併存続会社・完全親会社が認定の承継を行った場合には，取消事由となりません（経営承継規10条・11条，措置70条の7第4項柱書，措置規23条の9第9項）。

※租税特別措置法70条の7第4項13号・14号では，「適格合併」「適格交換等」という用語が用いられてますが，組織再編税制における適格組織再編とは関係ありません。

※経営承継期間経過後に取消事由に該当した場合に納付しなければならない税額は以下のとおりです。
解散 ⇒ 納税猶予額の全額
組織変更・合併・株式交換等 ⇒ 金銭等交付額に対応する額
分割型分割 ⇒ 配当した分割承継会社株式の価額に対応する額

⑩	資本金・準備金の額を減少したこと（経営承継規9条2項18号・19号，措置70条の7第4項11号，措置規23条の9第17項，措置通70の7-21）（措置70条の7第6項1号） ※欠損填補目的の減資・減準備金及び，資本金と準備金の組替えについては取消事由に該当しません。なお，経営承継期間経過後に取消事由に該当した場合でも，納税猶予額の全額を納付しなければなりません。	○	○
⑪	期限までに経済産業省・税務署に報告をしなかったこと又は報告内容と相違する事実が判明したこと（経営承継規9条2項16号・17号，措置70条の7第12項・13項）（措置70条の7第6項1号） ※提出期限までに継続届出書が提出できなかったことについてやむを得ない事情があると認められる場合において，提出期限後に継続届出書が提出されたときは，期限内に提出	○	○

	されたものとみなされます（措置70条の7第22項）。なお，経営承継期間経過後に取消事由に該当した場合でも，納税猶予額の全額を納付しなければなりません。		
⑫	税務署に新事業承継税制の適用をやめる旨の届出書を提出したこと（措置70条の7第4項12号，措置通70の7-22）（措置70条の7第6項1号） ※この届出書を提出することにより，いつでも納税猶予を打ち切ることができます。この場合，納税猶予額の全額を納付しなければなりません。	○	○
後継者			
⑬	会社の代表者でなくなったこと又は代表権に制限を加えたこと（経営承継規9条2項2号・4項，措置70条の7第4項1号，措置規23条の9第15項，措置通70の7-16） ※経営承継期間中においては，精神障害が生じた場合など一定の場合を除き，後継者は代表者を退任することはできません。なお，代表者の死亡は，経済産業大臣の認定に係る取消事由となっていますが，同時に免除要件となっています（**Q5-11**参照）。	○	×
⑭	後継者グループで過半数の議決権を有さなくなったこと又は後継者グループの中において筆頭株主でなくなったこと（経営承継規9条2項4号・5号，措置70条の7第4項3号・4号） ※後継者が他の株主と同率筆頭株主である場合は，取消事由に該当しません。	○	×
⑮	適用対象株式を譲渡又は贈与したこと（経営承継規9条2項8号，措置70条の7第4項5号・6号）（措置70条の7第6項1号・2号，措置通70の7-17・18） ※経営承継期間経過後に取消事由に該当した場合には，譲渡又は贈与した株式数に対応する税額を納付します。後継者が，適用対象株式と適用を受けていない自社株式の両方を	○	○

Q 5-10 取消事由　351

	保有している場合には，適用を受けていない自社株式から先に譲渡したものとみなされます（措置令40条の8第41項）。 ※遺留分減殺請求の確定による適用対象株式の現物弁済は，譲渡に該当しません（贈与・相続による取得が初めからなかったものとされます）。		
⑯	〈贈与税の納税猶予における追加条件〉 ・先代経営者が自社の代表者となったこと又は役員となり給与の支給を受けたこと（経営承継規9条2項21号，措置70条の7第4項17号，措置令40条の8第23項4号・5号） ・先代経営者の相続が開始し，贈与税の納税猶予から相続税の納税猶予へ切り替えるための経済産業大臣の確認を受けないこと（経営承継規9条2項22号・13条）	○	×
その他			
⑰	担保に提供した財産の価額が減少したことによる担保の追加提供の要求に応じないこと（措置70条の7第13項1号，措置通70の7-36）	○	○
⑱	会社の行為計算を容認した場合，後継者グループの贈与税・相続税の負担を不当に減少させる結果となると認められること（措置70条の7第15項）	○	○

期間中：経営承継期間中　経過後：経営承継期間経過後
○：取消事由である　×：取消事由でない

　経営承継期間中に取消事由に該当した場合，該当日の2ヵ月後が納税猶予期限となり，納税猶予額の全額を納付しなければなりません（措置70条の7第4項）。ただし，一定の要件を満たす合併又は株式交換等を行った場合には，交付した金銭等に対応する納税猶予額のみを納付します（措置70条の7第5項，

措置通70の7-29)。

　経営承継期間経過後に取消事由に該当した場合，同様に該当日の2ヵ月後が納税猶予期限となり，納付しなければならない税額は取消事由ごとに異なります（措置70条の7第6項，措置通70の7-29)。

　一方，納付がなされない場合には，担保に提供した財産が換価されて租税債務に充当されます。換価しても納付額に足りない場合には，後継者の他の財産の差押えなどが行われます（国徴基通48-4-2)。さらに，他の財産を換価してもなお納付額に足りない場合，納税猶予されていた贈与税・相続税の法定納期限から過去1年以内（贈与税の場合は，納税猶予の適用を受けた贈与後）に取得した自社の株式の価額の範囲内で，会社が第2次納税義務を負います（国徴通基35-10)。

　なお，租税特別措置法70条の7第14項7号により読み替えた国税通則法52条4項の文言からは，「適用対象株式のすべてを担保に供している場合には，取消事由に該当したとしても，その適用対象株式を次の後継者や会社等が買受けることにより，納税猶予額及び利子税の全額について納付を免れることができる。」と読めなくもありません。しかし，他の担保財産と同様に換価しても納付額に足りない場合には，後継者の他の財産について滞納処分が行われますので，ご注意ください（国税庁HP「非上場株式等についての相続税・贈与税の納税猶予～担保の提供に関するQ＆A～」問12参照)。

〔有田　賢臣〕

Q 5-11 免除手続

　過去に贈与税の納税猶予の適用を受け，その後，相続税の納税猶予に切り替えています。そろそろ引退を考えていますが，自社株式を譲渡して経営から身を引く場合，打ち切られる納税猶予額の一部が免除されることがあると聞いています。その免除手続について教えてください。

A

(1) 後継者が死亡する等，一定の事由が生じたことにより納税免除の効力が生じた場合には，免除届出書を提出する必要があります。
(2) 自社株式のすべてを第三者に譲渡して得た譲渡対価額が納税猶予額を下回る等，一定の事由が生じた場合，免除申請書を提出することにより，納付すべき贈与税・相続税の一部を免除してもらうことができます。

解説

　新事業承継税制の5つの手続のうち，納税猶予を受けた贈与税・相続税について，免除要件を満たしていることを証明する手続が免除手続です。

確認 ⇒ 認定 ⇒ 申告 ⇒ 報告 ⇒ 免除

　免除手続は，納税免除の効力が生じたことを届け出る手続と，納税猶予の打切りにより納付しなければならない贈与税・相続税の一部を免除してもらうためにその免除申請を行う手続の2つに分かれます。

〔1〕免除届出書の提出

　以下のいずれかに該当した場合には，納税猶予を受けていた贈与税・相続

税の全部又は一部が免除されます。この場合，後継者又は後継者の相続人は，免除届出書と添付書類を提出しなければなりません。免除届出書は，申告書の提出先と同じ税務署に免除要件に該当した日から6ヵ月以内に提出する必要があります（措置70条の7第16項）。当該免除後に納税猶予額が残る場合には，添付書類の提出は不要です（措置70条の7の2第16項2号，措置通70の7の2-41注3）。

贈与税の納税猶予	
□ 先代経営者より前に後継者が死亡したこと	全部免除
□ 先代経営者が死亡したこと	全部免除
相続税の納税猶予	
□ 後継者が死亡したこと	全部免除
□ 経営承継期間経過後に，後継者（2代目）が次の後継者（3代目）へ適用対象株式を贈与し，次の後継者が贈与税の納税猶予を適用したこと	一部免除[注1]

（注1）　2代目経営者が3代目経営者へ適用対象株式を贈与すると取消事由に該当し，2代目が受けていた相続税の納税猶予が打ち切られてしまいます。しかし，当該贈与に伴い3代目が贈与税の納税猶予を適用した場合には，免除届出書を提出することにより，2代目が納付しなければならない相続税のうち，贈与株式数に対応する額について免除を受けることができます（措置70条の7の2第16項2号，措置令40条の8の2第42項，措置通70の7の2-40・41）。2代目経営者が，適用対象株式と適用を受けていない自社株式の両方を保有している場合には，適用を受けていない自社株式から先に贈与したものとみなされます（措置通70の7の2-18注書）。

〔2〕免除申請書の提出

　以下のいずれかに該当した場合において，納税猶予の打切りにより納付しなければならない贈与税・相続税の一部について免除を受けようとするときは，後継者は，免除申請書に株式譲渡（贈与）契約書等を添付して提出しな

ければなりません。免除申請書は，申告書の提出先と同じ税務署に免除要件に該当した日から2ヵ月以内に提出する必要があります（措置70条の7第17項，措置規23条の9第30項・31項，措置通70の7-38）。

税務署長は，免除申請書の提出があった場合には，免除申請書の提出期限の翌日から6ヵ月以内に申請を認めるか却下するかの判断をして，後継者に通知することになっています（措置70条の7第18項）。

免除申請額については，とりあえず納税する必要はありません。後日，税務署から申請却下の通知書が送付されてきた場合には，通知書が送付された日から1ヵ月以内に免除申請額を利子税と併せて納税しなければなりません（措置70条の7第19項・23項）。

【免除申請事項（措置70条の7第17項）】

☐ 経営承継期間経過後に，後継者が ・第三者（1人）に対する自社株式すべての譲渡（措置令40条の8第35項，措置規23条の9第32項，措置通70の7-12注2・70の7-38） ・民事再生法又は会社更生法の規定による計画に基づき自社株式を消却するために行う自社株式すべての譲渡により得た譲渡対価額が納税猶予額を下回ること	一部免除(注2)
☐ 経営承継期間経過後に，会社が ・破産手続開始の決定を受けたこと ・特別清算開始の命令を受けたこと	一部免除(注3)
☐ 経営承継期間経過後に，会社が第三者である他の会社に現金交付合併により吸収され消滅したことに伴い得た交付対価額が納税猶予額を下回ること	一部免除(注2)
☐ 経営承継期間経過後に，会社が第三者である他の会社に現金交付株式交換（株式移転）により完全子会社となったことに伴い得た交付対価額が納税猶予額を下回	一部免除(注2)

|　ること　　　　　　　　　　　　　　　　　　　|　　　　　　　　|

※贈与税の納税猶予と相続税の納税猶予で免除要件に変わりありません。

(注2) 相続税評価額と譲渡対価額のいずれか大きい額が（措置規23条の9第3項，措置通70の7-40），納税猶予額を下回る金額について納税が免除されます。つまり，自社株式を譲渡して得た額（措置規23条の9第33項）を納税に充てても，納税しきれない場合には，その分は免除されるということです。ただし，譲渡前に配当などを行って会社の財産を社外流出させて故意に譲渡対価額を下げて免除額を大きくすることが考えられるため，これを防止する措置として，譲渡前5年以内に後継者グループに対して支払われた配当及び過大役員給与については免除額から控除されます（措置令40条の8第36項）。

(注3) 基本的に納税猶予額の全額が免除されますが，解散前5年以内に後継者グループに対して支払われた配当及び過大役員給与については免除額から控除されます（措置令40条の8第36項）。

〔有田　賢臣〕

第6章

相続税・贈与税の基礎知識

Q6-1 相続税の概要

先日，父が亡くなりました。相続人は母と長男である私の2人です。父が残した財産の額を考えると相続税の申告と納付が必要となると思いますが，私が受け取った死亡保険金も相続税の対象となりますか。また，申告書はいつまでに提出すればよいですか。

A

(1) 被相続人と相続人の住所や国籍により，課税される財産の範囲が異なります。
(2) 相続税の課税対象となる相続財産には，民法上の相続財産のほかに「みなし相続財産」があります。
(3) 国民感情，社会政策的配慮等から一定の財産には課税されません。
(4) 債務を控除した正味の遺産が基礎控除額を上回るなど一定の場合には，相続開始を知った日の翌日から10ヵ月以内に申告書を提出します。

解説

〔1〕相続税とは

相続税とは，相続や遺贈（死因贈与を含む）により，遺産を取得した個人(注1)に対して，その取得財産の評価額をもとに課される税金です。

(注1) 人格のない社団や財団・持分の定めのない法人（相税66条），目的信託の受託者である法人（相税9条の4）に対して相続税がかかる場合があります。

〔2〕相続税の納税義務者と課税される財産の範囲

相続等により相続財産を取得した個人が，相続税の納税義務者です。厳密

には,相続等により相続財産を取得していなくても,被相続人から生前贈与を受け,その贈与財産について相続時精算課税(Q6-5参照)の適用を受けていれば,その個人も,相続税の納税義務者となります(相税1条の3)。

仮に長男がすべての相続財産を取得した場合には,もう1人の相続人である母は相続税の納税義務者にはなりません。

【相続税の納税義務者と課税される財産の範囲】

相続税の納税義務者	課税される財産の範囲
(1) **無制限納税義務者**―相続や遺贈により財産を取得したときに日本国内に住所を有している者	取得したすべての財産
(2) **非居住無制限納税義務者**―相続や遺贈により財産を取得したときに日本国内に住所を有しない者で,次の要件すべてにあてはまる者 　イ　財産を取得したときに日本国籍を有している 　ロ　被相続人又は財産を取得した者が被相続人の死亡の日前5年以内に日本に住所を有したことがある	取得したすべての財産
(3) **制限納税義務者**―相続や遺贈により日本国内にある財産を取得した者で日本国内に住所を有しない者((2)に掲げる者を除きます)(注2)	日本国内にある財産
(4) 上記(1)~(3)のいずれにも該当しない者で贈与により相続時精算課税の適用を受ける財産をもらった者	相続時精算課税の適用を受ける財産

(注2) 具体的には,以下の2つのケースが該当します。
　① 財産を取得した者が日本国籍を有していない
　② 被相続人及び財産を取得した者のいずれも,被相続人の死亡の日前5年以内に日本に住所を有したことがない

〔3〕相続税の課税対象となる相続財産

相続税の対象となる財産には,民法上の相続財産とみなし相続財産があります。不動産や金銭に限らず,営業権など金銭評価が可能な経済的価値はすべて課税対象となります(相基通11の2-1)。

みなし相続財産とは,民法上の相続財産(Q4-3参照)ではないものの,相続税法上は相続財産とみなされる財産です。相続等により取得した財産と

同様の経済的効果をもたらすことから，相続税の課税対象とされています。具体的には，
① 死亡保険金(注3)
② 生命保険契約に関する権利(注4)
③ 死亡退職手当
④ 特別縁故者が分与を受けた相続財産
⑤ 遺言に基づく低額譲受け・債務免除益等による経済的利益
⑥ 被相続人の死亡により受け取る信託受益権

などがあります（相税3条・4条・7条〜9条の2）。

(注3) 被相続人が負担していた保険料に対応する死亡保険金に相続税が課されます。被相続人＝被保険者≠保険料負担者である「他人の生命の保険」は，保険料負担者と保険金受取人の関係により所得税（一時所得）や贈与税が課されます。

(注4) 被相続人＝保険料負担者≠被保険者の場合に「生命保険契約に関する権利」として課税されます。被相続人が保険契約者でなければみなし相続財産となり，被相続人が保険契約者であれば本来の相続財産となります（相基通3-36）。

〔4〕相続税の非課税財産

相続税の課税対象となる財産のうち，国民感情，社会政策的配慮等から以下の財産には課税しないこととしています（相税12条，措置70条）。
① 墓地・墓石・神棚・仏壇・位牌など日常礼拝している物
② 死亡保険金のうち一定額(注5)
③ 死亡退職手当のうち一定額(注5)(注6)(注7)
④ 公益事業を行う個人が公益事業に使用することが確実な相続財産
⑤ 心身障害者共済制度に基づいて支給される給付金の受給権
⑥ 個人経営の幼稚園で使用される財産
⑦ 相続税申告期限までに国・地方公共団体・公益法人等に寄附した財産

長男が受け取った死亡保険金は相続税の対象となりますが，1,000万円

(500万円×法定相続人2人)を超える部分だけが課税されます。
- (注5) 非課税限度額＝500万円×法定相続人（相税15条2項・3項）の数。
- (注6) 被相続人の死亡後3年以内に支給が確定したものに限り相続税の対象となります（相税3条1項2号）。3年経過後に支給が確定したものは，受給者の所得税の対象（一時所得）となります。
- (注7) 弔慰金等のうち次の額までは非課税となり，超過額は死亡退職手当として取り扱われます（相基通3-20）。
  - ・業務上の死亡の場合：被相続人の死亡当時の給与（賞与以外）の3年分
  - ・それ以外の場合：被相続人の死亡当時の給与（賞与以外）の半年分

〔5〕相続税の申告期限・提出先

　債務を控除した正味の遺産の評価額が基礎控除額（Q6-2参照）を上回るなど一定の場合には，相続開始日の翌日から10ヵ月以内に申告書を提出する必要があります（相税27条1項）。ただし，平成20年10月1日から平成21年3月31日までに開始した相続において，以下のいずれにも該当する場合には，「相続開始を知った日の翌日から10ヵ月を経過する日又は平成22年2月1日のいずれか遅い日まで」が提出期限となります（改正法附則65条1項）。

【相続税申告書の提出期限に係る経過措置を受ける条件】

①	遺産に非上場株式等が含まれている
②	被相続人が当該非上場株式等に係る会社の代表者であった ※代表権に制限が加えられていた場合を除く。 ※被相続人が生前のいずれかの時点で代表権を有していれば該当する。

　申告期限が延長されるのは，新事業承継税制（Q5-1参照）が周知されていない状況にあり，適用の是非を検討するには時間を要するであろうとの配慮からです。これらの要件を満たす場合には，実際の申告書提出日や新事業承継税制の適用の有無にかかわらず，登記事項証明書の写し等の「被相続人が会社の代表権を有していたことを明らかにする書類」を申告書に添付する

必要があるとされています（国税庁 HP「相続税の申告期限の延長に関する Q&A」）。

申告書は，被相続人の死亡時における住所地の所轄税務署に提出します（相税附則3条，相基通27-3）。一般的には相続人が共同で提出しますが，遺産分割をめぐって争いをしているため共同で提出できないような場合には，各相続人が個別に申告書を提出することもできます（相税27条1項）。

〔6〕納　付

金銭納付が原則ですが，相続税は財産に対して課税するため，納付が困難な場合も考えられることから，一定の場合には，延納及び物納が認められます（**Q8-1**参照）。

〔有田　賢臣〕

コラム　生命保険契約に関する権利の課税関係

　保険契約は，契約者が保険料を負担するものとされていますが，実際には，契約者以外の者が保険料を負担している場合があります。相続開始の時において保険事故が発生していない生命保険契約で，被相続人以外が契約者となっている生命保険契約の保険料を被相続人が負担していた場合は，生命保険契約に関する権利として，みなし相続財産となります。

　保険事故が起きていないため，実際の生命保険金の取得はありませんが，契約者であることは，保険事故が発生するまでの間に保険契約を解約すれば，解約返戻金を受け取ることができるなど，その生命保険契約に関する権利を有しています。実際に保険料を支払っていない契約者は，対価を払うことなく生命保険契約に関する権利の価値を得ていることになります。

　そこで，その実質的な利益に相当する部分について，実際の保険料負担者に相続が開始されたときに，保険契約者が，生命保険契約に関する権利（一定期間内に保険事故が発生しなかった場合において，返還金その他これに準ずるものの支払いがない生命保険契約を除きます）を保険料負担者である被相続人から相続又は遺贈により取得したものとみなして，相続税を課税することとしているのです（相税3条1項3号）。

　生命保険契約に関する権利の評価額は，相続開始の時に解約したとした場合の解約返戻金相当額（前納保険料・剰余金の分配がある場合は加算し，源泉徴収される所得税相当額は控除します）です。

　なお，保険料の一部について被保険者が負担している場合には，全部の保険料のうち，相続開始の時までに被相続人によって払い込まれた保険料の割合に相当する部分が，相続又は遺贈によって取得したものとみなされます。

　生命保険の法律上の取扱いについてはQ4-3，Q4-20及びQ4-28をご参照ください。

　　　　　　　　　　　　　　　　　　　　　　　　　◇平田　久美子◇

Q6-2　相続税の計算方法

　時価10億円の資産と1億円の負債を残して父が亡くなりました。相続人は母と長男である私の2人です。母と私は父より生前に贈与を受けています。また，私は死亡保険金1億円も受け取りました。相続税はいくらになりますか。

A

(1)　相続税の課税対象額は，相続税評価額により算定します。
(2)　被相続人の債務・葬式費用の負担額は，課税対象額から控除できます。
(3)　課税対象額が基礎控除額を上回れば，相続税の申告納付義務があります。
(4)　法定相続人が法定相続分で相続したという仮定の下に相続税の総額を算定します。その相続税の総額を実際に相続した財産の評価額の割合で按分し，さらに税額の加算・控除調整をして，各相続人の相続税額を計算します。

解説

〔1〕課税価格の算定

　相続税の課税対象額のことを課税価格といいます（相税11条の2）。課税価格は納税義務者ごとに算定されます。まず，遺産分割協議などにより取得した財産を相続時の評価額で合計します。この際，納税義務者の住所・国籍などにより課税される財産の範囲が異なる点に注意が必要です（Q6-1参照）。
　次に，みなし相続財産（Q6-1参照）の額を加算し，さらに「被相続人から受けた相続開始前3年以内贈与財産」と「相続時精算課税適用贈与財産」を贈与時の評価額で加算します（相税11条・19条・21条の15・21条の16）。

最後に、債務及び葬式費用の負担額を差し引くことで課税価格を算定します（相税13条・14条）。この債務控除は、相続人と包括受遺者に限り認められます。また、制限納税義務者については、相続税が課される財産によって担保される債務のみ控除が認められており、葬式費用の控除は認められていません。

なお、未分割の場合には、民法の法定相続分（Q4-7参照）に対応する財産取得額・債務負担額に基づいて課税価格を算定します（Q6-9参照）。

【数値例】

> 父の資産：預金5億円と不動産（時価5億円、相続税評価額3億円）
> みなし相続財産：死亡保険金1億円（長男が取得）
> 相続開始前3年以内贈与財産：預金8,000万円（長男が取得）
> ※母は10年ほど前に父より贈与を受けています。そのため、相続税の対象とはなりません。
> 父の負債：1億円
> 遺産分割の内容
>   ・母が預金2億円と不動産を相続し、負債1億円を負担
>   ・長男が預金3億円を相続
> とすると、
> 母の課税価格＝預金2億円＋不動産3億円－負債1億円＝4億円
> 長男の課税価格＝預金3億円＋死亡保険金9,000万円(注1)
>   ＋贈与預金8,000万円＝4億7,000万円

（注1） 1億円－500万円×法定相続人の数2人＝9,000万円

〔2〕相続税の総額の算定

まず、各納税義務者の課税価格を合計し、課税価格の合計額から基礎控除額を控除して課税遺産総額を算定します。基礎控除額は、5,000万円＋1,000万円×法定相続人の数で計算される金額です（相税15条）。課税価格の合計額

が基礎控除額を下回る場合には，原則として相続税の申告・納税は不要です。

次に，課税遺産総額を法定相続人が法定相続分で相続したと仮定して，法定相続人ごとの取得金額を算定します。

そして，法定相続人ごとの取得金額に税率を乗じて，法定相続人ごとの相続税額（仮の数値）を算定します。この法定相続人ごとの相続税額を合計することで，相続税の総額が算定されます（相税16条）。

【数値例】

> 課税遺産総額＝課税価格の合計額8億7,000万円
> 　　　　　　－基礎控除額7,000万円(注2)＝8億円
>
> （法定相続人ごとの取得金額）
> 法定相続人としての母の取得金額＝8億円×法定相続分1/2＝4億円
> 法定相続人としての長男の取得金額＝8億円×法定相続分1/2＝4億円
> （相続税の総額）
> 母・長男それぞれの仮の相続税額＝4億円×税率50％－控除額4,700万円
> 　　　　　　　　　　　　　（下記の速算表参照）＝1億5,300万円
> 相続税の総額＝母1億5,300万円＋長男1億5,300万円＝3億600万円

（注2）5,000万円＋1,000万円×法定相続人の数2人＝7,000万円

相続税の速算表は，次のとおりです。

法定相続分の各相続人の取得価格	税率	控除額
1,000万円以下	10%	—
1,000万円超～3,000万円以下	15%	50万円
3,000万円超～5,000万円以下	20%	200万円
5,000万円超～1億円以下	30%	700万円
1億円超～3億円以下	40%	1,700万円
3億円超	50%	4,700万円

〔3〕各納税義務者の相続税額の算定

まず，相続税の総額をそれぞれの納税義務者が取得する財産の課税価格の割合に応じて按分します。

【数値例】

> 母の按分税額＝相続税の総額3億600万円×（課税価格4億円÷課税価格合計8億7,000万円（0.459770））＝140,689,620円
>
> 長男の按分税額＝相続税の総額3億600万円×（課税価格4億7,000万円÷課税価格合計8億7,000万円（0.540230））
> ＝165,310,380円

さらに以下の加算・控除を行うことにより，各納税義務者の相続税額が算定されます。
① 相続税額の2割加算（相税18条）
② 相続開始前3年以内贈与財産の贈与税額控除（相税19条）
③ 配偶者の税額軽減（相税19条の2）
④ 未成年者控除（相税19条の3）
⑤ 障害者控除（相税19条の4）
⑥ 相次相続控除（相税20条）
⑦ 外国税額控除（相税20条の2）
⑧ 相続時精算課税適用贈与財産の贈与税額控除（相税21条の15第3項・21条の16第4項）

ここでは，母には「③配偶者の税額軽減」のみが適用され，長男には「②相続開始前3年以内贈与財産の贈与税額控除」のみが適用されたとして，母と長男の相続税額を算定しています。

【数値例】

母の相続税額＝按分税額140,689,620円－税額軽減140,689,620円(注3)
　　　　　＝０円

長男の相続税額＝按分税額165,310,380円－贈与税額控除3,720万円(注4)
　　　　　　＝128,110,300円（百円未満切捨て）

(注3) 配偶者の税額軽減：配偶者が取得する財産の課税価格が1億6,000万円以下であれば，配偶者に相続税はかかりません。1億6,000万円超でも，配偶者が取得する財産の課税価格が配偶者の法定相続分相当額を超えていなければ，配偶者に相続税はかかりません。
(注4) 贈与税額控除：贈与税が課されている贈与財産について，さらに相続税が課されると二重課税となってしまいます。そこで，当該贈与税を相続税から控除することにより二重課税を回避しています。贈与財産（預金8,000万円）に係る贈与税額は，3,720万円です（**Q6-4**参照）。

〔有田　賢臣〕

コラム　連帯保証の税務の留意点

　経営者個人が会社の債務に対し，連帯保証することも少なくありません。個人が債務保証や担保提供による物上保証を行うだけでは，税務上の取扱いに影響はありません。保証人等であった経営者が亡くなって，やむなく相続人が保証債務を承継したものの，相続開始時において保証債務履行が確実で，求償権行使不能など一定の要件を満たせば，債務控除として取り扱われます（相基通14-3(1)）。

　物上保証も，担保差入れだけでは，個人の税務上の取扱いに影響はありませんが，債務者である会社が弁済不能であるため担保権実行が確実で，しかも求償権行使不能などであれば，物上保証目的物の評価減額が相当と判断しています（東京地判昭57・5・1，同平12・2・29，東京高判平12・7・26，相基通11の2-1）。

　債務の保証時には会社の財務も健全であったのに，その後資力喪失状態となり，経営者が保証債務を履行するために，個人の資産を譲渡する場合があります。この場合には，求償権行使が不能であるなど一定の要件を満たせば，求償権の行使不能部分は譲渡収入がなかったものとして取り扱われます（所税64条2項）。保証人であった経営者が亡くなって，相続人が被相続人の保証債務を履行するために資産を譲渡した場合も，同様に取り扱われます。相続人が，保証債務について，相続税の計算上債務控除を行ったとしても，保証債務を履行するための資産の譲渡であれば，所得税法64条2項の適用を受けることができます（所基通64-5の3）。

　ただし，被相続人の保証時に会社が既に資力喪失状態で，求償権行使が不可能であることを認識していたときは，債務控除はできますが，相続人が行う資産の譲渡については所得税法64条2項の適用がありません。

　一方で，経営者の保証債務を相続人が承継した後に，債務者である会社が資力喪失となって，相続人が個人の資産を譲渡したような場合には，債務控除の適用はありませんが，所得税法64条2項は適用されます。

　保証の税務では，会社の資力喪失状態の事実認定という，困難な判断要素が存在します。また，資力喪失状態の発生時期も重要な要素となります。

　なお，保証債務の法律上の取扱いについてはQ4-12をご参照ください。

◇長岡　栄二◇

Q 6-3 贈与税の概要

父から贈与を受ける予定です。贈与の際には贈与税がかかるそうですが，贈与税について最低限知っておかなければならないことは何ですか。

A

(1) 贈与税は，相続税を補完する税であり，相続税と同様に，課税財産の範囲，みなし贈与財産及び非課税財産が定められています。
(2) 贈与により取得した財産が基礎控除額を上回るなど一定の場合，贈与を受けた年の翌年2月1日から3月15日までに申告書を提出し，納税します。
(3) 原則的な贈与税の計算方法（暦年課税）では，生前贈与により相続税の節税を図ることを抑止するため，相続税よりも税率が高くなっています。

解説

〔1〕贈与税とは

　贈与税は，個人(注1)が個人から贈与を受けた場合に，財産を取得した個人(注1)に対して，その取得財産の評価額を基準に課される税金です。
　贈与税は，相続税を補完する税であり，基礎控除額を相続税より小さくし，税率の累進性（傾斜）を相続税の税率より高めて税負担を加重することで，財産を保有する者が生前贈与を行うことにより相続税の負担を軽減するという行動を抑止しています。

(注1) 人格のない社団や財団・持分の定めのない法人（相税66条），目的信託の受託者である法人（相税9条の4）に対して贈与税がかかる場合があります。

〔2〕贈与税の納税義務者と課税される財産の範囲

贈与により財産を取得した個人（受贈者）が納税義務者です。なお，受贈者が日本在住でない場合には，課税される財産の範囲に注意が必要です（相税1条の4）。

【贈与税の納税義務者と課税される財産の範囲】

贈与税の納税義務者	課税される財産の範囲
(1) **無制限納税義務者**—贈与により財産を取得したときに，日本国内に住所を有している者	取得したすべての財産
(2) **非居住無制限納税義務者**—贈与により財産を取得したときに，日本国内に住所を有しない者で次の要件すべてにあてはまる者 　イ　財産を取得したときに日本国籍を有している 　ロ　贈与者又は財産を取得した人が贈与の日前5年以内に日本に住所を有したことがある	取得したすべての財産
(3) **制限納税義務者**—贈与により日本国内にある財産を取得した人で，贈与により財産を取得したときに日本国内に住所を有しない者（(2)に掲げる人を除きます）(注2)	日本国内にある財産

（注2）具体的には，以下の2つのケースが該当します。
　　① 贈与により財産を取得した者が日本国籍を有していない
　　② 贈与者及び贈与により財産を取得した者のいずれも，贈与の日前5年以内に日本に住所を有したことがない

〔3〕贈与税の課税対象となる贈与財産

贈与税の対象となる財産には，民法上の贈与契約により取得した財産と，みなし贈与財産があります。不動産や金銭に限らず，営業権など金銭評価が可能な経済的価値はすべて課税対象となります（相基通11の2-1）。

みなし贈与財産とは，民法上の贈与契約により取得した財産ではないものの，相続税法上は贈与により取得したものとみなされる財産です。民法上の贈与と同様の経済的効果をもたらすことから，贈与税の課税対象とされてい

ます。具体的には，
- ① 生命保険金等（保険料負担者≠保険金受領者のケース）
- ② 定期金に関する権利
- ③ 低額譲受けによる利益
- ④ 債務免除等を受けたことによる利益
- ⑤ その他の経済的利益
- ⑥ 信託受益権

などがあります（相税5条～9条の2）。

〔4〕贈与税の非課税財産

　贈与税の課税対象となる財産のうち，国民感情，社会政策的配慮等から以下の財産には課税しないこととしています（相税21条の3）。
- ① 法人からの贈与により取得した財産(注3)
- ② 扶養義務者から受け取る教育費や生活費
- ③ 公益事業用財産として贈与された財産
- ④ 特定公益信託から交付された金銭
- ⑤ 心身障害者扶養共済制度に基づく受給権
- ⑥ 公職選挙の候補者が選挙費用として贈与を受けた財産
- ⑦ 特別障害者扶養信託契約に基づく信託受益権（相税21条の4）
- ⑧ 社会通念上必要とされる香典花輪等（相基通21の3-9）
- ⑨ 相続人・受遺者が相続開始の年に被相続人から贈与を受けた財産（相税21条の2第4項）(注4)

（注3）所得税（一時所得）が課されます。
（注4）相続税が課されます。

　なお，平成22年末までの時限措置として，直系尊属から住宅用家屋の取得に充てるために贈与された金銭のうち，平成21年から平成22年の2年間で合計500万円までは非課税財産とされています（措置70条の2）。

〔5〕贈与税の申告期限・提出先

　受贈した年の翌年2月1日から3月15日までに，贈与税の申告書を提出する必要があります。申告書は，受贈者の住所地の所轄税務署に提出します(相税28条1項)。

〔6〕納　　付

　金銭納付が原則ですが，贈与税は財産に対して課税するため，納付が困難な場合も考えられることから，一定の場合には延納が認められます。しかし，相続税と異なり物納は認められていません(相税38条)。なお，延納の場合には，本税と併せて利子税が課されます(相税52条)。

〔有田　賢臣〕

コラム　後継者への株式の贈与（名義株式）

　事業承継対策の１つとして，後継者への自社株式の贈与があります。しかし，もともと現経営者が所有していた株式を勝手に後継者へ名義変更するわけにはいきません。

　後継者へ株式を贈与する場合には，贈与契約書を締結するのが適当でしょう。贈与契約の存在を明らかにするためにこの贈与契約書には，贈与者・受贈者がそれぞれ自署，押印をし，可能であれば公証役場で確定日付を受領することが好ましいと思われます。なお，贈与契約書には印紙税はかかりません。

　贈与する株式については株式評価を行い，贈与財産の評価額を算定します。贈与税は暦年課税ですので１月１日から12月31日までに贈与を受けた財産が贈与額の基礎控除額110万円を超えている場合には，受贈者は贈与税の申告及び納税を行う必要があります。贈与税の申告書の提出を怠ったままで，将来相続が発生したときは，贈与した株式について単に名義変更したのみで贈与者（被相続人）が実質的な所有者であり名義株式と疑われるおそれもあることから，贈与額の申告書の提出を忘れないように心がけたいものです。

　さらに，贈与後にその会社の配当を行う場合に，受贈者である後継者が実質的に管理している口座に配当金が支払われていなかったり，贈与のつど株主名簿の変更を怠ったり，法人税申告書の別表２などにおいて，贈与による株式の異動状況が反映されていなかったりすることも，当事者間での贈与の認識がないと判断されてしまう要素となり得るでしょう。

　株主の異動があった場合には，税務署より「お買いになった資産の買入れ価額などについてのお尋ね」が届くことがあります。これは，法人税申告書の別表２の情報を元にして，税務署が発送してくる書類です。必要事項を記入して，税務署へ返送しましょう。

　実際に贈与が済んでいるにもかかわらず，税務署に「名義株式だ」と言われないように，必要な手続を正確に実施することが必要です。

　なお，名義株式に関する法律上の問題点については**Q３-12**をご参照ください。

◇長岡　栄二◇

Q 6-4　贈与税の計算方法（暦年課税）

父から現金8,000万円の贈与を受けることになりました。贈与税の計算はどのようになりますか。

A

(1) 贈与税は，相続時精算課税を選択する場合を除いて，暦年課税方式により計算します。
(2) 受贈者が，1月1日から12月31日までの1年間に贈与により取得した財産の合計額が，その年の贈与税の課税対象となります。
(3) 贈与税の課税対象額は，相続税評価額により算定します。
(4) 課税対象額が基礎控除額を上回れば，贈与税の申告納付義務があります。

解説

〔1〕課税価格の算定

　贈与税の課税対象額のことを課税価格といいます（相税21条の2）。課税価格は，複数の個人から贈与を受けた場合でも，納税義務者（受贈者）ごとに算定されます[注]。まず，1月1日から12月31日までの1年間に贈与により取得した財産を贈与時の相続税評価額で合計します。この際，納税義務者の住所・国籍などにより課税対象となる財産の範囲が異なる点に注意が必要です（Q 6-3参照）。
　次に，その1年間におけるみなし贈与財産（相税5条～9条の2）の額を加えて課税価格を算定します（相税21条の2）。

　　[注] 人格のない社団や財団・持分の定めのない法人に贈与税が課される場合には，贈与者ごとに，課税価格及び贈与税額を計算します（相税66条）。

〔2〕贈与税額の算定

まず，課税価格から基礎控除額を控除します。基礎控除額は110万円です（相税21条の5，措置70条の2の2）。課税価格が基礎控除額を下回る場合には，贈与税の申告・納税は不要です。
次に，基礎控除後の課税価格に税率を乗じて贈与税額を算定します。

【数値例】

> 父から息子へ，現金8,000万円が贈与された。
> 息子の贈与税額＝（8,000万円－基礎控除110万円）×税率50％－控除額225万円（下記の速算表参照）＝3,720万円

贈与税の速算表は，次のとおりです。

基礎控除後の課税価格	税率	控除額
200万円以下	10%	—
200万円超～300万円以下	15%	10万円
300万円超～400万円以下	20%	25万円
400万円超～600万円以下	30%	65万円
600万円超～1,000万円以下	40%	125万円
1,000万円超	50%	225万円

さらに，国外の財産を贈与により取得し，かつ，国外にて，その財産について贈与税に相当する税金が課されている場合には，外国税額控除として，当該外国税額が控除されます（相税21条の8）。

〔3〕贈与税の配偶者控除

贈与税の配偶者控除とは，婚姻期間が20年以上となる配偶者から，居住用不動産又は居住用不動産を取得するための金銭を贈与により取得した場合で，

一定の要件を満たすときは，その年分の贈与税について，居住用不動産の評価額から最大2,000万円を控除できるというものです（相税21条の6）。

なお，前年以前に，その配偶者から贈与により取得した財産につき，すでに贈与税の配偶者控除を受けている場合には適用できません（相税21条の6第1項）。

贈与税の配偶者控除の対象となる財産及び要件は，次のとおりです。

> ① 贈与により取得した財産が，国内にある居住用の土地建物（以下，居住用不動産）であり，贈与日の属する年の翌年3月15日までに居住の用に供し，かつ，その後引き続き居住の用に供する見込みである場合
> ② 贈与により取得した財産が金銭等であり，贈与日の属する年の翌年3月15日までにその金銭で居住用不動産を取得し，居住の用に供し，かつ，その後引き続き居住の用に供する見込みである場合

控除額は，次のいずれか低い金額となります。

> ① 適用対象財産（居住用不動産＋居住用不動産の取得に充てた金銭）の額
> ② 2,000万円

〔有田　賢臣〕

Q 6-5 相続時精算課税

　私は，自身が経営する会社を息子に承継させたいと思っています。私が生きている間に自社株式を贈与するのと，死亡してから自社株式を相続させるのとでどちらを選択すべきか迷っています。生前贈与の贈与税の課税方式として，相続時精算課税があると聞きました。相続時精算課税とは，どのような制度ですか。

A

(1) 相続時精算課税とは，受贈者（贈与者の推定相続人）は，贈与により取得した財産の価額（相続税評価額）につき，累計で2,500万円まで贈与税が課税されず，これを超える額につき20%の贈与税が課されるとの贈与に対する課税方式です。

(2) 相続時精算課税を選択した被相続人の相続時には，相続財産の価額に相続時精算課税を適用した贈与財産の価額を合算して相続税額を計算します。算出された相続税額から，相続時精算課税を適用して納付した贈与税額を控除し，控除しきれない額は還付されます。

(3) 相続時精算課税を選択すると，通常の暦年課税を適用することはできません。いったん相続時精算課税を選択すると，その贈与者からのその後の贈与はすべて相続時精算課税に取り込まれます。

解説

〔1〕相続時精算課税

(1) 概　要

　高齢化が進展しているものの次世代への資産移転の時期が遅れていることから，次世代への資産の移転の円滑化を図ることなどを目的として導入されたのが，相続時精算課税という贈与に対する課税方式です。この課税方式は，

相続税と贈与税を一体化したものです。一定の条件を満たす親から子への贈与について，通常の暦年課税に代えて，相続時精算課税を選択することができます（相税21条の9）。

相続時精算課税は，贈与財産の価額（相続税評価額）から2,500万円の特別控除額（累計。贈与財産の価額を限度）を控除した額に，一律20％の税率を乗じて，贈与税を計算します（相税21条の12・21条の13）。相続時には，これまで相続時精算課税の適用を受けた贈与財産を相続財産に合算して相続税を計算するとともに，その額からこれまで納付した贈与税額を控除して，納付すべき相続税額を計算します。

(2) **相続時精算課税の選択**

相続時精算課税は，次の要件を満たした場合に限り，選択することができます（相税21条の9第1項）。

- 受贈者が贈与者の推定相続人であること
- 受贈者が贈与者の直系卑属であること
- 受贈者がその年1月1日において20歳以上であること
- 贈与者がその年1月1日において65歳以上であること

相続時精算課税の適用を受けるには，贈与税の申告期限（贈与を受けた年の翌年2月1日から3月15日）までに，贈与税の申告書とともに，「相続時精算課税選択届出書」を，受贈者の納税地の所轄税務署長に提出します（相税21の9第2項，相税令5条）。相続時精算課税選択届出書には，贈与者からのその年中における贈与により取得した財産につき相続時精算課税の適用を受ける旨，贈与者に関する事項などを記載します。

この届出書に係る年分以後のその贈与者からの贈与により取得した財産は，相続時精算課税の枠組みにより，贈与税が計算されます（相税21条の9第3項）。相続時精算課税届出書を提出した者を「相続時精算課税適用者」，その届出書に係る贈与者を「特定贈与者」といいます。

なお，特定贈与者及び受贈者が年齢要件を満たしているものの，受贈者が推定相続人でなく，その年の中途において贈与者の養子となったことその他

の事由によりその者の推定相続人となったときは、推定相続人となったときより前に贈与者からの贈与により取得した財産には、相続時精算課税の適用はなく、暦年課税の対象となります（相税21条の9第4項）。

一方、養子縁組を解消したことなどにより、相続時精算課税適用者が特定贈与者の推定相続人でなくなったとしても、その特定贈与者からの贈与財産には、引き続き相続時精算課税の適用があるものとされます（相税21条の9第5項）。

相続時精算課税適用者が特定贈与者からの贈与財産には、贈与税の原則的課税方式である暦年課税の規定は適用されません（相税21条の11）。相続時精算課税をいったん選択すると、相続時精算課税適用者は、これを撤回することができず、特定贈与者との関係では暦年課税を受けることはできません（相税21条の9第6項）。

なお、贈与税の申告期限までに相続時精算課税選択届出書の提出がなければ、いかなる理由があっても、相続時精算課税の適用を受けることができません（相基通21の9-3）。

相続時精算課税の選択は、特定の贈与者との間で行います。つまり、受贈者が、贈与者ごとに相続時精算課税を選択する必要があります。例えば、父からの贈与について相続時精算課税を選択し、母からの贈与は暦年課税の対象とするとすることが可能です。相続時精算課税を選択した場合、特定贈与者ごとに贈与税が計算されるため、贈与税の課税価格は特定贈与者ごとに集計します。

なお、相続時精算課税の適用を受けた贈与について、他の共同相続人は、贈与税の課税価格の開示を請求することができます（相税49条）。この開示は相続開始後に限られます。相続人間に相続争いが生じているときにこの開示請求が行われると、過去の贈与の存在が顕在化してしまい、相続争いの新たな火種を生んでしまうとの指摘もあります。

(3) 相続時精算課税に係る贈与税の課税価格と税率

暦年課税は、贈与者が誰なのかを問わずその年中の贈与財産の価額の合計額をもって贈与税の課税価格とします。一方、相続時精算課税を適用した場合には、特定贈与者ごとにその年中における贈与財産の価額（相続税評価額）

を合計し，それぞれの合計額をもって贈与税の課税価格とします（相税21条の10）。

その年分の贈与税の課税価格の計算に当たり，特定贈与者ごとの贈与税の課税価格から2,500万円（累計）を限度として控除することができます（相税21条の12第1項）。相続時精算課税適用者の特定贈与者からの贈与財産は，累計で2,500万円まで贈与税が生じません。

その年分の贈与税の額は，特定贈与者ごとの特別控除額控除後の贈与税の課税価格にそれぞれ20％の税率を乗じて計算した金額です（相税21条の13）。贈与財産の課税価格が累計で2,500万円を超えると，その超えた額に20％の贈与税が課されます。

(4) 相続時精算課税に係る相続税額

相続時精算課税適用者の特定贈与者からの贈与財産で相続時精算課税の適用を受けるものの価額（相続税評価額）を，相続財産の価額に加算した価額をもって，相続税の課税価格とされます（相税21条の15第1項・21条の16第1項）。相続時に合算する贈与財産の価額は，贈与時の価額により評価します。

特定の財産につき課税価格を贈与時の価額に固定することができるという意味では，時価が上昇すると見込まれる財産の贈与につき相続時精算課税を適用することにより，財産の移転に関する税額が贈与・相続を通じたトータルで軽減されるとの効果があります。もっとも，このような見込みで贈与を行ったものの，実際には時価が下がってしまったとしても，その贈与財産は贈与時の評価（相続税評価額）で合算されます。時価が下落すると見込まれる財産の贈与につき相続時精算課税を適用すると，かえって負担が重くなってしまったということになってしまう可能性もあるため，その適用に当たっては十分な検討が必要です。

相続時精算課税の適用対象とされた贈与財産の価額は，相続税の課税価格の計算において，相続財産の価額に合算し，相続税額を算出します。そのうえで，算出された相続税額から相続時精算課税によってすでに納付した贈与税を控除した額が納付すべき相続税額となります。控除しきれない額は，還付を受けることもできます（相税21条の15第3項・33条の2）。もちろん，相続税申告書を提出しなければ，還付は受けられません。

〔２〕住宅取得等資金の贈与の特例

　住宅投資等促進を図るため，特例により，住宅取得等資金の贈与について，相続時精算課税の適用範囲が拡大されています。住宅取得等資金の贈与を受ける場合には，贈与者である親の年齢の要件が緩和され，65歳未満であっても，相続時精算課税を選択することができます（措置70条の３）。平成21年12月31日までの時限立法です。
　なお，相続時精算課税を適用するには，住宅取得等資金の贈与を受けた年の翌年３月15日までに，その住宅取得等資金をもって住宅の取得等をし，その住宅を居住の用に供することが必要です。
　さらに，特別控除額として1,000万円の上乗せがあります（措置70条の３の２）。住宅取得等資金の贈与には，まず住宅取得等資金の特別控除額の1,000万円を控除をし，それを超える額があれば相続時精算課税に係る特別控除額2,500万円を控除します。

〔３〕特定同族株式等の贈与を受けた場合の相続時精算課税の特例

(1) 概　　要
　円滑な事業承継を目的とした自社株式贈与を円滑に行えるよう，特定同族株式等の贈与を受けた場合の相続時精算課税の特例がありました。この特例のは内容，次のとおりです。
　①　贈与者の年齢が65歳未満であっても60歳以上であれば相続時精算課税を適用できること（旧措置70条の３の３）
　②　相続時精算課税に係る贈与税の特別控除額につき，2,500万円に，特例として500万円（特定同族株式等特別控除額）を加え，3,000万円まで認めること（旧措置70条の３の４）
　暦年課税による自社株式の生前贈与を行うと，一般的に高額な贈与税が課されてしまいます。自社株式の生前贈与につき相続時精算課税の適用を容易にし，自社株式の生前贈与を行うことの税負担を軽減させつつ，生前の事業

承継を円滑に行うことを可能にするための特例です。

(2) 納税猶予の特例の創設に係る経過措置

非上場株式等についての贈与税・相続税の納税猶予の特例が創設されたことに合わせ，特定同族株式等の贈与を受けた場合の相続時精算課税の特例は平成20年12月31日をもって廃止され，今後新たに適用することはできません。

なお，過去にこの特例を適用して特定同族株式等の贈与を受けている場合には，平成22年3月31日までに特定受贈同族会社株式等・特定同族株式等についての相続税の納税猶予の適用に関する届出書（国税庁のHPより入手することができます）を受贈者の住所地を所轄する税務署に提出するなど一定の要件を満たせば，その被相続人（贈与者）に係る相続税の申告に際して，この特定同族株式等に納税猶予の特例を適用することができるとの措置が講じられています（平成21年改正措置附則64条6項～10項）。

〔4〕相続時精算課税の選択の有利不利

相続時精算課税を選択するか否かにあたっては，次の点などにつき総合的に勘案して決定すべきです。

(1) その後の贈与はすべて相続時精算課税に取り込まれること

いったん相続時精算課税を選択してしまうと，特定贈与者からのその後の贈与はすべて相続時精算課税に取り込まれてしまいます。つまり，相続時精算課税選択届出書を提出した年分以後，特定贈与者からの贈与は，特定贈与者の相続開始まで相続時精算課税の適用を受けます（相税21条の9第3項）。その後の特定贈与者からの贈与は，たとえ少額であっても，贈与税の申告が必要です。いったん選択した後は，撤回はできません（相税21条の9第6項）。

(2) 相続時に贈与財産を相続財産に合算して計算がなされること

暦年課税は，原則として，贈与税を納付した段階で課税関係は完了します。贈与者の立場からみれば，その贈与財産は相続財産から完全に切り離されたことになります。他方，相続時精算課税は，贈与税を納付したとしてもそれは仮払いであり，相続発生時に贈与財産の価額を相続財産の価額に合算して相続税額を計算しなおします。

(3) 持戻計算における贈与財産の価額は贈与時の時価によること

　相続時に相続財産の価額に合算する贈与財産の価額は，贈与時の価額（相続税評価額）です。将来株価が大幅に上昇することが見込まれる株式であれば，相続時精算課税を適用して，生前に後継者に移動させておくことも考えられます。

　他方，相続時に，贈与により取得した株式の発行会社が倒産の危機に瀕しており株価がゼロに等しいとしても，贈与時の時価で相続財産に合算して計算がなされてしまい，トータルとしての税負担が重くなるというリスクもあります。

(4) 贈与時の税額負担が軽いこと

　贈与財産が高額であれば，暦年課税では贈与時の税負担が大きく，財産の移転を進めることが困難です。他方，相続時精算課税を選択すれば，贈与財産の課税価額が2,500万円までは課税されず，これを超えたとしても超えた額の20％の仮払いで済むため，贈与時の税負担は比較的軽く，思い切った財産の移転が可能です。

〔大野　貴史〕

Q 6-6 養子縁組

私は孫を養子縁組にすることを検討しています。養子縁組をすると相続税が軽減されると聞きましたが，注意すべき点はありますか。

A

(1) 養子縁組をすると法定相続人が増加するため，相続税のトータルの税額が減少します。ただし，税法上，法定相続人に算入する養子の数を無制限に認めてはいません。
(2) 孫を養子縁組したとしても，その孫に課される相続税額は2割加算の対象となることに留意すべきです。

解説

〔1〕相続税の計算における法定相続人の数の影響

相続税の計算において，法定相続人の数が影響するものがあります（Q4-7参照）。

(1) 遺産に係る基礎控除額

相続税の課税価格は，相続財産の課税価格から遺産に係る基礎控除額を控除して計算します。遺産に係る基礎控除額は，5,000万円と1,000万円に法定相続人の数を乗じて得た額です。法定相続人の数が多ければ多いほど，相続税が減少するといえます。

(2) 生命保険金・死亡退職金の非課税限度額

死亡保険金・死亡退職金（Q4-3参照）のそれぞれの非課税限度額は，500万円に法定相続人の数を乗じて算出した額です。

(3) 相続税の総額

被相続人から相続又は遺贈により財産を取得したすべての者に係る相続税

の課税価格の合計額から，遺産に係る基礎控除額を控除して，課税遺産総額を計算します。課税遺産総額を，被相続人の法定相続人が民法の法定相続分に応じて取得したものとして各法定相続人ごとの取得金額を計算し，それぞれの額に税率を乗じて計算した金額の合計が相続税の総額です（相税16条）。

〔2〕法定相続人の数に算入される養子の数の制限

養子は法定相続人であり，民法上，養子の数に制限はありません。

相続税の計算上も法定相続人の数に含めることができます。ただし，法定相続人の数に算入される養子の数には制限があります（相税15条2項・12条1項5号・6号・16条）。税務上，無制限にこれを認めるのではなく，被相続人の養子は，被相続人に実子がある場合又は被相続人に実子がなく養子の数が1人である場合には1人，被相続人に実子がなく，養子の数が2人以上である場合には2人に限り法定相続人の数に算入することができ，それ以上の養子の数は，法定相続人の数に算入しないとの制限があります（相税15条2項）。

ただし，①特別養子縁組による養子となった者（民817条の2第1項），②被相続人の配偶者の実子で被相続人の養子となった者，③被相続人と被相続人の配偶者との婚姻前に被相続人の配偶者の特別養子縁組による養子となった者で，婚姻後に被相続人の養子となった者，④代襲相続人（実子もしくは養子又はその直系卑属が相続開始以前に死亡したため，相続人となった者の直系卑属）は，実子とみなすものとされ，法定相続人の数に算入しないとの制限はありません（相税15条3項，相税令3条の2）。

なお，保険金・退職手当金の非課税限度額の計算における法定相続人の数に算入される養子の数には制限がありますが（相税12条1項5号・6号・15条2項），養子は民法上の法定相続人であることに変わりがないことから，被相続人の養子（相続を放棄した者を除く）が取得した保険金・退職手当金にも，保険金・退職手当金の非課税の規定の適用があることに留意します（相基通12-9（注）3・12-10）。

未成年者控除，障害者控除の規定の適用には，養子による制限はありません（相税19条の3・19条の4）。

〔3〕留意すべき事項

　留意すべきは，養子縁組した孫の相続税です。
　相続，遺贈や相続時精算課税によって財産を取得した者が，配偶者及び，1親等の血族以外の者である場合には，その者の相続税額は2割加算の対象となります（相税18条）。被相続人の直系卑属がその被相続人の養子となっている場合には，1親等の血族に該当しますが，税法上，その養子は1親等の血族に含まないものとされ，2割加算の対象となります（相税18条2項）。つまり，養子縁組した孫に課される相続税は2割加算の対象となります。孫を養子縁組し相続を1世代飛ばすとの相続税対策が多く行われたことから，これを封じるために平成15年度税制改正で対応されたものです。ただし，孫養子が代襲相続人となった場合には，2割加算の対象にはなりません。
　なお，養子の数を相続人の数に算入することにより，相続税の負担を不当に減少させる結果となると認められる場合には，税務署長は，相続税についての更正又は決定に際し，税務署長の認めるところにより，養子の数を相続人の数に算入しないで相続税の課税価格及び相続税額を計算することができるとの包括的否認規定があることは，肝に銘じておくべきです。（相税63条，相基通63-2）。

〔大野　貴史〕

Q 6-7　相続放棄の税務

　亡くなった父が遺した財産は，自宅と自社株式が大部分であったため，事業を承継する兄が全財産を相続することになりました。そのため，私を含め他の相続人は，兄から，念のため家庭裁判所に相続放棄の申立てをしてほしい，と言われています。私たちは生前に財産贈与を受けていたこともあり，それに異存はないのですが，相続放棄をすることによって課税関係に影響を与えることがあれば教えてください。

A

(1)　相続税法の「法定相続人の数」は相続の放棄があってもその放棄がなかったものとした場合の相続人の数とされるため，放棄をしても相続税の総額に影響はありません。

(2)　相続放棄をした者が取得した生命保険金等については，放棄した者に非課税の適用はありません。また，債務控除等の適用に一部制限があります。

解説

〔1〕法定相続人の数

　相続放棄をすると，民法上は，はじめから相続人でなかったものとされます（民939条。Q 4-11参照）。しかし，相続放棄があった場合となかった場合によって税負担が変わることは，課税の中立性を欠くため，相続税法における「法定相続人の数」は，『相続の放棄があっても，その放棄がなかったものとした場合の相続人の数』とされています（相税15条2項）。

　例えば，相続人が配偶者と子供A，Bの2人という場合で考えてみましょう。子供Bが相続を放棄した場合，民法上の相続人は，配偶者と子供Aです

が，相続税法上の法定相続人の数は，子供Bを含む3人ということになります。また，子供A，Bの両方が相続放棄をした場合には，相続人は配偶者と被相続人の直系尊属になりますが（民889条1項1号・890条），相続税法上の法定相続人の数は，あくまで，配偶者と子供A，Bの3人であり，被相続人の直系尊属は考慮に入れないということになります。

〔2〕「法定相続人の数」に関係する規定

「法定相続人の数」は，次に掲げる規定に関係します。
① 遺産に係る基礎控除（相税15条1項）

> 遺産に係る基礎控除額＝5,000万円＋1,000万円×法定相続人の数

② 生命保険金等における非課税枠の計算（相税12条1項5号・6号）

> 生命保険金等の非課税限度額＝500万円×法定相続人の数

　生命保険金等の非課税限度額は，相続税における法定相続人の数を用いて計算するため，相続放棄をした者も含めます。ただし，実際に生命保険金等の非課税が適用されるのは相続人のみです。相続放棄をした者自身は相続人の地位を失っているので，非課税枠には含まれても，相続放棄者自身には非課税の適用はありません（相税3条1項・12条1項5号・6号）。

【数値例】

> 被相続人は，配偶者・子A・子Bであるが，子Bは相続放棄をしている。配偶者・子A・子Bは，被相続人の死亡により，それぞれ次のとおり生命保険金を取得した。それぞれの非課税金額はいくらになるか。
>
> 　配偶者　2,000万円
> 　子A　　1,000万円

子Ｂ　　1,000万円
　　合計　　4,000万円

(ア) 非課税限度額
　　法定相続人：配偶者，子Ａ，子Ｂの３人
　　　500万円×３人（法定相続人の数）＝1,500万円

(イ) 相続人が取得した生命保険金の合計額
　　2,000万円（配偶者）＋1,000万円（子Ａ）＝3,000万円

(ウ) 非課税金額
　　配偶者：1,500万円×(2,000万円／3,000万円)＝1,000万円
　　子Ａ：1,500万円×(1,000万円／3,000万円)＝500万円
　　子Ｂ：非課税の適用なし

③　相続税の総額の計算
　各法定相続人が民法に定める法定相続分どおりに遺産を取得したものと仮定して算出した相続税をすべて合計した額を相続税の総額といいます（相税16条）。個々の相続人が負担すべき相続税は，この相続税の総額を実際に取得した財産の額の割合で按分して算出します。つまり，相続放棄があっても，また実際にどのように遺産を分割しても相続税の総額は変わらないことになります。

〔３〕相続放棄者が生命保険金等を取得した場合

　相続人が相続を放棄しても，生命保険金等のみなし相続財産を取得した場合などでは，相続税の納税義務者となることがあります（相税３条１項）。この場合，前述したように，生命保険金等の非課税限度額の計算においては相続放棄をした者も含まれますが，相続放棄をした者自身は，非課税規定の適

用はありません。

〔4〕相続放棄者が生前贈与により財産を取得していた場合

　暦年課税の贈与を受けている場合には，相続開始前3年以内の贈与財産が相続財産への加算の対象（相税19条）とされますが，相続を放棄した場合などで相続・遺贈によって取得した財産がない場合には，加算の適用がなく（相基通19-3），贈与税のみで課税関係は終了します。
　これに対して，相続時精算課税の適用により贈与者から財産を取得した者が，贈与者の死亡の際に相続放棄をした場合は，その相続時精算課税適用財産は，それが何年前であっても，その贈与者から遺贈により取得したものとみなして，贈与されたときの評価額により相続税の課税価格に算入します（相税21条の16）。相続時精算課税は，相続税による課税の精算を前提にしているため，贈与税のみで課税関係を終了することはできず，たとえ相続を放棄しても，相続時精算課税適用財産は相続税の課税価格に取り込むということです。

〔5〕相続放棄者に係るその他の規定の適用

　上述のとおり，相続放棄者でも，みなし相続財産を取得した場合や遺贈により財産を取得した場合等には相続税の納税義務者となることがあります。しかし，相続税の相続放棄者については債務控除，相次相続控除の適用はありません（相税13条・20条）。なお，配偶者の税額軽減，未成年者控除，障害者控除は受けることができます（相税19条の2・19条の3・19条の4）。また，相続放棄をした者が実際に葬式費用を負担した場合には，遺贈により取得した財産の価額から控除しても差し支えないこととされています（相基通13-1）。

〔平田　久美子〕

Q 6-8　限定承認の税務

先日亡くなった父には，借金があり，その額は今のところ不明ですが，相続財産を上回るおそれがありそうです。そのため，相続人間で限定承認の申立てを検討しています。この場合に，税務上で特に留意すべき点があれば教えてください。

A

(1) 限定承認があった場合，被相続人が譲渡所得の基因となる相続財産を相続開始の日に時価で譲渡したものとみなされ，準確定申告において所得税（譲渡所得）の課税対象になります。
(2) 被相続人の準確定申告における「みなし譲渡所得税」は，相続人の債務となりますが，債務が相続財産の範囲に限定される「限定承認」の性質上，債務が相続財産を上回っている限り，みなし譲渡所得税の納税の必要はありません。
(3) ただし，相続財産が債務を上回ることが明らかとなった場合には，限定承認によって，相続税だけでなくみなし譲渡所得税の負担も生じるため，申立てには慎重な検討が必要です。

解説

〔1〕限定承認によって生じる「みなし譲渡所得」

限定承認をした場合，譲渡所得の基因となる資産については，被相続人が相続開始時点における価額に相当する金額により譲渡をしたものとみなされ，被相続人の「みなし譲渡所得」の課税対象になります（所税59条1項1号）。
なお，限定承認の法律上の取扱いについてはQ 4-11をご参照ください。

〔2〕単純承認との違い

　単純承認による相続では，被相続人の所有していた資産の未実現の値上がり益に対する所得課税は，相続時（財産移転時）には行われません。その代わりに，被相続人における当該財産の取得価額を相続人における取得価額とみなすことによって，相続人がその資産を売却等したときに繰り延べて所得課税されます（所税60条1項）。つまり，被相続人の所有期間に対する値上がり益に対する所得課税は，相続人が将来負担することになります。

　しかし，限定承認においては，所得課税の原則に戻り，相続による財産の移転を被相続人自身の譲渡と捉え，上記〔1〕のとおり，相続開始時点で精算することとしています。一方，相続人が限定承認によって取得した譲渡所得の基因となる資産は，被相続人の値上がり益が相続時に精算されているため，相続人は相続時に時価で取得したのとみなします（所税60条2項）。つまり，相続人が将来，その資産を売却した場合には，相続人自身の所有期間に係る値上がり益に対する譲渡所得に係る税額のみを負担すれば足りるということです。

　このように限定承認が単純承認と異なる取扱いをされている理由は，被相続人の相続財産を超えて債務を負担しないという限定承認の趣旨に則して，被相続人の所有期間に対する値上がり益を相続開始時に精算し，みなし譲渡所得に係る税額を債務として確定させることにあります。

〔3〕みなし譲渡所得税の負担

　限定承認に係る「みなし譲渡所得」は，相続開始があった日の翌日から4月を経過した日の前日までに被相続人の所得税の準確定申告を通じて相続人が申告・納付しなければなりません（所税125条・129条）。

　しかし，この納付義務は，相続人が限定承認をしたときは，相続財産の限度を超えて負担する必要はないため（国通5条1項），被相続人がそもそも債務超過の状態であれば，みなし譲渡所得税が生じても実際には納税の必要は

ないことになります。

〔4〕限定承認の注意点

　債務の額が明らかに相続財産を上回る場合には，限定承認に係るみなし譲渡所得課税のしくみは合理的ですが，仮に，債務の額が不明であるため，とりあえず限定承認をしたが実際には相続財産のほうが多かった，というようなケースではどうでしょうか。

　限定承認をした以上，譲渡所得の基因となる資産については，すべて譲渡をしたものとして，みなし譲渡所得課税が行われます。相続財産が債務の合計を上回る限り，その納付義務から逃れることはできず，単純承認をしたならば，課税されなかった税金まで負担する結果となってしまいます。

　限定承認は，債務額と相続財産の多寡が不明という場合に選択することが多い制度ですが，ケースによっては，単純承認をした場合より多額の税が課せられてしまう危険を伴うことについて，充分に相続人間の理解を得た上で慎重に申立てを行うことが必要です。

〔平田　久美子〕

Q 6-9　相続財産が分割されていない場合の留意点

先日，父が亡くなりました。相続人は長男である私と弟の2人です。遺産分割について兄弟間で争いがあり，相続税の申告期限までに遺産分割協議が成立する見込みがありませんが，相続税申告にあたり注意すべき点を教えてください。

A

(1) 民法の法定相続分に応ずる財産取得額・債務負担額に基づいて課税価格及び相続税額を算定します。
(2) 未分割であることをもって，相続税の申告・納付期限が延長されることはありません。
(3) 未分割の状態で申告をした場合，いくつかの相続税の特例が適用できません。しかし，配偶者の税額軽減特例と小規模宅地等の評価減特例については，申告期限までに一定の手続を踏んでおくことにより，遺産分割協議の成立した後に当該特例を適用することができます。
(4) 申告後に遺産分割協議が成立した場合には，実際の分割内容に基づいて修正申告や更正の請求を行うことができます。

解説

〔1〕申告期限内に遺産分割協議が成立しない場合

(1) **各相続人の課税価格・相続税額の算定**
　未分割の財産は，民法900条から903条までに定める相続分又は包括遺贈の割合で取得したものとして，計算します（**Q 4-7**参照）。一方，負担額が確定していない債務は，民法900条から902条に定める相続分又は包括遺贈の割合で負担したものとします（相税13条1項，相基通13-3）。
　この民法の法定相続分に応ずる財産取得額・債務負担額に基づいて各相続

人の課税価格及び相続税額を算定します (相税17条・55条, 相基通55-1・55-2)。みなし相続財産がある場合には, 当該財産取得額に加算して課税価格を計算します (相基通55-2)。

【数値例】

> 父の資産：預金1億円, 父の負債：1,000万円
> 兄が受け取った死亡保険金 (みなし相続財産)：1,500万円
> 　　　　　　　　　　　　　(内, 非課税額500万円×2人)
> 相続開始前3年以内贈与財産：不動産 (弟が取得)
> (贈与時相続税評価額3,500万円, 相続開始時時価4,000万円)
>
> 兄の財産取得額＝(預金1億円＋特別受益4,000万円(注1))×法定相続分1/2
> 　　　　　　　＝7,000万円
> 弟の財産取得額＝(預金1億円＋特別受益4,000万円(注1))×法定相続分1/2
> 　　　　　　　－特別受益4,000万円＝3,000万円
> 兄・弟の債務負担額＝負債1,000万円×法定相続分1/2＝500万円
>
> 兄の課税価格＝財産取得額7,000万円＋死亡保険金500万円
> 　　　　　　－債務負担額500万円＝7,000万円
> 弟の課税価格＝財産取得額3,000万円＋3年以内贈与財産3,500万円(注2)
> 　　　　　　－債務負担額500万円＝6,000万円

(注1) 弟の特別受益額は, 相続開始時の時価となります (民904条)。
(注2) 弟の課税価格に加算する相続開始前3年以内贈与財産の額は, 贈与時の相続税評価額となります (相基通19-1)。

(2) 相続税の申告・納付期限

相続税の申告・納付期限は, 相続開始を知った日の翌日から10ヵ月以内となっています (相税27条1項)。この相続税の申告・納付期限は, 未分割の場合でも延長されることはありません。

〔2〕相続税の特例の不適用

未分割の状態で申告をした場合,原則として,以下の相続税の特例が適用できません。なお,遺産分割の法律上の取扱いについてはQ 4 -26をご参照ください。

相続税の特例	申告期限までに未分割の場合
配偶者の税額軽減	未分割財産には適用されませんが,救済措置があります(相税19条の2第2項)。
小規模宅地等の評価減	未分割財産には適用されませんが,救済措置があります(措置69条の4第4項)。
農地の相続税の納税猶予	未分割財産には適用されません。申告期限内に納税猶予の対象となる農地等を分割する必要があります(措置70条の6第1項・4項)。
自社株式の相続税の納税猶予	未分割財産には適用されません。申告期限内に納税猶予の対象となる自社株式等を分割する必要があります(措置70条の7の2第7項)。

農地等の納税猶予特例と自社株式の納税猶予特例については,相続税の申告期限までに,その特例の対象となる農地や自社株式を後継者が相続することについて遺産分割協議が成立していなければ,適用できません。

一方,配偶者の税額軽減特例と小規模宅地等の評価減特例については,未分割の状態で提出する相続税申告書に「申告期限後3年以内の分割見込書」を添付し(相税規1条の6第3項2号,措置規23条の2第7項5号),その上で申告期限から3年以内に遺産分割協議が成立すれば,適用できます。

その後,やむを得ない事由により申告期限から3年以内に分割できない場合でも,申告期限から3年を経過した日から2ヵ月以内に「遺産が未分割であることについてやむを得ない事由がある旨の承認申請書」を提出し,税務署長の承認を受け(相税令4条の2第2項,措置令40条の2第11項),その上で分割できることとなった日から4ヵ月以内に分割を行えば,配偶者の税額軽減特例・小規模宅地等の評価減特例を適用することが可能です。

相続税の特例を適用できるか否かで，相続税額が大きく変わってきます。どの特例の適用を受ける余地があり，その特例の適用を受けるためには，いつまでに遺産分割協議を成立させる必要があるのか，税理士とも連携をとりながら相続人に知らせる必要があるでしょう。

〔3〕申告期限後に遺産分割協議が成立した場合

遺産分割協議の成立により，申告した税額よりも実際の分割に基づく税額が少ないことが判明した相続人は，遺産分割協議の成立日から4ヵ月以内に限り，更正の請求をすることができます（相税32条1号）。

更正の請求に基づいて減額更正が行われた場合，税務署は他の相続人に対して増額更正・決定をすることになります（相税35条3項）。ただし，当該更正の請求があった日から1年を経過した日と申告期限から3年を経過した日（国通70条）のいずれか遅い日以後においては，増額更正・決定を行うことはできません（相税35条3項）。なお，当該他の相続人が，税務署から増額更正・決定される前に自主的に修正申告書・期限後申告書を提出した場合には，加算税を課されずに済みます（国通65条5項・66条5項，相税30条1項・31条1項）。

〔4〕未分割財産の物納

未分割財産は相続人全員の共有財産となります（民898条）。共有財産は，管理処分不適格財産に該当するため，原則として物納することができません（相税41条2項，相税令18条1号ト・2号ホ，相税規21条5項1号）。

未分割財産であっても，相続人全員で物納申請し，収納までに共有状態を解消し単独で管理処分できるのであれば，例外的に，物納の許可が下りることもあるようですが，未分割財産に対しては，物納許可が下りないことが多いと想定されますので，他の物納適格財産を検討するのが無難です。

〔有田　賢臣〕

Q 6-10　代償分割の税務

相続財産が，自宅と自社株式及び事業用財産のほかにはなく，相続人間で平等に分割することが困難です。このような場合に，代償分割という方法があるとのことですが，どのようなものでしょうか。また，代償分割を行った場合の税務上の取扱いについて教えてください。

A

(1) 代償分割とは，1人又は数人の相続人が相続財産を取得し，その代わりとして，他の相続人に対して代償債務を負う遺産分割の方法をいい，相続税の課税価格の計算に関係します。
(2) 代償財産の交付をした者は，原則として，相続又は遺贈により取得した財産の価額から，その代償財産の価額を控除した金額が取得財産の価額となります。
(3) 代償財産の交付を受けた者は，原則として，相続又は遺贈により取得した財産の価額に，その代償財産の価額を加算した金額が取得財産の価額となります。
(4) 相続人が不動産や株式などを代償財産として交付したときは，時価により譲渡したこととみなされ，代償財産を交付した者の譲渡所得課税の対象になります。

解説

〔1〕代償分割とは

　相続財産の大部分が自宅や農地などの土地であったり，自社株式，事業用財産であるようなケースでは，分割によってその財産の価値が下落したり，事業の円滑な継続が困難になることが想定されるため，相続人の1人又は数

人のみで財産を承継するほうが望ましいことがあります。

その場合に，相続人の1人又は数人が相続財産を承継し，その相続人が他の相続人に，代償として相応の現金や別の財産を交付する方法があります。これを代償分割といいます。代償分割で交付された現金等は代償分割をした者からの贈与に係る贈与税ではなく，被相続人の相続に係る相続税の対象になります。なお，遺産分割の法律上の取扱いについては**Q4-26**をご参照ください。

〔2〕代償分割が行われた場合の相続税の課税価格

(1) 原　　則

代償財産を交付した者の相続税の課税価格は，相続又は遺贈により取得した現物の財産の価額から，交付した代償財産の相続開始時の価額を控除した金額となります。

また，代償財産の交付を受けた者の相続税の課税価格は，相続又は遺贈により取得した現物の財産の価額と交付を受けた代償財産の相続開始時の価額の合計額となります（相基通11の2-9・11の2-10）。

(2) 特　　例

① 「代償分割の対象となった財産が特定され，かつ，代償債務（財産を現物で取得した者が他の相続人等に対して負担する債務）の額がその財産の代償分割の時における通常の取引価額を基に決定されている場合」

この場合には，下記の算式で計算した金額が代償財産の価額とされます（相基通11の2-10）。

(算式)

$$\text{代償債務の額} \times \frac{\text{代償分割の対象となった財産の相続開始時の価額}}{\text{代償分割の対象となった財産の代償分割時の価額}}$$

【設例】

相続人Aが相続税評価額1億円の自社株式を相続した。他に相続財産はな

く，AはBに，代償分割時の通常の取引価額1億4千万円を基に，7,000万円を代償金として支払うことにした。代償財産の価額を上記の特例によった場合に，A，Bの課税価格に算入する価額はいくらか。
【回答】
　(ア)　Bの課税価格に算入する価額

$$7,000万円 \times \frac{1億円}{1億4千万円} = 5,000万円$$

　(イ)　Aの課税価格に算入する価額
　　　自社株式1億円－代償財産の価額（5,000万円）＝5,000万円

② 「共同相続人及び包括受遺者の全員の協議に基づいて，①の方法に準じた方法又は他の合理的と認められる方法により代償財産の額を計算して申告する場合」
　この場合には，その申告した額によることが認められます（相基通11の2-10）。

〔3〕代償分割の注意点

　代償財産が現金や金銭債権など譲渡所得の基因とならない資産であるときは，譲渡所得課税の問題は生じません。しかし，不動産や株式などを交付したときは，その交付をした者は，それらの資産を時価により譲渡したことになり，譲渡所得税が課税されますので注意が必要です（所基通33-1の5）。
　また，代償分割にあたっては，その内容を遺産分割協議書に記載しておく必要があります。遺産分割協議書に記載のない財産の交付は，遺産分割以外の財産の移転として，代償財産を交付した者から受けた者への贈与として贈与税の課税対象となるリスクがあります。

〔4〕代償分割後に相続財産を売却した場合

　相続税の申告期限から3年以内に相続財産を売却した場合に，譲渡所得の

計算上，相続税額のうち一定額を取得費に加算することができる制度があります（措置39条）。相続により取得した財産は，被相続人の取得価額を引き継ぐこととされているため，その財産を譲渡することにより，相続後の資産の値上がり益だけでなく，被相続人の所有期間中の値上がり益部分についても一度に実現することになります（所税60条1項）。取得費加算の制度は，相続税を負担して間もない納税者に，さらに所得税の課税を賦課することによる重税感を考慮して設けられている軽減制度です。

取得費加算額は，確定相続税額のうち，相続税の課税価格に占める譲渡資産の相続税評価額（譲渡した資産が土地等の場合には，相続により取得したすべての土地等の相続税評価額）に対応する部分です。代償分割により代償金を支払った者は，相続税の課税価格計算上，支払う代償金の額を控除して計算するため，代償金を支払って相続した土地等を譲渡する場合の取得費加算額は支払代償金の額を基に圧縮計算をする必要があります。このため，取得費加算額は，土地等の相続税評価額について一定の圧縮調整計算を必要とします。

なお，支払った代償金の額は，その相続財産の取得費そのものを構成しません（所基通38-7(1)）。たとえ代償金を支払うことによって相続財産を取得するとの意識であったとしても，代償金そのもので取得したものではなく，あくまで相続によって取得したものであるためです。

一方，相続財産の代償として，他の土地等の交付を受けた者が，その土地等を譲渡した場合には，その譲渡について取得費加算の特例を受けることはできません。代償財産は，交付をする者の代償債務の履行により取得するものであり，「相続税額の課税価格の計算の基礎に算入された財産」とはいえません。また，土地等を代償財産として交付した者が，譲渡所得の課税を受けることで被相続人の保有期間における値上がり益は精算済みです。相続税と所得税の過重な負担を軽減するという取得費加算の特例の趣旨からも，特例適用の必要性はないことになります。

〔平田　久美子〕

Q 6-11　遺留分減殺の税務

　父は私に，自社株式を含め，財産のすべてを相続させる公正証書遺言を遺していました。父の死後，遺言に従って遺産を相続し，相続税の納税も済ませたところ，兄から遺留分の減殺請求の訴えを起こされてしまいました。経営承継円滑化法に基づく除外合意や固定合意は行っていません。遺留分減殺請求によって税務的に必要な手続等はありますか。

A

(1) 遺留分減殺請求により申告した相続財産の額が減少し，相続税の額が減少した場合には，更正の請求ができます。

(2) 遺留分減殺請求によって取得した財産があった場合には，期限後申告又は修正申告をすることができます。

解説

〔1〕遺留分減殺請求による財産の異動に伴う申告

　遺留分減殺請求が相続税の申告前になされ，当事者間で合意が成立したのであれば，それに基づいて分割し，通常どおり相続税の申告をすれば足ります。しかし，すでに遺言に従って分割し相続税の申告も済んでいるケースでは，遺留分の減殺によって，各相続人が取得する相続財産の額に変動が生じるため，減殺後の各人の相続税の額が当初の納税額と異なることになります。

　遺留分減殺請求が，相続税の申告期限前に決着することは，むしろ稀なことから，相続税法には，遺留分減殺請求の訴えを受けた受遺者，及び遺留分減殺請求の訴えをした遺留分権利者のそれぞれが，次の〔2〕〔3〕に係る申告等を被相続人の所轄税務署に提出することができる旨，定められています。

なお，遺留分及び遺留分減殺請求権の法律上の取扱いについては**Q4-27〜Q4-32**をご参照ください。

〔2〕受遺者の税務

遺留分減殺請求の訴えがあったことにより，遺留分を侵害している部分について弁償したためにすでに申告した相続税が過大になった場合には，所轄税務署長に更正の請求をすることができます。これは，遺留分による減殺の請求に基づいて返還すべき，又は弁償すべき額が確定したことを知った日の翌日から4ヵ月以内と定められています（相税32条1項3号）。

なお，遺留分減殺の請求になった財産が相続時精算課税によって贈与された財産の場合，贈与時点から弁償時点までの価額の変動を考慮した圧縮計算によって更正の請求をすることになります。具体的には，すでに申告した贈与税について，その財産の価額から次に掲げる価額を控除して減額更正することになるとともに，相続税の課税価格に算入する財産の価額を贈与税の減額更正後の価額とします。

（算式）

$$C \times (A/B)$$

A：弁償すべき額
B：相続時精算課税適用財産の弁償時の時価
C：相続時精算課税適用財産の贈与時の価額

〔3〕遺留分権利者の税務

遺留分権利者が減殺請求によって取得した財産について，期限後申告又は修正申告をすることができます（相税30条・31条）。この規定は，「することができる」となっていますが，遺留分減殺請求によって相続税額が減少した受遺者が更正の請求によって更正された場合は，遺留分権利者も期限後申告又

は修正申告をしなければなりません（相税30条1項・31条2項）。期限後申告又は修正申告をしなかった場合は，税務署長から更正又は決定を受けることになりますので注意が必要です（相税35条3項1号・2号）。

　また，遺留分減殺の対象が，相続時精算課税によって受遺者に贈与された財産の場合，遺留分減殺請求によって返還又は弁償を受けた財産の価額は，相続開始時点の価額（価額弁償を受けた場合にはその価額）とされます。これは，遺留分減殺請求によって，相続時精算課税による贈与契約はその効力を失い，財産は遺留分権利者に原始的に帰属するという考え方によります。

〔平田　久美子〕

Q 6-12　遺産分割のやり直し

　父が亡くなった際，母の扶養を条件に，長男がほとんどの相続財産を取得する内容の遺産分割協議を相続人全員で行い，相続税の申告も済ませました。ところが，長男は，その後，母の扶養を放棄しています。このため，当初の遺産分割のやり直しをしたいと思っています。遺産の再分割をする場合，当初の相続税の申告を訂正することができますか。

A

(1) 当初行われた遺産分割に無効原因がある場合に限り，相続税の更正の請求が可能です。
(2) 当初有効に行われた遺産分割を解除して，再分割を行った場合，贈与又は交換があったものとして贈与税又は譲渡所得税の課税対象になります。

解説

〔1〕遺産分割のやり直しに対する考え方

　当初の遺産分割協議によって，いったん帰属の決まった財産を，その後の遺産分割のやり直しによってその帰属を変えることについては，「相続開始に遡って相続を原因としてその帰属が確定されることになる」(東京地判平11・2・25税資240号902頁) という考え方がある一方，一般的には，相続人に対する課税関係や一般の取引関係の法的安定性が害されること，また，租税回避のために行われるおそれもあることなどから，否定的に捉えられています。
　相続税基本通達19の2-8 (分割の意義) にも，但書として，「当初の分割により共同相続人又は包括受遺者に分属した財産を分割のやり直しとして再配分した場合には，その再配分により取得した財産は，同項に規定する分割に

より取得したものとはならないのであるから留意する」とあるとおり、遺産分割のやり直しによる再分割によって取得した財産は、相続税ではなく、その後において贈与又は交換があったものとして、贈与税又は譲渡所得税を課税する取扱いとされています。

たしかに相続税の申告期限は相続開始から10ヵ月以内とされており、その時点でも未分割であった場合には法定相続分で取得したものとして申告するものとしていることから、遺産分割については納税者に十分な時間が与えられているということもできます。しかし、当初の遺産分割が有効に成立している場合であっても、特別な事情により遺産分割のやり直しが行われた場合のすべてが贈与や交換と見るべきか否かについては争いもあります。

〔2〕債務不履行に基づく遺産分割の解除

本件のように、母親の扶養を前提として遺産分割したような場合には、当初その前提がなければ、異なった分割が行われたはずであり、このような場合にまで、遺産分割のやり直しを新たな課税関係の発生と見ることには疑問も生じるでしょう。しかし、債務不履行に基づく遺産分割の解除は認められないとする判例(最判平元・2・9民集43巻2号1頁)があることから、このようなケースにおいては、遺産分割のやり直しは、贈与税の課税対象になると考えられます。

〔3〕無効原因がある場合の遺産分割

当初行われた遺産分割において、何らかの無効原因が認められる場合には、そもそも当初において遺産分割が成立していないことになるため、後に行われた遺産分割に基づく更正の請求(国通23条2項)、修正申告(国通19条1項)が可能です。

〔平田　久美子〕

第7章

財産評価の基礎知識

Q 7-1　不動産評価

　会社を経営する父は，自宅はもとより，経営する会社に使用させている敷地や，賃貸アパートなどの不動産も所有しています。子である私が，贈与や相続によって承継するときの税金の計算では，不動産はどのように評価するのですか。

A

(1)　土地等の評価は相続，遺贈又は贈与時の「時価」によりますが（相税22条），財産評価基本通達により評価することが一般的です。

(2)　市街地以外は倍率方式，市街地であれば路線価方式により評価し，路線価図等は毎年公表されています。

(3)　借地権や貸宅地などの権利関係のある宅地には，それぞれ評価の取扱いが定められています。

(4)　負担付贈与等により取得した不動産は，路線価等による相続税評価ではなく，通常の取引価額という「時価」を用いて評価される場合もあります。

(5)　居住用や事業用建物等の敷地については相続税の計算において，小規模宅地等の評価減額特例が設けられています。

解説

〔1〕不動産の評価

(1)　**不動産の評価方法**

　建物や土地等の不動産の評価は，相続，遺贈又は贈与時の「時価」によることとされていますが（相税22条），実務では特殊な場合を除き，財産評価基本通達により評価することが一般的です。建物と土地のそれぞれの評価について，財産評価基本通達に具体的な評価方法が定められています。

(a) 建物の評価方法

家屋は固定資産税評価額が相続税評価額となります（財基通89）。具体的には，課税時期の属する年度における固定資産課税台帳の家屋の価格（評価額）をそのまま，相続税の評価とします。この家屋の価格は，いわゆる固定資産評価額といわれるものです。固定資産税の納税通知書に添付されている固定資産課税明細書に，家屋の固定資産評価額が1棟ごと記載されています。家屋の固定資産評価は，その所在する市区町村（東京都23区は都税事務所）に固定資産評価証明書を申請して取得することも可能です。固定資産課税明細書等には未登記の建物も記載されていることがあるので，網羅性が高い資料といえます。

(b) 土地の評価方法

土地の評価は，原則として宅地，田，畑，山林，原野，牧場，池沼，鉱泉地，雑種地ごとに行いますが（財基通7），ここでは宅地に限定して説明していきます。

宅地の評価方式は，倍率方式と路線価方式の2種類があります（財基通11）。市街化地域には路線価が付されています。路線価がない地域は，固定資産税評価額に一定の倍率を乗じる倍率方式により評価し，路線価がある地域は，路線価方式により評価します。それぞれの評価方式で使用する評価倍率表と路線価図は，国税庁より毎年夏頃に公表されます。

㋐ 倍率方式

倍率方式による土地の固定資産税評価額は，建物と同様に固定資産課税明細書や固定資産評価証明書の記載から判明します。土地の固定資産税評価額に乗ずる倍率は，評価倍率表から求めます。具体的には，市区町村ごとに用意されている評価倍率表において，「町（丁目）又は大字名」・「適用地域名」により該当地域を特定して，適用倍率を求めます。市街化調整区域や，国道沿いの地域などにより適用倍率が異なるため，その地域に詳しくないと適用倍率が特定できない場合があります。

宅地の場合の倍率は，1.0倍から1.2倍が多いようです。倍率欄に倍率の記載がなく「路線」と記載があれば，路線価が付されている地域です。

(イ) 路線価方式

路線価方式とは，その宅地の面する路線に付されている路線価をもとに評価する方式です（財基通13）。路線価は，標準的な画地の1㎡当たりの価額で（財基通14），路線価図では千円単位で表示されています。奥行距離が長い宅地や正面路線以外の側方路線等に接する宅地などの，標準的な画地と異なる画地の場合は，奥行価格補正，側方路線影響加算，二方路線影響加算，不整形地補正その他各種の補正率等により路線価を補正します。

ちなみに，路線価の水準は，毎年1月1日現在の公示価格の8割程度で評定されています。

(2) **借地権や貸宅地の評価**

借地権の評価は，借地権の目的となっている宅地の価額に借地権割合を乗じて評価します（財基通27）。借地権割合は，倍率表・路線価図に記載されています。倍率表であれば評価倍率表の「適用地域名」ごとに適用する借地権割合が記載されています。路線価図であれば，適用する路線価金額の右側にあるアルファベットが，適用する借地権割合を表しています。アルファベットはAからGまで区分され，その一覧表は，路線価図上段に記載されています。

一方，貸宅地の評価は，借地権の目的となっている宅地の価額から，上記の借地権評価による借地権の価額を控除した価額が原則となります。

(3) **定期借地権**

借り手の定期借地権評価は，権利金を支払っているときは，残存借地期間に対応する支払権利金の現在価値です。保証金を預託しているときも，保証金の現在価値を借地権価額とします（財基通27-2・27-3）。定期借地権であっても，貸宅地評価は，更地価額から定期借地権価額を控除した金額を原則としますが，一般定期借地権の貸宅地の場合は，借地権割合の地域区分に応じた底地割合によって算出されます（個別通達，課評2-8，課資1-13平成10年8月25日）。

(4) **貸家及び貸家建付地の評価**

アパートのように他に貸し付けられている家屋の評価は，次の算式により評価した価額となります（財基通93）。なお，借家権割合は，全国一律30％と

されています。

> (自用家屋評価×(1－×借家権割合×賃貸割合))

また、貸家の敷地を貸家建付地といい、その評価は、次の算式により計算した価額となります（財基通26）。

> (自用地×(1－借地権割合×借家権割合×賃貸割合))

〔2〕負担付贈与等により取得した不動産に係る評価

　不動産を親族間での低額譲渡や負担付贈与をした場合には、路線価等に基づく相続税の評価ではなく、いわゆる時価と譲渡対価の差額に対して、贈与があったものとして贈与税の課税対象とされます。
　親族間では、時価よりも低い対価で不動産の譲渡が行われることがあります。例えば、時価である通常の取引価額が100、相続税評価額80の土地を60で譲渡してもらうような場合です。以前は、親族間での譲渡や負担付贈与をしても、相続税評価額80とその譲渡等の対価60との差額部分20に対して、贈与税の課税対象とされていました（相税7条）。しかし、バブル期に、時価と相続税評価額との乖離に着目した贈与税の税負担回避行為が散見されたため、税負担の公平を図る観点から、その取得時における通常の取引価額100とその譲渡等の対価60との差額部分40について、不動産を取得した者の贈与税の対象とすることとされました（個別通達（平元直評5・直資2-204）（平3課資2-49改正））。
　なお、不動産を低額譲渡した相手は、譲渡所得の計算において時価100が譲渡収入金額となるのではなく、その譲渡対価60が譲渡収入金額となることに注意が必要です（所税36条1項）。ただし、譲渡所得の計算において、時価の2分の1未満である負担付贈与で、譲渡損失が発生する場合は、譲渡がなかったものとみなされます（所税59条2項）。

〔3〕小規模宅地等の特例の概要

　相続又は遺贈により取得した宅地については，被相続人や親族の居住用又は事業用宅地のうち，一定の要件に該当する宅地は，限度面積までその宅地の評価から80％か50％の減額をすることができます（措置69条の4）。居住用，事業用，貸家用その他の利用区分や，相続後の利用状況により，適用できる減額割合が詳細に取り決められています。なお，被相続人とその親族等で，株式等の5割超を取得している同族会社等が使用している建物の敷地も，事業用宅地には含まれますので，特例の適用を受ける宅地に該当します。
　適用に際しては，必要な書類を添付して，相続税の申告書を提出しなければなりません（措置69条の4第6項）。ただし，適用されるのは，相続税の申告期限までに遺産分割協議や遺言によって取得が確定している宅地に限られ，未分割の場合は適用がありません（措置69条の4第4項）。未分割の場合であっても，当初申告の際に「申告期限後3年以内の分割見込書」を添付して申告し，申告期限後3年以内に分割ができれば，やむを得ない事由がある旨の承認申請書を提出したうえで適用を受けることができます（措置69条の4第4項）。

〔長岡　栄二〕

Q 7-2　自社株式評価の適用手順

会社を経営する父から，その会社の株式を承継させる意向を伝えられました。取引相場のない株式を贈与や相続する際の評価は複雑だと聞きますが，私が承継する予定の株式には，どのような評価方式が適用されますか。

A

(1) 相続や贈与により取得した自社株式の評価は，株主構成により，同族株主のいる会社と同族株主のいない会社に区分したうえで，取得した者が同族株主等か否かにより，原則的評価方式と特例的評価方式（配当還元方式）のいずれかを適用します。
(2) 原則的評価方式では，類似業種比準方式と純資産価額方式を併用します。評価の対象となる会社を，従業員数やその業種と総資産価額等の会社規模に応じて，大会社，中会社，小会社に区分し，それぞれ異なる併用割合を用いて評価します。
(3) 特例的評価方式（配当還元方式）は，年間配当額を一定率で還元して評価する方式で，原則的評価よりも相当程度低い評価であるのが一般的です。

解説

〔1〕株式評価方式の適用手順

取引相場のない株式を贈与や相続により取得した場合の評価は，実務上の便宜や公平性の観点から，財産評価基本通達により行います。

評価会社に対する支配の強弱によって，評価方式を異にすることとしているため，取得した者が同族株主等に該当すれば原則的評価方式を適用し，同族株主等に該当しなければ特例的評価方式を適用します。同族株主等の具体

図表1　同族株主等の判定図

筆頭株主グループの議決権割合	50％超		50％以下　30％以上		30％未満	
	↓		↓		↓	
	同族株主のいる会社				同族株主のいない会社	
納税義務者とその同族関係者の議決権割合	50％未満	50％超	30％以上	30％未満	15％以上	15％未満
株主の区分	同族株主等以外の株主	同族株主等			同族株主等	同族株主等以外の株主
納税義務者の取得後議決権割合		5％未満　5％以上			5％以上　5％未満	
		中心的な同族株主がいる	いない	いない	中心的な株主がいる	
		いる↓			↓いる	
		中心的な同族株主又は役員	である	である	役　員	
		でない↓			↓でない	
評価方式	特例的評価方式	特例的評価方式		原則的評価方式		特例的評価方式

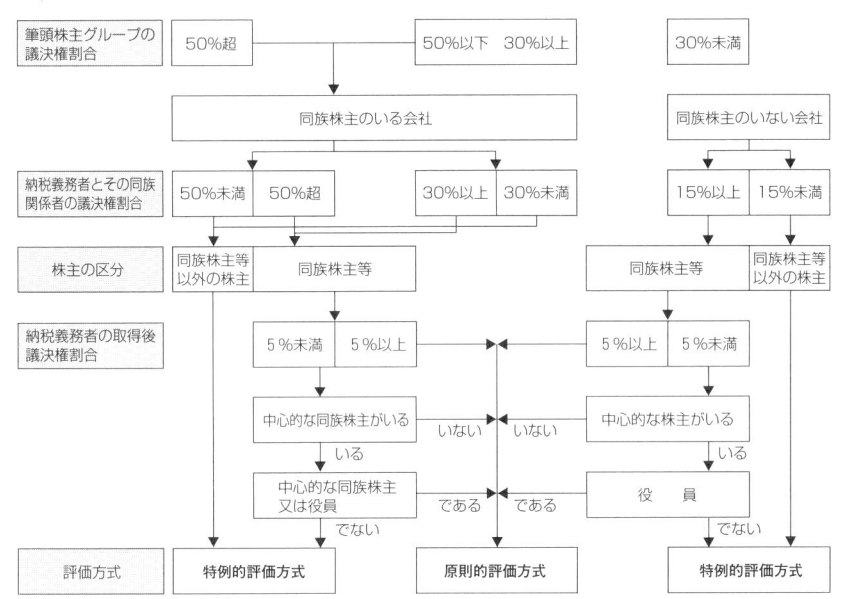

　的な判定方法は**図表1**のとおりです。判定に際しては，評価会社の「持株割合」ではなく「議決権割合」によるので注意が必要です（財基通188）。

　判定の前提となる株主グループとは，ある株主とその同族関係者で構成されるグループのことであり，同族関係者の範囲は，以下のとおりです（財基通188，法税令4条）。

① 親族（配偶者，6親等内の血族，3親等内の姻族）
② 特殊関係のある個人（事実婚同様の者，株主個人の使用人，株主個人による生計維持者など）
③ 特殊関係のある法人（同族関係者で議決権の過半数を所有する他の会社など）

　株式評価方式の適用手順では，最初に，株主を株主グループごとに分けたうえで，評価会社を，株主構成により「同族株主のいる会社」と「同族株主のいない会社」とに区分します。同族株主とは次の手順により判定された一定の株主グループに属する株主をいいます。筆頭株主グループの議決権が

50％超であれば、筆頭株主グループに属する株主は同族株主です。筆頭株主グループの議決権割合が、50％以下30％以上の場合でも、筆頭株主グループに属する株主は同族株主ですが、この場合は同族株主グループが複数存在することがあります。

　同族株主のいる会社で、同族株主グループに属して、かつ、議決権割合が5％以上の株主に対しては、原則的評価方式を適用しなければなりません。同族株主がいない会社でも、議決権割合が15％以上の株主グループに属し、かつ、議決権割合が5％以上の株主に対しては、原則的評価方式を適用しなければなりません。また、議決権割合が5％未満の株主でも、前記**図表1**のとおり一定の場合には、原則的評価方式を適用することになります。支配権の確保が前提となる事業承継では、後継者に対し、原則的評価方式が適用されることが大半と考えられます。

　一方で、議決権割合が49％の株主でも、他に50％超の議決権をもつ筆頭株主グループが存在すれば、特例的評価方式が適用されることになります。

　ちなみに、議決権割合は、贈与や相続による取得後の状況によって判定します。

〔2〕原則的評価方式

　原則的評価方式は、類似業種比準方式と純資産価額方式を併用します。類似業種比準方式と純資産価額方式の具体的説明は**Q7-3**で記述しますが、ここでは、これら2つの方式に対する併用割合の適用手順を説明します。

　会社規模の違いによって、類似業種比準方式による評価額（類似業種比準価額）と純資産価額方式による評価額（純資産価額）の併用割合が異なります。

　類似業種比準価額は、純資産価額に比して低くなることが多く、著しく乖離することもあるため会社規模の判定が重要となります。評価会社を、業種ごとに従業員数や総資産価額等の規模に応じて、大会社、中会社、小会社に区分します（財基通178）。

　従業員数が100名以上の会社は、必然的に大会社と区分されます。従業員が100名未満の会社は、卸売業、小売・サービス業、それ以外の業種ごとに

定められている，帳簿価額による総資産価額，従業員数，売上等の取引金額を基準として，大会社，中会社，小会社を判定します。

　大会社に区分された評価会社の株式は，原則として，類似業種比準価額となりますが，純資産価額によることも選択できます（財基通179(1)）。小会社に区分された株式は，原則として純資産価額となりますが，類似業種比準価額と純資産価額の併用割合を0.5ずつとする評価額も選択できます（財基通179(3)）。中会社の株式の評価では，さらに会社規模を3つに区分し，類似業種比準価額と純資産価額の併用割合をそれぞれ0.9，0.75，0.6と定めています。なお，中会社においても，純資産価額とすることも選択できます（財基通179(2)）。

〔3〕特例的評価方式

　同族株主以外の株主等に対しては，特例的評価方式が適用されます。年間配当額を一定率で還元して評価する，いわゆる配当還元方式です（財基通188-2）。配当還元方式は，贈与又は相続により自社株式を取得した株主が，同族株主等以外の少数株主である場合には，会社の支配権を有するわけではなく配当期待権を目的とすることに着目した評価方式です。評価は，臨時的な配当を除く過去の配当実績を10％で割り戻して行います（**Q7-3**参照）。

〔4〕必要書類の準備

　実務における同族株主等や会社規模の判定には，取引相場のない株式の評価明細書のうち，評価上の株主の判定及び会社規模の判定の明細書（第1表の1，第1表の2）を使用すれば便利です。評価会社の直前期以前3期分の法人税申告書（添付の決算書，科目内訳書，概況書）は，評価における必要な最低限の情報が織り込まれているため，可能な限り準備しておきたい書類です。

〔長岡　栄二〕

Q 7-3　自社株式評価の具体的算定方法

経営者である父はその会社の筆頭株主でもあります。将来は子である私が後継者となり持株を承継する予定です。父の持株を贈与や相続によって承継するときには，どのように評価するのですか。

A

(1) 類似業種比準方式とは，類似業種の株価に，評価会社と類似業種について配当金額・利益金額・純資産簿価を比較して求めた比準割合を乗じる評価方式です。
(2) 純資産価額方式とは，評価会社の各資産や負債について相続税に基づく純資産価額による評価方式です。さらに，帳簿価額と純資産価額との評価差額に対する法人税額等相当額を控除します。
(3) 純資産価額方式の際に，評価会社の帳簿に計上がなくても，営業権等の評価を考慮しなければいけません。3年以内取得土地建物の評価について，特殊な定めがあります。
(4) 特定の評価会社に該当すると，原則として純資産価額方式によって評価しなければなりません。
(5) 被相続人の親族等で過半数を持つ場合の相続自社株式は，特定事業用資産の10%評価減額特例がありましたが，平成21年度税制改正で廃止されました。

解説

〔1〕類似業種比準方式

　類似業種比準方式とは，評価会社と事業内容が類似する上場会社の平均株価をもとにした，類似業種の株価に，評価会社と類似業種の1株当たりの配当金額・利益金額・純資産簿価を比較して求めた比準割合を乗じた一定額を

評価とする方式です（財基通180）。

1株当たりの類似業種株価・配当金額・利益金額・簿価純資産価額は，国税庁が公表している「類似業種比準価額計算上の業種目及び業種目別株価等」を使用します。各種要素の1株当たりの金額算定に用いられる株式数は，実際の会社の発行済株式数ではなく，1株当たりの資本金等の額を50円と仮定して求めた発行株式数（資本金等の額÷50円）を使用します。比準対象となる類似業種の各種要素は旧額面を基に統一して算出されているからです。

評価会社の各種要素は，贈与又は相続開始時期の直前期末以前2年（又は3年）間の金額が基準となります。

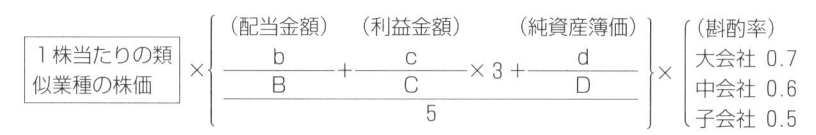

$$\text{1株当たりの類似業種の株価} \times \left\{ \cfrac{\cfrac{b}{B} + \cfrac{c}{C} \times 3 + \cfrac{d}{D}}{5} \right\} \times \begin{pmatrix} \text{(斟酌率)} \\ \text{大会社 } 0.7 \\ \text{中会社 } 0.6 \\ \text{小会社 } 0.5 \end{pmatrix}$$

b，c，d：評価会社の1株当たりの金額
B，C，D：課税時期の類似業種1株当たりの金額

類似業種の株価に乗じる比準割合は，配当金額・利益金額・簿価純資産価額を，1：3：1の比重で按分して算出します。株価の形成に対し，利益の占める割合が他の要素よりも3倍程度高いという理由から，他の各要素に比較して，利益要素に3倍の比重をおいているのが特徴です。平成20年以前の評価では，赤字会社で利益要素がゼロの場合は分母が3とされていました。しかし，少額の利益を出している会社より赤字会社の類似業種比準価額が高くなるという矛盾があったため，利益金額がゼロ以下でも，分母は5とされました。

さらに，流通性がないことへの配慮として，大会社・中会社・小会社の会社規模に応じて0.7，0.6，0.5の斟酌率を乗じて評価を減額します。

類似業種比準価額は，純資産価額よりも低くなる場合が多く見受けられます。標本会社に比較して，取引相場のない株式は過小資本であることが理由として考えられます。また，類似業種の株価は，景気動向や標本会社である上場株式の株価に左右されて変動します。会社規模が大きいほど，類似業種比準方式に依拠しますが，評価会社の株式価値の具体的な実感からは乖離す

ることもある評価方式もいえます。

〔２〕純資産価額方式

　純資産価額方式とは，原則として資産や負債を相続税法上の評価により算定した，いわゆる時価純資産により評価する方式です。財産評価基本通達では，帳簿価額と純資産価額との評価差額に対する法人税額等に相当する額を控除した金額を評価とする特徴があります。

　各資産負債の評価に際しては，贈与又は相続開始時期に仮決算を行う前提です。しかし，実務上は，資産負債に著しい増減がないなら，各資産負債の評価対象は，直後期末が非常に近ければ贈与等課税時期直後の期末現在か，直前期末現在から選定するのが一般的です。対象資産の選定決算時期がいずれであっても，評価基準日は贈与等の課税時期となります。

　各資産の評価の具体的評価は，財産評価基本通達によって行います。例外として，土地建物等のうち贈与等から３年以内に取得したものは，路線価等に基づく評価ではなく，通常の取引価額で評価しなければいけません（財基通185括弧書）。実務の簡便性への配慮から，通常の取引価額に相当すると認められれば，実際の帳簿価額（原則として「取得価額」）を評価とできる取扱いとなっています。

　また，評価会社の資産に計上されていなくても，借地権や営業権の評価がもれてしまわないよう注意が必要です。

　一方で，負債も相続税の評価とされます。すなわち，現に存する債務のみ計上することになり，退職給付引当金などを典型とする各種引当金などは，純資産価額方式の算定上は，負債としてそもそも認識しないなどにも注意が必要です。

　さらに，役員の退職金等に備える目的で，役員を被保険者とする死亡保険契約を会社契約としていることがあります。この役員の相続時における株式評価に際しては，会社が受け取る生命保険金を資産に加えます。一定時期までに支給されることが確定した役員死亡退職金を，負債に計上して純資産価額を算定するなど，特殊な取扱いとなります（財基通186）。

なお，株式取得者と同族グループの議決権割合が50％以下の場合には，会社に対する支配力に基づく格差という観点から，純資産価額を80％まで引き下げて評価します（財基通185但書）。

〔3〕特定の評価会社

特定の評価会社は，いわゆるタックスプランニングによって極端な株式評価を適正にするため，他の評価会社とは別の方式により評価します。具体的には，①類似業種比準価額算定におけるプラスの比準要素が1つの会社，②株式保有特定会社，③土地保有特定会社，④開業後3年未満の会社，⑤開業前や休業中の会社，⑥清算中の会社が特定の評価会社として挙げられます（財基通189）。特定の評価会社に該当すると，類似業種比準方式による評価が低い場合であっても，原則として純資産価額方式により評価しなければいけません。

特定の評価会社	同族株主 原則	同族株主 選択可	同族株主以外の株主
比準要素プラスが1つの会社 株式保有特定会社 土地保有特定会社 開業後3年未満の会社 開業前，休業中等の会社	純資産価額方式	類似業種比準価額×25％＋純資産価額×75％ 「S1＋S2」方式	特例的評価方式（配当還元方式）
清算中の会社	分配見込額		

(1) 比準要素プラスが1つの会社

類似業種比準価額の算定における3つの比準要素のうち2つについて，過去2期間の要素がゼロとなる会社に適用されます。典型例としては，配当をしていない会社にあって，3年連続で利益が算出されず，利益要素が過去2期間ゼロとなる場合です。この場合，原則として純資産価額が評価額となります（財基通189(1)・189-2）。

(2) 株式保有特定会社

総資産のうちに占める株式等の価額の割合が50％（大会社は25％）以上である会社を株式保有特定会社といい，会社規模に関係なく純資産価額が評価額

となります（財基通189(2)・189-3）。

　純資産価額方式に代えて，「Ｓ１＋Ｓ２」方式という簡易評価も可能です。この方式は，評価会社の資産を株式等とその他に区分して，それぞれを別な会社が持つとして計算した上で合算する評価方法です。株式等の部分は純資産価額方式で評価し，その他の資産部分は規模に応じて同族株主等の判定による区分で原則評価し，この２つの評価を合計します。

　(3)　土地保有特定会社

　土地保有特定会社に該当すれば，会社規模に関係なく純資産価額が評価額となります。土地保有特定会社の基準は，総資産のうちに占める土地等の価額の割合によって判定されます。会社の規模ごとに，大会社は70％以上，中会社は90％以上が基準となります。小会社は，原則として業種ごとに帳簿価額により計算した総資産価額をもとに，70％以上又は90％以上を基準として判定されます（財基通189(3)・189-4）。なお，純資産価額，従業員数，年間取引金額のいずれで判定したとしても小会社に該当すれば，土地保有特定会社の判定は不要です。

　(4)　開業後３年未満の会社等

　開業後３年未満の会社も純資産価額方式で評価します。開業後３年未満の会社等には，類似業種比準価額の計算の基となる比準要素がいずれもゼロである会社も含まれます（財基通189(4)・189-4）。

　(5)　開業前や休業中の会社，清算中の会社

　開業前や休業中は純資産価額で，清算中は分配見込額で評価します。他の特定の評価会社と異なり，同族株主以外でも特例的評価方法は採用できません（財基通189(5)(6)・189-5・189-6）。

〔４〕特例的評価方式

　特例的評価方式は，次の算式のとおりです。臨時的な配当を除く過去の配当実績を10％で割り戻して行う配当還元方式です。一般的には，配当還元方式による評価がその評価会社における最も低い株式評価となります（財基通188-2）。

$$\frac{1株当たりの年配当金額（2年平均）}{10\%} \times \frac{その株式の1株当たりの資本金等の額}{50円}$$

〔5〕 特定事業用資産の10％評価減額特例の廃止

被相続人の親族等で過半数を持つ場合の相続自社株式には，相続税の課税価格の特例として，特定事業用資産の10％評価減額特例がありました（旧措置69条の5）。

特定事業用資産の10％評価減額特例は，小規模宅地の評価減額と選択適用でしたが，過半数株式保有要件や自社株式の時価総額等に限度があること等により，必ずしも使い勝手のいいものではありませんでした。平成21年度税制改正において，平成21年3月31日をもって廃止され，事業承継税制としては，自社株式に係る贈与税・相続税の納税猶予制度が新たに創設されることになり，後継者にとっては朗報といえるでしょう。

ただし，特定事業用資産の10％評価減額特例の対象となる会社は，単に非公開会社であればよかったのが，納税猶予の対象となる会社は，業種ごとに資本金又は従業員数の限度が規定されている中小企業者に該当する必要があるため（**Q5-2参照**），範囲が狭いことに留意が必要です。

〔長岡　栄二〕

コラム　営業権の評価

　営業権とは，「企業が持つ好評，愛顧，信認，顧客関係その他の諸要因によって期待される将来の超過収益力を資本化した価値」とされます。つまり，その企業が独自に有する無形の価値を表し，一般にはのれんとか老舗といわれるものです。この営業権は，それ自体で事業譲渡などの形で売買の対象にもなることから，財産価値が認められ，相続や贈与の際の財産評価においても一定の評価方法により資産計上することにしています。

　この営業権の評価方法は，平成20年1月1日を境に大きく変わりました。現在の評価方法は，超過利益金額（平均利益金額の50％の額から，平均利益金額に応じて計算する標準企業者報酬額と総資産価額の5％を控除した額）に，営業権の持続年数（原則10年）に応じる基準年利率による複利年金現価率を乗じて算出するものです。

　算式上，平均利益金額が5,000万円以下のときは，標準企業者報酬額（平均利益金額×0.3＋1,000万円）が平均利益金額の2分の1以上となるので営業権は計上されないことは明らかです。また，総資産価額に乗ずる率について，国債の利回りを基とする基準年利率から，総資産利益率を基とする5％に改正されたことにより，営業権が計上されるケースは非常に少なくなったということができます。

◇平田　久美子◇

Q 7-4 種類株式の評価

父の経営する会社は株主が分散しており，議決権を集中させたいことがしばしばあります。子である私が事業を承継するのに，議決権を確保できるような株式の発行を今から考えています。このような株式を発行したら，どのような評価の影響があるのでしょうか。

A

(1) 種類株式のうち，配当優先の無議決権株式，社債類似株式，拒否権付株式の3類型について，相続等における株式評価は明らかになっていますが，それ以外の種類株式の評価は明らかになっていません。
(2) 議決権の有無は，評価において原則として考慮されない取扱いとされています。一定条件の無議決権株式評価には，無議決権と議決権で5％相当の価値移転部分の調整計算が選択できます。
(3) 社債類似株式という，評価上は社債と類似した扱いの種類株式も，その条件が明らかとなっています。
(4) 拒否権付株式のような，黄金株式でさえも普通株式と同じ評価です。
(5) 新事業承継税制との組合せには注意が必要です。

解説

〔1〕種類株式評価の概要

平成18年5月に施行された会社法により，多種多様な種類株式の発行ができるようになりました。種類株式は，中小企業の事業承継においてもその活用が期待されています。種類株式の相続税における評価方法について，不明確であることが活用の妨げとならないように，中小企業庁が国税庁に「相続等により取得した種類株式の評価について」の照会を行いました。これに対応して，国税庁は平成19年3月9日付で，「種類株式の評価について（情報）」

を公表しました。中小企業の事業承継に活用されるような典型的な3類型の種類株式について評価方法が明らかになっています。

なお，評価が明らかにされているのは，現時点でこの3類型のみです。

また，種類株式の法律上の取扱いについてはQ3-7，Q3-8をご参照ください。

〔2〕配当優先の無議決権株式の評価

配当について優先・劣後のある種類株式を発行している会社の株式を評価する際の特徴として，2つの論点が挙げられます。1つは，類似業種比準方式により評価する場合に，種類株式ごとの実際の配当金によって評価することです。もう1つは，純資産価額方式で評価する場合には，配当優先の有無にかかわらず，純資産価額を発行済株式総数で除して評価することです（財基通185）。

すなわち，配当優先の無議決権種類株式を発行している会社においては，類似業種比準方式は2つの評価が算出される一方で，純資産価額方式は，配当金の多寡は評価の要素としていないことから，種類株式ごとに区分せずに評価することになります。

〔3〕無議決権株式の評価

原則的評価方式が適用される同族株主は，相続等により取得する自社株式について，無議決権株式であっても普通株式と同じ評価とされます。すなわち，純資産価額方式の場合には，配当の優劣にかかわらず，議決権を考慮せずに評価するのを原則としました。

しかし，無議決権株式を発行する会社の株式について，相続税の法定申告期限までに分割協議が確定すれば，相続等により株式を取得したすべての同族株主が「無議決権株式の評価の取扱いに係る選択届出書」を提出することで，原則的評価方法について一定の調整計算を選択することができます。議決権の有無によって株式の価値に生じる差を5％と考えて，無議決権株式の

評価は，原則的評価方式による評価額を5％減額し，議決権のある株式の価額に減額された5％を加算する調整計算が選択できます。つまり，評価会社の株式評価の総和に変化はありませんが，議決権と無議決権の間で5％の価値評価移転を認めたといえます。

なお，次の社債類似株式も無議決権株式には違いありませんが，この調整計算の対象とはなりません。

また，同族株主グループに属する株主であっても，中心的な同族株主以外の株主で議決権割合が5％未満の役員でない株主等は，無議決権株式の所有の多寡にかかわらず，特例的評価方式として配当還元方式により評価することに変わりはありません。

〔4〕社債類似株式の評価

社債類似株式は，経済的実質が社債に類似していることから，利付公社債の評価に準じて発行価額により評価します。ただし，既経過利息に相当する配当金の加算は行いません。

社債類似株式とは，次の条件を満たす種類株式です。
① 配当金については優先して分配する。累積型・非参加型の配当優先株式に該当
② 残余財産の分配について，発行価額を超えて分配を行わない
③ 発行会社は一定時期に本件株式の全部を発行価額で償還する
④ 議決権を有しない
⑤ 他の株式を対価とする取得請求権を有しない

社債類似株式以外の株式は，社債類似株式を社債であるとして評価します。具体的には，類似業種比準方式において，社債類似株式に係る資本金等の額及び株式数，社債類似株式に係る配当金はないものとして計算します。さらに，社債類似株式に係る配当金を支払利息とみたてて費用として年利益金額から控除し，社債類似株式の発行価額を負債として簿価純資産価額から控除して計算します。純資産価額方式においても，社債類似株式の発行価額を負債として評価に計上するとともに，社債類似株式の株式数は発行済株式数か

ら除外して計算します。

〔5〕拒否権付株式の評価

拒否権の有無は評価に影響させず,普通株式と同様に評価します。

〔6〕事業承継と種類株式の組合せ

　種類株式の一部とはいえ,評価方法が明らかになったことで,事業承継における種類株式の活用方法の選択肢が広がったといえます。
　後継者には普通株式を相続させ,後継者以外の者には完全無議決権を相続させるという遺言をすることにより,議決権が分散することを防ぎつつ,他の相続人に対して遺産分割が不公平にならないような一定の配慮ができます。
　しかし,納税猶予の対象株式は完全議決権株式総数の3分の2までという制限があるため,会社法108条1項3号の定めがある種類株式,すなわち議決権制限株式が発行されている会社の議決権制限株式の増加は,納税猶予の対象となる株式数の減少につながりますので注意が必要です。
　また,事業承継に際して,後継者に株式の大部分を承継させるものの,経営者が拒否権付株式を保有し,経営上の重要な事項の決定権を確保するといった種類株式の活用が考えられます。後継者への株式の承継には相続時精算課税を選択して贈与し,拒否権付株式は遺言により相続させるといった方法も考えられます。
　しかし,会社法108条1項8号の定めがある種類株式,つまり拒否権付種類株式を後継者以外の者が所有していると後継者が保有する株式について,議決権に欠陥があると認められることから,納税猶予を適用することはできません（経営承継規6条1項7号リ,措置令40条の8第7項2号）。
　会社法108条1項7号の定めがある種類株式,すなわち全部取得条項付種類株式が発行されている場合にも,納税猶予との関係で注意が必要です。納税猶予の適用を受けている特定非上場株式等に全部取得条項を付して普通株式全部を取得する一方で,その対価として議決権制限株式,配当優先株式を

交付した場合には，株式全部の譲渡となるため直ちに納税猶予が停止され，納税猶予額の全額を納付する必要があります。

　種類株式は，新事業承継税制との関連性においても配慮が不可欠です。

〔長岡　栄二〕

コラム　社債類似株式は使えるのか

　社債類似株式には議決権がないため，オーナー経営者にとっては，少数株主等に割り当てることで経営の干渉を排除できます。割当を受けた少数株主等も，配当を優先的に受け取ることができて，しかも，発行価額で償還されるため妙味のある投資となります。これらの特徴から，社債類似株式の利用方法として，通常は従業員持株会などに対する活用が考えられます。

　評価対象会社の株価が発行価額を上回っているような場合に，普通株式の一部を社債類似株式に変更すると，普通株式の評価額（株価）が増加することになります。例えば，設立当初の1株当たりの発行価額が5万円，現在の1株当たりの相続税評価額が100万円の会社があると仮定します。株主は，普通株式120株を所有するAと，普通株式80株を所有するBがいるとします。現時点でAの有する普通株式の評価額は1億2,000万円（100万円×120株）ですが，Bの所有する80株を社債類似株式に変更すると，Aの有する普通株式の評価額は「株式評価総額2億円（100万円×200株）－社債類似株式の評価額400万円（5万円×80株）＝1億9,600万円」となり，Aの有する普通株式の評価額が7,600万円増加することになるわけです。

　つまり，評価対象会社の株価が社債類似株式の発行価額を上回っている部分について，Aの有する普通株式の評価額を押し上げてしまうことによって，相続税の課税対象が増加してしまう懸念があるわけです。

　社債類似株式として一定の要件を満たせば，同族株主か否かにかかわらず，社債類似株式として評価しなければなりませんので，Bの所有する社債類似株式の評価額は400万円となりますが，一方で，Aが所有する普通株式の評価額が増加することに対し，みなし贈与の認定がなされるという懸念が生じるものと思われます。

　社債類似株式の活用には，税務上思料すべき点が少なくないようです。

　　　　　　　　　　　　　　　　　　　　　　　　　　　◇長岡　栄二◇

Q7-5 組織再編成と自社株式評価

組織再編成を行うことにより自社株式の評価に影響がありますか。また，組織再編成を行った場合の自社株式の評価における留意点を教えてください。

A

(1) 組織再編成を行った場合の自社株式の評価への影響は，大別して，①持株会社化による純資産価額方式における株式の評価引下げ，②分社化による類似業種比準方式における株式の評価引下げなどがあります。

(2) 組織再編成は事業承継対策にも有効ですが，組織再編成後の株式の相続税評価額への影響も十分に検討しておく必要があります。①組織再編成により受け入れた資産が3年以内取得資産に該当してしまうこと，②組織再編成直後に類似業種比準方式が使えなくなってしまうこと，それに③組織再編成により受け入れた資産についての評価差額に対する法人税額等相当額42％控除への影響です。

解説

〔1〕組織再編成による自社株式対策

(1) 持株会社化による評価引下げ

持株会社化をするための組織再編成には，株式交換・株式移転・分社型会社分割・現物出資などの手法があります（Q3-4参照）。

純資産価額方式による場合，法人の資産に対する含み益に対して42％（評価差額に対する法人税額等相当額）を控除できます。持株会社が有する株式の含み益（評価差額）に対して法人税額等相当額を控除することができることから，持株会社の株式の評価引下げが期待できます。

また，類似業種比準方式による場合，持株会社が有する資産及び負債の評

価に影響されず，その評価は持株会社の配当金額・利益金額・簿価純資産価額のみに依存することになるため，持株会社の株式の評価引下げが期待できます。

(2) **分社化による評価引下げ**

分社化をするための組織再編成には，分社型会社分割，分割型会社分割，事業譲渡などの手法があります。

類似業種比準方式による場合，分社化により利益を分散し，会社の１株当たりの利益を抑制することにより，会社の株式の評価引下げを期待することができます。また，分社化により財産評価基本通達上の会社の規模の区分を変更することも可能です。

分社型会社分割については，持株会社化による評価引下げ効果も享受できます。

〔2〕合併と純資産価額評価

(1) **課税時期前３年以内に取得等した土地等及び家屋等の価額**

財産評価基本通達185は，取引相場のない株式の評価における純資産価額方式の評価方法を具体的に定めています。純資産価額方式は，各資産を財産評価基本通達に定めるところにより評価します。例えば，土地は路線価等を採用するため，実勢価格の７～８割程度で評価されます。ただし，「評価会社が課税時期前３年以内に取得又は新築した土地及び土地の上に存する権利（以下「土地等」という。）並びに家屋及びその附属設備又は構築物（以下「家屋等」という。）の価額は，課税時期における通常の取引価額に相当する金額によって評価する」と定めています（財基達185）。取得後３年以内の土地等及び家屋等は，原則として，通常の取引価額，つまり，時価（実勢価格）により評価すべしとの定めです。

ただし，その土地等や家屋等の帳簿価額が課税時期における「通常の取引価額」に相当すると認められる場合には，帳簿価額に相当する金額によって評価できます。

「取得」には，売買のみならず，交換，買換え，現物出資，合併等によっ

て取得する場合も含むとしており，包括承継と個別承継を区別していません。組織再編直後の純資産価額方式による株式評価に当たっては，組織再編成により取得した土地・家屋等について，通常の取引価額による評価となってしまい，路線価などを利用できないことに留意すべきです。

(2) 現物出資等受入れ差額

　純資産価額方式は，原則として，相続発生時の相続税評価額と帳簿価額との差額は評価差額として計算され，評価差額に対する法人税等相当額（42%）を控除できます。ただし，評価会社の有する資産の中に，①現物出資・合併により著しく低い価額で受け入れた資産，②株式交換・株式移転により著しく低い価額で受け入れた株式等があるときには，原則として，その現物出資・合併，株式交換・株式移転による受入価額との差額に対する法人税額等相当額は，純資産価額の計算上，控除しないとの定めがあります（財基通186-2）。帳簿価額での引継ぎが「著しく低い価額で受け入れた資産」に該当してしまうと，時価と受入価額との差額に対する法人税額等相当額は，純資産価額方式の計算上，控除できません。

　なお，課税時期において現物出資等受入れ資産の相続税評価額が総資産価額の20%以下であれば，このような制限はありません。

　組織再編成税制においては適格要件を満たせば，法人税法上資産及び負債を簿価で承継します。通常の組織再編成では，この通達が適用される場面は少ないものとは思われますが，現物出資，承継分割で受け入れる含み益のある資産を「著しく低い価額で受け入れた資産」に該当すると認定される場合は全くないとは言いきれないことに留意しておく必要があります。

〔3〕組織再編成直後の株式の相続税評価額

　合併直後の株式を類似業種比準方式で評価するに当たり，合併直前と合併直後の会社実態に変化があると，比準すべき配当金額・利益金額・純資産金額の3要素の適用が不合理な数値になってしまい，適正な評価額を算定することができません。この場合には，合併直後の年及びその翌年における株価の算定は，純資産価額方式のみによって株価を算定するのが妥当とされてい

ます。ただし，合併後の会社実態に変化がなければ，いわゆる「合算方式」により類似業種比準方式を利用できるものとしています（青木公治編『平成21年版 株式・公社債評価の実務』（大蔵財務協会）235頁〔質疑8〕，合併後に課税時期がある場合の類似業種比準方式の適用関係）。「合算方式」とは，合併法人の配当等と被合併法人の配当等を合算して比準要素を算定することをいいます。

〔大野　貴史〕

コラム　遺留分特例の固定合意と税務における株式評価の相違点

「経営承継円滑化法」においては，遺留分特例として固定合意を書面で定めることができます。固定合意の対象は，事業用資産だけでなくその他の資産も合意の対象となります（Q2-2，Q2-4参照）。

自社株式についての固定合意の際に問題となるのは，自社株式の評価です。平成21年2月9日に，中小企業庁より「経営承継法における非上場株式等評価ガイドライン」が公表されました（**40頁**参照）。具体的な評価方法として利用できるのでは，との期待もありましたが，法的な拘束力はないガイドラインとなりました。このガイドラインには，評価方法として，収益方式，純資産方式，比準方式などが列挙されていますが，実際にどの方法により評価するのか，具体的な定めはありません。

ガイドラインの評価方法を用いて固定合意を行うことは，遺留分算定基礎財産に算入する価額を固定することができるので，将来の遺留分減殺請求額を固定化するためには必要です。しかし現時点では，このガイドラインの評価方法と税務上の「時価」とは乖離しています。つまり，固定合意の価額と相続税の計算の基礎とされる非上場株式の評価額には，差が生じる可能性があるのです。実務上このような複雑な状態となると混乱を招きかねません。固定合意を行う際には，遺留分を算定するための財産の価額の証明が必要となります（**40頁**参照）。この証明書は，弁護士，公認会計士，税理士等の専門家が発行します。ガイドラインにそって証明された価額によって固定合意した金額は，税務上はどこまで尊重されるのか，実務の集積を待つ必要があるようです。

◇長岡　栄二◇

コラム　自社株式の相続税評価額には退職給付債務が考慮されていない

　取引相場のない株式の評価方法の1つに純資産価額方式があります。純資産価額方式では，課税時期における各資産を財産評価通達に定める方法により評価した価額から各負債の金額の合計額を控除することにより1株当たり純資産価額（株価）を算出します。この各資産・負債の範囲は，会計上認識される各資産・負債とは必ずしも一致しません。例えば，1株当たり純資産価額を計算するにあたり，退職給付債務の金額は負債に含まれないものとされています。

　2代目，3代目が経営者をされている会社では，株式が分散し，経営にタッチしていない外部株主が多く存在していることがあります。外部株主から株式買取請求を受けた場合，必ずしも応じる必要はありませんが，これを好機と捉えて，株式の集中を図るという選択肢もあります。

　その買取価格の協議に際し，外部株主が純資産価額方式による相続税評価額を主張してくることがあります。時価純資産価額で買い取れという主張は，今すぐ会社を解体してすべての資産負債を精算し，現金化した上で，自分に分け前をよこせという主張に等しいと思いますが，従業員全員に会社都合で退職金を支払ったら会社財産はどれだけ残るでしょうか。会社の1株当たり純資産額は，現実には，純資産価額方式による相続税評価額よりもずっと低いといえます。

　会社と経営者，先代経営者と後継者の間の取引のように取引価額に恣意性が入る余地のある場面と，上記のように利害が対立する関係の中で取引価額を決定する場面とを区別し，利害対立関係の中で取引価額を決定する際には，安易に相続税評価額を企業価値とみなしてよいのか検討する必要があるといえるでしょう。

◇有田　賢臣◇

第8章

相続税の納税の基礎知識

Q 8-1　相続税の納税方法の種類と選択時の留意点

先日，父が亡くなりました。相続税は，一度に現金で納付しなければならないのでしょうか。現金がない場合や足りない場合には，どうすればよいのか，教えてください。

A

(1) 相続税は，原則として金銭一時納付です。
(2) なお，金銭一時納付できない場合には，分割納付する「延納」や，金銭以外の財産で納付する「物納」が認められています（**Q 8-2**，**Q 8-3**参照）。

解説

〔1〕納付方法の種類と選択

(1)　相続税の納付方法の特徴

　相続税に限らず，税金は金銭で一時納付することとされています（国通34条）。相続税の申告書は，相続開始日の翌日から10ヵ月以内に税務署へ提出しなければなりません（相税27条）。その際，相続税の申告期限内に相続税額を納付する必要があります（相税33条）。しかし，所得税や法人税と異なり，相続税は財産そのものに対して課税が行われるため，金銭で納付することが困難な場合も考えられます。

　そこで相続税では，一定の要件を満たした場合には，分割して納付する「延納」（**Q 8-2**参照）や，相続した財産そのものを金銭の代わりに納付する「物納」（**Q 8-3**参照）が認められています（相税38条〜48条の3）。

(2)　納付方法の選択

　延納や物納は，あくまでも金銭一時納付の特例・例外です。金銭一時納付をしたくないからという理由で延納や物納を選択することはできません。一

定要件を満たす必要があります。

　納付方法を検討する際には，まず，納期限までに全額を金銭一時納付ができるかどうか，を判断します。納期限までに金銭一時納付が困難な場合には，その困難な金額を限度として，一定の要件の下で分割納付を行うことができます。これが延納です。さらに，延納によっても金銭で納付することが困難な場合には，金銭納付が困難な金額を限度として，一定の要件の下で，相続財産で納付することができます。これが物納です。

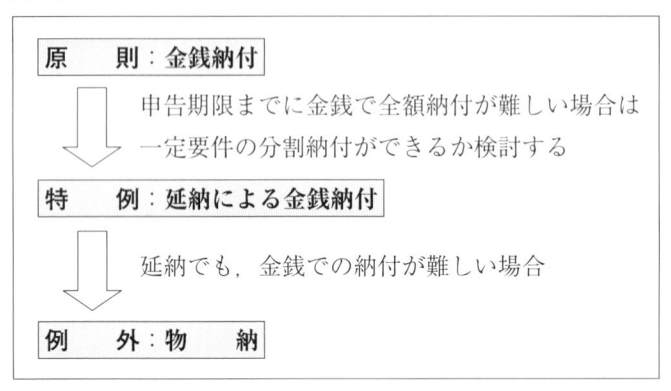

```
原　　則：金銭納付
    ↓  申告期限までに金銭で全額納付が難しい場合は
       一定要件の分割納付ができるか検討する
特　　例：延納による金銭納付
    ↓  延納でも，金銭での納付が難しい場合
例　　外：物　　納
```

（出所：国税庁「相続税・贈与税の延納の手引」より一部抜粋）

　なお，延納や物納の申請が可能かどうかは，それぞれの納税者ごとに判断します。

(3)　期限内に納付ができなかった場合

　申告期限内に延納・物納を含めて納付ができなかった場合には，納期限の翌日から納付が完了する日までの期間に応じた延滞税を納付する必要があります（国通60条）。

〔2〕相続税の連帯納付義務

　相続税の納付については，それぞれの相続人が相続等によって受けた利益の価額を限度として，相続人がお互いに連帯して納付しなければならない義務があります。これを「連帯納付義務」といいます（相税34条，相基通34-1）。

このため，納税者のうち1人が相続税を納付しなかった場合には，他の納税者は，それぞれの相続税の納税が済んでいたとしても，未納納税者の相続税や延滞税について，納付をする必要があります。

　期限内に税額を納付しなかった場合，まずは本来の納税義務者である相続人に督促状が届きます。しかし，一定期間経過しても納付がされない場合には，連帯納付義務者である他の納税者に対して，「連帯納付責任のお知らせ」が発送されます。このお知らせには，相続で受けた利益の額に応じて，未納付の相続税額を按分した金額が記載されます。それでもまだ相続税が納付されない場合には，督促状が送付された上で，滞納処分を受けることになります。

〔長岡　栄二〕

Q 8-2　延納の基礎知識

先日，父が亡くなりました。父の財産は他人に貸している土地が多く，現預金はほとんどありません。私が保有する現金を加えても相続税を金銭で一時納付することは難しそうなのですが，何かよい方法はありますか。

A

(1) 納付すべき相続税額が10万円を超え，金銭一時納付が困難な場合には，分割で相続税を納付する「延納」が認められます。
(2) 延納を受けている税額については，利子税が課せられます。
(3) 延納が困難になった場合には，一定要件を満たすと物納に切り替えることもできます。

解説

〔1〕相続税の延納制度の概要

(1) 延納の要件

相続税に限らず国税は，金銭で一時納付することが原則です（国通34条）。しかし，以下の要件を満たし，納期限までに金銭で納付することが困難とする事由がある場合には，その金銭納付困難な金額を限度として，分納（年賦）で相続税を納めることができます（相税38条1項）。これを「延納」といいます。延納は，延納申請者ごとに，延納できるかどうかの判断を行います。

延納のための要件（相税38条～39条）
・納付すべき相続税額が10万円を超えること
・金銭で納付することが困難な金額の範囲内であること
・延納申請書等の必要書類を申告期限までに提出すること
・延納税額に相当する担保を提供すること

| （延納税額が50万円未満かつ延納期間が3年以下の場合は，担保提供の必要なし） |

(出所：国税庁「相続税・贈与税の延納の手引」より一部加工)

　延納期間中は，利子税が課税されます。分納する本税と併せて，利子税も納付する必要があります（相税52条）。

　延納申請する場合は，相続税の申告期限までに，一定の事項を記載した延納申請書に必要書類を添付して，納税地の所轄税務署長へ提出する必要があります（相税39条1項）。

　延納申請の内容が要件を満たし，延納担保財産が担保として適当であると判断された場合には，延納が許可されます。もちろん，要件を満たさないために延納が却下されることもあります。これらの許可又は却下の判断は，原則として延納申請書の提出期限の翌日から3ヵ月以内に通知されます（相税39条3項）。

(2) 延納が可能かどうかの判断

　相続税の納税方法は，まずは金銭一時納付ができるかを検討します。金銭一時納付ができない場合に，初めて延納するという選択肢が出てきます。つまり，「延納したい」というだけでは，延納の許可は下りません。延納ができるかどうかの判断は，「金銭納付を困難とする理由書」において延納許可限度額が算出されるかどうかが実務的には重要となります。

　延納許可限度額は，納付すべき相続税額から当座の生活費や事業用経費等を差し引いた後の現預金を控除して，計算します。その際，金銭納付を困難とする理由書に相続で取得した現預金だけではなく，相続人が所有する現預金も記載します。つまり，相続人が現預金を所有している場合には，いくら相続財産に現預金がなかったとしても，延納の許可は下りず，相続人固有の財産から金銭一時納付をしなければならないのです。相続人の今後のために手許に現預金を残しておきたいから延納したい，という理由では，延納は認められません。

(3) 担保として適当な財産

　延納を申請する税額が算定された場合には，延納の担保とする財産を決める必要があります。相続財産や相続人の固有財産だけでなく，他の相続人や

第三者の所有する財産であっても担保とすることができます。

延納に必要な担保は，次に掲げるとおりです（国通50条）。

```
①  国債及び地方債
②  社債その他有価証券で税務署長等が確実と認めるもの
③  土地
④  建物，立木，船舶等
⑤  鉄道財団等の各種財団
⑥  税務署長等が確実と認める保証人の保証
```

これらの担保財産については，他人と所有権を争っている財産や売却できる見込みがないものは，担保として不適格な財産となります。

なお，相続等により取得した取引相場のない株式については，以下の条件のいずれかを満たした場合に限り，担保として提供することができます（相基通39-2）。

新事業承継税制の適用を受けるにあたり，適用対象株式のすべてを担保とする場合には，このような条件は求められていません。

```
イ  相続等により取得した財産のほとんどが取引相場のない株式で，か
    つ，当該株式以外に延納担保として提供すべき財産がないと認められ
    る場合
ロ  取引相場のない株式以外に財産はあるが，その財産が他の債務の担
    保となっており，延納担保として提供するのが適当ではないと認めら
    れる場合
```

また，担保として必要な金額が充足されていないと，担保を受け入れてもらうことができません。必要担保額は，実務上は以下の算式で計算します。

```
    必要担保額＞延納税額＋第１回目の利子税の額×３
```

(4) 延納期間と利子税

延納期間は，原則として5年以内（相税38条1項）ですが，相続財産の内容により，延納期間及び延納にかかる利子税の割合が異なります（措置70条の10・70条の11・93条）。

図表1 延納期間及び延納にかかる利子税

区分			延納期間（最高）	延納利子税割合（年割合）	特例割合
相続税	不動産等の割合が75％以上の場合	① 動産等に係る延納相続税額	10年	5.4%	3.1%
		② 不動産等に係る延納相続税額（③を除く）	20年	3.6%	2.1%
		③ 計画伐採立木の割合が20％以上の場合の計画伐採立木に係る延納相続税額	20年	1.2%	0.7%
	不動産等の割合が50％以上75％未満の場合	④ 動産等に係る延納相続税額	10年	5.4%	3.1%
		⑤ 不動産等に係る延納相続税額（⑥を除く）	15年	3.6%	2.1%
		⑥ 計画伐採立木の割合が20％以上の場合の計画伐採立木に係る延納相続税額	20年	1.2%	0.7%
	不動産等の割合が50％未満の場合	⑦ 一般の延納相続税額（⑧，⑨及び⑩を除く）	5年	6.0%	3.5%
		⑧ 立木の割合が30％を超える割合の立木に係る延納相続税額（⑩を除く）	5年	4.8%	2.8%
		⑨ 特別緑地保全地区等内の土地に係る延納相続税額	5年	4.2%	2.4%
		⑩ 計画伐採立木の割合が20％以上の場合の計画伐採立木に係る延納相続税額	5年	1.2%	0.7%

（出所：国税庁「相続税・贈与税の延納の手引」より一部加工）
（注）特例割合は，基準割引率が0.3％（平成21年4月現在）の場合で計算しています。

※不動産等の割合（相税38条1項）

不動産等の割合は，次の算式により計算します。

$$\frac{\text{不動産等（土地建物等，特定同族会社の株式等を含む）の価額}}{\text{延納申請者の課税相続財産の価額}}$$

延納期間中の利子税には，特例割合が設けられています。この特例割合は，「その分納期間の開始の日の属する月の2ヵ月前の末日における基準割引率(A)」に4.0％を加算した割合を基準に下記の算式により計算することになっています（措置70条の11）。

$$延納利子税割合 \times \frac{(A)+4.0\%}{7.3\%} \cdots\cdots 0.1\%未満の端数切捨て$$

もし，平成21年3月に分納を開始する場合で，不動産等の割合が75％以上ならば，不動産等に係る延納相続税額の特例割合は，2ヵ月前の平成21年1月末の基準割引率である0.3％を基準として下記の算式により特例割合を計算します。

$$3.6\% \times \frac{0.3\%+4.0\%}{7.3\%} = 2.1205\cdots\% \rightarrow 2.1\%$$

この割合により，利子税を計算します。
① 第1回目納付分の利子税

延納税額×利子税の割合×納期限の翌日から分納期限までの日数÷365

② 第2回目以降の納付分の利子税

（延納税額－前回までの分納税額の合計）×利子税の割合×納期限の翌日から分納期限までの日数÷365

〔2〕 特定物納制度

相続税の納付方法として延納を選択した納税者が，その後の経済状況の変化等により，延納条件を変更しても延納を継続することが困難となった場合には，その納付を困難とする金額を限度として，物納に変更することができ

ます。これを特定物納といいます。特定物納は，その相続税の申告期限から10年以内に申請する必要があります（相税48条の2第2項）。

なお，特定物納制度は，平成18年4月1日以後に開始した相続についてのみ，適用があります。

図表2　特定物納申請税額の算定

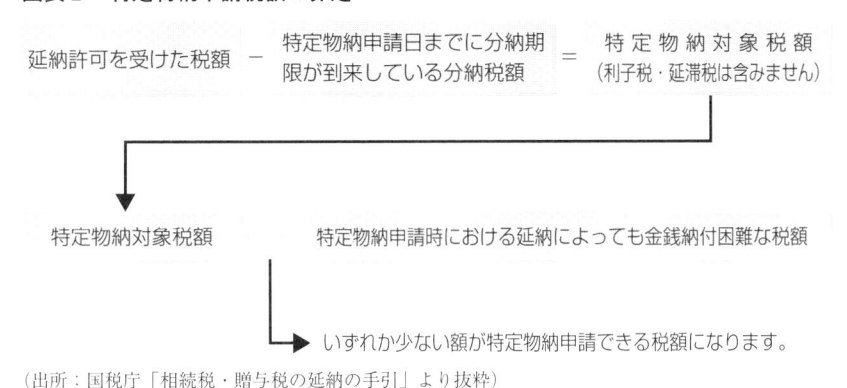

| 延納許可を受けた税額 | － | 特定物納申請日までに分納期限が到来している分納税額 | ＝ | 特定物納対象税額（利子税・延滞税は含みません） |

特定物納対象税額　　特定物納申請時における延納によっても金銭納付困難な税額

　　　　　→ いずれか少ない額が特定物納申請できる税額になります。

（出所：国税庁「相続税・贈与税の延納の手引」より抜粋）

なお，利子税，延滞税，加算税等は特定物納の対象とはなりません。

〔3〕贈与税の延納制度

贈与税額が10万円を超え，かつ，金銭で一時に納付することが困難な理由がある場合には，その困難とする金額を限度として，担保を提供することにより，5年以内の年賦延納を申請することができます（相税38条3項）。

この場合には，贈与税の申告書の提出期限までに，贈与税の延納申請書を提出する必要があります。贈与税の延納の場合も，相続税と同じく，「金銭納付を困難とする理由書」を作成します。この理由書により，一部金銭による一括納付が可能となる部分には，贈与税の申告期限までに一部を金銭で納付する必要があります。

贈与税の延納期間は最高5年であり，利子税は原則年6.6％，特例割合ならば年3.8％（平成21年3月分納開始の場合）の割合のみです。

〔長岡　栄二〕

Q 8-3　物納の基礎知識

父の財産は，土地がほとんどで現預金がありません。父に万が一のことがあった場合，相続税の納付ができるか心配です。現金ではなく土地で相続税を納付することはできますか。

A

(1) 延納でも金銭納付ができない場合に，物納が認められます。
(2) 物納可能な財産には範囲があります。
(3) 物納を撤回した場合，延納を選択することはできません。

解説

〔1〕物納制度の概要

(1) 物納の要件

相続税に限らず，税金は金銭一時納付が原則です（国通34条1項）。しかし，以下の要件を満たす場合には，延納によっても金銭納付が困難な金額を限度として，相続により取得した不動産，有価証券等で相続税を納付することができます。これを「物納」といいます（相税41条1項）。物納ができるかどうかの判断は，物納申請者ごとに行います。

【物納のための要件（相税41条）】

> ・延納によっても金銭納付が困難な事由があること
> ・物納申請書等の必要書類を申告期限までに提出すること
> ・物納財産の要件（種類・順位）を満たすこと

物納申請の内容が要件を満たし，物納財産が適当であると判断された場合には，税務署長より物納が許可されます。要件を満たさないために物納が却

下されることもあり得ます。許可又は却下の判断は，原則として物納申請書の提出期限の翌日から3ヵ月以内に通知されます。

物納申請をする場合は，相続税の申告期限までに，必要事項を記載した物納申請書に物納手続関係書類を添付し，納税地の所轄税務署長へ提出する必要があります。

(2) 物納許可限度額

物納ができるかどうかの判断では，延納と同じく「金銭納付を困難とする理由書」における物納許可限度額が算出されるかどうかが重要となります。物納許可限度額は，納付すべき相続税額から即納可能額と延納可能額を控除した金額です。物納が選択できるかどうかは，延納と同様に，相続・遺贈で取得した財産だけではなく，納税者固有の財産（特に現預金）をもってしても，金銭一時納付や延納ができない場合に限られています。

また，相続財産が未分割である場合には，未分割財産は管理処分不適格財産に該当するため，実務的には物納を申請しても許可が下りないことが想定されます（Q6-9参照）。

(3) 物納の注意点

物納は，金銭の代わりに物で相続税を納付する制度です。「金銭納付を困難とする理由書」で計算した物納許可限度額の範囲内で物納し，その納付すべき相続税額に残額がある場合には金銭で納付します（相税41条1項）。物納許可限度額を超えて物納することはできません。物納に充てる財産の価額が，物納申請額を超えないように財産を選定する必要がありますので，注意が必要です（相税令17条）。物納は，原則として超過物納を認めていません。物納に充てる財産が土地であるならば，物納許可限度額に見合うように事前に分筆する必要があります。しかし，納税義務者において他に物納に充てる財産がなく，かつ，その財産を物納する以外には納付が困難な場合に限り，超過物納を認め，物納財産の価額と相続税額との差額について，金銭で還付されます（相基通41-4）。

なお，物納許可限度額の範囲内で物納する場合には，物納は譲渡とみなされず，所得税は非課税となりますが（措置40条の3），超過物納部分については，所得税（譲渡所得）が課税されます。

物納するためには，その物納する財産の整備や必要書類を作成するための費用（例えば，土地の登記関係費用，実測費用など）がかかります。物納財産の整備とは，物納予定地の隣地所有者との境界の確認，測量，もしその予定地が第三者へ賃貸されている場合には賃借人の同意等の手続などを行います。また，物納が許可されるまでの維持管理費用（固定資産税など）は，物納申請者の負担となります。

また，土地を物納申請する場合には，申請期限までに被相続人からその土地を相続・遺贈により取得した人に名義変更しておく必要があります。相続人への名義変更が間に合わなかった場合には，申告期限までに「物納手続関係書類提出期限延長届出書」を提出し，最大1年間提出期限を延長することができますが，早めに必要書類をそろえるためにも，物納予定地の選定の段階で相続人に名義変更しておくほうがよいでしょう。さらに，その物納のために，土地を測量し，隣地との境界確認なども行わなければなりません。物納に必要な書類をそろえるためには，多大な時間を要しますので，早めの着手が必要でしょう。

(4) 物納に充てることができる財産の種類及び順位

物納に充てることができる財産は，相続により取得した財産のうち，日本国内にある次に掲げる財産（管理処分不適格財産を除きます）に限定されています（相税41条2項，相基通41-15）。

なお，相続開始前3年以内に贈与を受けた財産は物納に充てることができますが，相続時精算課税により贈与を受けた財産や贈与税の納税猶予の適用対象株式については，物納財産とすることができません（相税41条2項，措置70条の7の3第2項）。

順位	物納に充てることができる財産の種類
第1順位	① 国債，地方債，不動産，船舶
	② 不動産のうち物納劣後財産に該当するもの
第2順位	③ 社債，株式，証券投資信託又は貸付信託の受益証券
	④ 株式のうち物納劣後財産に該当するもの
第3順位	⑤ 動産

順位については，第1順位に適当な価額のものがない場合にのみ，第2順位の財産が物納の対象となり，第1順位及び第2順位に適当な価額のものがない場合にのみ，第3順位の物納が認められます。物納劣後財産を含めた申請の順位は，上記①～⑤の順になります。

なお，物納に充てようとする相続財産が特定登録美術品に該当する場合には，その美術品については順位に関係なく，物納できます（措置70条の12）。

(5) 管理処分不適格財産と物納劣後財産

国は物納を受けた財産を将来的には売却し，その代金をもって財政収入に充てることを目的としています。このため，物納財産は売却するまでの管理や実際の処分手続が容易なものである必要があります。

管理処分が煩雑な物納不適格な財産については，法令によりその範囲が明らかにされ，また，売却が難しい財産は物納劣後財産とされました。物納劣後財産は，物納適格財産がない場合に限り物納に充てることができます（相税令18条・19条）。

なお，相続財産の分割協議が未了である場合や遺留分減殺請求が行われている場合などについては，相続財産の所有権の帰属が確定していない状況にあるため，これらの財産は管理処分不適格財産に該当し，物納が認められなくなりますので注意が必要です。

(6) 物納にかかる利子税

物納申請をする際に，物納申請期限までに物納財産の整備や必要書類が間に合わなかったため，「物納手続関係書類提出期限延長届出書」を提出した場合には延長期間等について利子税が課税されます。利子税の計算は，「年7.3％と前年の11月末の基準割引率＋4.0％のいずれか低い割合」で行います（措置70条の11・93条1項，相税53条1項）。

(7) 物納から延納への変更の是非

物納の撤回の場合を除き，物納が却下されたからといって延納に切り替えることはできないため，納税方法は慎重に選択する必要があります。

・物納**申請**後に，その物納が却下された場合
　　→延納への変更**不可**

・物納の**許可**後に，物納の撤回をした場合
　　→**延納への変更可**

〔2〕物納の撤回

　賃借権などが設定されている土地又は家屋について物納の許可を受けた後に，物納にかかる相続税額を金銭一時納付又は延納の方法により納付することができることとなった場合には，その物納の許可を受けた日の翌日から起算して1年以内に限り，税務署長の承認を得てその物納を撤回することができます（相税46条）。物納を撤回したことにより納付する相続税額は，納期限の翌日から完納する日までの期間に応じて利子税が課税されます（相税53条3項）。

　物納の撤回の申請をする場合には，「物納撤回申請書」又は「物納撤回承認申請兼延納申請書」を，その物納の許可を受けた日の翌日から起算して1年以内に，物納の許可をした税務署長に提出します。税務署長は，これらの申請書の提出があった場合には，3ヵ月以内にその申請の承認又は却下を行います（相税46条3項）。

　また，物納の撤回により延納に切り替える場合には，延納申請書に担保提供書類等を添付して提出することにより，一定額を限度として延納が許可されます（相税47条）。

〔長岡　栄二〕

Q8-4　非上場株式の物納

　父が経営している会社は業績がよいため，父が所有している会社の株式について相続税が多額にかかる可能性があります。この会社の株式を物納することも考えているのですが，可能でしょうか。

A

(1) 一定の要件を満たせば，非上場株式であっても物納は可能です。
(2) 物納後に非上場株式の買戻し先を決めておくとよいでしょう。

解説

〔1〕改正された非上場株式の物納制度

　平成18年度税制改正により，管理処分不適格財産の範囲が明確化されたため（相税41条2項，相税令18条），従来難しいとされていた非上場株式の物納も可能となりました。管理処分不適格財産とは，国が物納を受けてからの管理・処分が煩雑な物納不適格な財産をいいます。具体的には，譲渡制限が付されている非上場株式，質権・担保権が設定されている株式や，権利の帰属について争いがある株式などです。
　しかし，Q8-3で説明したとおり，物納するためには「金銭納付を困難とする理由書」が書けるかどうかが問題になります。さらに，相続財産に株式以外に国債や地方債，不動産等があると，第1順位の国債や不動産等から物納に充てることになります。これらの条件をクリアして，初めて非上場株式の物納が可能となります。

〔2〕物納するための準備手続

　一般的に非上場株式は，譲渡制限が付されていることが多くあります。し

かし譲渡制限株式は，物納不適格財産とされています。よって，非上場株式を物納する場合には，あらかじめ譲渡制限を外すか，もしくは取締役会議事録等による譲渡の承認を行う旨を記載した物納手続関係書類を物納申請書に添付して提出することにより，物納適格財産とすることができます。

〔3〕買受け希望者の事前選定の必要性

　非上場株式の物納が許可された場合，国（財務省）が一時的に株主となります。しかし，国は物納された財産を売却処分して相続税額に充てることが目的です。物納申請者が何も対処をしないでいるとまったく知らない第三者がその株式を買い取り，株主となってしまう可能性も考えられます。

　そこで，国は物納申請者や株式発行会社の役員，従業員らなどの随意契約適格者に対して株式の買取りをする意思があるかどうか，収納後1ヵ月以内を回答期限とする「国有株式の買受け希望に関する照会について」という書面を送付し，買受けの意思を確認します。随意契約適格者が買受け希望を行えば，収納から1年以内の買戻しが要求されます。また1年以内の資金調達が困難な場合には，将来的に買受けが可能か判断され，可能と判断されれば5年以内での分割購入が認められます。もし，随意契約に応じなかった場合には，その非上場株式は一般競争入札にかけられることになります。

　中小企業にとって，株式の分散は好ましい結果をもたらさないことが多くあるため，できるだけ随意契約適格者を事前に選定しておくべきものと考えられます。

〔4〕物納手続に必要な書類

　非上場株式を物納するための必要な書類は，法人の登記事項証明書，2年間の決算書，株主名簿の写し，要請により有価証券届出書等を提出する旨の確約書等です。これらの書類と物納申請書を納税地の所轄税務署長に提出しなければなりません。

〔長岡　栄二〕

第 9 章

先代経営者と後継者と会社の税務

Q 9-1　被相続人の亡くなった年に係る所得税及び消費税の申告

被相続人の亡くなった年に係る所得税及び消費税の申告はどうすればよいのでしょうか。

A

(1) 被相続人の亡くなった年に係る所得税の申告を準確定申告といいます。準確定申告は，相続が開始したことを知った日の翌日から4ヵ月以内に提出しなければなりません。
(2) 青色申告承認申請の提出期限や，消費税等の各種届出の提出期限は，準確定申告の申告期限と必ずしも一致しないため，合わせて検討しておきましょう。

解説

〔1〕準確定申告の概要

　被相続人が年の途中で死亡した場合には，相続人は，被相続人のその年の所得税及び消費税の申告と納税をしなければなりません。1月1日から死亡した日までの所得につき，相続が開始したことを知った日の翌日から4ヵ月を経過した日の前日までに，所得税の準確定申告を提出し，納税をしなければなりません（所税125条）。その内容は，通常の所得税の確定申告と全く同じであり，被相続人の納税地の所轄税務署に提出します。
　準確定申告を提出することにより，その年の所得税が確定し，その租税公課の額も被相続人の債務として確定します。なお，被相続人の準確定申告に係る還付金は相続税の課税財産となります。なお，その還付に基づく還付加算金は相続人の所得税（雑所得）の課税対象となり，相続税の課税財産とはなりません（所税125条2項，所基通35-1(5)）。税額の還付を受けるための準確定申告には4ヵ月以内の期限の制限はなく提出期限がそもそもありませんが，還付金等請求

権の消滅時効は請求できる日から5年以内なので注意が必要です（国通74条）。

準確定申告は，各相続人が連署して提出するのが一般的です（所税令263条，所税規49条）。ただし，他の相続人の氏名を付記して各人が別々に提出することもできます。この場合には，他の相続人に申告した内容を通知します。

準確定申告は，死亡した者の所得税の確定申告書付表（兼相続人の代表者指定届出書）を添付して提出します。付表には，限定承認の有無，相続人等に関する事項（住所，氏名，職業及び被相続人との続柄），法定・指定相続分，相続財産の価額，各人の納付税額（法定・指定相続分での按分）などを記載します。

準確定申告においても各種の所得控除を行うことができます。雑損控除，医療費控除，社会保険料控除，寄附金控除の計算の基礎となる支払金額は，死亡の日までに支払った額を基礎として計算します。扶養控除，配偶者控除などの判定は，死亡の日の現況により判定します（所基通124・125-4・85-1）。

相続人は限定承認に係るみなし譲渡は，相続が開始したことを知った日の翌日から4ヵ月を経過した日の前日までに，被相続人の所得税の準確定申告により申告納付します（所税125条）。

〔2〕青色申告承認申請，消費税等の届出

相続人が被相続人の事業を承継したり，不動産所得が生じる不動産等を相続したりする場合があるでしょう。相続人が被相続人の事業を相続すると，相続人は被相続人に属した一切の権利義務を承継しますが，被相続人が青色申告の承認を受けていたとしても，相続人に青色申告の承認申請の効力は承継しません。

相続人がもともと事業を行っておらず，青色申告者の事業を相続人が相続した場合の青色申告承認申請書の提出は，業務開始日から2ヵ月以内の提出期限ではなく，その被相続人についての所得税の準確定申告の提出期限までに，提出すれば足ります（所基通144-1）。その他，相続人が，消費税等の届出を提出する期限等は，準確定申告の申告期限と必ずしも一致しないため，合わせて検討しておきたいところです（所基通144-1，消税令56条2号等）。

〔大野　貴史〕

Q9-2　相続財産を譲渡した場合の課税の特例

　父の死亡により，相続税が発生します。納税資金の一部に充当するために，相続で取得した土地を譲渡する予定です。
　譲渡の際の所得税計算について，納付した相続税の一部を譲渡益から控除できる制度があると聞きました。詳しいことを教えてください。

A

(1) 相続で取得した資産を譲渡した場合には，一定の要件を満たすと納付すべき相続税額の一部を，譲渡益から控除することができます。
(2) 土地を譲渡した場合と，土地以外の財産を譲渡した場合には，取得費の特例の計算方法が異なります。

解説

〔1〕譲渡所得の計算方法

　個人が資産を譲渡した場合には，所得税の課税対象となります。所得税は原則として，すべての所得を合算し，超過累進税率により課税されることになります。しかし，土地建物や株式の譲渡所得については，他の所得と区分し，個別に税額を計算することになっています。
　譲渡所得の計算は，譲渡対価の額からその資産の取得費（購入対価と購入のために要した費用の合計額から減価の額等を控除した金額）及び譲渡のために要した費用の額の合計額を控除して計算します。
　土地建物等の場合，先祖代々引き継がれてきたものである等の理由により取得費の額が不明となるケースもあります。このような場合には，譲渡対価の額の5％相当額を概算取得費とすることができます（措置31条の4）。概算取得費の規定は，原則として昭和27年12月31日以前から引き続き所有してい

た資産を譲渡した場合に適用できる，となっていますが，昭和28年以降に取得した資産であっても，概算取得費を適用することは可能です。(措置通31の4-1)。また，実際の取得費が分かっている場合でも，概算取得費のほうが有利なときは，概算取得費を適用して問題ありません。

〔2〕相続税額の取得費加算

相続開始日の翌日から相続税の申告期限の翌日以後3年を経過する日までに，相続により取得した財産を譲渡し，譲渡益が出ている場合は，以下の要件を満たすと，この特例を適用しないで計算した譲渡所得の金額を限度として，納付した相続税額の一部を取得費に加算することができます。これを「相続税額の取得費加算」といいます（措置39条，措置令25条の16）。

① 相続又は遺贈により取得した資産であること
② 相続開始日の翌日から相続税の申告期限の翌日以後3年を経過する日までに譲渡すること
③ 納付すべき相続税があること

〈取得費に加算できる金額〉

$$\text{譲渡した相続人が納付すべき相続税額} \times \frac{\text{譲渡した資産の相続税評価額}}{\text{譲渡した相続人の相続税の課税価格}} = \text{取得費に加算できる金額}$$

なお，譲渡した相続財産が土地等（土地又は土地の上に存する権利をいい，棚卸資産等は除く）の場合には，相続により取得した財産のうち譲渡した土地等だけでなく，その相続により取得したすべての土地等の価額の合計額を分子に含めて計算を行います。

物納をした場合との所得税等の負担調整等を考慮して，土地等以外の相続財産を譲渡した場合よりも有利な取扱いとなっています。

なお，この特例を受けるためには，確定申告書に「相続財産の取得費に加算される相続税の計算明細書」その他の必要書類を添付して，納税地の所轄

税務署長に提出する必要があります。

〔長岡　栄二〕

Q 9-3　相続財産を寄附した場合

先日亡くなった父の相続財産の一部を，公益法人に寄附しようかと考えています。相続財産を寄附した場合の特例があると聞きました。その内容を教えてください。

A

(1) 相続税の申告期限までに相続財産を国等に対して寄附をした場合には，その財産の価額は相続税の課税価格に算入されません。
(2) その寄附によって相続税の負担が不当に減少する結果となる場合等には適用除外となります。

解説

〔1〕相続財産を国等に寄附した場合

　相続税は，相続開始時の財産を課税範囲としているため，相続開始後に財産を処分したとしても相続税の課税対象となることが原則です。しかし，例外的に，相続等によって取得した財産（生命保険金や退職手当金を含む）を国，地方公共団体，公益を目的とする事業を行う法人や特定公益信託に，相続税の申告書の提出期限までに寄附をした場合には，一定の要件の下に相続税の課税価格に含めないとされています（措置70条1項・10項，措置令40条の3）。
　その趣旨として，相続直後の寄附は被相続人の意思によることが多いと考えられること，社会福祉や科学・教育の振興等を図る必要があること，また所得税法等においても寄附金控除の制度があることなどがあげられます。
　ただし，特定の公益法人に関しては，すでに設立しているものでなければならず，特定の公益法人を設立するための寄附行為その他の財産の提供には，この制度の適用はありません（措置通70-1-3）。
　また，相続や遺贈で取得した金銭を特定の公益信託の信託財産とするため

に支出をした場合には，その支出した金銭についても相続税の対象としない特例もあります。

公益信託等に対して相続財産を寄附した場合の相続税の非課税の特例の適用には，次の要件すべてを満たすことが必要です。
① 支出した金銭等は相続や遺贈で取得したものであること
② その金銭等を相続税の申告書の提出期限までに支出すること
③ その公益信託が教育や科学の振興などに貢献することが著しいと認められる一定のものであること

〔2〕留意点

(1) 相続税の非課税特例が受けられない場合

この相続税の非課税特例は，その贈与によってその贈与者又はその親族その他これらの者と特別の関係にある者の相続税や贈与税の負担が不当に減少する結果となると認められる場合には，適用を受けることはできません（措置70条1項・3項・10項，相税66条4項）。

また，相続税の申告時には要件を満たしていた場合であっても，その後において，次に該当することになった場合には，適用除外となり，その寄附した財産はあらためて相続税の課税価格に算入することになり（措置70条2項・4項），修正申告の必要が生じます（国通19条3項）。
① 特定の公益法人で贈与を受けたものが，その贈与を受けた日から2年を経過した日までに特定の公益法人に該当しないことになった場合
② 贈与により取得した財産をその贈与があった日から2年を経過した日において，なお，その公益を目的とする事業の用に供していない場合

したがって，今後不要と考えられる土地などの相続財産は，積極的に国や公益法人等に寄附をすることで，相続税の軽減が図れることになりますが，贈与を受けた公益法人等の理由により，後から適用除外となる可能性もあることも念頭に置いた上で寄附を決断することが必要でしょう。

(2) 相続財産を寄附した場合のみなし譲渡所得の非課税制度

個人から法人に土地等を贈与した場合には，時価で譲渡したものとみなさ

れ，みなし譲渡所得課税の対象になります（所税59条1項）が，公益法人等に対する贈与で一定の要件を満たすものであるとして国税庁長官の承認を得たものは非課税とされています（措置40条1項）（**Q9-4**参照）。

〔平田　久美子〕

Q 9-4　公益法人等への寄附

私には，先祖代々からの土地が多くあるため，自分に万一があったときの子供たちの相続税の負担が心配です。一般社団法人を設立し，そこに土地などを寄附すると，税制上有利と聞きました。内容を教えてください。

A

(1) 一般社団法人のうち非営利性が徹底された法人に対する寄附は，一定の要件を満たし，国税庁長官の承認を受けた場合，寄附者の譲渡所得税が非課税となります。

(2) ただし，その寄附により相続税又は贈与税の負担が不当に減少するなどの事実が生じた場合は，非課税承認が取り消され，譲渡所得税が課税されます。

(3) 非課税承認が取り消された場合，寄附者に課税される場合と一般社団法人等を個人とみなして課税される場合とがあります。

解説

〔1〕制度の概要

個人が法人に財産を寄附した場合，原則として財産を時価で譲渡したものとみなされ譲渡所得税の対象になります（所税59条1項1号）。しかし，国や地方公共団体，一定の要件を満たす公益法人等に財産（国外財産を除く）を寄附した場合には，寄附があった日から4ヵ月以内に国税庁長官の承認を受けること等を要件に，その寄附はなかったものとみなされ，譲渡所得税は非課税とされます（措置40条1項）。

平成20年12月1日に施行された公益法人改革により，従来の公益法人は，特例民法法人として位置づけられ，平成25年11月30日までの5年間の移行期

間のうちに，公益社団法人・公益財団法人となるか一般社団法人・一般財団法人となるかの選択をしなければならないことになりました。この制度改革に伴って，財産を寄附した場合に譲渡所得税が非課税となる対象の公益法人等の範囲も改正され，公益社団法人・公益財団法人のほかに，特定一般法人（又はその他公益を目的とする事業を営む法人）が加わりました。特定一般法人とは，一般社団法人・一般財団法人のうち，非営利型法人であり，非営利性が徹底された法人を指します。具体的には，「事業により利益を得ること又は得た利益を分配することを目的としない法人であつてその事業を運営するための組織が適正であるもの」（法税2条9号の2イ）で，次の①から④のすべてを満たす法人です。

① 定款に剰余金の分配を行わないことを定めていること
② 定款に解散した場合，残余財産を国や一定の公益性を有する団体に贈与することを定めていること
③ 定款における①，②の定めに違反する行為をしたことがないこと
④ 各理事について，理事とその理事の親族等である理事の合計数が理事総数の3分の1以下であること

なお，非営利型法人である一般社団法人・一般財団法人であっても，共益的活動を目的とする法人（会員から受ける会費により当該会員に共通する利益を図るための事業を行う法人（法税2条9号の2ロ））や，非営利型法人以外の一般社団法人・一般財団法人への寄附については，非課税承認の対象にはなりません。なお，従来の公益法人等である特例民法法人は対象となります。

また，寄附は，既存の公益法人や特定一般法人に対するものだけではなく，財産取得の日からその年の年末までに，その財産で公益を目的とする事業を開始した公益法人等に対するものでもよいこととされています。

〔2〕非課税承認が取り消される場合

非課税承認は，公益法人等に寄附された財産が2年以内に公益目的事業の用に直接供されることなど一定要件を満たすことを前提としています。このため，原則として2年以内に公益目的事業の用に直接供されなかった場合

（措置令25条の17第5項2号），その寄附によって寄附者の所得税や親族等の相続税や贈与税を不当に減少させる結果となった場合（措置令25条の17第5項3号）には，非課税承認が取り消されることになります。この場合，改めて譲渡所得税が課税されますが，納税義務者が，その寄附者自身である場合と，寄附を受けた公益法人等である場合とがあります。

〔3〕非課税承認取消し後において寄附者に課税される場合

公益法人等に寄附された財産が2年以内に公益目的事業の用に直接供されなかった場合や，公益目的事業の用に直接供される前に寄附者の所得税や親族等の相続税や贈与税を不当に減少させる結果となった場合等には，原則として寄附をした者がその財産を寄附した時の時価で譲渡したものとして，承認取消年分について譲渡所得税が課せられます（措置40条2項，措置令25条の17第12項）。

〔4〕非課税承認取消し後において公益法人等に課税される場合

寄附を受けた公益法人等が，その寄附された財産をいったん公益目的事業の用に直接供した後に事業の用に供することを取りやめた場合や，公益目的事業の用に供された後に寄附者の所得税や親族等の相続税や贈与税を不当に減少させる結果となった場合等にまで寄附者に課税するのは適当ではありません。そのため，そのような事実が生じた場合には，公益法人等を個人とみなして譲渡所得税を課税することとされています（措置40条3項，措置令25条の17第13項・15項）。

なお，時価で譲渡したものとすることや課税される年分が承認取消年分であることは，上記〔3〕と同様です。

〔5〕その他の特例

個人が公益社団法人・公益財団法人に財産を寄附した場合，所得税・住民

税において所得控除の1つである，寄附金控除の適用を受けることができます（所税78条，地税37条の2第1項・314条の7）。しかし，一般社団法人・一般財団法人に対する寄附には，寄付金控除の適用はありません。

　金銭以外の資産を公益社団法人・公益財団法人に寄附した場合，その資産の時価をもって寄附金控除の額とします。ただし，上記のように譲渡所得の非課税の適用を受ける場合は，時価ではなく，その資産の取得費が寄附金控除の額とされます（措置40条14項）。

　公益法人制度改革より一般社団法人・公益財団法人は登記のみで容易に設立が可能となりました。そこで，相続対策として一般社団法人等を設立し，そこに寄附をすることで相続税の節税をするというスキームが多く行われる可能性があります。しかし，譲渡所得税が非課税とされるには，真に公益のために贈与したか，確かに公益目的の事業の用に供されているか，が厳密に問われることになります。

〔平田　久美子〕

Q9-5　役員退職慰労金等

経営者である父が経営から退くのに際して，会社から父に退職慰労金等を支給する予定です。支給に際して税務上留意する内容には，どのようなことがありますか。

A

(1) 役員退職慰労金等は，生前・死亡の別により課税の取扱いが異なります。
(2) 役員退職給与のうち，不相当に高額な部分は損金算入が認められません。
(3) 法人の損金算入時期は具体的支給額の確定日か実際の支給日となります。
(4) 分掌変更により役員退職慰労金を支給しても，損金算入が認められないことがあるので，要件等に留意が必要です。

解説

〔1〕受給者の税務上の取扱い

　退職慰労金等は，生前に本人が受けるか死亡により遺族が受けるかによって課税の取扱いが異なります。ちなみに，役員であるか一般の従業員であるかによって，課税の取扱いに差異はありません。

(1) 生前退職した役員に対する退職慰労金等の課税
　生前に本人が受け取る退職慰労金等であれば，退職した役員の退職所得として所得税の課税対象となります（所税30条1項）。退職所得には勤続年数に応じた控除額があり（所税30条3項），具体的には，勤続年数が20年までは年40万円，20年超は800万円に超過年数ごと年70万円を加算した金額を，退職所得控除額として退職慰労金等の額から控除します。また，退職慰労金等の

額から退職所得控除額を控除した残額の２分の１に相当する金額を所得金額とし（所税30条2項），さらに他の所得とは分離して課税がなされるなど，他の所得よりも税額負担は少ない場合が一般的です。

　なお，退職所得の支給時には源泉徴収がなされるため（所税199条），受給者となる個人は，退職手当等の支給時までに，退職所得の受給に関する申告書を支払者に提出しなければなりません（所税203条，所税規77条）。この申告書の提出をすれば，退職所得控除額や，その控除後の２分の１を乗じた課税所得金額に応じて源泉徴収税額を算出します（所税201条1項）。

　しかし，この申告書の提出がないと，退職手当等の額につき20％の税率による源泉徴収が行われることとなり（所税201条3項），多額の源泉徴収がなされます。

(2) 死亡退職した役員に対する退職慰労金等の課税の取扱い

　一方，役員の死亡により受け取る退職慰労金等は，所得税は課税されず（所税9条1項15号），相続財産とみなされ受け取る遺族の相続税の課税対象となります（相税3条1項2号）。また，相続税の課税対象となっても，法定相続人の数に500万円を乗じた金額まで，非課税となります（相税12条1項6号）。

　死亡退職慰労金等で注意したいのは，支給額確定の時期です。死亡後３年経過後に支給が確定したことによる退職慰労金等は，死亡退職金であっても受け取った遺族の一時所得として所得税が課税されることになり（所基通34-2），死亡後３年以内に支給額が確定するのと，税務上の取扱いが異なります。

　また，会社から受け取る弔慰金が実質的に退職金でないならば，業務上の死亡のときは普通給与の３年分相当まで，業務上の死亡でなくても普通給与の半年分相当まで，弔慰金等として取り扱われます。弔慰金であれば，相続人に対して支払われるため相続財産とならず，相続税の課税対象にも該当しないばかりか，社会通念上相当な香典等として所得税も非課税となる（所税9条1項15号・16号，所税令30条，所基通9-23）のが一般的です。

　なお，法律上の取扱いについては**Q４-３**，**Q４-28**をご参照ください。

〔2〕支給側法人の取扱い

(1) 役員退職給与の損金算入額

　法人がその役員に対して支給する退職慰労金は，一般の従業員に支給する退職金同様，その法人の損金の額に算入されます。ただし，役員に対する退職慰労金等のうち不相当に高額な部分は，その法人側の損金の額に算入されません（法税34条2項）。会社の創業者ともなると在職期間も長くなり，支給額も高額となることも少なくありません。役員退職慰労金等は，在職期間，退職事情，同種同規模業者等の支給状況と比較して，相当であると認められる金額を超えないように注意が必要です。なお，支給額の算定にあたっては，その役員の最終月額給与×在職年数×功績倍率で算定されることが多く，功績倍率は代表者にあっては3倍程度が1つの目安と考えられています。

(2) **損金算入時期**

(a) 支給法人における損金算入時期の取扱い

　役員退職慰労金の損金算入時期は，原則として，株主総会等の決定機関において支給額が具体的に確定した日の属する事業年度となります（法基通9-2-28）。株主総会で支給額は定めずに支給することだけを決議し，具体的支給額の決定を取締役会に一任しているような場合は，取締役会で決定された日が損金算入時期となるわけです。

　役員退職慰労金の具体的な支給額の確定前後であっても，実際に支給した日に損金経理をすれば，その支給日に損金として取り扱うことができます。具体的確定日を損金とする原則的取扱いでは，損金経理まで要求されていません。なお，役員退職慰労金を受け取る個人の収入の帰属時期は，具体的支給額確定日で判断することとされています（所基通36-10(1)）。

(b) 役員退職慰労金の分割支給

　株主総会において役員退職慰労金は確定したものの，一部しか支給しなかった場合には，残額の支給時期が不明となり，退職慰労金がいつ確定したのか不明となるという問題があります。この場合でも，役員退職慰労金の損金算入時期は，一部しか支給しなかった理由が資金繰りによるなど，特に利益

調整という側面がなければ，株主総会等による決定事業年度か，実際の支給事業年度のいずれかになります。

(c) 役員退職慰労金の追加支給

不祥事等の引責辞任などにより役員退職慰労金を減額して支給した後に，名誉回復等があって追加支給するような特段の理由がある場合は，追加支給といえども税務上の役員退職給与と認められる可能性はあります。しかし，追加支給を行う役員退職慰労金は，特段の理由がない限り税務上の役員退職給与とは認められないこととなります。役員退職給与と認められないときは，寄附金又は損金不算入となる役員給与として取り扱われます。追加支給の状況と，追加支給の理由などの確認が必要になります。

〔3〕役員の分掌変更等による打切り支給

法人が役員の分掌変更又は改選に際し，その役員に退職慰労金を打切り支給する場合があります。その分掌変更等によってその職務の内容や役員としての地位が激変し実質的に退職したと同様の事情にあると認められる場合には，その額が過大でない限り損金の額に算入されます（法基通9-2-32）。

具体的には，次に掲げる事由のいずれかに該当する場合が対象となります。

① 常勤役員が非常勤役員になったこと
② 取締役が監査役になったこと
③ 分掌変更等の後における給与が激減（おおむね50％以下に減少）したこと

ただし，役員会に常時出席するなど，引き続いて実質的にその法人の経営上重要な地位を占めていると認められる者は，上記の実質的に退職したと同様の事情とは認められません。実質的に退職したと認められないときは，退職慰労金は退職給与以外の役員給与を支給したものとされるため，損金の額には算入されないことになります（法税34条）。また，分掌変更の場合は，原則，未払計上部分は「退職給与として支給した給与」に含まれず，退職給与以外の役員給与とされます（法基通9-2-32（注））。退職給与以外の役員給与として取り扱われる場合は，受け取る個人にとっても給与所得として取り扱われ，退職所得として取り扱われるのに比して税務上不利になります。分掌

変更に際して退職慰労金を支給する場合は，経営上重要な地位などの確認が不可欠といえます。

〔長岡　栄二〕

コラム　事業承継における生命保険契約

　経営者死亡による相続税が，事業承継の大きな負担になることが問題視されていますが，換金性に乏しい非上場株式や，現に利用されている土地などが財産の多くの割合を占めている場合には，納税資金そのものの手当が重要な課題です。
　このような相続発生時の資金需要に備える方法の1つとして，生命保険契約が利用されています。個人として生命保険契約を締結し，相続人の納税資金を準備するだけでなく，法人が経営者を被保険者として生命保険契約を締結し，経営者死亡時に取得する保険金を財源にして，相続人が相続した自社株式の買取りをしたり，相続人に死亡退職金や弔慰金として支給するというものです。相続人は，それらによって得た資金を納税資金に充当することができ，かつ，次のような税制上のメリットを享受することができます。
　①相続によって取得した非上場株式を相続税の申告期限（相続の開始があったことを知った日から10ヵ月）から3年以内に発行会社に譲渡した場合には，譲渡所得課税（税率20%）の扱いとなり，みなし配当課税の適用はありません。②さらに，譲渡所得の計算上，相続により取得した自社株式に対応する相続税相当額を取得費として控除することができます。③また，法人が相続人に支給した死亡退職金は，みなし相続財産として相続税の課税対象になりますが，死亡退職金も，生命保険金と同様に「500万円×法定相続人の数」までは非課税の取扱いがあります。④弔慰金についても，死亡原因が業務上である場合は，死亡当時における賞与以外の普通給与の3年分，それ以外の死亡である場合は，6ヵ月分まで相続税の課税価格には算入されません。
　また，相続税の納税猶予の適用にも，生命保険契約が一翼を担う可能性があります。納税猶予を受けるためには，資産保有型会社や資産運用型会社に該当しないことが求められますが，これらの判定上の「特定資産」の範囲に，保険積立金は含まれていません。したがって特定資産を保険積立金に組み替えることにより，納税猶予を可能にすることも考えらます。
　このように，生命保険契約を上手に利用することも事業承継対策の1つといえるかもしれません。なお，生命保険契約の法律上の取扱いについてはQ4-3，Q4-20及びQ4-28をご参照ください。
　　　　　　　　　　　　　　　　　　　　　　　　　　◇平田　久美子◇

Q 9-6　会社との不動産賃貸借関係等に関する税務

これから建築する建物の敷地として，私の経営する会社の土地を借りようと考えています。できるだけ少ない地代で済ませたいと考えましたが，税務上問題があると指摘されました。会社と個人の不動産の賃貸借で気をつけるのは，どのような場合でしょうか。

A

(1) 通常の賃貸借契約に基づかない土地の賃貸借には，会社にとって権利金の認定課税がなされる可能性があります。
(2) 適正な権利金の授受がなくても，権利金の認定課税を回避するため「相当の地代」を授受するという方法があります。
(3) 権利金の認定課税を見合わせるため，土地の無償返還を約して届出書を提出する方法もあります。
(4) 個人と会社で正常な取引条件下と異なる土地の賃貸借があるときの相続税評価額は，借地権割合を適用しない特別な算定方法により行われます。
(5) 役員に対する社宅貸与における賃料には，一定の評価方法を用いることができます。

解説

〔1〕土地の賃貸借関係

(1) 会社所有の土地を役員である個人に賃貸した場合
(a) 借地権設定時における権利金の認定課税
　会社は，借地権の設定において権利金授受の取引慣行のある土地を，役員だからといって無償で貸し付けたら，適正な権利金相当を受け取ったとして益金の額に計上されてしまいます（法税令137条）。権利金の認定課税といわれ

るものです。

　一方，会社において認定課税される権利金相当の経済的利益は役員個人が享受したものとして，役員給与と取り扱われます（法基通9－2－9(1)）。役員に対する臨時の給与は定期同額給与等に該当しないため，会社にとっては損金不算入となり（法税34条），役員個人にとっては，役員給与として個人に対する所得税の課税対象とされます（所基通36-15(1)）。会社の土地を役員に無償で貸し付けると，会社と役員個人で二重に課税されるおそれがあるわけです。

　なお，会社では権利金設定直前の土地帳簿価額のうち権利金相当について，土地の帳簿価額を減額するとともに，損金算入することになります（法税令138条1項）。

　(b)　相当の地代という考え方

　通常受け取るべき権利金の授受がないか一部の授受しか行われていなくても，相当の地代の授受が行われるならば，権利金の認定課税は行われません（法税令137条，法基通13－1－2）。

　相当の地代は，更地価額から，実際に授受された権利金相当を控除した額に6％を乗じて算出されます（平元.3直法2－2，平3課法2－4）。更地価額としては，いわゆる時価ではなく，公示価格や相続税評価額などを使用できますが，控除する権利金も公示価格や相続税評価額の水準まで引き直した上で，6％を乗じることになります。

　通常の権利金の授受もなく，かつ，相当な地代に満たない地代しか授受しなかった場合には，更地価額のうち，相当の地代に満たない地代に相当する部分について，収受すべき権利金相当として認定課税が行われます（法基通13－1－3）。認定課税が行われたときの役員給与の取扱いも前述同様，定期同額給与に該当せず（法税34条），会社と役員個人で二重に課税されることになります。

　(c)　借地権設定後の地代改訂

　借地権設定時には相当の地代をやり取りしたとしても，その後の更地価額の上昇に応じて相当の地代を改訂するか，改訂しないかを選択する必要があります（法基通13-1-8）。相当の地代を毎年改訂するのであれば，「相当の地代の改訂方法に関する届出書」を，会社の所轄税務署に速やかに提出します。

当初の相当の地代を改訂せずに据え置いた状態で，更地価額が上昇すれば，借地人である役員にとっていわゆる自然発生借地権が，更地価額の上昇分だけ漸増することになります。自然発生借地権が借地人である個人に帰属することになっても，この段階で認定課税が行われることはありません。その代わり，借地権を譲渡するときや返還するときに，課税関係が生じることになります。また，会社にとって6％を乗じて算出される相当の地代は，更地価額の上昇とともに改訂しなければ，相当な地代に不足する授受しか行われないことになります。相当の地代を改訂しないままでは不足地代について，次の(e)における地代の認定という課税関係が生じます。

一方で，更地価額の下落時における相当の地代の引き下げは，合理的な理由があると認められますが，更地価額の下落以上に引き下げると，実質的に借地権の再設定があったとして，権利金の認定課税が発生することがあります（法基通13-1-4）。

(d) 土地の無償返還に関する届出書

上記の(a)(b)における権利金の認定課税の解決方法として，「土地の無償返還に関する届出書」を税務署に提出することが考えられます。将来，土地を会社に無償で返還する契約をして土地の無償返還届出書を提出すれば，権利金の認定課税は行われないからです（法基通13-1-7）。

(e) 地代の認定課税

「相当の地代の改訂方法に関する届出書」や「土地の無償返還に関する届出書」を提出して，権利金の認定課税を回避したとしても，更地価額の上昇期において，会社が地代を一切受け取らないときや，相当の地代に満たない地代しか受け取らないときは，会社に対してその不足する地代に相当する認定課税が行われます。会社は，実際収受する地代だけでなく，本来収受されるべき相当の地代と実際に収受している地代の差額についても，事業年度ごとに会社の益金に算入されることになります。役員である個人は，支払うべき地代を免れた差額部分について，役員に対する経済的利益として取り扱われ，給与所得として課税の対象とされます。会社にとって役員に対するこの経済的利益は，役員給与のうち定期同額給与に該当し，原則は会社の損金に算入されるため（法税34条，法税令69条1項2号），会社の課税関係に大きな問

(2) 役員個人所有の土地を会社に賃貸した場合

(a) 会社に対する受贈益課税と個人に対する課税

　会社の建物の敷地として，役員個人が所有する土地を貸し付けたときの課税関係は，3つに大別されます。

　1つは，正常な取引条件で権利金支払がなされる借地権設定の場合です。役員個人が所有する土地について借地権の設定がなされ，個人が権利金を受領すれば不動産所得となりますが（所税26条1項），権利金の額が土地の時価の2分の1に相当する額を超えるときは，譲渡所得として課税されます（所税33条1項括弧書，所税令79条1項1号）。会社は，支払った権利金を借地権として資産計上するだけで，課税関係は生じません。

　2つ目は，個人に対し会社が権利金の支払をしない代わりに，前記(1)(b)で説明した相当の地代を支払う場合です。会社では，支払地代が損金算入されるだけで，正常な取引条件が行われたと取り扱われ，権利金の認定課税の問題が生じることはありません。

　3つ目は，会社が通常支払うべき権利金を支払わないで，しかも相当の地代に満たない地代しか支払わない場合です。会社には，相当の地代に満たない部分の権利金相当に対し受贈益認定が行われます（法基通13-1-3）。個人には，通常受け取るべき権利金でなく，実際に収受した権利金だけが所得税の課税の対象とされます。個人が所有する土地について会社に対し借地権の設定をさせても，資産の譲渡には該当しないため，個人にはみなし譲渡の規定は適用されません（所税59条1項，所基通59-5）。つまり，個人には，権利金の認定課税はなされません。

　なお，いずれの場合も原則として個人が受け取る地代について不動産所得として課税されます。

　ところで，当初設定した相当の地代を改訂するなら，「相当の地代の改訂方法に関する届出書」を提出するのは，前記(1)(c)のとおりです。当初の相当の地代を改訂せずに据え置いた状態で，更地価額が上昇すれば，更地価額の上昇分だけ，借地人である会社に対し自然発生借地権が漸増しますが，含み益が増加するだけで，法人税の課税対象にはなりません。地代を据え置いて

いることで，相当の地代を支払うよりも会社の課税所得が増加することになるので，地代の認定課税が行われることもありません。

(b) 土地の無償返還に関する届出書

通常の権利金を授受せず，かつ，相当な地代も授受しない場合は，個人は通常受け取るべき権利金や地代ではなく，実際に受領する地代だけを不動産所得に係る収入金額とすればよいのですが，会社は，前記(a)の課税関係の3つ目に説明したとおり，相当な地代に満たない部分の権利金相当に対し受贈益認定が行われます。しかし，「土地の無償返還に関する届出書」の提出があれば，会社においても受贈益課税は行われません。

(3) 会社と個人間で賃貸借関係がある場合の土地の相続税評価

(a) 相当な地代授受や土地の無償返還届出書提出時の土地評価

正常な賃貸借契約に基づいて通常の地代を支払っている借地権の評価額は，宅地の自用地評価額に借地権割合を乗じて計算します（財基通27）。この場合の貸宅地は，宅地の自用地評価額から借地権の評価額を控除した金額によって評価します（財基通25）。

個人が通常支払うべき権利金の支払をせずに，会社から土地を借り受けているときに，個人の借地権はゼロとして相続税評価される場合があります（昭60.6直資2-58）。個人が相当の地代を支払っているとき，及び相当の地代を支払っていなくても「土地の無償返還に関する届出書」を提出しているときが該当します。底地所有者である会社にとって経済的価値の減少がないことや，無償返還という取引実態を考慮して，借地権はゼロとされます。

会社が通常支払うべき権利金の支払をせずに，個人から土地を借り受けているときに，個人地主の貸地は自用地評価額の80％として評価されることがあります。会社が相当の地代を支払っているときと，会社が相当の地代を支払っていなくても「土地の無償返還に関する届出書」を提出しているときが該当します。自用地と比較すれば制約があることなどから，自用地評価額から20％を減額しているわけです。ただし，土地を借りている会社が，被相続人が同族関係者となっている同族会社であるときは，その会社の株式について純資産価額を算出する際に，借地権価額を自用地価額の20％として資産に計上して評価します。土地の評価額は，個人と会社を通じて100％とするこ

とが，課税上公平だとされているからです。

(b) 上記(a)以外の土地の相続税評価

上記(a)以外の形態では，一定の調整計算がなされた借地権割合によって，借地権の価額を算定します（昭60.6直資2-58）。

具体的には，個人と会社の間において，借主が通常支払うべき権利金の支払をせずに，貸主から土地を借り受けているときです。上記(a)とは異なり，借主が相当の地代に満たない地代しか支払わずに，しかも，土地の無償返還に関する届出書が提出されていないときが該当します。また，当初は相当の地代を支払ったとしても，地代を改訂せずに据え置く等した場合も同様です。個人が借主であれば，次の算式によって借地権の価額を算定します。個人が貸主であれば，自用地評価額から次の算式によって算定された借地権価額を控除した金額が，貸宅地の評価となります。

$$自用地価額 \times \left[借地権割合 \times \left(1 - \frac{実際支払地代年額 - 通常の地代年額}{相当の地代年額 - 通常の地代年額} \right) \right]$$

通常支払らわれるべき権利金を収受しないで，しかも相当の地代に満たない地代しか収受しない方法は，更地価額の上昇局面において，個人が所有する土地を会社に賃貸するときにしばしば用いられました。借地人である会社に，上昇する更地価額に応じて自然発生借地権を移行させることで，個人の貸宅地評価が低くなる一方で，会社の純資産価額における含み益となる自然発生借地権相当は法人税額相当の圧縮ができることに着目したものです。ところが，更地価額の下落局面においては，移行する自然発生借地権がないために，貸宅地であっても自用地評価となることもありえます。なぜならば，実際の地代が相当の地代を上回ってしまい，上記の貸宅地評価の算式において借地権割合に乗じる調整割合がマイナスとなってしまうことによって，借地権評価がゼロ以下となってしまうためです。むしろ，算定のわずらわしさや，地価変動による評価の予見可能性からは，評価について自用地から20％控除できる「土地の無償返還に関する届出書」を提出しておくのが，適当ともいえます。地代の支払額には，慎重な対応が必要となります。

〔2〕建物の賃貸借関係

(1) 会社所有の建物を役員である個人に賃貸した場合

　役員に対し無償又は低い賃貸料で建物貸与があれば，通常の賃貸料との差額は，役員給与として所得税の課税対象となります。しかし，役員に対する社宅の賃貸のうち，豪華な社宅でないものは，通常の賃貸料算定の代わりに，例外として比較的安価な金額となる計算方法による賃貸料とすることができます（所基通36-40・36-41）。結果的に，通常の賃貸料よりも低い対価による貸付けであっても，通常の対価との差額に対し，役員給与として取り扱われないことになります。仮に，役員給与と取り扱われたとしても，会社にとっては定期同額給与等に該当するとして会社の損金に算入されるのが一般的です（法税34条，法税令69条1項2号）。

(2) 役員である個人所有の建物を会社に賃貸した場合

　適正な家賃の収受であれば，受け取る個人は不動産所得に係る収入金額とされ，支払う会社は家賃として損金算入されます。適正額以下の対価での収受であっても，適正額に満たない部分の利益相当が会社に移転することで法人所得の増加を伴うため，会社に課税関係は生じません。個人の不動産所得に関する課税上も認定課税という問題は生じないものと考えられます。

　逆に，適正額以上の対価の収受であれば，適正額を超える部分は役員給与として取り扱われます。役員給与であっても，会社にとっては定期同額給与等に該当するとして会社の損金に算入されるのが一般的ですが，個人にとっては不動産所得ではなく，給与所得として取り扱うという差異が生じます。

〔長岡　栄二〕

Q 9-7　会社に対し経営者が多額の貸付けを行っている場合

非上場会社の経営者である父は高齢です。会社は債務超過であり，父の会社に対する貸付金は回収できない状況です。この貸付金が相続財産になった場合，回収の見込みが立たないのでゼロ評価となるのでしょうか。貸付額で評価されてしまうのであれば，何か対策をとることはできないでしょうか。

A

(1) 会社が債務超過の状態にあるというだけでは，貸付金を評価減することはできません。
(2) 対策としては，債権放棄又は債権の現物出資（デット・エクイティ・スワップ）を行うことが考えられます。
(3) 債権放棄を行うと会社に債務免除益が生じます。債権放棄を検討する会社では繰越欠損金を有していることが一般的なので，債務免除益を上回る繰越欠損金があれば，債務免除益を計上しても法人税は課されません。
(4) 債権の現物出資（デット・エクイティ・スワップ）を行った場合，貸付金の時価が貸付額を下回るならば，その差額だけ会社に債務消滅益が生じることになります。

解説

〔1〕貸付金の評価

　貸付金の価額は，貸付金の元本の価額と既経過利息の額との合計額で評価します。元本の価額とはその返済されるべき金額であり，通常は貸付額で評価することになります（財基通204）。
　ただし，債務者について次に掲げる事実が発生している場合には，その債

務者に対して有する貸付金の額は元本の価額に算入されません（財基通205）。つまり，当該貸付金の評価額はゼロとなります。

> ① 手形交換所において取引の停止処分を受けた
> ② 会社更生手続の開始決定があった
> ③ 民事再生手続の開始決定があった
> ④ 破産宣告があった
> ⑤ 会社の整理開始命令があった
> ⑥ 特別清算の開始命令があった
> ⑦ 業況不振等により事業の廃止や6ヵ月以上休業している

なお，財産評価基本通達205項においては，「その回収が不可能又は著しく困難であると見込まれる」場合には，その回収不能額相当を元本の価額に算入しないとも規定しています。しかし，実務上，会社が債務超過の状態にあるというだけでは，「その回収が不可能又は著しく困難であると見込まれる」場合とは認められず，貸付金を評価減することはできません。

したがって，父の会社に対する貸付金は貸付額で評価するのが一般的です。

なお，会社に対する被相続人の貸付金の法律上の取扱いについては Q4-4 をご参照ください。

〔2〕対 策 1――債権放棄

父の会社に対する貸付金について債権放棄を行います。結果として，当該貸付金は消滅し，相続財産からはずれます。

一方で，会社側では債権放棄額と同額の債務免除益が計上されます。その影響として，次の2点を考慮する必要があります。

(1) **債務免除益に対する法人税の課税**

貸付金が回収不能な会社であれば，十分な額の繰越欠損金があるのが一般的ではないかと思います。債務免除益を上回る繰越欠損金があれば，債務免除益を計上しても法人税は課されません。債権放棄を実行する前に，会社が

有している繰越欠損金の額を確認しておく必要があります。

(2) **自社株式の評価額の上昇**

　相続税評価額ベースで債務超過の状態である会社の株式評価額はゼロとなりますが，債務免除益を計上した結果，資産超過となった場合には株式評価額がゼロ以上となり，株式の価値が増加することになります。

　また，父の会社が法人税法上の同族会社に該当し，かつ，債務免除により株式の価値が増加する場合には，債権放棄をした父から他の株主に贈与がされたものとみなして贈与税の課税対象となることがありますので，こちらにも注意が必要です（相基通9－2(3)）。

　なお，債権放棄による貸付金の消滅損は，父の所得税の計算上，雑所得の必要経費となることが考えられますが，無利息貸付けの場合には相殺すべき雑所得（貸付利息）を得ていませんので，一般的には父の所得税の節税効果は期待できません（所税51条4項）。

〔3〕**対　策　2──債権の現物出資（デット・エクイティ・スワップ）**

　父が会社に対して有する貸付金を会社に現物出資（デット・エクイティ・スワップ）することにより，当該貸付金が自社株式に振り替わります。つまり，貸付金を会社に拠出する見返りとして，自社株式の交付を受けることになるわけです。

　現物出資後も相続税評価額ベースで債務超過の状態のままであれば，株式評価額はゼロとなります。結果として，貸付額で評価されてしまう貸付金をゼロ評価となる自社株式に振り替えることができます。

　会社側では，法人税法上，現物出資を受けた貸付金を時価で受け入れます（法税令8条1項1号）。

　さらに，会社が受け入れた貸付金と父に対する借入金は混同により消滅しますので，貸付金の受入額（時価）が借入金の額を下回る場合には，債務消滅益が計上されます。

　今回のケースのように父が直接会社に貸し付けており，父の貸付額と会社の債務計上額が一致しているケースでは，債務消滅益の問題は生じにくいと

Q9-7 会社に対し経営者が多額の貸付けを行っている場合

考えられます。「生じにくい」と歯切れが悪いのは，相続税上の時価（相続税評価額）と法人税上の時価は必ずしも一致しないというのが税法の建前だからです。おかしな話ですが，貸付金の相続税評価額が貸付額だから，法人税上の時価も貸付額であるべきだという主張は通らない可能性があります。

例えば，債権者が自社に対する債権を貸付額の1割で債権回収業者に譲渡し，その債権回収業者から経営者が貸付額の2割で買い戻したとします。この場合，貸付金の相続税評価額は当該貸付金の券面額となるのが一般的であるのに対し，貸付金の法人税法上の時価は，債権回収業者との取引価額（貸付額の2割）となります。経営者が，この貸付金を自社に現物出資した場合には債務消滅益が生じることになります。

【数値例】

> 債権回収業者から買い戻した債権（貸付金）の券面額：1億円
> 当該債権の買戻額：2,000万円
> この場合，
> 当該貸付金の相続税評価額：1億円（券面額）
> 当該貸付金の法人税法上の時価：直近の第三者間取引額2,000万円
> となります。
> そこで，会社においては次のような税務処理がなされます。
> ① 現物出資の処理
> （借方）貸　付　金　20,000,000　（貸方）資　本　金　20,000,000
> ② 債権債務の混同による消滅
> （借方）借　入　金　100,000,000　（貸方）貸　付　金　20,000,000
> 　　　　　　　　　　　　　　　　　　　　債務消滅益　80,000,000

債務消滅益が生じた場合に考慮すべきこと（債務消滅益に対する法人税の課税・自社株式の評価額の上昇）は，債権放棄の場合と同様となります。

また，父がデット・エクイティ・スワップにより取得した自社株式の取得価額は，「その取得の時におけるその有価証券の取得のために通常要する価額」とされています（所税令109条1項5号）。時価取引を前提とするのであれ

ば，自社株式の取得価額は拠出した貸付金の所得税上の時価となり，通常は貸付額になります。

〔4〕債権放棄と新事業承継税制

新事業承継税制の適用を受けようとする贈与・相続の前3年以内に，後継者又は後継者の同族関係者が，自社に対して一定規模以上の現物出資又は贈与を行っている場合，新事業承継税制の適用を受けることができません（**Q5-3**参照）。

本設問では債務超過会社を前提としていますので，そもそも新事業承継税制の適用を受ける必要はないと思われます。しかし，新事業承継税制の適用を検討すべきような会社であっても，先代経営者（父）の経営責任を明確化するために，事業承継時に父が自社に有する貸付金について債権放棄する場合があります。このようなケースでは，後継者（息子）のためと思って実行した債権放棄が，新事業承継税制の適用を受けられない原因になることもありますので注意が必要です。

〔有田　賢臣〕

コラム　経営者から会社への無利息貸付け

　経営者個人から会社に対する貸付けでは，利息の受取りをしない金銭の無利息貸付けが行われることが少なくないようです。会社にとっては経費節減となり利益が算出されますし，貸付金利息を受け取らなければ，個人も雑所得として課税されることはないという考えからです（所税36条1項）。一般的にも，個人に対して認定課税は行われないと解されていました。

　ところが，個人代表者が行う無利息貸付けであっても認定課税が行われるとした判決があります（所税157条，最判平16・7・20（平成11年（行ヒ）第169号））。よく読めば，この最高裁判決でも，株主等から同族会社に対する無利息貸付けは，貸付目的，金額の多寡，期間等の融資条件，無利息理由等を踏まえ，経営責任や社会通念上許容される好意的援助である無利息貸付けにまで，認定利息を適用するものではないようです。経営者責任の観点から，無利息貸付けに社会的，経済的に相当な理由があれば，個人に対して認定課税は行われない従来の取扱いに変更はないといえるでしょう。

　　　　　　　　　　　　　　　　　　　　　　　　　　　◇有田　賢臣◇

Q 9-8　自社株式を発行会社へ売却する場合の注意点

父の相続に際して，父が経営していた会社の株式を相続しました。しかし相続税の納税資金が足りません。この株式を会社に売却しようと考えているのですが，売却先によって税金が変わるのでしょうか。

A

(1) 株式を発行会社に譲渡すると，原則としてみなし配当と譲渡所得が課税されます。
(2) しかし，相続税の申告期限から3年以内に会社に譲渡すると，特例で譲渡所得のみが課税されます。

解説

〔1〕発行会社への譲渡に対する取扱い

(1) みなし配当と株式の譲渡所得の2種類が同時に課税

個人が相続で取得した株式を発行法人へ譲渡した場合には，株式の譲渡所得だけではなく，みなし配当も課税されます。株式の譲渡対価のうち，発行法人の資本金等の額を超える部分の金額がみなし配当として課税され，その株式の取得価額と資本金等の額との差額について株式の譲渡所得が課税されることになります（措置37条の10，所税25条1項4号，所税令61条1項）。

なお，自社株式の発行会社に対する譲渡の法律上の取扱いについてはQ3-9をご参照ください。

(2) みなし配当は総合課税

みなし配当は，配当所得に該当しますので，その譲渡対価の支払の際に源泉徴収が行われます。非上場株式にかかるみなし配当の源泉徴収税率は所得税20％のみで，住民税の徴収はありません。また，確定申告を行う場合には，

給与所得など他の所得と合算され，最高で50％（所得税40％，住民税10％）の超過累進税率により課税されます。なお，みなし配当について確定申告を行う場合には，配当控除の適用があります（所税92条）。

(3) 10万円以下の配当に対する申告不要制度

1回に支払を受けるべきみなし配当の金額が10万円以下である場合には，所得税の確定申告をしないことを選択できます（措置8条の5第1項1号，措置令4条の3第6項）。なお，この場合でも住民税の申告義務はあります。

〔2〕申告期限から3年以内の自己株式譲渡に対するみなし配当課税の特例

(1) 株式を譲渡すると，譲渡所得で税率は20％

相続で取得した非上場株式を発行法人へ譲渡する場合には，前述のみなし配当が課税されます。しかし，その発行法人への非上場株式の譲渡が相続税の申告期限から3年以内に行われ，かつ相続税について納付税額がある場合には，その譲渡についてはみなし配当課税は行わず，全額株式等の譲渡所得として課税されます（措置9条の7）。

なお，この特例の適用を受ける場合には，対象となる非上場株式で相続税の課税価格に算入されたものを発行会社に譲渡するときまでに，この規定の適用を受ける旨及び「相続財産に係る非上場株式をその発行会社に譲渡した場合のみなし配当課税の特例に関する届出」の書面を，その株式会社を経由

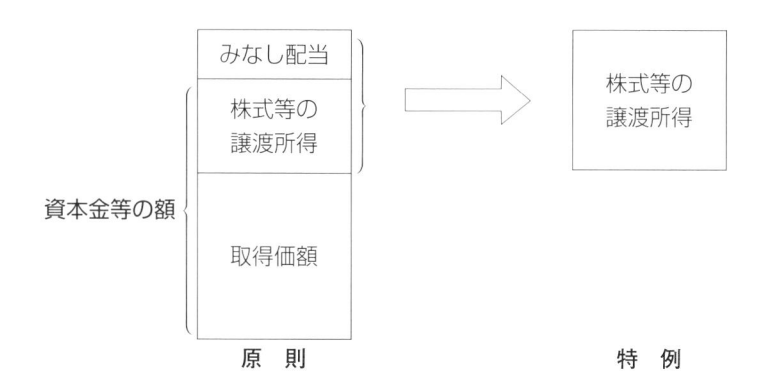

してその会社の本店又は主たる事務所の所在地の所轄税務署長に提出する必要があります（措置令5条の2第1項）。

(2) **株式の譲渡所得として取り扱われた場合の内部通算の効能**

株式の譲渡所得は申告分離課税です（措置37条の10）。申告分離課税は，他の所得（給与所得や不動産所得）と損益通算することはできませんが，同じ株式の譲渡所得内部での通算は可能です。非上場株式を譲渡して得た利益と，上場株式を譲渡して発生した損失は，通算することができます。

(3) **相続税額の取得費加算の特例**

相続で取得した非上場株式等を，相続開始日以後，相続税の申告期限の翌日以後3年を経過する日までに譲渡した場合には，納付した相続税額のうち，その譲渡した非上場株式等に対応する部分の税額を譲渡所得の計算上控除することができます。これを相続税額の取得費加算といいます（措置39条）。

〈取得費に加算できる金額〉

$$\text{譲渡した相続人が納付すべき相続税額} \times \frac{\text{譲渡した非上場株式等の相続税評価額}}{\text{譲渡した相続人の相続税の課税価格}} = \text{取得費に加算できる金額}$$

〔長岡　栄二〕

コラム　自己株式の買取りとみなし贈与

　時価（課税時期において，不特定多数の当事者間で自由な取引が行われる場合に通常成立すると認められる価額）と比べて著しく低い価額で財産の譲渡を受けた場合には，その差額について贈与があったものとして贈与税の対象になります（相税7条）。これを「みなし贈与」といいます。「みなし贈与」は，一般的には，双方の利害が一致する親族間の取引やオーナーと同族会社間との取引において問題となります。利害の対立する者同士では意図的に時価より低い価額で取引することは考えられないからです。

　注意したいのは，自己株式の譲渡が著しく低い価額で行われた場合，譲渡の当事者でない他の株主に対して，「みなし贈与」の課税が及ぶことがあることです（相税9条）。例えば，甲氏が所有するA社の株式を，A社が自己株式として買い取ったケースを考えてみましょう。仮に時価3億円の自己株式を5,000万円でA社が取得したとすると，A社には2億5,000万円の含み益が生じます。この場合，甲氏以外の株主は，譲渡の当事者ではありませんが，甲氏からA社への株式の譲渡によって，全く対価を支払わずに2億5,000万円の一部（自己株式買取後の他の株主の持株割合相当）の経済的利益を得たと考えることができます。このような経済的利益は，甲氏以外の株主が甲氏から贈与されたものとみなすことができることから，「みなし贈与」の課税関係が生じる場合があります。

◇平田　久美子◇

Q 9-9　信託に関する税務の概要

後継者予定の子供がまだ幼いため，事業を承継するのには早いのですが，万が一に備えて，会社の株式を信託しておきたいと考えています。信託を利用した事業承継を検討する際に，税務上注意すべき点を教えてください。

A

(1) 信託課税は，受益者課税を原則とします。税務上は，自社株式の信託について適正な対価負担がなければ，受益者等に贈与又は遺贈したものとみなされます。

(2) 信託の税務上の取扱い判断には，信託の性質決定が不可欠となります。

(3) 平成21年度税制改正では，株式と同一視できる信託受益権について，取引相場のない株式等に係る納税猶予の適用は見送られました。

解説

〔1〕遺言信託

遺言によって先代経営者（被相続人）の財産が信託される遺言信託や，生前の信託契約によって委託者兼受益者である先代経営者（被相続人）の死亡後に後継者が受益者となる遺言代用信託の活用が想定されます。先代経営者は，生存中は経営権を維持しつつ，自らの死亡後は後継者である相続人に，自社の株式を信託財産とする受益権を取得させることにより事業承継を実施できます。適正な対価負担をせずに受益者等となるような，委託者の死亡を基因として効力が発生する信託は，遺贈とみなして相続税の課税対象となります（相税9条の2第1項）。

〔2〕受益者連続型信託

(1) 受益者連続型信託の課税関係

いわゆる後継ぎ遺贈型信託のことを，税務上は受益者連続型信託といいます（相税9条の3第1項，相税令1条の8第1項）。具体的には次の①～⑤の信託をいいます。

① 信託法91条（受益者の死亡により他の者が新たに受益権を取得する定めのある信託の特例）に規定する信託
② 信託法89条1項（受益者指定等）に規定する信託
③ 受益者等の死亡その他の事由により，受益者等の有する信託に関する権利が消滅し，他の者が新たな信託に関する権利を取得する旨の定め（順次他の者が取得する旨の定めを含む）のある信託
④ 受益者等の死亡その他の事由により，その受益者等の有する信託に関する権利が他の者に移転する旨の定め（順次他の者が取得する旨の定めを含む）のある信託
⑤ ①～④までの信託に類する信託

新たに受益者等となる者は，信託法上は委託者から取得したものとしていますが，税務上は，直前の受益者等から贈与・遺贈により取得したものとみなします（相税9条の2第2項）。その次の受益者以降も同様に取り扱われます。適正対価の負担がなく，新たな受益者等が存在するときの取得原因は，委託者又は直前の受益者等の死亡が原因の場合は遺贈とみなされ，死亡以外が原因の場合は贈与とみなされます。遺贈とみなされるときに，次の受益者等となる者が，被相続人となる委託者又は直前の受益者等の配偶者や1親等の血族（代襲相続人である直系卑属を含みます）でなければ，相続税の算出において相続税額の2割加算が行われます（相税18条）。

(2) 受益者連続型信託の評価

受益者連続型信託の財産評価は，収益受益権を持つ者に対し，利益等に一定の制限があっても，一切の制約がないとみなして評価します（相税9条の3）。例えば，受益者連続型信託の受益権が，収益受益権と元本受益権の2種類であった場合，収益受益権を取得する個人が，信託財産そのもの（元本受益権）を所有しているのと同様に評価し，元本受益権の価値はゼロとなります（相基通9の3-1）。

〔3〕 受益者等が存在しない信託の特例

(1) 受益者等が存在しない信託の特例

受益者等の存在しない信託は，その時点で，受贈益相当について，個人か法人かにかかわらず受託者に対し法人税課税（法税22条2項・2条29の2号ロ・4条の6）がなされます。信託財産が金銭等以外の財産であれば，委託者又は直前の受益者等に，みなし譲渡所得課税（所税6条の3第7号・59条・67条の3）が行われます。

さらに，受益者等の存在しない信託において，将来受益者等となる者が委託者又は直前の受益者等の親族であれば，受託者を個人とみなして相続税・贈与税課税が行われます（法人税等は控除，相税9条の4第1項・2項）。相続税・贈与税と法人税の税率格差を利用した租税回避防止が目的です。

(2) 受益者等不存在の場合から受益者等の存する信託になる場合

受益者等の存在しない信託において，その後，受益者等が存在することとなるときは，すでに受託者に法人課税がなされていることから，この段階で特に課税関係は生じません。信託条件が成就することで，新たに受益者等の地位を有しても，その受益者等には課税がないわけです。ただし，信託契約時等において存在しない委託者等の親族が受益者等とされ，その存在しない者が受益者等となるときは，その受益者等となる者に対する贈与とみなされます（相税9条の5）。まだ生まれていない孫等を，受益者等とするような信託の設定が対象となります。相続税等の世代飛ばしに対処するための措置です。

〔4〕納税猶予と信託受益権

　平成21年度税制改正で創設された，新事業承継税制は非上場株式等のみが対象で，信託受益権は対象外となります。
　中小企業庁から平成20年9月に公表された「信託を活用した中小企業の事業承継円滑化に関する研究会」の中間整理では，議決権行使の指図権を受益者である後継者のみに付すことで議決権の分散を防止し，後継者への安定的な事業承継を図るような，具体的な活用方法が紹介されています（**Q 3 -14**参照）。しかし，株式を信託した場合には，相続・贈与の対象は株式ではなく信託受益権となります。平成21年度税制改正大綱では，「株式と実質的に同一視できる信託受益権の範囲を法令上明確にした上で，納税猶予制度の適用に係る検討を行う」と指摘するにとどまり，平成22年度税制改正以降に見送られました。

〔長岡　栄二〕

コラム　議決権の財産的価値

　中小企業の事業承継のうち，親族内承継を円滑に進める手段としても，種類株式の活用が考えられます。しかし，実務上の障害として，種類株式評価が不明確だという問題が指摘されていました。

　平成18年6月の独立行政法人中小企業基盤整備機構の事業承継協議会では，同族株主が取得する無議決権株式で特例的評価方式の適用を受けないものは，相続税法上の評価として20％評価減を行うことなどが提言されています。

　しかし，剰余金の配当や残余財産の分配，株主総会における議決権の支配に関する権利がある種類株式の評価について，個々の権利内容を数値化することは実務上非常に困難です。

　現在，種類株式は，国税庁から平成19年3月9日付で発表された「種類株式の評価について（情報）」の中で，配当優先の無議決権株式，社債類似株式，拒否権付株式の3類型のみ評価が明らかになっています。この公表では，同族株主に適用される無議決権株式の原則的評価方法や，拒否権付株式でも普通株式と同様に評価しているということから，税務上は議決権を考慮せずに評価するのを原則としたといえます。

　さらに，中小企業庁が平成20年9月に発表した「信託を活用した中小企業の事業承継円滑化に関する研究会」における中間整理の中でも，遺留分の算定に当たっては，「議決権行使の指図権は，財産価値がない」と指摘がなされています。

　一方で，同中間整理では「『議決権行使の指図権』に関し，相続税法上の評価を検討することが必要。」という指摘もなされています。

　議決権といっても様々な要素と多数の組合せがあり，租税回避を目的とする利用のおそれも否定できないことから，議決権の財産的価値がないとまでは認められないと思われます。しばらくは，実務の事例が蓄積されるのを待つ必要がありそうです（Q3-8，Q3-14参照）。

◇長岡　栄二◇

Q 9-10　税務上の法定期限

経営者に相続が発生した場合の税務上の法定期限について教えてください。

A

相続税の申告と納付期限は、相続の開始があったことを知った日の翌日から起算して10ヵ月以内です。ただし、所得税の準確定申告の申告と納付期限は4ヵ月以内ですので注意が必要です。

解説

〔1〕被相続人の所得税の準確定申告

　年の途中で死亡した場合、はじめに到来するのは、被相続人の所得税の準確定申告と納付期限です。被相続人が、事業所得、不動産の賃貸収入等の不動産所得がある場合、給与等の収入金額が2,000万円を超える場合には、死亡の日を含む年の1月1日から死亡の日までの期間に生じた所得又は損失につき、相続人は、原則として連署により、被相続人の所得税の準確定申告をしなければなりません（所税125条、所税令263条、所税規49条）。申告期限は、相続の開始があったことを知った日の翌日から4ヵ月を経過した日の前日までです。

　なお、被相続人が個人事業主として事業を行っていたのであれば、「個人事業の（開）廃業等届出書」を提出します。事業を承継した相続人が新規開業者に該当するのであれば、相続人が「個人事業の開（廃）業等届出書」「青色申告承認申請書」を提出します（所税144条、所基通144-1）。

〔2〕 被相続人の消費税の準確定申告及び届出書

　被相続人が消費税の課税事業者であった場合には，相続人は，速やかに「個人事業者の死亡届出書」を提出するとともに（消税57条1項4号，消税規26条1項4号），被相続人の消費税の確定申告を提出しなければなりません（消税45条2項・3項・46条）。申告期限は，相続の開始があったことを知った日の翌日から4ヵ月を経過した日の前日までです。確定申告には「付表6　死亡した事業者の消費税及び地方消費税の確定申告明細書」を添付します。
　被相続人が，「課税事業者選択届出書」「簡易課税制度選択届出書」「課税期間特例選択届出書」を提出していたとしても，事業を承継した相続人に引き継がれません。事業を承継した相続人は，これらの届出書を改めて提出する必要があります。

〔3〕 相続税申告の期限と納付期限

　相続税の申告と納付期限は，相続の開始があったことを知った日の翌日から起算して10ヵ月以内です。
　税務上は，これまでに遺産分割協議が終わっていることが望ましいといえます。申告期限までに遺産が未分割であると，相続税額の軽減等の特例を適用することができないこともあります（**Q6-9**参照）。相続税の申告期限までに遺産分割が調っていることが要件とされている相続税額の軽減等の特例には，配偶者に対する相続税額の軽減（相税19条の2），小規模宅地等についての相続税の課税価格の計算の特例（措置69条の4）などがあります。
　ただし，相続税の申告期限までに遺産が未分割であったとしても，「申告期限後3年以内の分割見込書」を税務署長に提出すれば，これらの相続税額の軽減等の特例を適用することができます（相税19条の2・32条，相基通32-2，相税令4条の2，相税規1条の6，措置令40条の2，措置規23条の2）。
　その後，遺産分割が確定した場合には，分割の日の翌日から4ヵ月以内に，更正の請求又は修正申告書を提出します。

申告期限後3年以内に遺産分割ができない場合には，3年を経過する日の翌日から2ヵ月以内に，「遺産が未分割であることについてやむを得ない事由がある旨の承認申請書」を税務署長に提出します。この申請書の期限内提出がなければ，相続税額の軽減等の特例が遡及して不適用とされてしまうので注意すべきです（相税19条の2第2項）。

非上場株式についての相続税の納税猶予の特例は，相続税の申告書の提出期限前に適用を受ける旨の記載のある申告書を提出することが要件です（措置70条の7の2第1項）。相続に係る相続税の申告書の提出期限までに，相続又は遺贈により取得をした非上場株式等の全部又は一部が共同相続人によってまだ分割されていない場合には，その分割されていない非上場株式等には，非上場株式等についての相続税の納税猶予の特例を適用することはできません（措置70条の7の2第7項）。

〔4〕延納と物納

相続税は金銭納付が原則です。ただし，相続税を金銭で一時に納付することが困難な場合には，その一時に納付を困難とする金額を限度として，担保を提供することにより，延納の申請を行うことができます（相税38条〜40条）。

さらに，延納によっても，なお金銭で納付することが困難とする事由がある場合には，その納付を困難とする金額を限度として，物納の申請を行うことができます（相税41条〜44条）。

これらの申請期限は，相続税の納期限又は納付すべき日までです。

〔5〕相続株式を発行会社に譲渡した場合の特例（みなし配当の特例）

非上場株式を発行会社に対し譲渡すると，譲渡した株主にみなし配当が生じます。ただし，相続等により取得した非上場株式は，一定の手続を経ることにより，このみなし配当課税が生じないとの特例があります（措置9条の7）。この特例は，その相続の開始があった日の翌日からその相続税の申告書の提出期限の翌日以後3年を経過する日までの間に，相続により取得した

非上場株式をその発行会社に譲渡した場合に適用ができます。

　留意すべきは，非上場株式をその発行会社に譲渡するときまでに，譲渡者は，「相続財産に係る非上場株式をその発行会社に譲渡した場合のみなし配当課税の特例に関する届出書」を発行会社に提出しなければならないことです（措置令5条の2第1項）。また，自己株式を取得した発行会社は，譲渡日の翌年1月31日までに，本店又は主たる事務所の所轄税務署にこの書類を提出する必要があります（措置令5条の2第2項）。この手続を失念すると，みなし配当課税の対象となります。

〔6〕相続税の取得費加算の特例（相続財産を譲渡した場合の取得費の特例）

　相続財産を譲渡すると，相続財産の取得費は，被相続人の取得費を承継するため，一般的には低い額となっており，多額の譲渡所得が発生する可能性があります。

　ただし，相続財産を譲渡した場合には，相続税額のうち一定金額を，譲渡資産の取得費に加算できるとの特例があります（措置39条）。この特例が適用される譲渡の期限は，相続開始のあった日の翌日から相続税の申告期限の翌日以後3年を経過する日までです。これを超えてしまうと取得費加算の特例は適用できません。

〔大野　貴史〕

コラム　相続税の税務調査

　納税者の適正な納税義務の検証ために，税務当局から行われるのが税務調査です。

　税務調査は大別して強制調査と任意調査とに分けられます。このうち強制調査は悪質な脱税犯に対して行う一種の犯罪捜査で査察と呼ばれるものです。任意調査は，各税法の規定による調査のことです。一般的に税務調査といえば任意調査を指します。以下の説明は任意調査を前提として説明します。

　税務調査を行いやすくするために，税務当局には納税義務者に対して質問及び調査する質問検査権が与えられ，納税義務者には受認義務があることから，任意調査であっても半強制的であるといえます。

　相続税の税務調査は，相続税の申告書を提出した途端に，税務調査の要請があるわけではありません。提出された相続税の申告書について，銀行や証券会社等の金融機関，不動産に関する情報その他様々な資料が照会文書として収集されます。また，税務署内においても，所得税確定申告書，法人税申告書，贈与税申告書その他各種情報の収集管理がなされます。個人事業主や会社の経営者が被相続人であれば，個人の財産形成の過程で様々な取引が発生しており，相続税の調査が行われる確率は高いのではないでしょうか。超大口資産家等の財産を多く持っていると見込まれる人は，別途税務署によって財産管理がなされ，さらに多くの資料収集がなされているようです。これらの資料等から相続税申告審理のチェックが行われ，必要に応じて税務調査が開始されます。事前の資料収集等や内偵調査から，臨宅調査を実施した先の不正発見割合は高いのが現状のようです。

　税務調査の実施時期は，8月から11月に多くなされているようです。毎年6月末が課税庁の事務年度の締切りに当たり，7月上旬の定期人事異動後に調査先等の選定が本格化するのが理由ではないかと思われます。

　相続税の税務調査は，税務調査官から，事前に相続人代表者と目される人か相続税の申告書に署名押印した税理士に，電話で税務調査日程の打診があるのが一般的です。調査場所は，通常，被相続人の自宅を指定され，プライベートに配慮しつつも，茶の間以外の部屋に視察が及ぶこともあります。場合によっては，銀行の貸金庫等に同行を求められることもあります。税務調査の日数は，遺産の規

模，財産評価の難易度，その他内容により，一概に何日とはいえませんが，税務署による臨宅調査は1～2日間が標準と思われます。実際の臨宅調査の多くは，相続税の申告等の税務代理を受任した税理士に立会いを求め同席することがほとんどです。臨宅調査後の非違事項の内容確認や指摘なども，税理士を通じて行われることが一般的です。

　税務調査を受けても問題がなければ是認となり，誤りがあれば自主的に修正申告を行うか，又は税務当局による更正・決定が行われます。修正申告を行うか，更正・決定を受けるかについては次のような違いがあります。

　税務調査によって指摘された事項について明らかに間違いであった場合などは，自主的に修正申告書を提出し，税額の不足分を納付することによって完了します。なお，修正申告書を提出した場合には，納税者はその後の再調査請求，いわゆる異議申立てや審査請求の救済権利を放棄することになります。納税者・関与税理士も認めるような指摘事項については，修正申告書を提出するのが一般的です。ちなみに，行政手続法によって，税務当局側から納税者に対し修正申告書の提出を強要することはできません。

　税務調査による指摘内容に納得できない際に，再調査請求（異議申立て）や審査請求を予定して修正申告書や期限後申告書を提出しないような場合は，更正・決定処分を受けることになります。更正・決定処分を受けた場合，納税者がその処分に不服があるときには，更正通知書を受けた日の翌日から2ヵ月以内に税務署長（又は国税局長）に再調査請求を行ったり，国税不服審判所長に審査請求したりすることができます。

　税務調査があっても，再調査請求や審査請求まで行われるケースは稀であるといえます。再調査請求や審査請求の結果に対しても不服があれば，裁判所に対し，いわゆる税務訴訟を行うことになります。

　意図せず税務訴訟にまで至ってしまうとしても，その前提には，適正な申告に努める必要があることは言うまでもありません。

◇長岡　栄二◇

判 例 索 引

■大審院

大決大4・1・16民録21輯8頁	21
大判大4・7・3民録21輯1176頁	190
大判大5・11・8民録22巻2078頁	134
大判大7・4・18民録24輯722頁	21
大判大7・12・25民録24輯2429頁	233, 236, 264
大判大14・5・30新聞2459号4頁	179
大判昭2・8・3民集6巻484頁	87
大判昭5・6・16民集9巻550頁	215
大決昭5・12・4民集9巻1118頁	169, 181
大判昭7・12・17民集11巻2334頁	180
大判昭10・3・22法学4巻1441頁	180
大判昭11・5・13民集15巻877頁	135
大判昭11・6・17民集15巻1246頁	234, 262
大判昭13・12・14民集17巻2396頁	135
大判昭19・7・31民集23巻422頁	262

■最高裁判所

最判昭29・4・8民集8巻4号819頁	139
最判昭29・12・24民集8巻12号2310頁	174
最判昭33・10・3民集12巻14号3053頁	69
最判昭34・6・19民集13巻6号757頁	22, 170, 178, 181
最判昭37・11・9民集16巻11号2270頁	179
最判昭38・2・22民集17巻1号235頁	23
最判昭39・3・6民集18巻3号437頁	24, 212
最判昭39・12・18民集18巻10号2179頁	180
最判昭40・2・2民集19巻1号1頁	136
最大決昭41・3・2民集20巻3号360頁	244, 247
最判昭41・7・14民集20巻6号1183頁	257, 275
最大判昭42・11・1民集21巻9号2249頁	134
最判昭44・10・23民集23巻10号1881頁	133
最判昭47・5・25民集26巻4号805頁	238, 239
最判昭48・6・29民集27巻6号737頁	136
最判昭51・3・18民集30巻2号111頁	147, 233, 236, 248, 262, 264
最判昭51・8・30民集30巻7号768頁	257, 264, 275, 281
最判昭52・7・19裁判集民121号199頁	212
最判昭54・5・31民集33巻4号445頁	190
最判昭54・7・10民集33巻5号562頁	280

判例	頁
最判昭55・11・27民集34巻6号815頁	137
最判昭56・9・11民集35巻6号1013頁	185
最判昭57・4・30民集36巻4号763頁	238, 242
最判昭58・1・24民集37巻1号21頁	241
最判昭58・3・18家月36巻3号143頁	191
最判昭58・10・14判時1124号186頁	137
最判昭59・4・27民集38巻6号698頁	173
最判昭60・1・31家月37巻8号39頁	137
最判昭61・3・13民集40巻2号389頁	247
最判昭62・3・3判時1232号103頁	137
最判昭62・4・23民集41巻3号474頁	215
最判平元・2・9民集43巻2号1頁	408
最判平元・3・28判時1313号129頁	247
最判平3・4・19民集45巻4号477頁	135, 208, 275, 280
最判平4・3・13民集46巻3号188頁	136
最判平4・4・10家月44巻8号16頁	140
最判平5・1・19民集47巻1号1頁	191
最判平5・7・19判時1525号61頁	24, 139
最判平5・9・7民集47巻7号4740頁	136
最判平5・10・19判時1477号52頁	185
最判平6・7・18民集48巻5号1233頁	136
最判平7・3・7民集49巻3号893頁	235
最判平7・4・25裁判集民175号91頁	117, 118
最大決平7・7・5民集49巻7号1789頁	151
最判平8・1・26民集50巻1号132頁	245, 257, 275
最判平8・10・31民集50巻9号2563頁	245
最判平8・11・26民集50巻10号2747頁	121, 257, 267, 275, 279
最判平9・1・28判時1599号139頁	66
最判平9・2・25民集51巻2号448頁	281
最判平10・2・26民集52巻1号274頁	267, 275, 280
最判平10・3・24民集52巻2号433頁	260, 262, 263
最判平10・6・11民集52巻4号1034頁	275
最判平11・12・14判時1699号156頁	66
最判平13・11・22民集55巻6号1033頁	296
最判平14・6・10判時1791号59頁	24, 212
最判平14・11・5民集56巻8号2069頁	260
最判平16・4・20判時1859号61頁	139
最決平16・10・29民集58巻7号1979頁	222, 260
最決平16・10・29裁時1375号3頁	136
最判平17・9・8民集59巻7号1931頁	143
最判平21・2・17金判1312号30頁	117

最判平21・3・24判時2041号45頁……………………………………………………………210, 272

■高等裁判所
福岡高決昭40・5・6家月17巻10号111頁…………………………………………………248
広島高判昭41・9・30高刑集19巻5号620頁………………………………………………192
大阪高判昭44・11・17下民集20巻11＝12号824頁………………………………………190
東京高判昭45・3・30高民集23巻2号135頁………………………………………………209
名古屋高決昭45・12・9家月23巻7号44頁…………………………………………………248
大阪高決昭46・3・15家月23巻11＝12号63頁……………………………………………275
東京高判昭48・9・17判タ303号153頁………………………………………………………65
仙台高決昭56・8・10家月34巻12号41頁…………………………………………………295
東京高判昭57・3・23判タ471号125頁……………………………………………………227
大阪高決昭58・6・2判タ506号186頁………………………………………………………248
東京高決昭58・9・5家月36巻8号104頁………………………………………………294, 296
東京高判昭59・3・22判タ527号103頁……………………………………………………189
東京高判昭59・9・25家月37巻10号83頁…………………………………………………235
東京高決昭60・8・14家月38巻1号143頁…………………………………………………295
東京高判昭60・8・27判時1163号64頁……………………………………………………209
大阪高判昭60・12・11家月39巻1号148頁………………………………………………190
東京高判昭62・12・10金法1199号30頁……………………………………………………117
東京高判平3・2・5行集42巻2号199頁……………………………………………………225
名古屋高判平3・5・30判タ770号242頁……………………………………………………117
東京高決平3・9・19判タ793号181頁………………………………………………………240
東京高決平3・12・24判タ794号215頁………………………………………………………166
東京高判平4・2・24判時1418号81頁………………………………………………………289
仙台高判平4・4・20家月45巻9号37頁……………………………………………………235
東京高判平4・7・20判時1432号73頁………………………………………………………275
東京高決平5・3・30判時1459号130頁………………………………………………………279
東京高判平5・6・29判時1465号146頁………………………………………………………117
東京高決平6・10・25判時1518号25頁………………………………………………………241
東京高判平7・12・21判タ922号271頁………………………………………………………141
東京高判平8・7・9判時1572号56頁…………………………………………………………241
高松高判平8・10・4家月49巻8号53頁……………………………………………………164
東京高判平8・11・7判時1637号31頁………………………………………………………273
名古屋高金沢支決平9・3・5家月49巻11号134頁………………………………………235
東京高判平12・3・8判タ1039号294頁………………………………………………………271
東京高判平12・3・16判タ1039号214頁……………………………………………………203
東京高判平15・4・24判時1932号80頁……………………………………………………231
東京高決平15・7・2家月56巻2号136頁……………………………………………………291
大阪高判平16・2・17裁判所HP………………………………………………………………240
東京高決平17・10・27家月58巻5号94頁…………………………………………………222

名古屋高決平18・3・27家月58巻10号66頁·································222
東京高判平18・6・29判時1949号34頁·····································212
東京高判平18・12・12判例集未登載··231
大阪高判平20・11・28判時2037号137頁······································66

■地方裁判所

東京地判昭25・1・25下民集1巻1号76頁···································181
東京地判昭28・4・22下民集4巻4号570頁··································181
神戸地尼崎支判昭57・2・19判時1052号125頁·······························117
大阪地判昭61・5・7判時1243号122頁···65
神戸地判昭62・11・17判夕663号149頁···171
京都地判平元・2・3判時1325号140頁····································117, 118
東京地判平2・2・27訟月36巻8号1532頁···································224
神戸地判平3・1・28判時1385号125頁····································117, 118
東京地判平3・9・13判時1426号105頁···190
東京地判平4・12・24家月46巻5号40頁······································211
東京地判平7・9・14判時1569号81頁···141
東京地判平7・10・25判時1576号58頁···242
東京地判平8・2・23金法1445号60頁···141
東京地判平9・5・28判夕985号261頁···141
東京地判平9・10・20判夕999号283頁···141
東京地判平9・10・24判夕979号202頁···202
東京地判平10・8・31訟月45巻10号183頁····································141
東京地判平11・2・25税資240号902頁···407
東京地判平11・8・27判夕1030号242頁··288
東京地判平11・9・16判時1718号73頁···203
東京地判平11・11・26判時1720号157頁······································203
東京地判平15・6・27金法1695号110頁··288
東京地決平17・11・11金判1245号38頁···113
東京地判平18・7・4判夕1224号288頁···203
横浜地判平18・9・15判夕1236号301頁····································203, 204
福岡地判平19・2・2金法1815号53頁···210
東京地判平19・3・27判時1980号98頁···240

■家庭裁判所

東京家審昭35・10・4家月13巻1号149頁·····································292
神戸家審昭40・10・26家月18巻4号112頁····································292
東京家審昭44・10・23家月22巻6号98頁······································296
大阪家審昭46・7・31家月24巻11号68頁······································292
松江家審昭47・7・24家月25巻6号153頁································295, 296
大阪家審昭51・3・31家月28巻11号81頁······································160

東京家審昭54・3・28家月31巻10号86頁……………………………………………296
和歌山家審昭60・11・14家月38巻5号86頁…………………………………………292
東京家審昭61・3・24家月38巻11号110頁……………………………………………160
東京家審平2・2・13家月42巻6号55頁………………………………………………295
福岡家久留米支審平4・9・28家月45巻12号74頁……………………………………165
山口家萩支審平6・3・28家月47巻4号50頁…………………………………………209
大阪家堺支審平18・3・22家月58巻10号84頁………………………………………222

事項索引

あ

後継ぎ遺贈型受益者連続信託
　　………………………… 123

い

遺言…………………………… 185
　　——の解釈………………… 191
　　——の検認………… 21,192,195
　　——の訂正………………… 190
　　——の有効性……………… 201
遺言執行者…………………… 215
　　——と弁護士の利益相反
　　……………………………… 230
　　——の指定………………… 228
遺言自由の原則……………… 128
遺言相続……………………… 128
遺言代用信託………………… 120
遺言能力……………………… 201
遺言を執行…………………… 21
遺産分割……………………… 243
　　——の解除…………… 407,408
　　——の評価の基準時…… 247
　　——の方法が指定……… 210
　　——のやり直し………… 407
遺産分割協議書……………… 251
遺産分割方法の指定……208,226
意思能力……………………… 202
遺贈財産……………………… 134
遺族年金……………………… 137
一応の相続分………………… 155
一括贈与………………315,316,338
一身専属財産……………127,134
一般財団法人……………468,470
遺留分………………………… 254
　　——権利者………… 404〜406
　　——権利者に損害を加える

ことを知ってされた贈与
　の算入………………… 262
　　——対策………………… 217
　　——の基礎財産の評価の
　　基準時……………………… 236
　　——放棄許可…………… 287
　　——放棄不許可………… 292
　　——放棄の取消し……… 294
遺留分減殺請求……… 318,351,404,437
　　——権に対する価額弁償
　　……………………………… 280
　　——権の行使…………… 274
遺留分減殺の順序・方法… 220
遺留分算定の基礎財産…… 258
　　——の評価の基準時…… 264
遺留分の算定………… 256,266
　　——に係る合意の許可の
　　申立書……………………… 50

う

売渡請求……………………… 71

え

エクイティ・スポンサー… 105
M&A…………………………… 76
MEBO（→マネジメント・
　エンプロイー・バイ・
　アウト）………………… 104
MBO（→マネジメント・
　バイ・アウト）………… 104
延納制度……303,444,449,453,454,502

お

押　印………………………… 190
沖縄振興開発金融公庫法…61

か

価額弁償………………… 221,280
　　——の原資……………… 221
確認書（確認手続）……… 335
確認書（報告手続）……… 345
確認の取消申請………334,335
確認の変更申請………334,335
貸金等根保証契約………… 177
果　実………………………… 143
家庭裁判所の許可……… 42,46
株　式
　　——価値の上昇………… 236
　　——等の贈与…………… 30
　　——の準共有…………… 65
　　——の内容変更………… 94
　　——の分散………… 109,214
　　——併合………………… 81
株式会社日本政策金融公庫法
　………………………………… 61
株主総会開催禁止の仮処分
　………………………………… 69
株主総会決議禁止の仮処分
　………………………………… 69
株主総会決議の瑕疵……… 69

き

議決権行使の指図権……… 119
議決権種類株式…………… 109
供託書………………………… 343
拒否権付株式…… 96,109,313,348,427,430,498
寄与分………………………… 163
金銭一時納付………… 441,450
金銭債権の相続…………… 138
金融支援措置…………… 52,283

く

口　授……………………196
具体的相続分……154〜156,159
　　──率………………156

け

経営承継円滑化法………27,218
　　──の適用対象………28
　　──の立法趣旨………27
経営承継期間……330,344,347,
　349〜351,354,355
経済産業大臣の確認……42,43
経済産業大臣の認定………61
継続届出書………344,345,349
現　金……………………140
原則的評価方式……416〜419
限定承認…………169,172,393
限定根保証契約……………177
権利金の認定課税……477〜480
権利行使者の指定…………66

こ

合意書のサンプル……………39
合意の効力が消滅……………35
公益法人等への寄附………467
後継者グループ……312,316,
　338,350,351,356
口　述……………………196
公正証書遺言…………185,195
　　──の作成手続………196
　　──の手数料…………198
　　──の無効……………203
衡平を図るための措置………41
固定合意………………32,40

さ

財源規制……………………101
債権の現物出資（デット・
　エクイティ・スワップ）
　……………………484,486

債権放棄………484,485,488
財産全部を「相続させる」
　旨の遺言………………272
祭祀財産……………………134

し

死因贈与…………………239
　　──契約書……………240
　　──と遺贈の相違……239
　　──を原因とする仮登記
　　……………………240
事業承継……………………3
　　──計画………………16
　　──計画書……………334
　　──支援センター………62
　　──と価額弁償………282
　　──に関する問題点……3
　　──に関する問題の所在
　　…………………………8
事業報告書…………339,340
事業用資産………………224
資金繰り……………………141
自己株式………315,493,502
　　──の取得……………99
資産運用型会社……311,312,
　314,338,347,476
資産保有型会社……311〜313,
　338,347,476
自　書……………………189
自筆証書遺言……186,189,193
　　──の要件……………189
死亡退職金…………136,261
借地権割合……413,414,482
社債類似株式……427,429,432,
　498
従業員数証明書……339,341,344
従業員持株会……………116
受益者……………………119
　　──等が存在しない信託
　　……………………496
　　──連続型信託………495

熟慮期間……………170,172
　　──経過後の相続放棄…173
　　──の伸長の申立て……171
出　張……………………197
取得条項付株式………………91
取得請求権付株式……………90
種類株式……88,317,427,498
　　──発行のための定款変更
　　…………………………94
　　──全部取得条項付………81
準確定申告………………459
純資産価額方式……416,418,
　420,422,429,433,434,438
常時使用する従業員……312,
　338
上　場……………………108
少数株主権……………………69
証　人……………………196
除外合意………………32,40
所在不明株主………………84
　　──の株式売却制度……84
信　託……………………119
　　後継ぎ遺贈型受益者連続
　　……………………123
　　遺言代用──………120
　　受益者等が存在しない
　　──……………………496
　　受益者連続型──……495
　　他益──………………122
診断書……………………203

す

推定相続人………………127
スクイーズ・アウト………80
すべての遺産を「相続させる」
　旨の遺言………………210

せ

生計の資本………………145
生前贈与と遺留分………232
成年後見……………………37

事項索引 513

生命保険……………… 135
――金…………… 221, 260
全部取得条項付種類株式…81

そ

相　続……………… 127
――開始後………………20
――開始前1年間にされた贈与の算入……… 261
――開始前の対策……… 13
――の放棄…… 169, 170, 389
相続財産
――の価額の変化と遺留分放棄の許可の取消し……………………… 295
――の寄附…………… 464
――の範囲…………… 133
――の前渡し………… 146
相続債務……………… 263
「相続させる」遺言……… 207
――と遺贈との相違点……………………… 211
――の対象財産……… 134
相続時精算課税…… 302, 304, 310, 322, 379~385, 388, 392, 406
――選択届出書…… 380, 384
相続税
――額の取得費加算の特例………… 403, 461, 492, 502
――の基礎控除額…… 362, 366, 386, 390
――の速算表………… 367
――の納税義務者…… 359, 360
――の見込額を記載した書類…………………… 339
相続人……………… 127, 131
――に対する売渡請求…70
――の廃除…………… 286
相続分………………… 150

――が指定…………… 210
――の指定…………… 211
――の前渡し………… 145
――不存在証明書…… 235
相続法の基礎………… 127
相当の地代………… 477~482
――の改訂方法に関する届出書………… 479, 480
贈与税
――の基礎控除額…… 375, 377
――の速算表………… 377
――の納税義務者…… 372
――の配偶者控除…… 377

た

代襲相続……………… 131
――人………………… 151
代償財産……………… 400
代償分割………… 303, 400
退職慰労金等………… 471
他益信託……………… 122
担保提供書…………… 343
担保目録……………… 343

ち

中小企業経営承継円滑化法申請マニュアル………… 330
中小企業者………………28
中小企業信用保険法………60
超過特別受益………… 159
賃料債権……………… 142

つ

通常の取引価額…… 414, 434

て

適格合併………… 348, 349
適格交換等……… 348, 349
適用対象株式… 302, 305, 306, 316, 322, 325, 339, 342, 350, 352
デット・エクイティ・スワップ（→債権の現物出資）……………………… 484, 486

と

同族株主……… 416~419, 424
登録免許税…………… 213
特定資産………… 312, 476
特定の相続人に財産を集中させる遺産分割……… 249
特定の評価会社…… 420, 423
特定物納制度………… 448
特別子会社…… 312, 338, 341, 348
特別受益………… 145, 397
――者………………… 145
――証明書…………… 235
――と遺留分………… 232
――の算入…………… 262
特別の寄与…………… 163
特別の方式による遺言…… 187
特例中小企業者…………29
特例的評価方式…… 416, 419, 424
土地の無償返還に関する届出書……… 479, 481, 482

に

二重資格の相続人…… 152
認定書…………… 340, 341

ね

根抵当権……………… 183
根保証契約…………… 176

の

納税制度…… 303, 444, 449, 453, 501
納税猶予額…… 321, 325, 348~351

納付……………………441

は

廃業…………………………4
配当金……………………143
配当優先株式………………89
配当優先の無議決権株式
　………………427,428,498
倍率方式……………411,412

ひ

非上場企業におけるスクイーズ・アウト……………82
被相続人の財産の維持・形成
　………………………163
筆跡………………………204
秘密証書遺言……………187

ふ

不相当な対価による有償行為の算入…………………263
負担付死因贈与…………238
──契約…………………241
負担付贈与………………414
物納制度………450,455,501
物納の撤回………………454
分掌変更…………………474

ほ

包括遺贈…………………211
包括根保証契約…………177
報告基準日…………344,348
報告書……………………344
法定相続……………128,129

法定相続人………………362
──の数……366,367,386,
　389
法定相続分…………149,151
──の変更………………209
法定単純承認……………174
保証債務……………176,273

ま

マネジメント・エンプロイー・バイ・アウト
　（MEBO）………………104
マネジメント・バイ・アウト
　（MBO）…………………104

み

みなし譲渡所得……393～395,
　466
みなし相続財産……155,259,
　360,364,365,476
みなし贈与……376,432,493
──財産…………………372
みなし配当……476,490,501
民法特例……………………32
──の適用対象……………29
──の適用範囲……………30
──を利用するための手続
　………………………43
民法の特例に係る確認申請書………………………47

め

名義株……………………111
メザニン…………………105

免除申請書………………354
免除届出書………………353

も

持戻し………………146,222
──免除の遺言…………234

ゆ

優先株式……………………89

よ

養子………………………132
──の数の制限…………387
預貯金債権………………140

り

利益相反…………………230
利子税……303,305,321,343,
　352,444～449,453
臨時報告…………………331

る

類似業種比準方式……310,416,
　418,420,423,429,433～435

れ

暦年課税……310,321,375,376,
　379,392
連帯納付義務……………442

ろ

路線価方式…………411～413

■編集者

南　　繁　樹

事業承継の法律実務と税務 Q&A

2009年11月20日　初版第1刷印刷
2009年11月30日　初版第1刷発行

編集者　南　　繁　樹

発行者　逸　見　慎　一

発行所　東京都文京区本郷6丁目4の7　株式会社　青林書院
振替口座　00110-9-16920／電話03(3815)5897〜8／郵便番号113-0033
http://www.seirin.co.jp

印刷・藤原印刷㈱　落丁・乱丁本はお取り替え致します。
Printed in Japan　ISBN978-4-417-01503-1

JCLS 〈㈱日本著作出版権管理システム委託出版物〉
本書の無断複写は著作権法上での例外を除き禁じられています。
複写される場合は、そのつど事前に、㈱日本著作出版権管理システム (TEL 03-3817-5670、FAX 03-3815-8199、e-mail:info@jcls.co.jp) の許諾を得てください。